国家民委铸牢中华民族共同体意识古籍整理出版书系

# 民族文化宫图书馆（中国民族图书馆）藏多文种合璧古籍总目提要

民族文化宫图书馆 编
吴贵飙 陈烨 主编

中央民族大学出版社
China Minzu University Press

**图书在版编目（CIP）数据**

民族文化宫图书馆（中国民族图书馆）藏多文种合璧古籍总目提要 / 民族文化宫图书馆编；吴贵飙，陈烨主编．—北京：中央民族大学出版社，2023.4

ISBN 978-7-5660-2140-3

Ⅰ．①民…　Ⅱ．①民…　②吴…　③陈…　Ⅲ．①少数民族—古籍—内容提要—中国　Ⅳ．①Z838

中国版本图书馆 CIP 数据核字（2022）第 246396 号

**民族文化宫图书馆（中国民族图书馆）藏多文种合璧古籍总目提要**

编　　者　民族文化宫图书馆

主　　编　吴贵飙　陈烨

责任编辑　黄修义

封面设计　刘丽

封面剪纸　初春枝

封面篆刻　李苏先

出版发行　中央民族大学出版社

北京市海淀区中关村南大街 27 号　　邮编：100081

电话：（010）68472815（发行部）　传真：（010）68933757（发行部）

（010）68932218（总编室）　（010）68932447（办公室）

经 销 者　全国各地新华书店

印 刷 厂　北京鑫宇图源印刷科技有限公司

开　　本　889 毫米 ×1194 毫米　1/16　　印张：25.75

字　　数　567 千字

版　　次　2023 年 4 月第 1 版　2023 年 4 月第 1 次印刷

书　　号　ISBN 978-7-5660-2140-3

定　　价　360.00 元

国家古籍工作规划项目

全国少数民族古籍工作“十四五”规划重点项目

# 编 委 会

## 国家民委铸牢中华民族共同体意识古籍整理出版书系

# 总 序

党的十八大以来，习近平总书记立足于中国统一多民族国家的基本国情，在深刻把握中华民族伟大复兴战略全局和世界百年未有之大变局的基础上，提出了铸牢中华民族共同体意识的重大原创性论断，为我们做好新时代党的民族工作指明了方向。铸牢中华民族共同体意识，是习近平总书记关于加强和改进民族工作的重要思想的核心要义。习近平总书记在2021年8月召开的中央民族工作会议上强调，做好新时代党的民族工作，要把铸牢中华民族共同体意识作为党的民族工作的主线，引导各族人民牢固树立休戚与共、荣辱与共、生死与共、命运与共的共同体理念。铸牢中华民族共同体意识是新时代党的民族工作的“纲”，所有工作要向此聚焦。

一部中国史，就是一部各民族交融汇聚成多元一体中华民族的历史，就是各民族共同缔造、发展、巩固统一的伟大祖国的历史。中华文明上下五千年，各民族你中有我、我中有你，共同创造和积累了丰富多彩的历史文化，留下了卷帙浩繁的古籍文献。自1984年全面启动以来，少数民族古籍工作伴随着改革开放的伟大征程，走过了近40年的风风雨雨，在抢救、保护、普查、整理、翻译、出版、研究、利用等方面取得了一系列显著成就，有效服务了民族团结进步事业和中国特色社会主义文化建设。

在国家民委党组的正确领导下，我们坚持以习近平总书记关于加强和改进民族工作的重要思想为行动指南，充分发挥“组织、协调、联络、指导”职能，召集全国各地的少数民族古籍工作部门和相关领域的专家学者进行认真谋划、充分论证。大家一致认为，面向新时代，必须在铸牢中华民族共同体意识的视野下，为全国少数民族古籍整理研究工作的升级转型搭建平台，探索新路。由此，我们在《中国少数民族古籍集成》《中国少数民族古籍总目提要》等以往重大项目的成功经验基础上，策划了“国家民委铸牢中华民族共同体意识古籍整理出版书系”重点出版项目（以下简称“书系”），计划整理出版一批蕴含丰富民族团结进步思想内涵的古籍精品，为中华民族史研究、构筑中华民族共有精神家园提供更多的一手资料和历史见证，激励各族人民共同团结奋斗、共同繁荣发展。“书系”的建设得到了全国同人的回应和支持，北京、内蒙古、广西、云南等地少数民族古籍工作部门积极投入第一批试点。

古籍是中国传统文化的结晶。只有坚持创造性转化、创新性发展，才能“以古人之规矩，开自己之生面”，使其融入社会主义文化强国建设。为此，“书系”在内容上，着重体现了以下三点。一是记录各族人民共同缔造伟大祖国的历史进程。如体现民族地区自古以来就是我国领土不可分割的一部分的有力证据；体现中央对民族地区治理的文献档案等；体现各族群众心向中央，维护祖国统一和领土完整的人物事迹、传说故事等。二是展现各民族交往交流交融的生动事实。如生动体现“汉族离不开少数民族，少数民族离不开汉族，各少数民族之间也互相离不开”的具体事例等。三是丰富中华优秀传统文化的璀璨宝库。如收录在相关领域具有重大、特殊价值，符合历史文物性、学术资料性、艺术代表性标准，能有效提高我国文化软实力、增强文化自信、扩大国际专业领域话语权的珍贵古籍文献等。

“书系”收录的书目，在类型上以少数民族古籍为主，兼顾汉文古籍。整理民族文字古籍时，兼顾其原生性、学术性、时代性，在采取影印、校勘、辑佚、注释、标点、编目等传统模式的基础上，贯彻落实关于学习使用好国家通用语言文字的相关精神，附上现代汉语注释或译文。具备条件的，采用“四行对译”（民族古文字、国际音标、直译、意译）的国际通行标准，以便于在各族群众中推广普及。“书系”除以实体书形式出版外，还将紧跟信息化建设步伐，把相关资料和音视频等加以归纳汇总，逐步开发制作成数据库，实现更深层次的研究利用和开放共享。

胸怀千秋伟业，恰是百年风华。“书系”启动之时，正值中国共产党百年华诞。作为铸牢中华民族共同体意识的生动实践，“书系”将陆续出版，与大家见面。让我们团结携手，共同进步，汇聚起实现中华民族伟大复兴的磅礴力量！

国家民委全国少数民族古籍整理研究室

2021年11月15日

# 前 言

中国是统一的多民族国家，各民族共同创造了灿烂的中华文化。古籍是中华文明的重要载体，凝聚着中华民族的深邃智慧。从古老的甲骨卜辞、钟鼎金文、简册帛书，到抄写、印刷书籍，历史悠久、卷帙浩繁的中华典籍，承载着中华民族丰富宝贵的历史记忆、思想智慧和知识养分，是国家和民族生存发展的精神基石和心灵寄托。推动古籍的保护传承，不仅可以保存历史记忆、赓续中华文脉，更能让古之精华为今所用，为新时代文化建设注入新元素、开拓新境界。

中华古籍是中华文明的瑰宝，记录了各民族交往交流交融和中华民族形成发展的历史进程，是构筑中华民族共有精神家园的重要资源。汉文古籍是记录各民族文化的重要载体，内容丰富、数量宏大，少数民族文字古籍也是记录各民族文化的重要载体，生动记载了各民族共同开拓辽阔疆域、共同书写悠久历史、共同创造灿烂文化、共同培育伟大精神的史实，同时也弥补了汉文古籍中的一些缺失和不足，都是中华文化遗产的重要组成部分，具有重要的文献和文物价值。因此，加强少数民族文字古籍的保护和整理研究，让书写在古籍里的文字活起来，成为构筑中华民族共有精神家园、铸牢中华民族共同体意识必不可少的重要资源，意义重要而深远。

党和政府高度重视古籍保护工作。2007年1月国务院办公厅印发《关于进一步加强古籍保护工作的意见》（国办发〔2007〕6号），“中华古籍保护计划”正式实施，这是我国历史上第一次由国家主导开展的全国性古籍保护重大工程。2022年3月在十三届全国人大五次会议上的《政府工作报告》中明确提出“加强文物古籍保护利用”，“古籍保护”首次写入政府工作报告，充分体现了国家对古籍保护工作的进一步重视。2022年4月中共中央办公厅、国务院办公厅印发《关于推进新时代古籍工作的意见》（厅字〔2022〕19号），在党和国家大政方针中，古籍保护被提升到空前高度。2022年10月全国古籍整理出版规划领导小组印发《关于印发〈2021—2035年国家古籍工作规划〉的通知》（古组发〔2022〕4号），提出了15年的全国古籍工作具体内容。尤其是党的十八大以来，以习近平同志为核心的党中央对传承和弘扬中华优秀传统文化做出一系列重要部署，“中华古籍保护计划”被纳入国家“十三五”“十四五”规划，经过不懈努力，一个由党和政府统筹，各级各类古籍存藏机构协调合作，社会各界共同参与支持的全国古籍保护工作体系逐步完善。古籍保护概念从单纯的原生性保护，发展为“原生性+再生性+传承性”保护，成为涵盖古籍抢救保存保护修复、古籍普查编目整理研究出版、古籍数字化知识化智慧化、古籍活化利用传播等全域全流程的系统性工作。古籍保护成果斐然：全国汉文古籍存藏家底基本摸清，普查登记目录陆续出版，古籍定级工作纳入日程；海外中华古籍存藏调查和数字化回归多渠道开展，取得重大进展；古籍收藏条件不断改善；一大批列入国家重大文化建设项目的古籍整理出版成果面世；古籍数字化、胶片化等异质保存利用工作稳步推进；晒书活动、经典传习、展览讲座、文化创意等多形式、多途径的古籍活化方式在祖国大地开花结果。

中国的少数民族先后创制和使用过30多种古文字，从佉卢文、焉耆—龟兹文、于阗文、粟特文、突厥文、藏文、回鹘文、西夏文、察合台文、八思巴文、蒙古文、契丹文、女真文、满文、东巴文、彝文、水文、白文、古壮字、布依文等古代民族文字到现行少数民族文字，书写了卷帙浩繁的古籍文献。各民族古文字以外在形式，体现了中华民族共同体的文化内涵。少数民族文字古籍是中华文化遗产的重要组成部分，是中华古籍的重要组成部分，体现了历史上各民族对自然界和人类自身的认识。少数民族文字古籍载体形式多样，从纸张写印、石刻碑铭、贝叶、菩提叶、绢帛到说唱资料，内容涵盖经济、政治、法律、历史地理、文学艺术、天文历算、医药医术、宗教等领域，是各民族历史文化的重要载体，丰富了中华优秀传统文化宝库，为中华民族生生不息、发展壮大提供了丰厚的精神文化滋养。

中国自古就有翻译经典的传统。各民族通过编译多文种文字书籍，互相学习、交流互鉴，形成多元一体的传承载体，印证了各民族交往交流交融史实，留下了丰富多彩的民族历史文化，保护和传承了中华优秀传统文化。各民族文字的多文种合璧古籍，体现了中华文化的同频共振。各民族经典文献互译，丰富和发展了中华文化，增强了各族人民对中华文化的认同。

民族文化宫是由毛泽东主席提议、周恩来总理亲自审定设计方案，于1959年10月6日落成并对外开放的。是中华人民共和国成立十周年首都北京十大建筑之一，是中国各民族团结、统一、发展、繁荣的象征，是中国共产党民族政策辉煌胜利的标志。民族文化宫素有“民族文化宫殿”“民族典籍之宫”之美誉，是我国收藏民族文物、民族古籍文献和民族美术作品数量最多种类最丰富的专业机构之一。现图书馆收藏有汉文图书文献及24种少数民族文字图书文献60余万册，其中，收藏的民族古籍文献有15个文种近20万册（件），有92部入选国务院公布的第一至第六批《国家珍贵古籍名录》，其中少数民族文字古籍86部。

民族文化宫图书馆典藏民族古籍有如下特点：

## 一、民族文字古籍种类多，体现了中华典籍的多样性

藏有汉文、藏文、西夏文、粟特文、突厥文、察合台文、蒙古文、满文、朝鲜文、东巴

文、彝文、傣文、水文、古壮字、布依文等文种的古籍近20万册（件），有少数民族文字古籍直接译自汉文的儒家经典、文学名著等，亦有汉文古籍译自少数民族文字古籍的，体现了中华典籍文化的丰富多彩，体现了中华典籍是各民族文字典籍的集大成。如用汉文、满文、蒙古文3种文字分别刊印的《钦定理藩院则例》，是清朝中央政府治理当时蒙古、西藏、新疆等的法律法规，印证了清朝是多民族融合的大一统王朝。

## 二、多文种合璧古籍丰富，体现了各民族交往交流交融

藏有多文种合璧古籍100多种，且同一文献往往藏有多种版本。其中，2个文种合璧古籍有汉文藏文、汉文蒙古文、汉文满文、汉文回鹘文、藏文蒙古文、蒙古文满文合璧古籍，3个文种合璧古籍有汉文蒙古文满文、蒙古文藏文满文合璧古籍，4个文种合璧古籍有汉文满文蒙古文藏文、汉文满文蒙古文察合台文合璧古籍。大量用少数民族文字翻译汉文经典，有效拓展了儒家文化在边疆地区的影响，促进了各民族在文化上的交往交流交融。一些少数民族文字典籍也被翻译成汉文和其他民族文字。特别是不同民族文字合璧古籍，清代用满文翻译刊印了诸多传统汉文典籍，如汉文满文合璧《四书》《礼记》《千字文》《三字经》，汉文满文蒙古文合璧《三合名贤集》、汉文满文蒙古文藏文合璧《四体合璧文鉴》等，体现了各民族深入的文化交流和民族关系和睦。

2021年，国家民委全国少数民族古籍整理研究室紧紧围绕铸牢中华民族共同体意识主线，策划了“国家民委铸牢中华民族共同体意识古籍整理出版书系”重点出版项目，计划整理出版一批蕴含丰富民族团结进步思想内涵的古籍精品，为中华民族史研究、构筑中华民族共有精神家园提供更多的一手资料和历史见证，激励各族人民共同团结奋斗、共同繁荣发展。民族文化宫图书馆（中国民族图书馆）根据馆藏丰富的古籍资源，选择“多文种合璧古籍”参加“书系”第一批试点，这些古籍体现了各族人民共同缔造伟大祖国的历史进程，展现了各民族交往交流交融的生动事实，丰富了中华典籍文化的璀璨宝库。2022年10月，该书被全国古籍整理出版规划领导小组列为《2021—2035年国家古籍工作规划重点出版项目（第一批）》。

2021—2035年国家古籍工作规划重点出版项目（第一批）国家民委铸牢中华民族共同体意识古籍整理出版书系《民族文化宫图书馆（中国民族图书馆）藏多文种合璧古籍总目提要》将要问世了。在此，向大力支持该项目工作的国家民委全国少数民族古籍整理研究室领导、民族文化宫领导、民族文化宫图书馆（中国民族图书馆）领导和撰稿人、中央民族大学出版社的领导和编辑一并致谢！

吴贵飙

2022年10月16日

# 凡 例

一、本书收录民族文化宫图书馆（中国民族图书馆）馆藏多文种合璧古籍条目107条，其中，2个文种合璧89条，3个文种合璧13条，4个文种合璧5条。

二、本书按2个文种合璧古籍、3个文种合璧古籍、4个文种合璧古籍顺序排列。

三、本书书名著录项用合璧文种的文字著录，其他著录项用汉文著录。汉文使用简体字。

四、本书2个文种合璧古籍排序

1.汉文藏文合璧古籍、汉文蒙古文合璧古籍、汉文满文合璧古籍、汉文回鹘文合璧古籍、蒙古文藏文合璧古籍、蒙古文满文合璧古籍顺序排列。

2.同2个文种合璧古籍按汉字笔画从少到多排序。

五、3种文字（汉文蒙古文满文、蒙古文藏文满文）合璧古籍按汉字笔画从少到多排序。

六、4种文字（汉文满文蒙古文藏文、汉文满文蒙古文察合台文）合璧古籍按书籍、拓片及汉字笔画从少到多排序。

七、页面、板框尺寸为：高×宽。

八、页码数据为：线装书一张版（一折叠纸）为1叶；平装书、精装书一张纸为2页。

九、撰稿人的姓名在各条目末括号内注明。

# 目 录

国家民委铸牢中华民族共同体意识
古籍整理出版书系

# 第一部分

# 二种文字合璧古籍

# 1. 汉文藏文合璧古籍

## 藏汉合璧教科书

## བོད་རྒྱ་ཤན་སྦྱར་གྱི་བསླབ་དེབ།

佚名著。

民国蓝印本。汉文藏文合璧。

线装。页面27.3厘米×18.5厘米。无版框。6行，行字数不等。有汉文页码。

5册，1函，79叶。

保存完好。

常识教科书。全书共5册98个条目。每个条目藏文在前，汉文在后。前四册每册均为20个条目，第五册为18个条目，疑是未完。内容丰富，涉及广泛，既有忠、孝、仁爱、信、义等传统文化内容介绍，又有电机、火车、采矿等现代科学知识的普及。全书以条目性的介绍为主，兼有专题性的教学设计，譬如纱厂赚钱，谁的功劳？讲授分工与合作，涉及农夫、农学家、工程师、工人、厂主、管运输的人、主顾、大家合作等8个条目，结论为“一个纱厂赚钱，大家都有功劳，倘使一方不肯出力，纱厂就办不好”，强调“社会上的事情都是这样，全靠大家合作”。专题设计贴合实际，可教性强。该书对研究民国教育制度有参考价值。

以“常识”二字作为教科书的名称，早在1923年便已出现，由自然和社会两科合并而成。为便于教学上的联络，又免去多用书本的麻烦，商务印书馆和中华书局在这一年分别出版了常识教科书。常识教科书以形成儿童主动研究的习惯为目的，重点不是在识字读书，而是从社会与自然的角度介绍基本的常识知识。通过常识教育为儿童提供个人、社会、科学、历史等多个领域所涉及的经验，使他们有能力面对瞬息万变的社会。

（龚文龙）

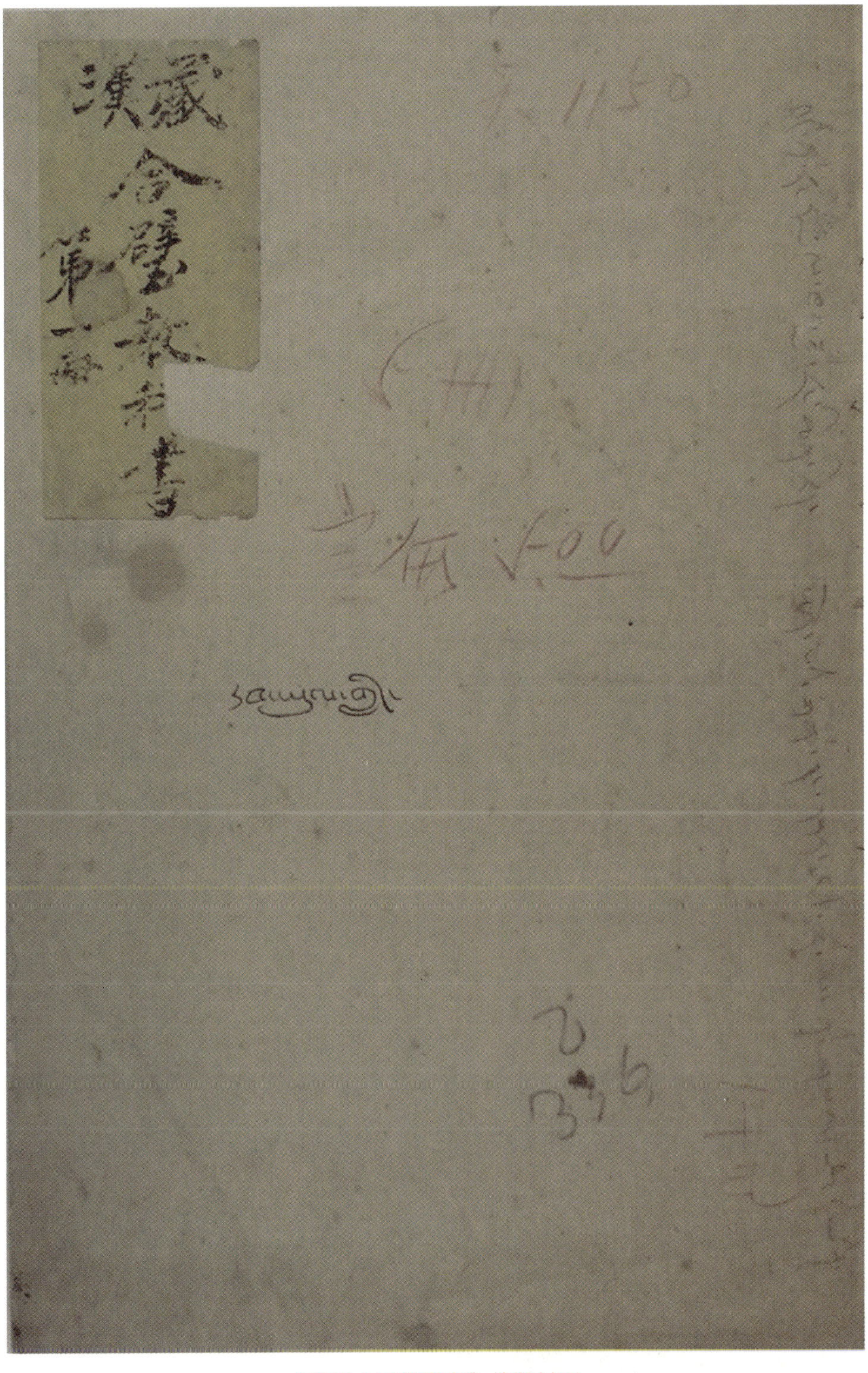

《藏汉合璧教科书》首册封面

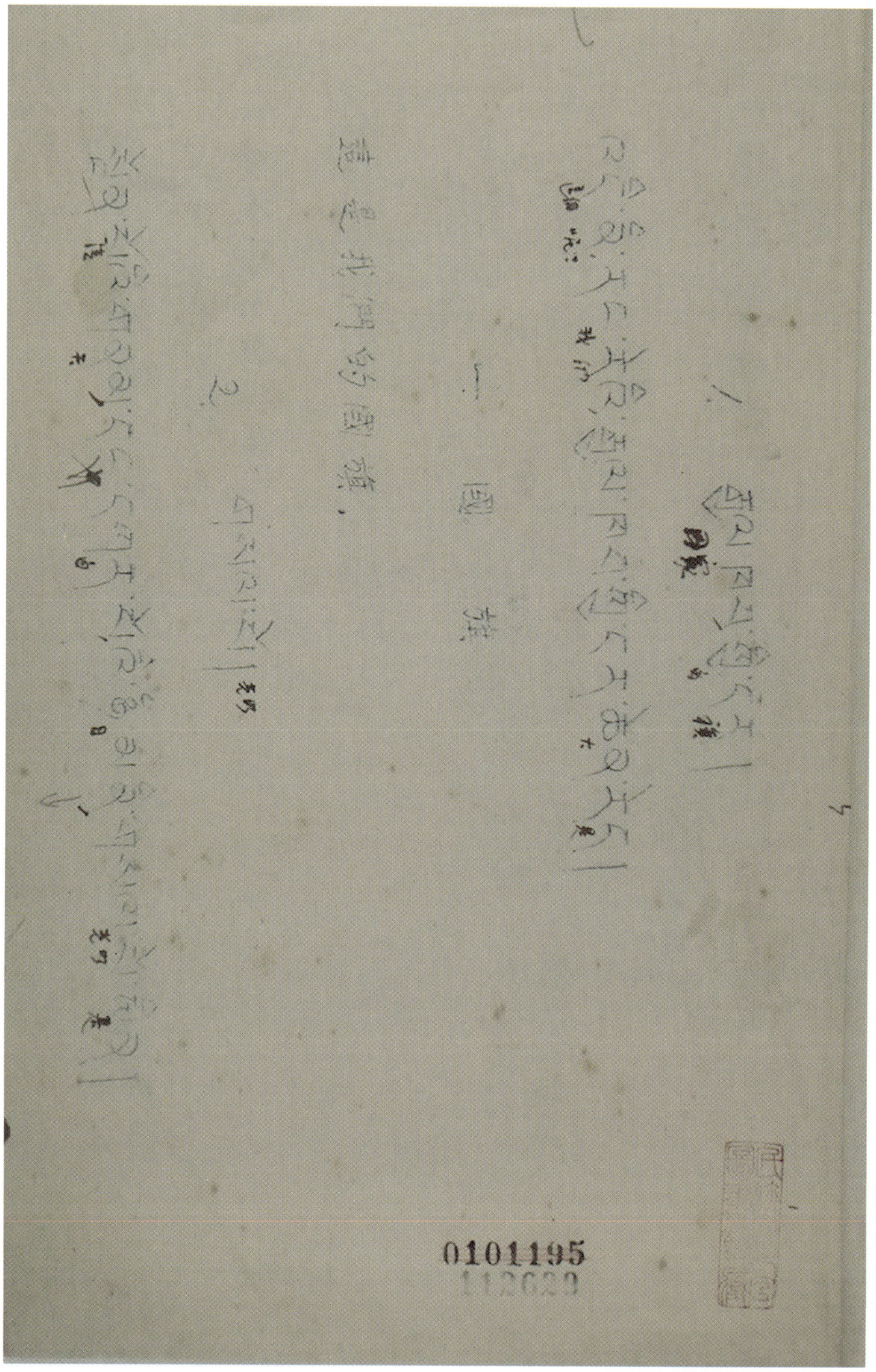


《藏汉合璧教科书》首册首页

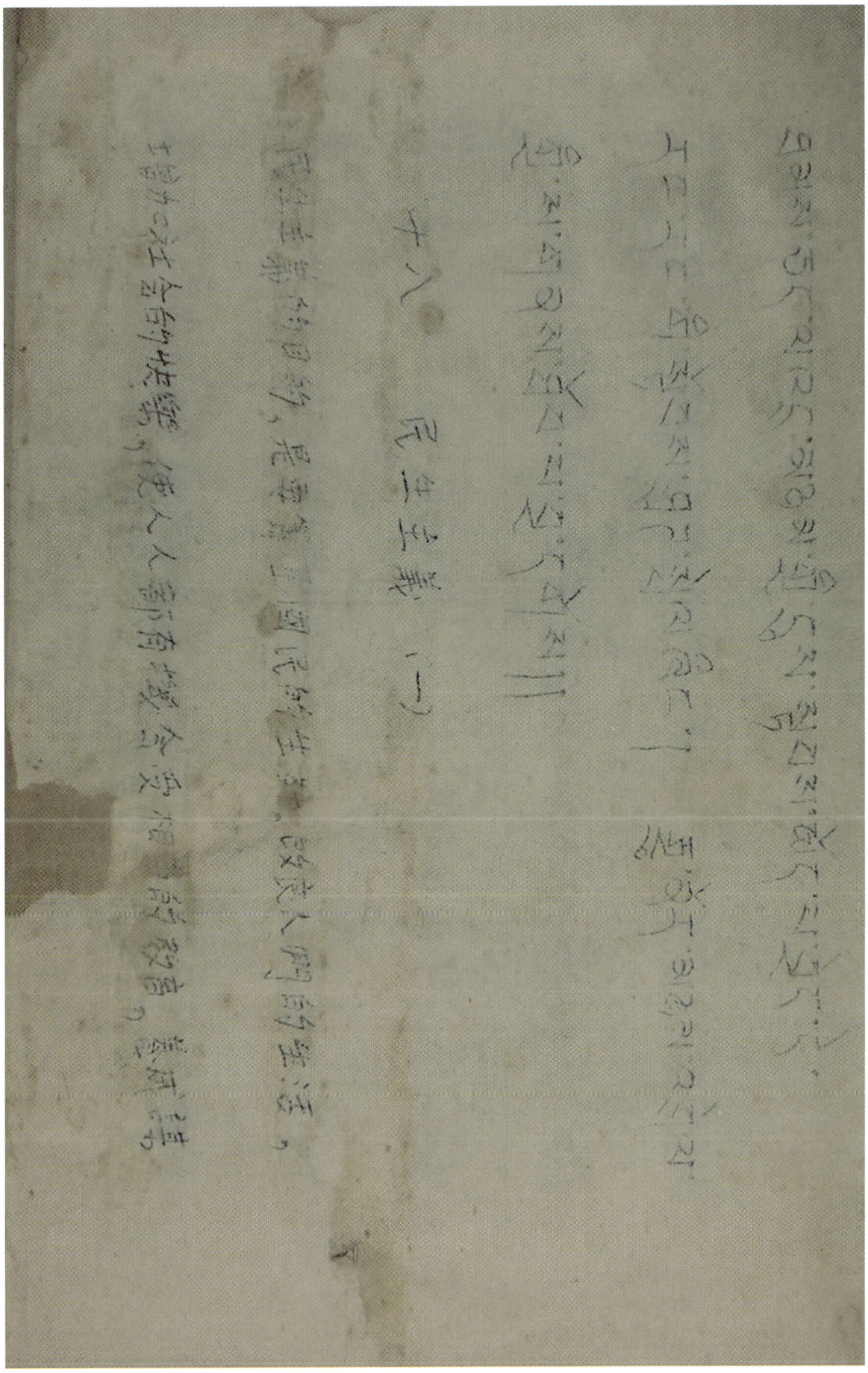


《藏汉合璧教科书》末册末页

# 2. 汉文蒙古文合璧古籍

## 中华民国宪法

ᠳᠤᠮᠳᠠᠳᠤ ᠢᠷᠭᠡᠨ ᠤᠯᠤᠰ ᠤᠨ ᠦᠨᠳᠦᠰᠦᠨ ᠬᠠᠤᠯᠢ

中央组织部、教育部、蒙藏委员会译印。
民国三十六年（1947）铅印本。汉文蒙古文合刊。
简装。页面25.7厘米×18.2厘米。
1册，1函，93页（汉文28页、蒙古文65页）。
残损。

中华民国宪法（1946年）于1946年12月25日国民大会通过。1947年1月1日由南京国民党政府颁布。这部宪法是民国史上最后一部宪法，其出台背景是1945年抗日战争胜利以后，国共两党进行重庆谈判签订“双十协定”，国民政府按协定召开政治协商会议（史称旧政协）。1946年1月10—30日，政治协商会议召开，其中有宪法的修改起草工作。该宪法即在这种社会政治背景下起草、通过并实施。

1946年中华民国宪法的全部内容，计14章175条。第一章“总纲”包含中华民国的国体、主权、国民、疆域、国旗和各民族一律平等6条规定。第二章“人民之权利义务”包含男女、宗教、种族、阶级、党派在法律上一律平等和国民享有居住、迁徙、言论、著作、出版、集会、结社、宗教信仰自由等18条内容。第三章“国民大会”对国民大会行使政权及职权等内容进行了规定，计10条。第四章“总统”对总统的选举、职权和任期等内容进行了规定，计18条。第五章“行政”对行政院的职能、职责等进行了规定，计9条。第六章“立法”对立法院的职能、职责进行了规定，计15条。第七章“司法”对司法院的职能、职责进行了规定，计6条。第八章“考试”对国家考试院行使对国家工作人员的考试、任用、考绩、升迁等内容进行了规定，计7条。第九章“监察”对监察院的职能、职责进行了规定，计17条。第十章“中央与地方之权限”对中央和地方的权限进行了划分，计5条。第十一章“地方制度”对省、县自治以及蒙古、西藏自治制度进行规定，计17条。第十二章“选举、罢免、创制、复议”

对选举权、被选举权和创制、复决进行了规定，计8条。第十三章“基本国策”对国防、外交、国民经济、社会安全、边疆地区事务进行了规定，计33条。第十四章“宪法之施行及修改”对宪法的实施及修改进行了规定，计6条。

由于该宪法的起草、修订工作有国民党左派和以周恩来为代表的中国共产党人以及民主同盟代表张君劢等民主人士参加，经过多次激烈讨论和斗争，有效抵制了国民党一党专政和蒋介石独裁统治的制宪主张，最终文本经国民大会讨论通过，因而是民国时期最为积极进步且具有民主性质的一部宪法。为使该宪法内容及精神更好地在各民族之中进行普及教育，国民政府中央组织部、教育部、蒙藏委员会组织人员将宪法全文翻译成蒙古文本，与汉文文本合刊装订进行颁行。由于蒋介石是迫于当时的各方压力才同意颁行这部宪法的，为达到独裁统治目的，他不久就撕毁“双十协定”，悍然发动内战，实际上这部宪法在当时并没有起到任何实质性作用，但是在文本内容上不失为一部有价值的宪法，如在“总纲”中就有对“各民族一律平等”的表述，在具体内容上有中央政府对西藏、蒙古等民族地方的管理权利、制度的规定，彰显了维护国家统一、民族平等的主张。

（陈烨）

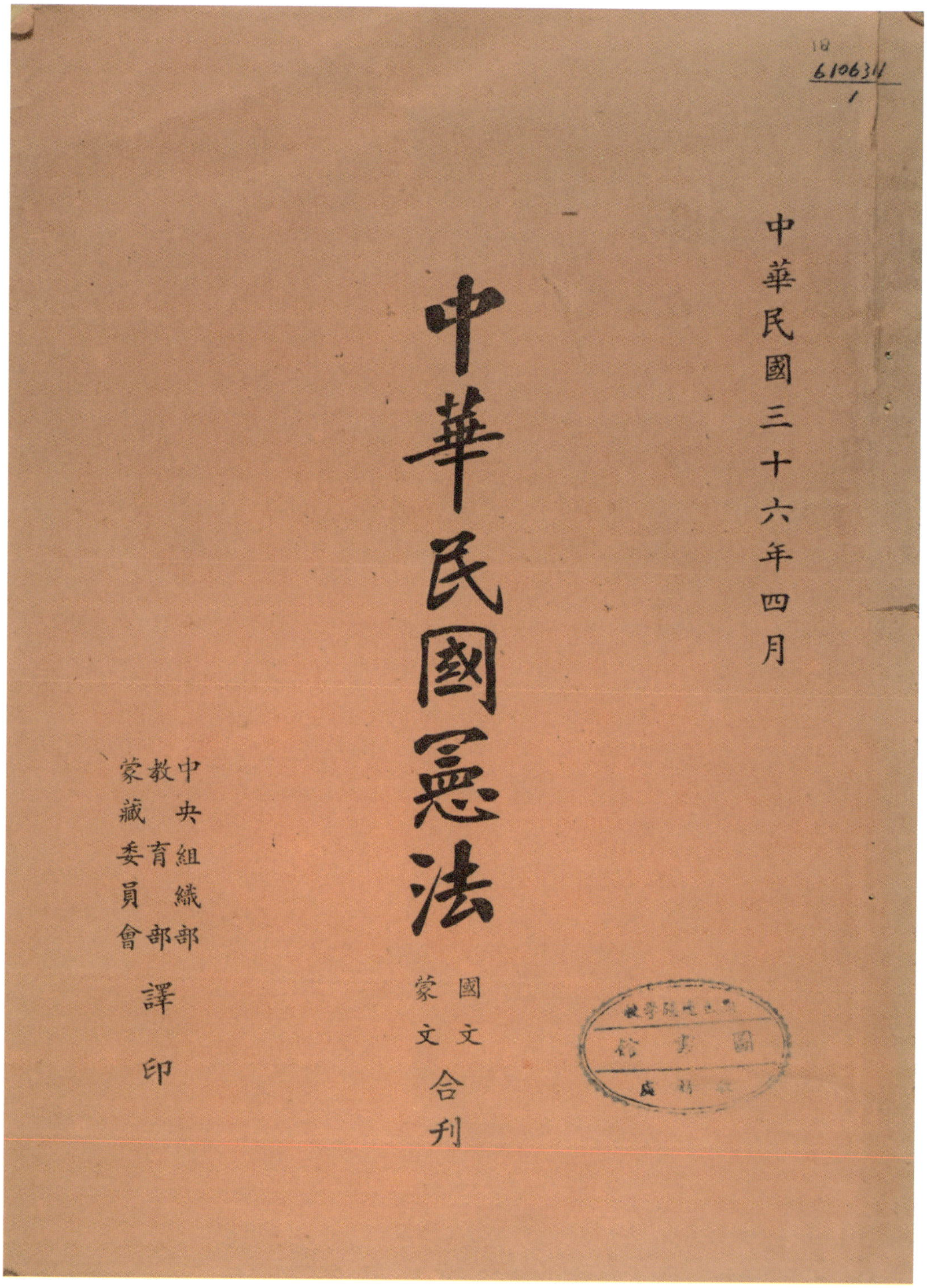


1946年《中华民国宪法》汉文蒙古文合刊 汉文封面

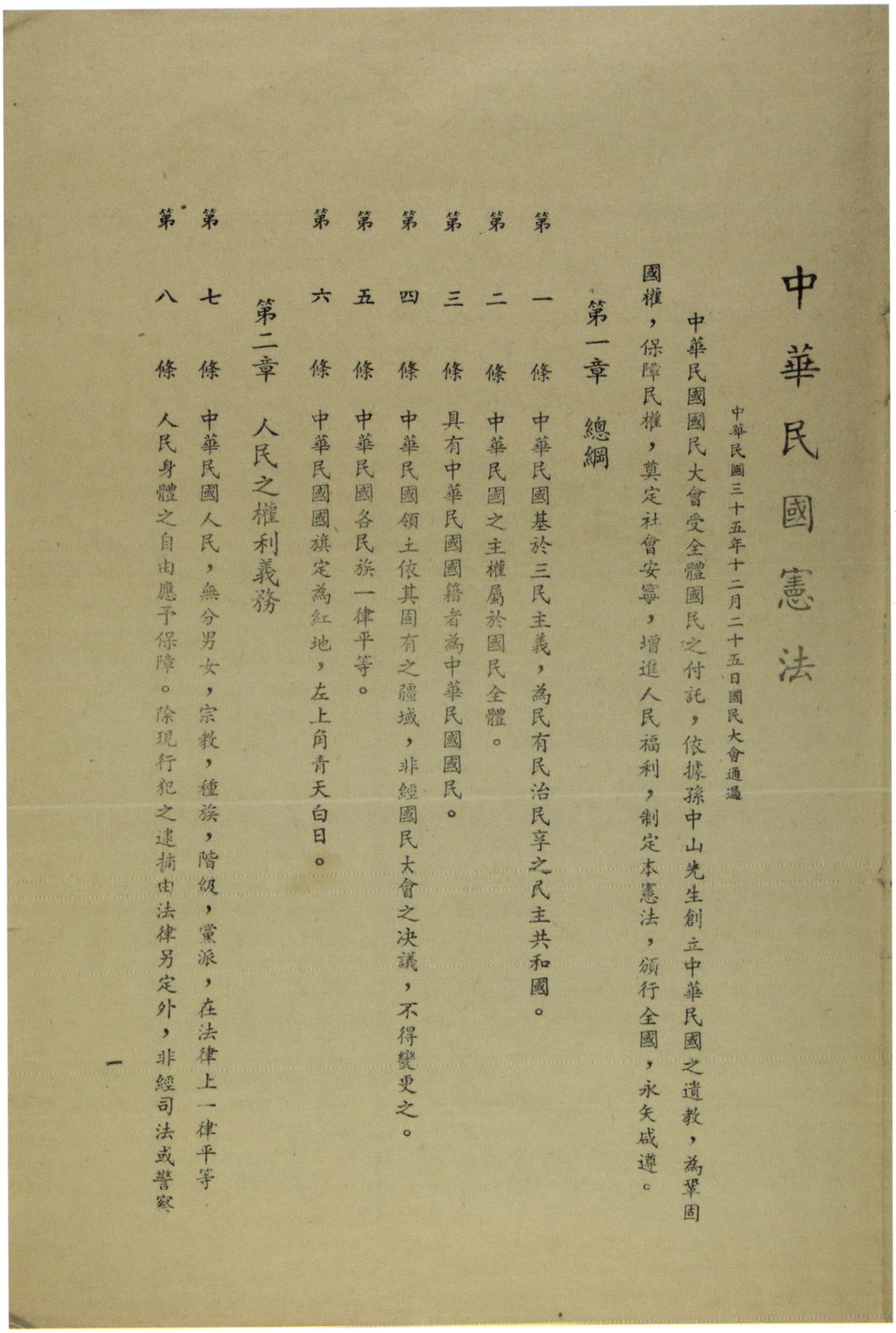

# 中華民國憲法

中華民國三十五年十二月二十五日國民大會通過

中華民國國民大會受全體國民之付託，依據孫中山先生創立中華民國之遺教，為鞏固國權，保障民權，奠定社會安寧，增進人民福利，制定本憲法，頒行全國，永矢咸遵。

## 第一章　總綱

第一條　中華民國基於三民主義，為民有民治民享之民主共和國。

第二條　中華民國之主權屬於國民全體。

第三條　具有中華民國國籍者為中華民國國民。

第四條　中華民國領土依其固有之疆域，非經國民大會之決議，不得變更之。

第五條　中華民國各民族一律平等。

第六條　中華民國國旗定為紅地，左上角青天白日。

## 第二章　人民之權利義務

第七條　中華民國人民，無分男女，宗教，種族，階級，黨派，在法律上一律平等

第八條　人民身體之自由應予保障。除現行犯之逮捕由法律另定外，非經司法或警察

一

1946年《中华民国宪法》汉文蒙古文合刊　汉文目录

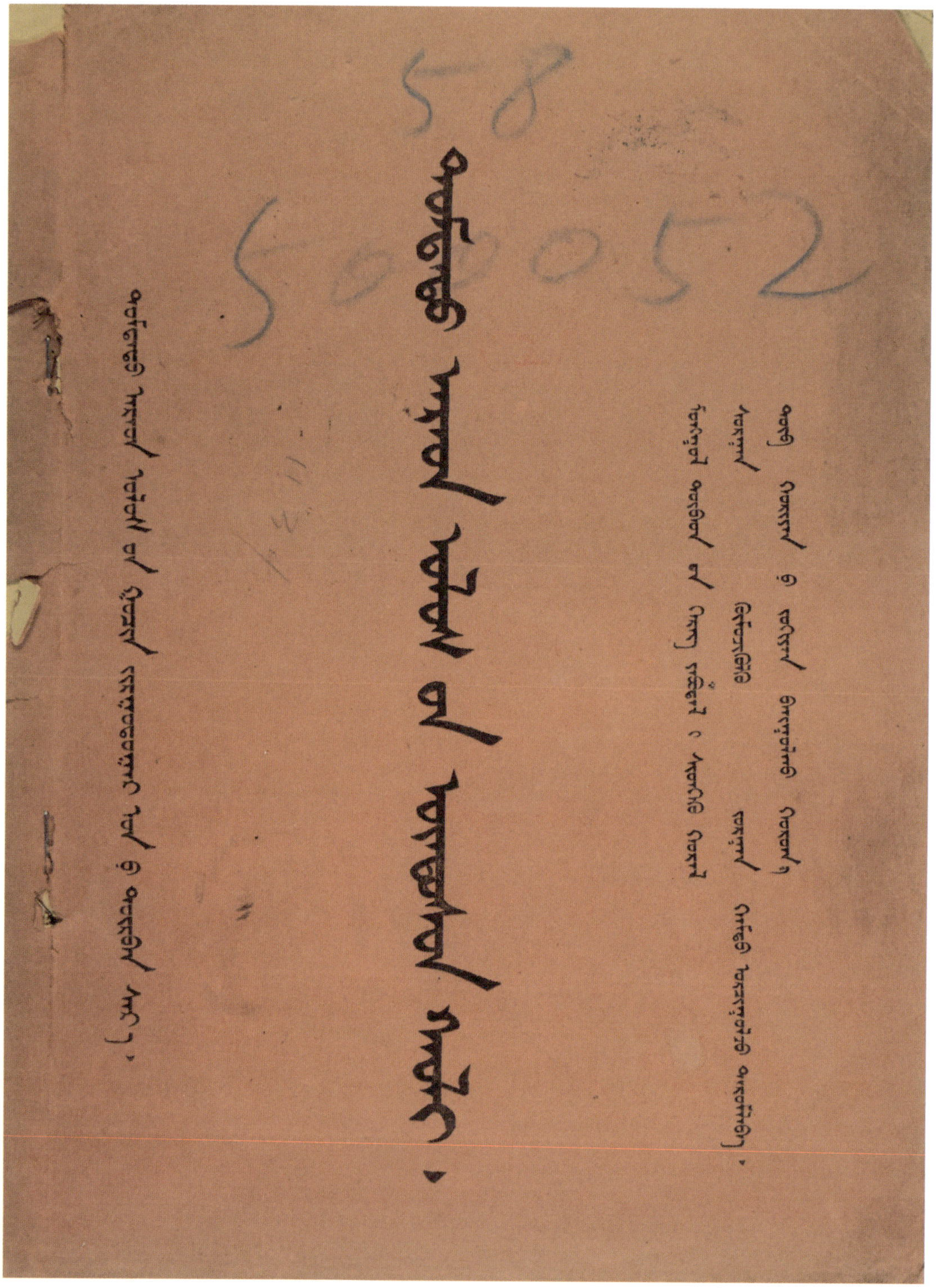


1946年《中华民国宪法》汉文蒙古文合刊 蒙古文封面

## 保产机要

（清）柯炌编著，卓德巴扎布译。

民国二十四年（1935）石印本。汉文蒙古文合璧。

线装。页面25.0厘米×15.0厘米，半叶版框18.4厘米×12.2厘米。四周双边。半叶4行。白口，单鱼尾，版心有汉文书名。

3册，1函（馆存卷1、2、4），存262叶。

保存基本完好。

该书是明代柯炌（字集庵）编著的一部妇产科中医著作。书前有作者作蒙古文序一篇，记载作者民国八年（1919）在北京琉璃厂逛书店时发现一本满汉对照的医学著作《保产机要》，觉得若译成蒙古文推广，会让很多人受益，是一件功德无量的事情，于是经多方咨询专家，译成蒙古文，并行蒙汉对照形制，于民国二十四年（1935）刊刻发行。书中正文前有“保产碎事序”和“保产机要序”两篇，皆无著者、时间。另有“保产机要小引”一篇，“丙辰秋日（清康熙十五年〈1676〉）吴疁集庵柯炌识”。全书共四卷，卷一、二分保产总论、难产七因、受胎保护、小产当慎、临产斟酌、产后当知、保产良方论、临产危症、回生丹方论、回生丹、胎产金丹等内容，主要论述临产、产后诸症诊治，尤对难产原因、临产注意事项介绍较详。馆藏无卷三。卷四为蒙古文，记载备孕的注意事项、药方等相关事宜，并大量记载如何多子、生男孩、养男孩的方法及药方等。

《保产机要》文字通俗，内容简要，切于实用，故复刻刊本颇多，流传较广。现存初刻本有大量清刻本、石印本和铅印本，是清早期一部流传极广的妇产科名著。现存清乾隆五十二年（1787）濮川同善堂刻本、清乾隆周会莱抄本、清道光二十三年（1843）棠樾鲍承德堂刻本等刊本。

柯炌，清代著名医家，字集庵，吴疁（今上海市嘉定）人。精通妇产科，曾得汤处士《保产机要》及钱处士《绣阁宝生》两部著作，结合朱丹溪《产宝百问》、杨子建《十产论》、陈子明《妇人良方》参考互定，以《机要》为主，存其确论、节其冗言、补其未备之条、载以经验之剂，著《保产机要》，至易至简、可遵可行，以通俗之言行于世。

卓德巴扎布，清光绪三年（1877）生，内蒙古明安旗察哈尔七牧群正白羊群桑根达赖人，蒙古族。早年任察哈尔七牧群畜群长、牧群长、总管。1916年授陆军中将。1917年赴京任蒙藏院副主任。

（曹娇林）

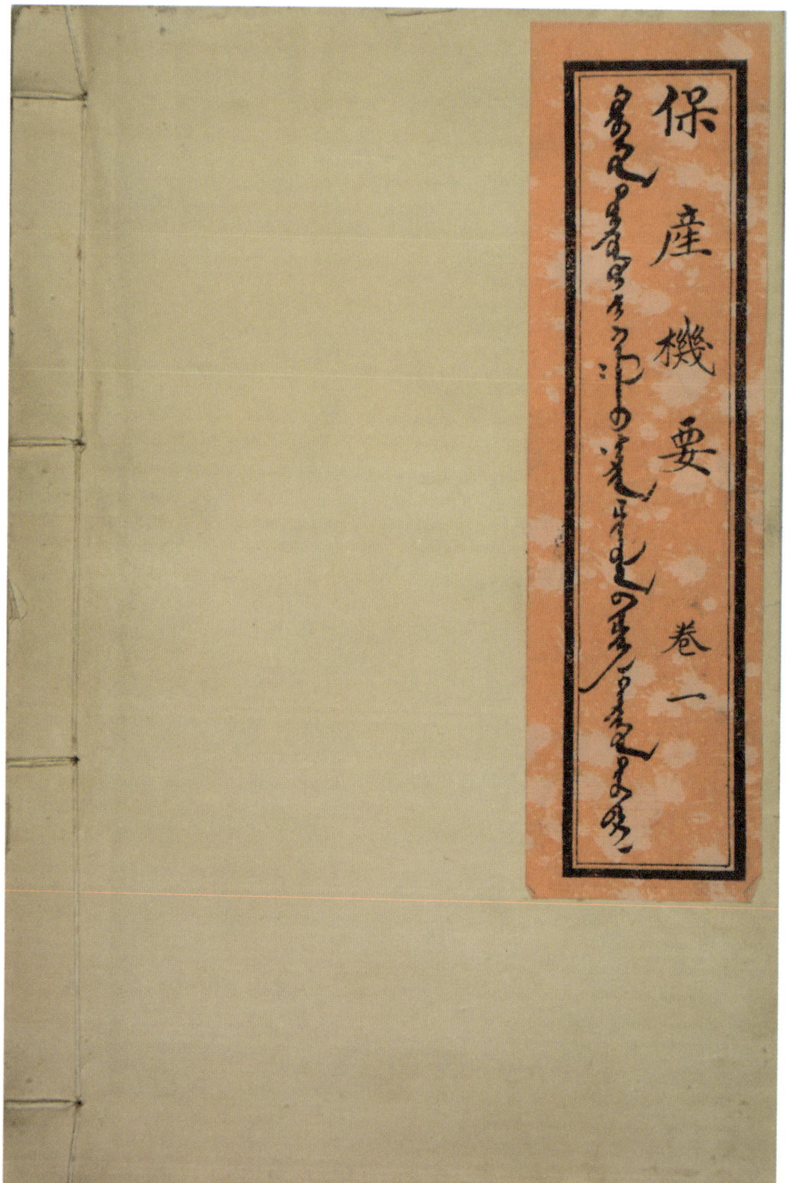


《保产机要》封面

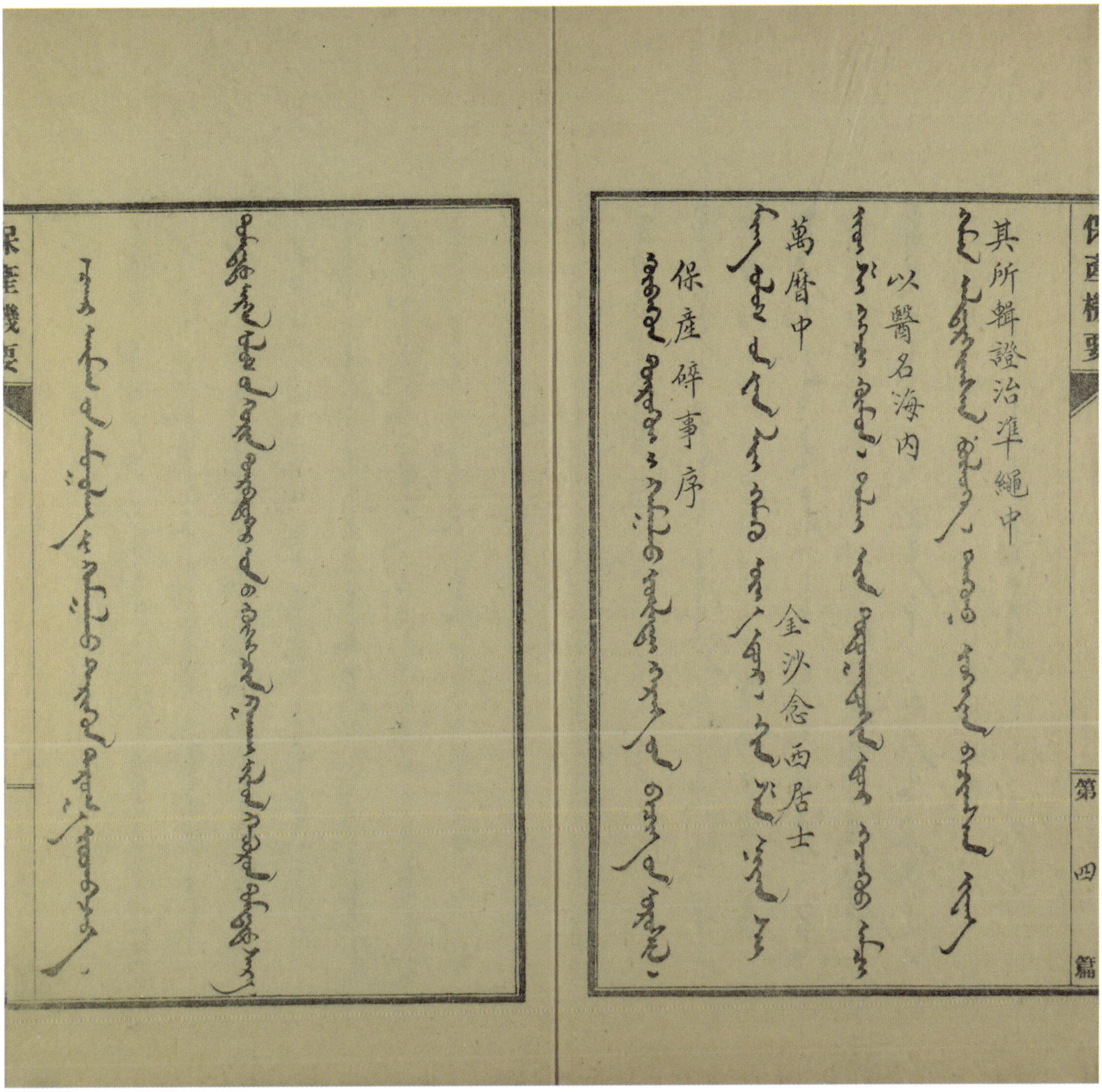
保産機要　第四篇

其所輯證治準繩中

以醫名海内

萬曆中

金沙念西居士

保産碎事序

保産機要

《保产机要》序

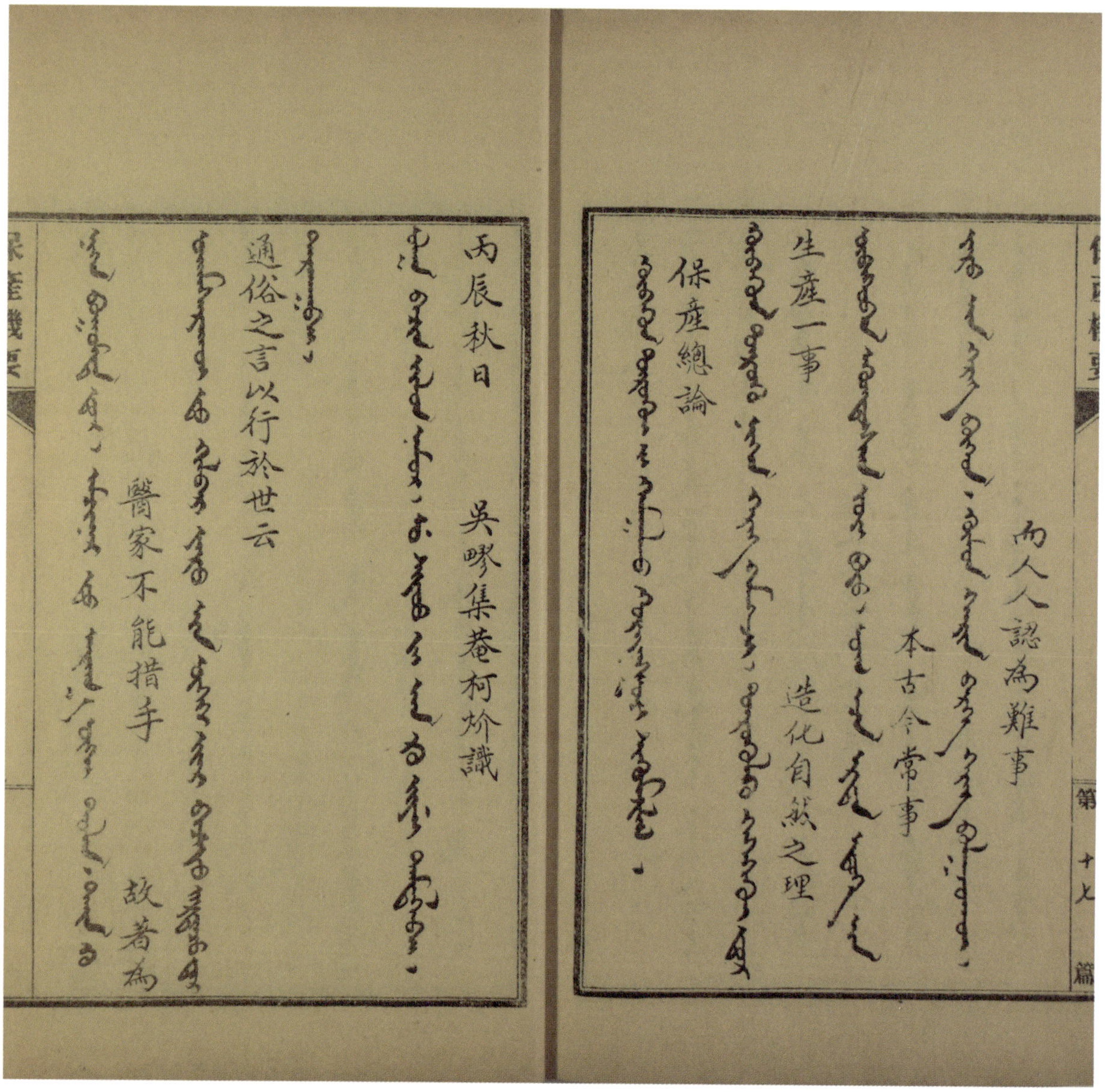
保產機要
第 十七 篇
而人人認為難事
本古今常事
造化自然之理
生產一事
保產總論
丙辰秋日
吳嘐集菴柯炌識
通俗之言以行於世云
醫家不能措手
故著為
保產機要

《保产机要》序尾叶

## 蒙文文法概要

黄成垙著。

据民国抄本印。汉文蒙古文合璧。

线装。页面27.0厘米×15.5厘米。半叶9行。版心有汉文书名。

1册，1函，78叶。

保存基本完好。

全书共分12章。第一章蒙文之沿革，讲述蒙古文字从无到有的发展过程，“始以畏兀字书国语”，“因而有回纥文之称”，后“经萨里喇嘛抄袭东罗马文法”，“制造蒙文，凡四十四字”，“嗣经西僧帕克巴逐渐增加”，“近因应用繁多，逐渐加赠”，“遂为一百五十三字，此蒙文成立之沿革也”。第二章音韵及缀字：第一节字母子音及其性别；第二节缀字之方法；第三节字母之变形。第三章名词：第一节名词之种类；第二节，名词之位置；第三节，名词之复数。第四章数词：第一节单用之数词；第二节连下之数词（下边还有他数或他字者用之）；第三节表示次数；第四节表示次第；第五节表示人数之数词。第五章代名词：第一节人称代名词；第二节指示代名词；第三节，疑问代名词。第六章动词及助动词：第一节动词之原体（系命令形）；第二节自动词与他动词；第三节动词之复数；第四节助动词。第七章形容词：第一节示象形容词；第二节示数形容词；第三节代名形容词；第四节比较表；第五节形容词之变法。第八章副词：第一节顺状副词；第二节逆状副词；第三节代状字。第九章接续词：第一节提接；第二节中续联字；第三节旁转联字；第四节互应联字。第十章助词：第一节表示接触关系之助词；第二节表示来历之助词；第三节正决助词；第四节反决助词；第五节不决助词；第六节拟决助词。第十一章感叹词：第一节感异叹词；第二节赞同叹词。第十二章翻法要略：第一节变文为话；第二节正翻（依照汉次序翻）；第三节变法之增减；第四节变法之取意；第五节变法之倒装。

著者黄成垙，字春田，清光绪二十年（1894）生于辽宁本溪县清河城小甸子一个富有家庭。毕业于奉天蒙文中学校。在校学习蒙古文、蒙古语、边政等科。为求深造，于民国六年

（1917）随其兄黄成垿到外蒙库伦，研究蒙古文蒙古语。民国七年（1918），充任恰克图都护副使公署主事，又升为秘书。民国八年（1919），任西北边防总司令部翻译官。民国十年（1921），任察哈尔都统兼援库总司令部翻译官。民国十二年（1923），任国立西北大学校蒙古文教授。后任东三省总司令部蒙旗处上校科长，东三省政务委员会蒙旗处第二股上校股长职务。

（曹娇林）

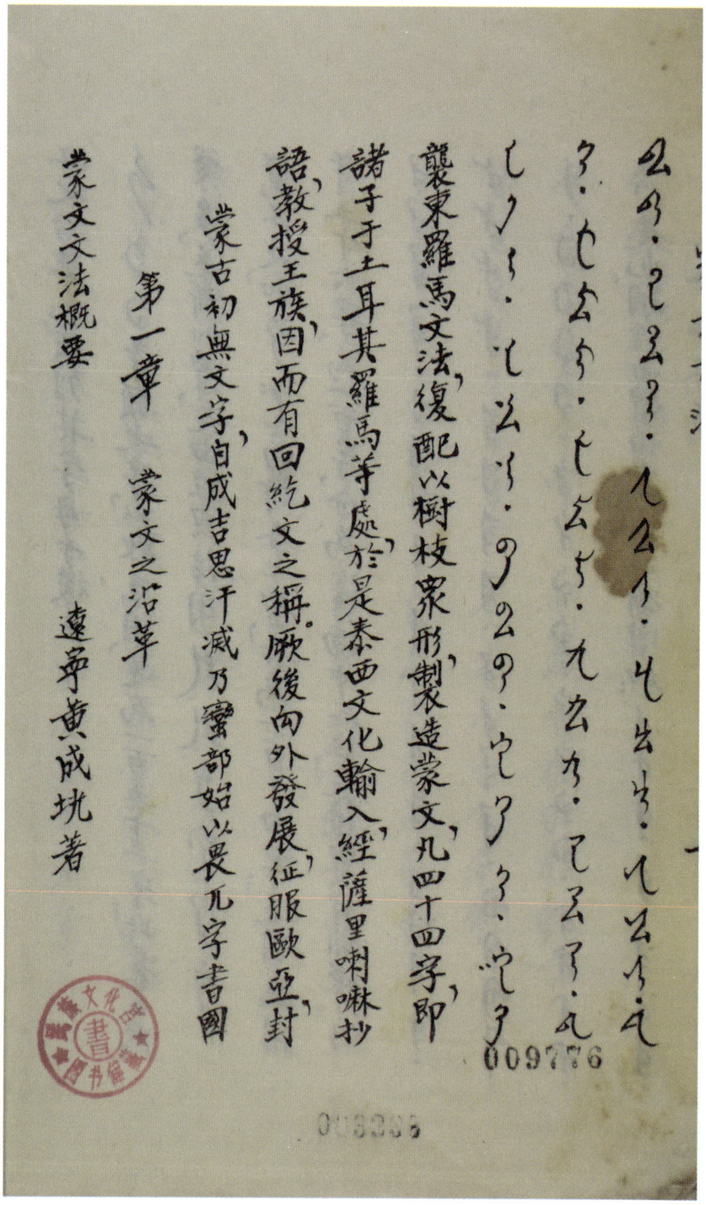


《蒙文文法概要》首卷卷端

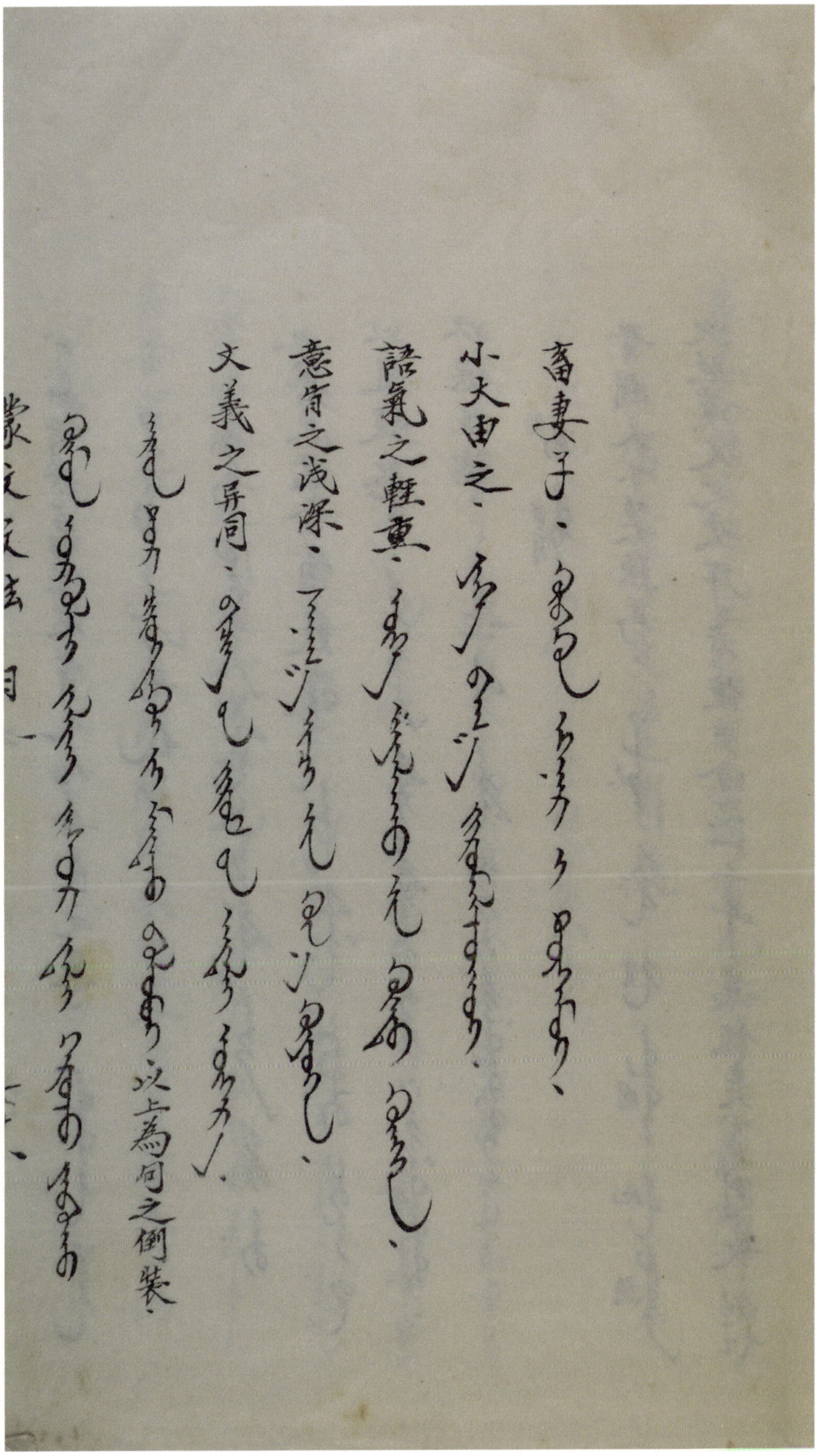
畜妻子、
小大由之、
語氣之輕重、
意旨之浅深、
文義之異同、
以上爲句之倒装、
蒙文文法目一

《蒙文文法概要》卷末

## 蒙文注释初级小学国语常识课本

教育部教科用书编辑委员会。

民国三十年（1941）石印本。教育部印行。汉文蒙古文合璧。

精装。页面18.2厘米×13.3厘米。

2册，1函，928页。

保存完好。

第一册含两幅“国音字母”。

《初级小学国语常识课本》由国立编译馆编写，于1942年11月出版。国立编译馆中设有专门编写教科用书组，前身是教育部教科用书编委会，于1942年1月并入国立编译馆，成为教科用书组，负责按照重新修正的课程标准编辑中小学教科书。《初级小学国语常识课本》是国民党统治时期第一次由政府出面组织、指定国立编译馆负责编纂的国定制的小学语文教科书，这套教科书适用于国统区，全套共8册，供初级小学四年制用。《初级小学国语常识课本》中包含国语和常识两大块内容，各自保持固有内容，但各有侧重：国语重文字的鉴赏，常识重知识的吸收。文中配有大量插图，尤其是前四册，并且于课文主题相匹配，丰富的插图设计确切表达了课文的意思。书中每四五篇课文后附一组练习，8册教科书共包含练习50余组，围绕说话、读书、作文、写字四项进行设计。

此文献为汉蒙合璧，《初级小学国语常识课本》1—4册装订成册，5—8册装订成册，所以是两册合订本，其中1—4册课本全部翻译排印，5—8册课本以学生对国文已有相当理解能力，仅择生词编表译注。由本书译注要旨可知此文献依照1942年11月教育部公布小学国语常识两课程标准，为沟通边疆文化普及国语文化，将其翻译成蒙语，供应边地初级小学之用；内容上原为普行全国之统一教材，其中如有在边地确难了解者，可由教者酌删；常识部分系用原书图版翻印，译文无法插排，故从略。

（高彩云）

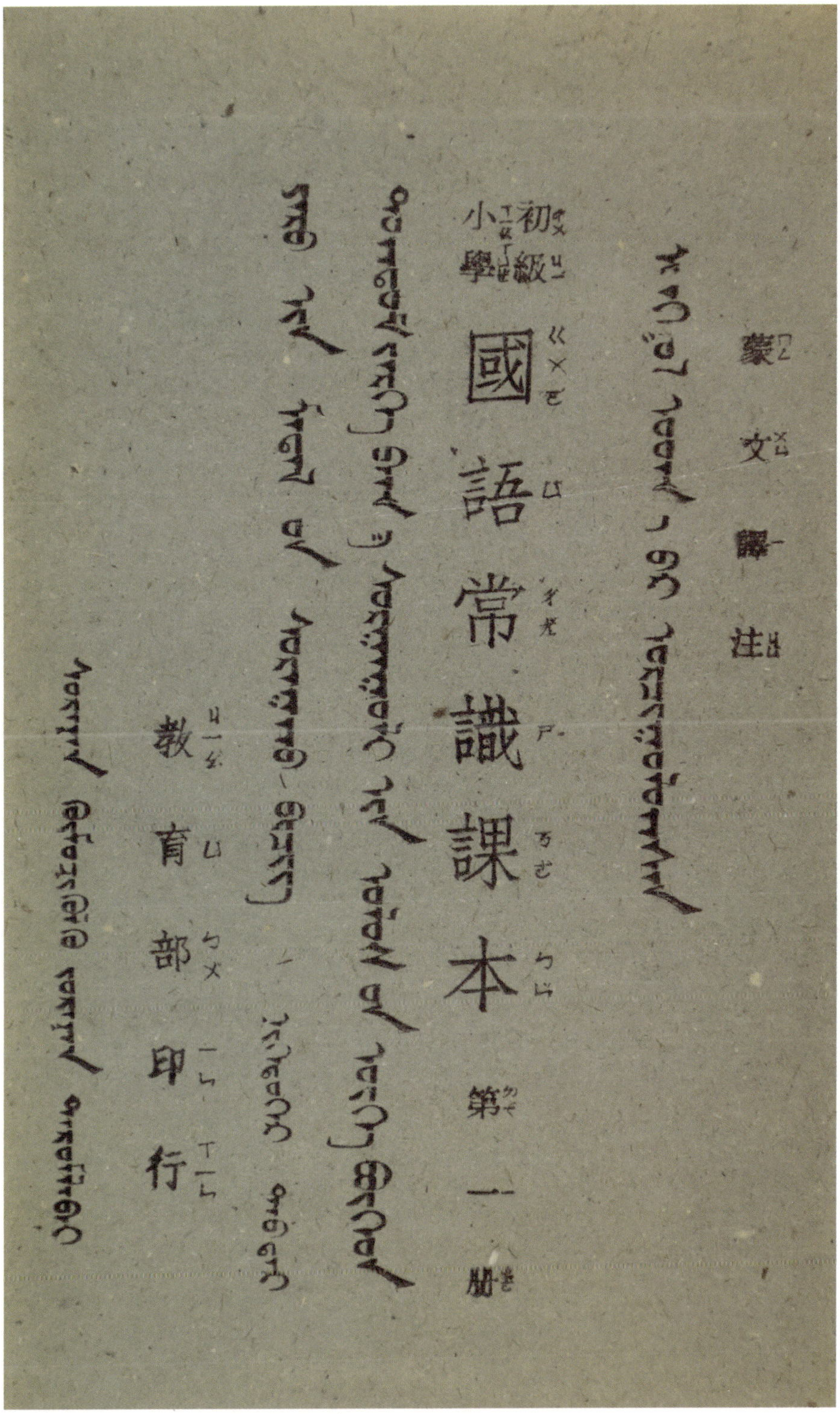
蒙文譯注

初級小學

國語常識課本

第一冊

教育部印行

《初级小学国语常识课本》内封 1

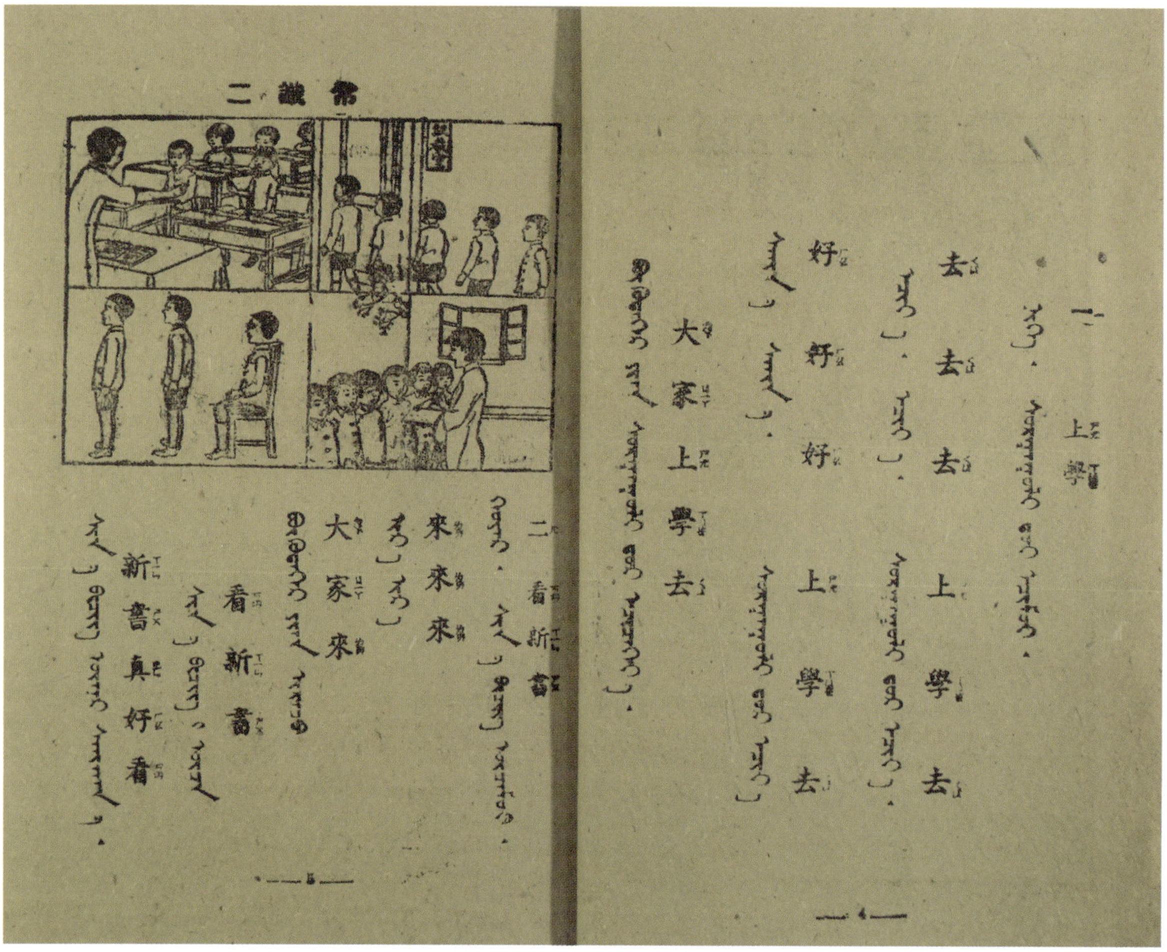
一 上學

去，去去，上學去。

好，好好，上學去。

大家上學去。

常識 二

二 看新書

來，來來，大家來

看新書

新書真好看。

—5—

—4—

《初级小学国语常识课本》正文第1页

## 蒙古会议关于振兴蒙古教育决议案

蒙藏委员会。

民国二十年（1931）铅印本，蒙藏委员会印。汉文蒙古文合刊。

平装。页面26.0厘米×18.5厘米。

1册，1函，72页。

保存完好。

《蒙古会议关于振兴蒙古教育决议案》是第二次全国教育会议决议通过改进全国教育方案，蒙藏委员会制定了此议案，会同教育部提交当时的行政院，并于民国十九年（1930）11月29日获批。中华民国初年，由于政权更迭、政局动荡，蒙古和西藏地方形势混乱，中国出现了严重的边疆危机，1912年5月，成立了蒙藏事务处，隶属内务部，后几经发展改制，于1929年2月1日正式成立蒙藏委员会。可以说这是在蒙藏委员正式成立后不久，为发展民族地区教育而制定的决议案。

此版本《蒙古会议关于振兴蒙古教育决议案》是汉文蒙古文合刊本，两面相对印刷，汉文版从右到左翻阅，蒙古文版从左到右翻阅。文献包含说明、行政院训令、决议案正文三个部分组成，其中决议案正文由九个部分组成：一实行第二次全国教育会议决议蒙藏教育实施计划案；二请中央政府切实协助蒙旗教育之提倡并以促进平民教育职业教育为主体案；三振兴教育案（哲里木盟各旗会议建议书第三项第五次大会修正通过）；四振兴教育案（昭乌达盟代表杨荫村等提案第三项第五次大会修正通过）；五振兴教育案（卓索图盟代表那达木德等提案第五项第五次大会原案通过）；六振兴教育案（卓索图盟代表陈效良等提案第五项第五次大会原案通过）；七振兴教育案（呼伦贝尔代表彭楚克等提案第四项第五次大会原案通过）；八提倡蒙民教育以资增进智识案；九待遇布特哈学生办法。

《蒙古会议关于振兴蒙古教育决议案》内容比较翔实，包括了决议案实施的计划、办法、区域、图书、各个教育阶段等内容，是了解民国期间民族地区教育的重要文献。

（高彩云）

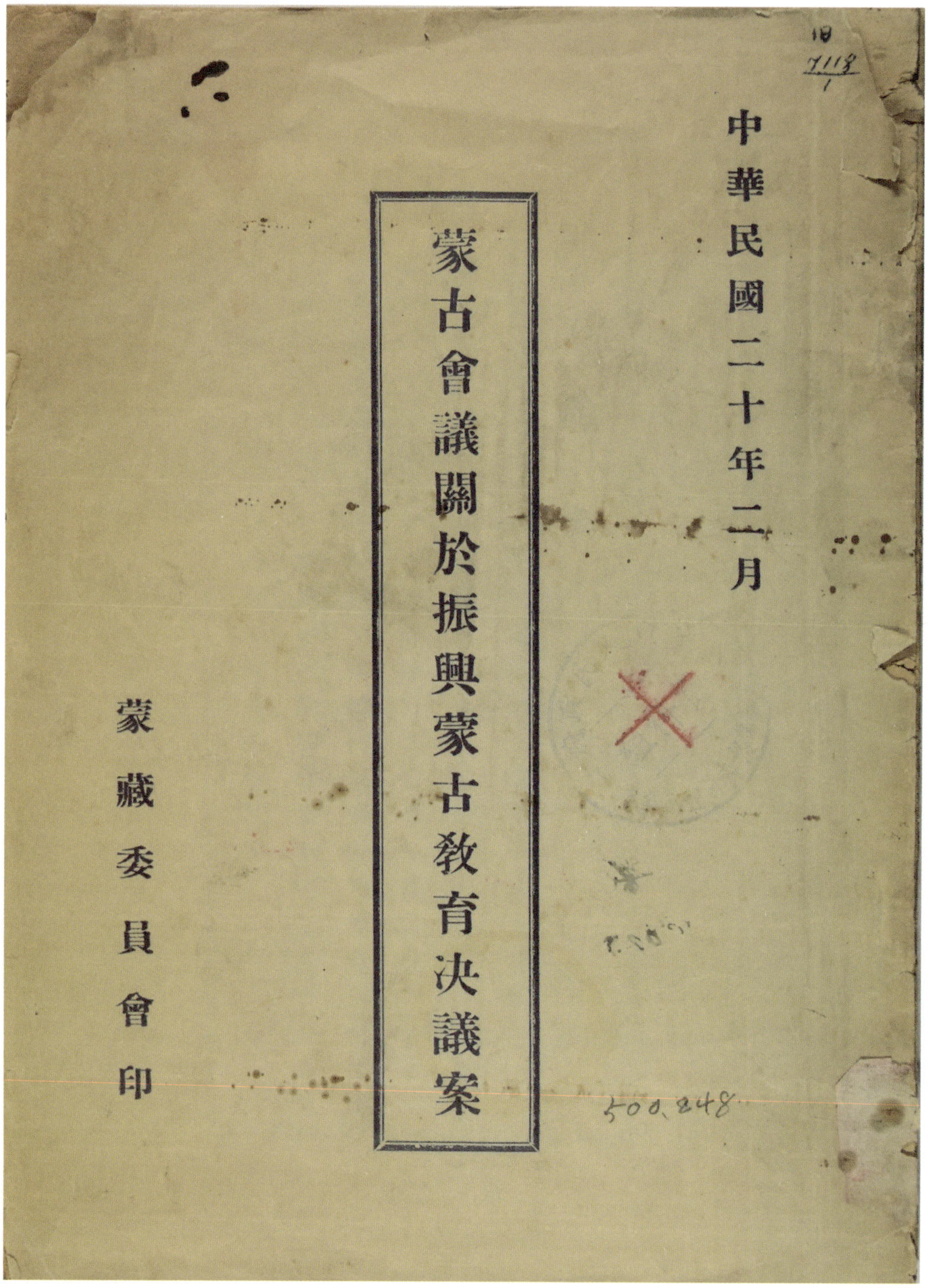


《蒙古会议关于振兴蒙古教育决议案》汉文封面

# 蒙古會議關於振興蒙古教育決議案

## 一　實行第二次全國教育會議決議蒙藏教育實施計劃案

蒙藏委員會提第七次大會原案通過

查蒙藏教育實施計劃業經第二次全國教育會議議決在案內容頗爲詳盡自應由蒙藏委員會會同教育部迅速籌劃詳細辦法呈准
國民政府并督促各盟旗認眞實行以期於預定期間內充分發展蒙古文化也茲將第二次全國教育會議決議蒙藏教育實施計劃附列於後敬請
察閱

### 蒙藏實施教育計劃

全國教育應當統一，惟爲推行便利計，亦有因地制宜的必要，蒙藏地方的語言，文字，風俗，習慣，地勢交通，經濟需要，處處與內地不同，若把適宜於內地的辦法，到蒙藏地方去辦，一定費力多而成功少，有的竟辦不通也難說。本計劃一面領到全國教育統一的宗旨，一面也注意蒙藏地方實際的事實，新疆回民中，有不能完全適用內地教育辦法的，亦應有相當的變通辦法。

### 一　實施教育行政辦法

第一　蒙古各盟部，由各該長官秉承各主管教育行政機關，組織盟或部教育行政委員會，

蒙古教育決議案　一

《蒙古会议关于振兴蒙古教育决议案》汉文正文首页

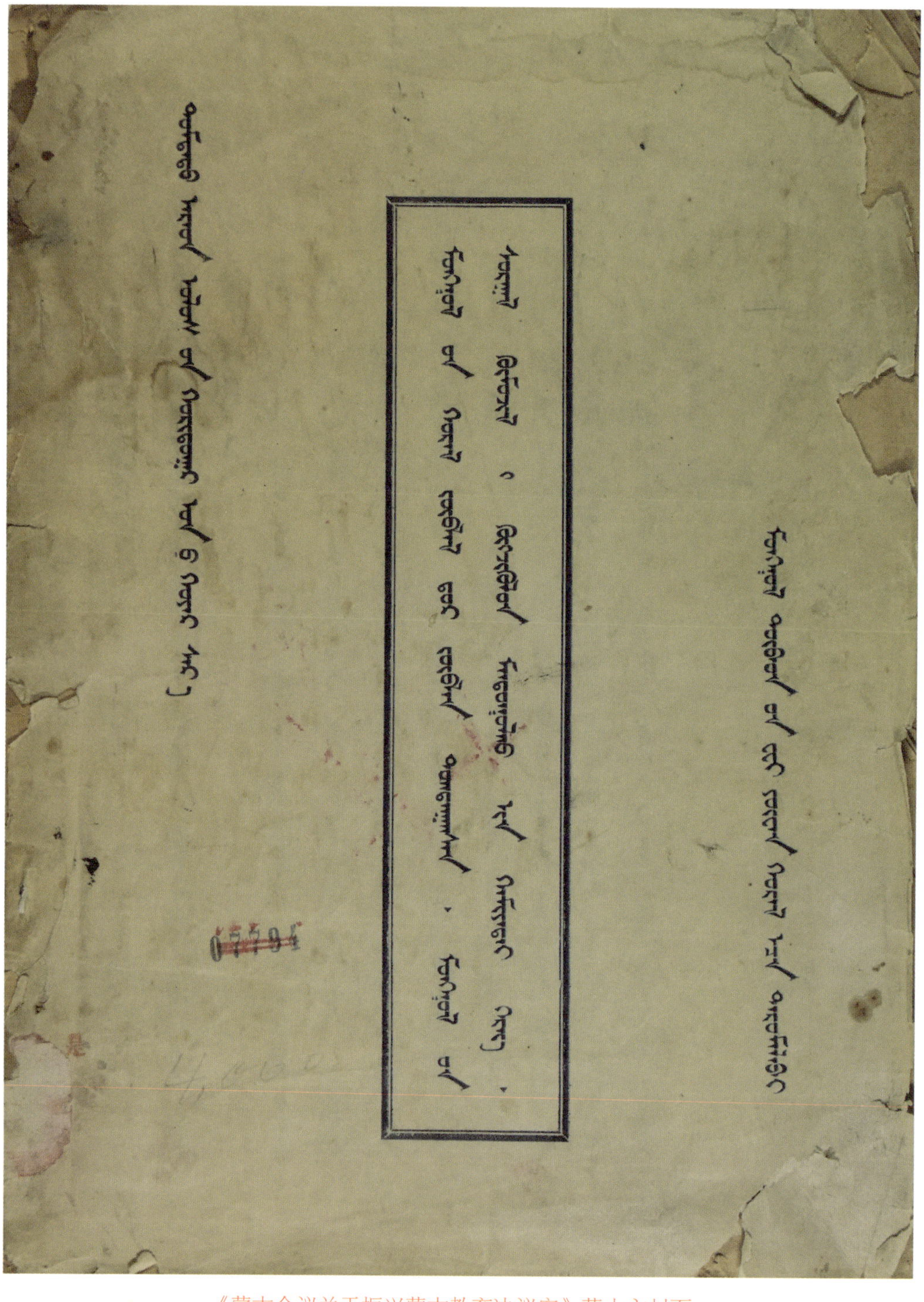

《蒙古会议关于振兴蒙古教育决议案》蒙古文封面

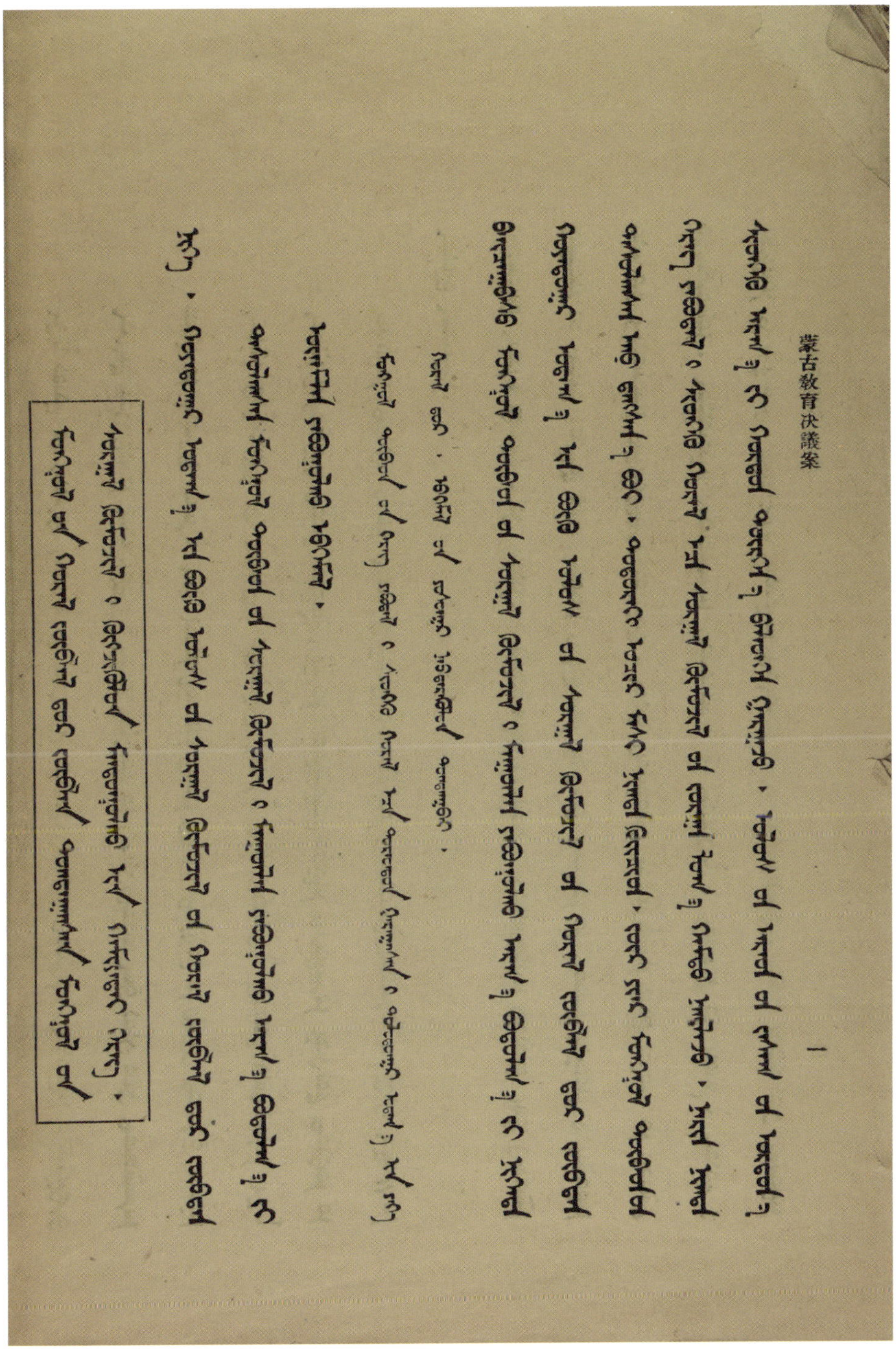


《蒙古会议关于振兴蒙古教育决议案》蒙古文正文首页

## 蒙汉合璧五方元音

海山编译。

民国六年（1917）石印本。汉文蒙古文合璧。

线装。页面26.0厘米×14.5厘米，半叶版框21.0厘米×13.5厘米。四周双边，白口，单鱼尾，版心有汉文书名、页码。

1册，1函，208叶。

保存完好。

另存同版1部。

清入关后，为了加强对蒙古地区的统治，实行了严格的经济文化封锁政策。1839年，清政府颁布禁令禁止蒙古人学习汉语。1853年和1876年又反复重申蒙古人不可以学习汉语的禁令。直到1910年才取消了历史上有关蒙汉民族接触的各种禁令。随着清朝政府对蒙古文化的禁封政策的解除，更多的蒙古族人民有了学习汉语的自由，学习汉语的人日益增多。清末民初，又是中国社会转型的关键时期，由于帝国主义的入侵，动摇了清政府的统治地位，为挽救民族危机，清政府开始实行“新政”，认识到教育的重要性。一些有识之士皆以育才立教为急务，致力于办学事业，掀起了一场办学热潮，国家教育进入了废科、兴学堂的新阶段。在这新兴起的教育改革影响下，蒙古地区的一部分先觉人士和进步的王公也开始致力于兴办学堂，并在学堂中设置了满、汉、蒙古语文的课程。在同一时期，内地汉族人大量涌入蒙古地区，形成了蒙汉杂居的局面，于是杂居区域的蒙汉两个民族人民相互学习掌握对方的语言文字成为必然。在这种历史背景下出现了满蒙汉合璧或满蒙合璧及蒙汉合璧的教科书和工具书。海山编译的《蒙汉合璧五方元音》就是在这种历史环境下产生的。

全书包括喀喇沁右旗贝子海山肖像1页、扉页半版，权半页，跋1页，喀喇沁亲王序2页，卓索图盟西土默特旗扎萨克郡王棍布扎布序2页，哲里木盟宾图亲王棍楚克苏隆序2页，海山自序4页，目录14页，正文181页。《蒙汉合璧五方元音》取自明人樊腾凤所撰《五方元音》，注以蒙古字母的音读，并以蒙古文作注释。卷首有读音诀、韵目、廿字母、汉语词义解释、十二部韵表等，人声注明寄于阴声韵中。

《五方元音》是一部重要韵书，于顺治十一年（1654）至康熙十二年（1673）樊腾凤根据兰茂的《韵略易通》删补而写成的。它以唐山县域方言为基础，收录了当地方言土语词语，其音系代表着17世纪中叶中国北方汉语，在近代汉语语音史上占有重要地位。《五方元音》刊行之后，成为清朝和民国的通用字书，樊腾凤的音序检索法被《新华字典》《现代汉语词典》等现代汉语辞书采用。而编译《五方元音》之后成书的《蒙汉合璧五方元音》，除了对《五方元音》的词语进行翻译以外，还用蒙古文做了标音。《蒙汉合璧五方元音》成为民国时期蒙古人初学汉语时使用的蒙汉合璧词典式教科书。

樊腾凤，字凌虚，明万历二十九年（1601）生于直隶顺德府唐山西良村，清顺治甲午年（1654）例贡。编译者海山，大约清同治元年（1862）生于内蒙古卓索图盟喀喇沁右旗（今内蒙古自治区赤峰市宁城县）天义乡哈达兰乌兰岗村。蒙古族，为海勒图惕Khailtad氏，汉语简称海姓。海山字瀛州，号学海书屋主人。人们又称其为海桑。

海山在《蒙汉合璧五方元音》序里写道："国家力图富强，注重维新，颁令海内建共和华涂畛域，通饬兴学，以示以天下为一家，中国为一人，易胜庆辛。凡我蒙部承应遵饬，振兴教育，以副国家一视同仁至意。"《蒙汉合璧五方元音》的问世，受到蒙古社会各界的欢迎，不仅解决了当时蒙古人学习汉语教材的问题，更是推动了当时社会转型时期的蒙汉两个民族的交往交流交融。

（海梅）

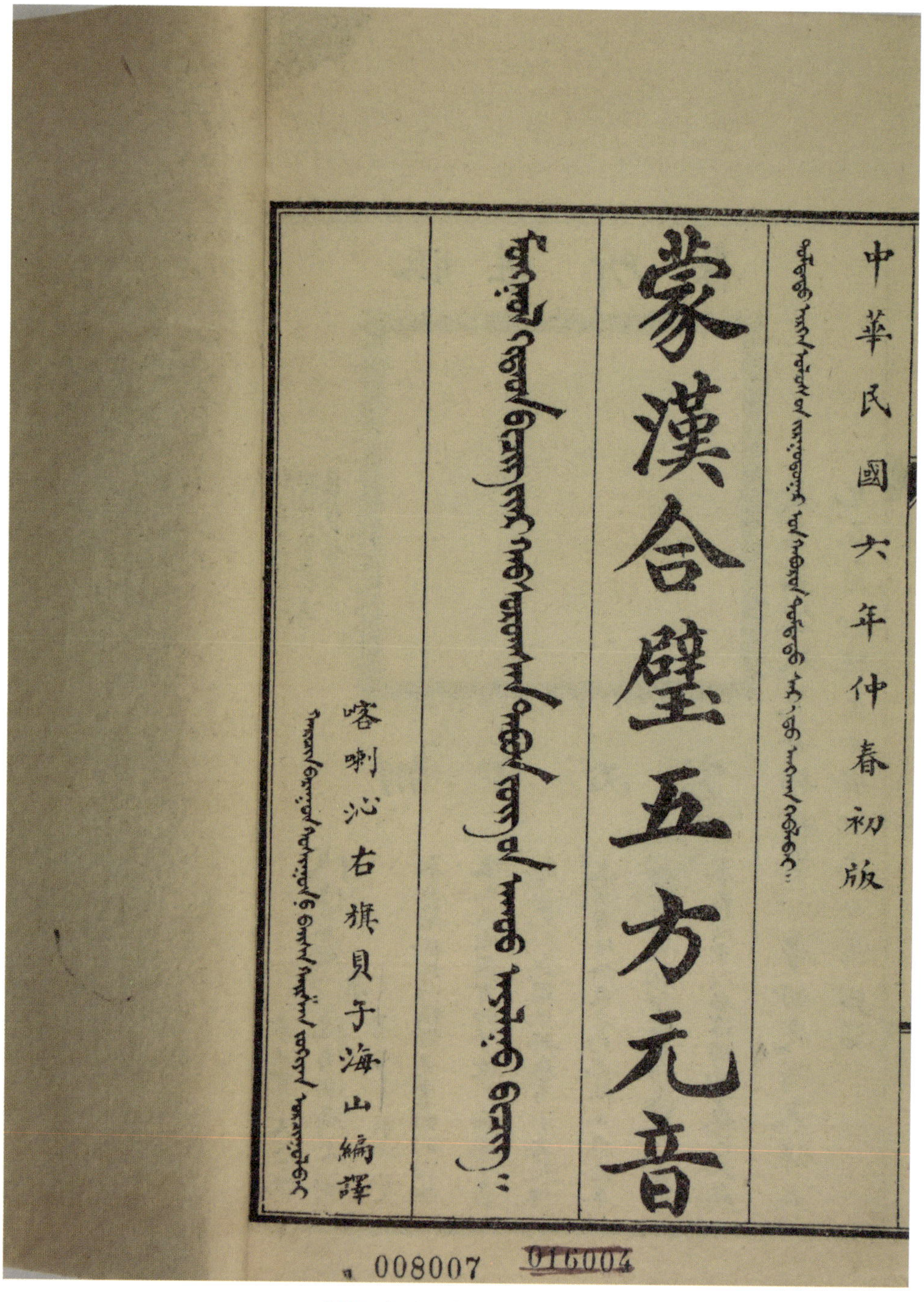


《蒙汉合璧五方元音》内封

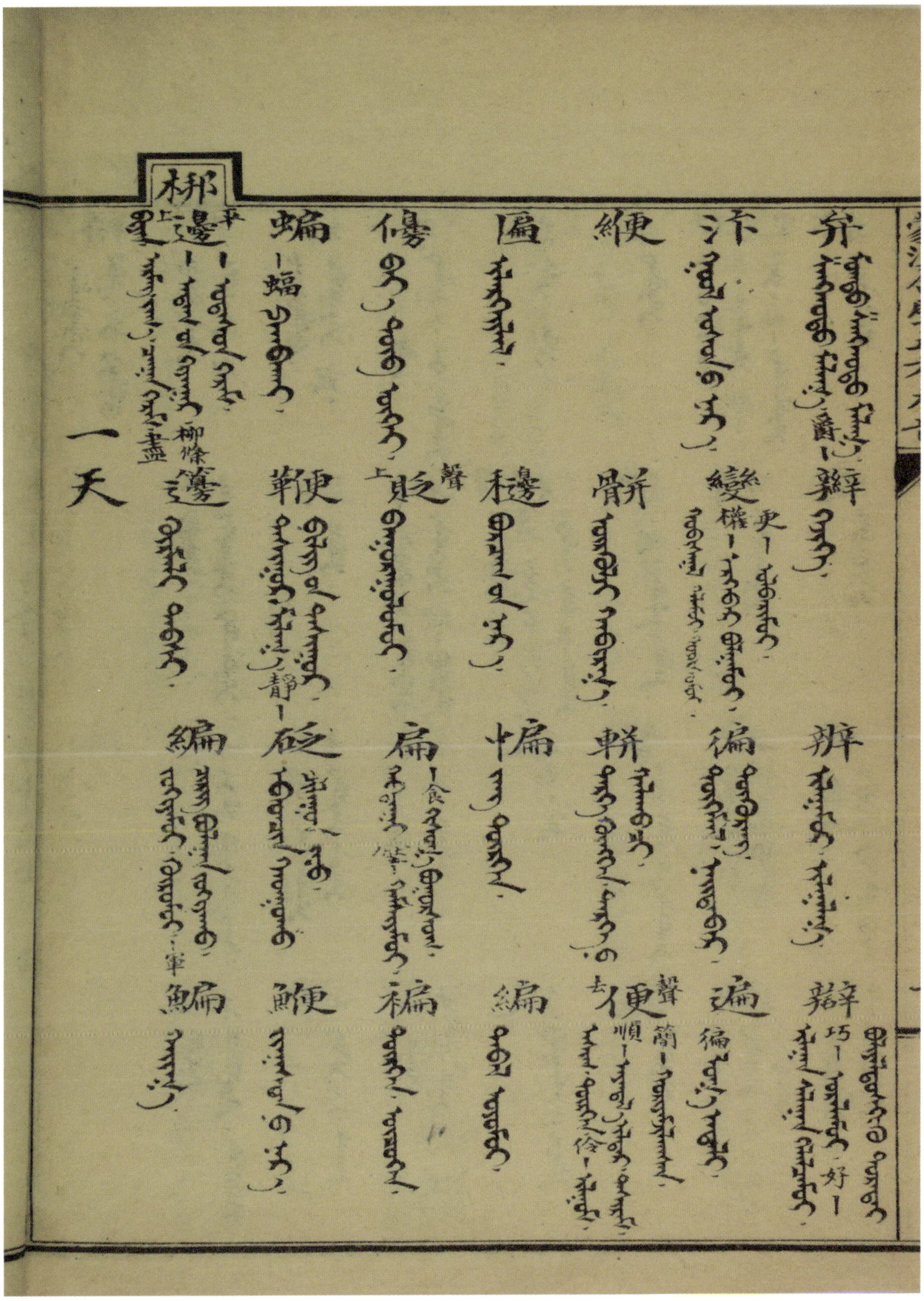

《蒙汉合璧五方元音》正文第1页

## 蒙汉合璧释尊圣传

（日）佐藤富江编。

民国二十七年（1938，昭和十三年）铅印本。东京大亚细亚建设社刊行。汉文蒙古文合璧。

精装。页面22.4厘米×15.5厘米。

1册，1函，270页。

保存完好。

另存同版1册。

该书为叙述佛陀一生事迹的经典。佛陀释迦牟尼，原名乔达摩·悉达多，佛教的创始人，公元前五百余年释迦牟尼出生于北印度迦毗罗卫国（今尼泊尔），是国主净饭王的太子。该书为蒙汉对照，印本精良。正文前有昭和十三年八月佐藤富江作日文序一篇。全书共分十二段：第一段，太子降生离欲出城；第二段，车匿还宫太子入林；第三段，皇宫忧恋下旨出寻；第四段，访师苦行路遇瓶沙；第五段，降服魔军成等正觉；第六段，度五比丘转正法论；第七段，度千弟子长者布金；第八段，安住祇园父母得度；第九段，降伏恶象菴摩请供；第十段，将入涅槃大众悲仰；第十一段，遗嘱弟子毕竟入寂；第十二段，分布舍利结集藏经；附录。书内附有插图8篇。

佐藤富江为第一任蒙古实务学院长。蒙古实务学院是由佐藤富江等人发起成立的专门培养蒙古族青年人才的私立学校，校址设在当时新京（今长春）惠民路302号。蒙古实务学院，是伪满洲国时期日本势力为专门培养蒙古族亲日青年骨干而设立的特殊教育机构。于1935年12月1日正式成立，1942年第7期学生毕业后关闭。从成立时间上看，此时属于1937年之前日本在伪满洲国巩固其殖民统治基础、稳定其统治秩序时期。

（曹娇林）

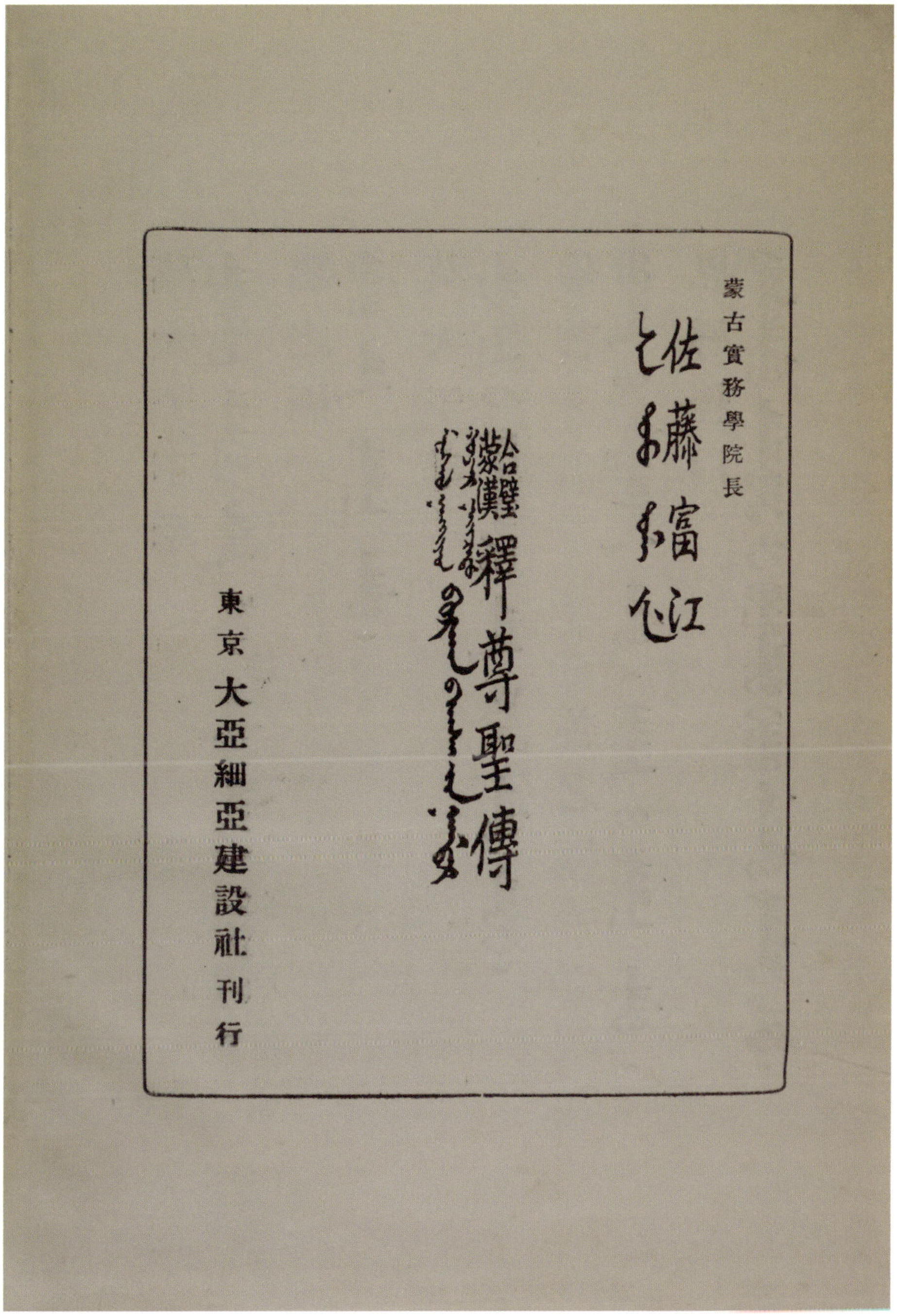


《蒙汉合璧释尊圣传》内封

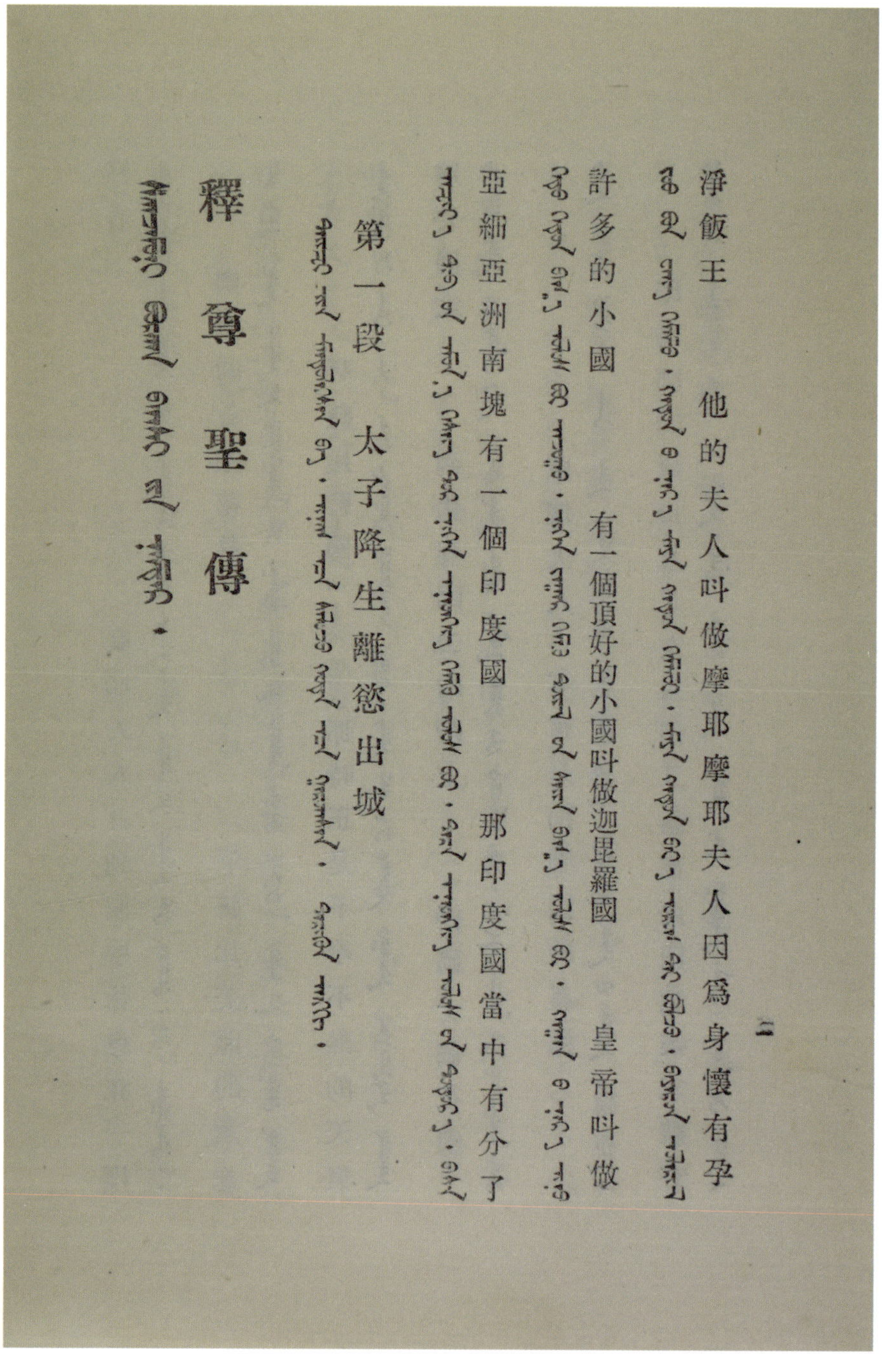
釋尊聖傳

第一段　太子降生離慾出城

亞細亞洲南塊有一個印度國　那印度國當中有分了

許多的小國　有一個頂好的小國叫做迦毗羅國　皇帝叫做

淨飯王　他的夫人叫做摩耶摩耶夫人因爲身懷有孕

二

《蒙汉合璧释尊圣传》首卷卷端

## 蒙汉字典

ᠮᠣᠩᠭᠣᠯ ᠬᠢᠲᠠᠳ ᠦᠰᠦᠭ ᠦᠨ ᠲᠣᠯᠢ

吉利占泰编。

民国三十三年（1944）兰州鼎文印书馆石印本。汉文蒙古文合璧。

包背装。页面26.0厘米×18.2厘米，半叶版框23.0厘米×16.4厘米。四周双边，13行，单鱼尾，版心有书名、卷次、蒙古文字母排序、页码。

1册，1函，173叶。

保存完好。

另存同版1册。

《蒙汉字典》是采用蒙古文、汉文两种文字对照方式而编写，蒙古文后附加汉文翻译编辑的分类辞典，主要目的在于促进各兄弟民族对蒙古文的学习和了解。内容包罗各种各样的事物和词语，非常丰富。对研究蒙古族语言文字学有参考价值。

吉利占泰（1905—1961），号云亭，内蒙古自治区锡林郭勒盟西乌珠穆沁旗人。

（米吉提、阿依努尔·艾合麦提）

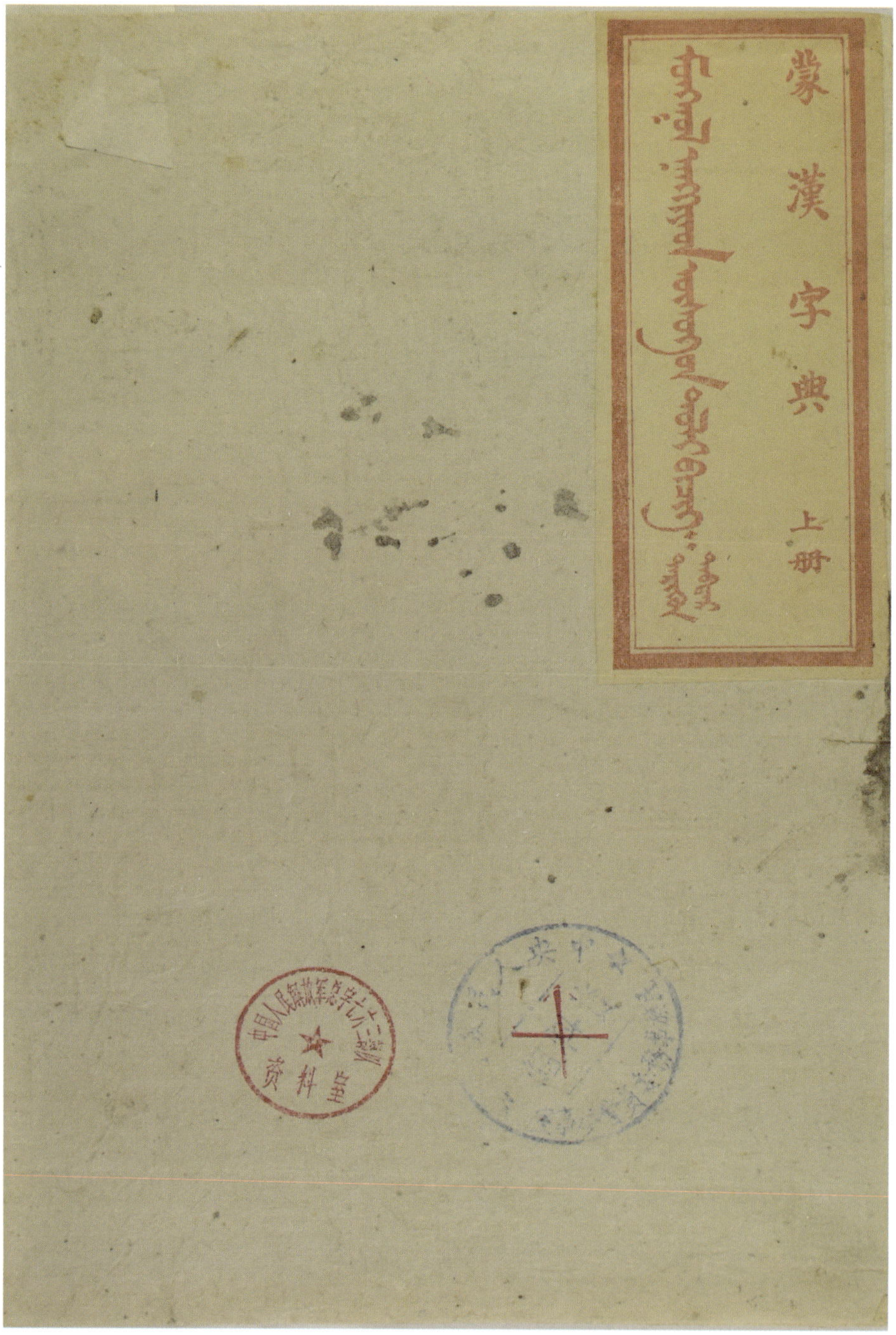


《蒙汉字典》封面

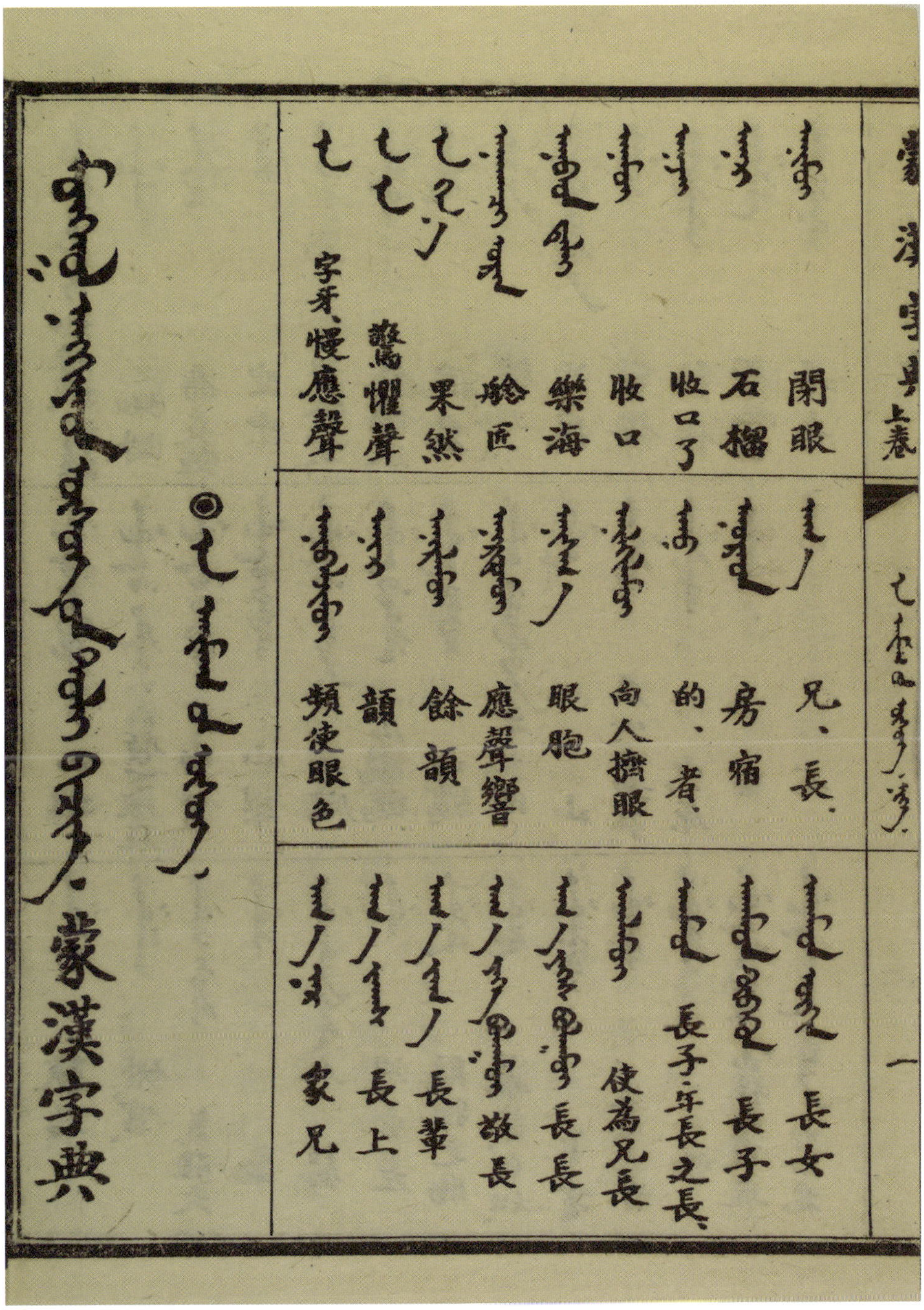
蒙漢字典 上卷

閉眼
石榴
收口了
收口
樂海
鮐匠
果然
驚懼聲
字牙、慢應聲

兄、長、
房宿
的、者、
向人擠眼
眼胞
應聲響
餘韻
韻
頻使眼色

長女
長子
長子、年長之長、
使為兄長
長長
敬長
長輩
長上
家兄

蒙漢字典

《蒙汉字典》内容

## 蒙译名词选辑

中国国民党中央执行委员会组织部边疆语文编译委员会编。

民国三十年（1941）油印本。汉文蒙古文合璧。

线装。页面26.6厘米×18.8厘米。无版框。半叶12行，行字数不等。白口，书口处有“蒙译法律政治经济大辞典”、页码。

2册，1函，272叶。

保存完好。

书内有孙中山肖像图、蒋介石肖像图。蒙古文、汉文序文。

汉文序文乃时任国民党中央组织部部长朱家骅所作。序文首先指出，自清道光年间以来，“治元史之风甚盛”，简要回顾译书情况，并指出存在的问题，有些书虽“编次有法”但“卷帙简短、辞类未多”，有些书“仅以官爵地理人物名称分类、又多牵附谬矣”。引出编印此书的目的，“求我中央政令之推行”及“蒙胞文化之促进”。接着说明本书的收录范围“近代学术政治各科门名词”，收录数量“凡得一万余条”，编印原则，并“经国内最高学术研究编译机关审定”，以“切合实用为原则”，经“集议审决，以求精准”，依“笔划繁简，比次编刻”。最后提到，“故将一二两辑提前付梓，以应切需”。由此推测，此书并未出全，后续还有编印计划。

全书收录近代学术政治各科门名词10000余条，对民国时期教育制度、边疆教育制度等研究有参考价值。

（龚文龙）

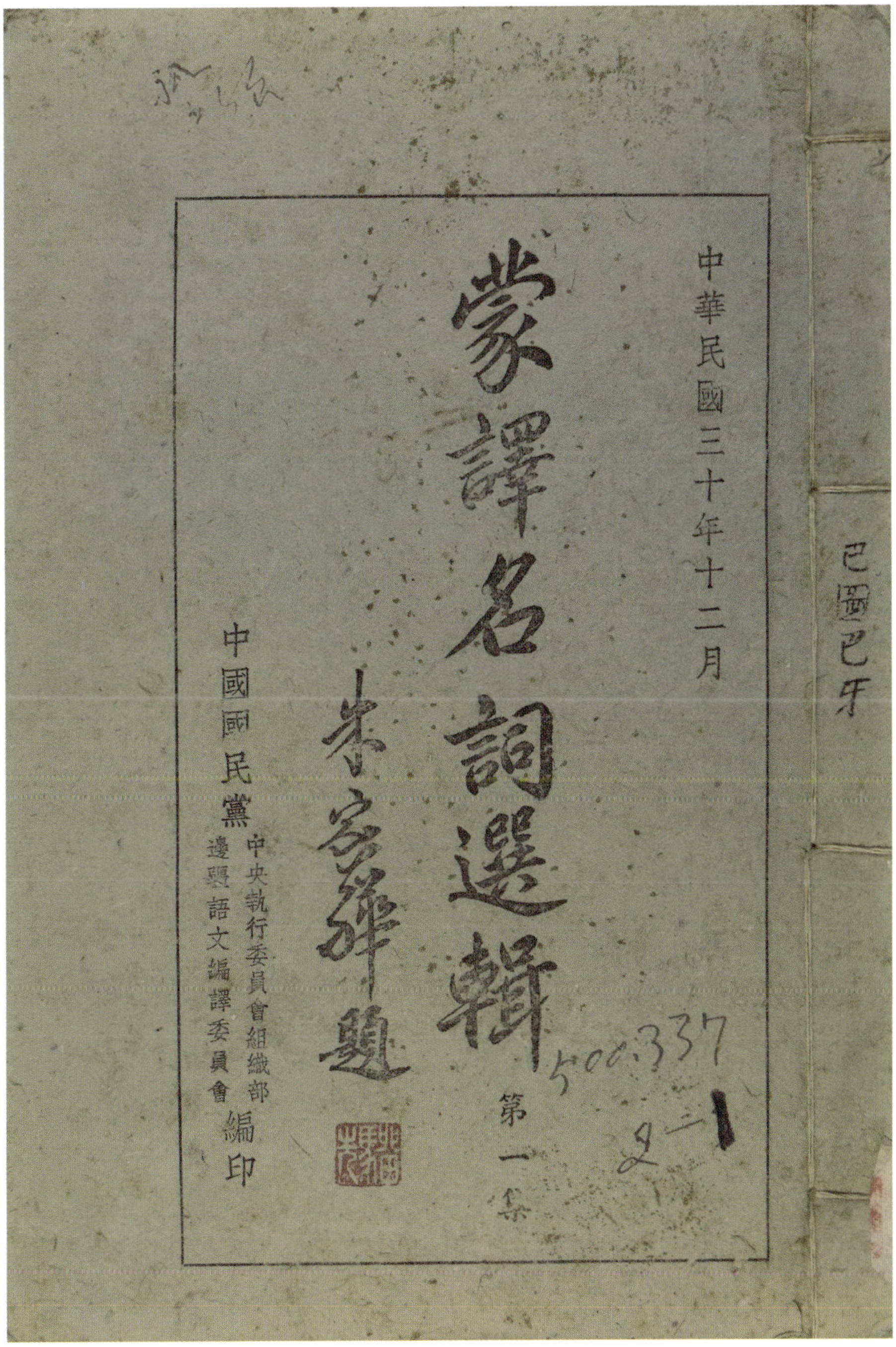


《蒙译名词选辑》汉文封面

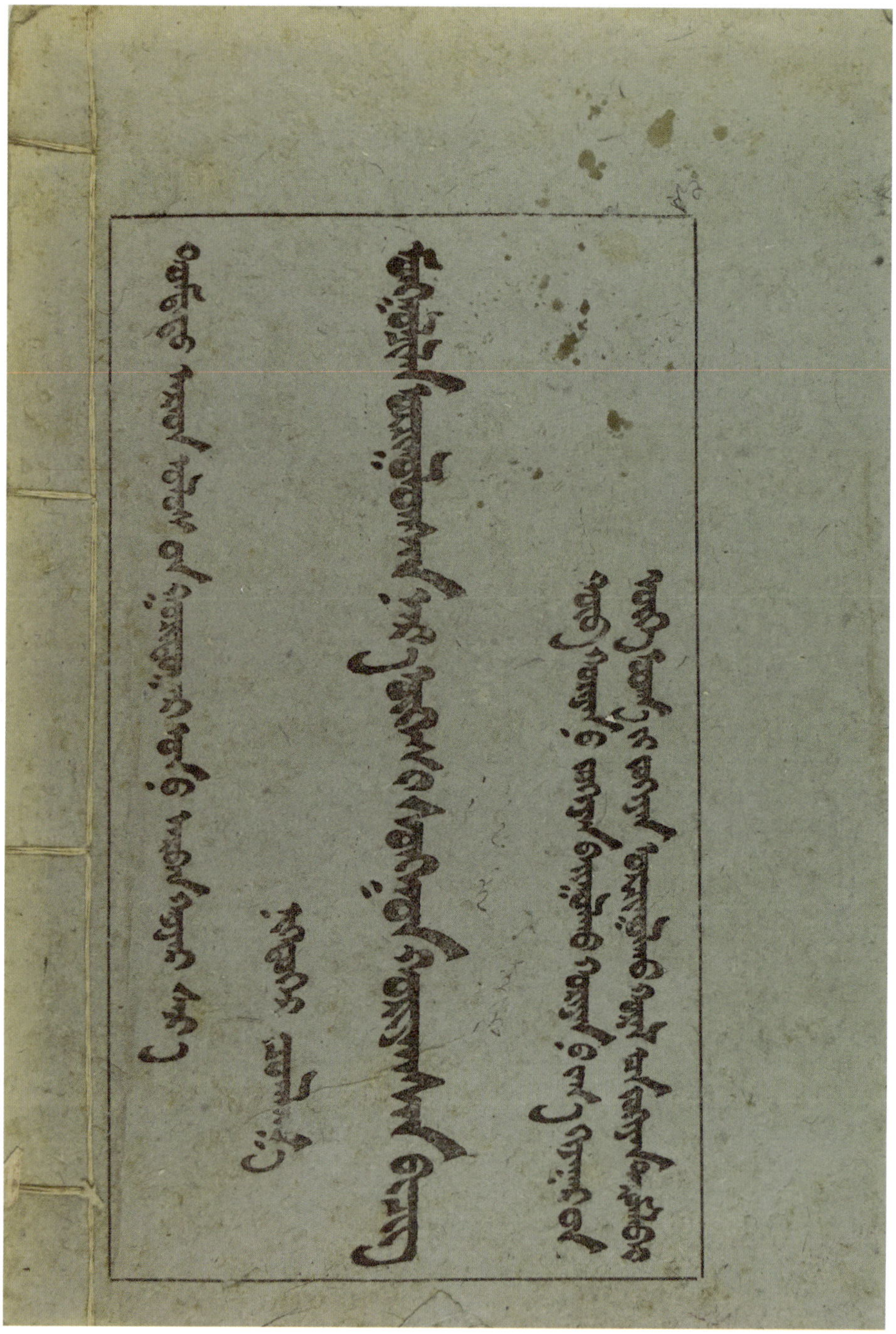

《蒙译名词选辑》蒙古文封面

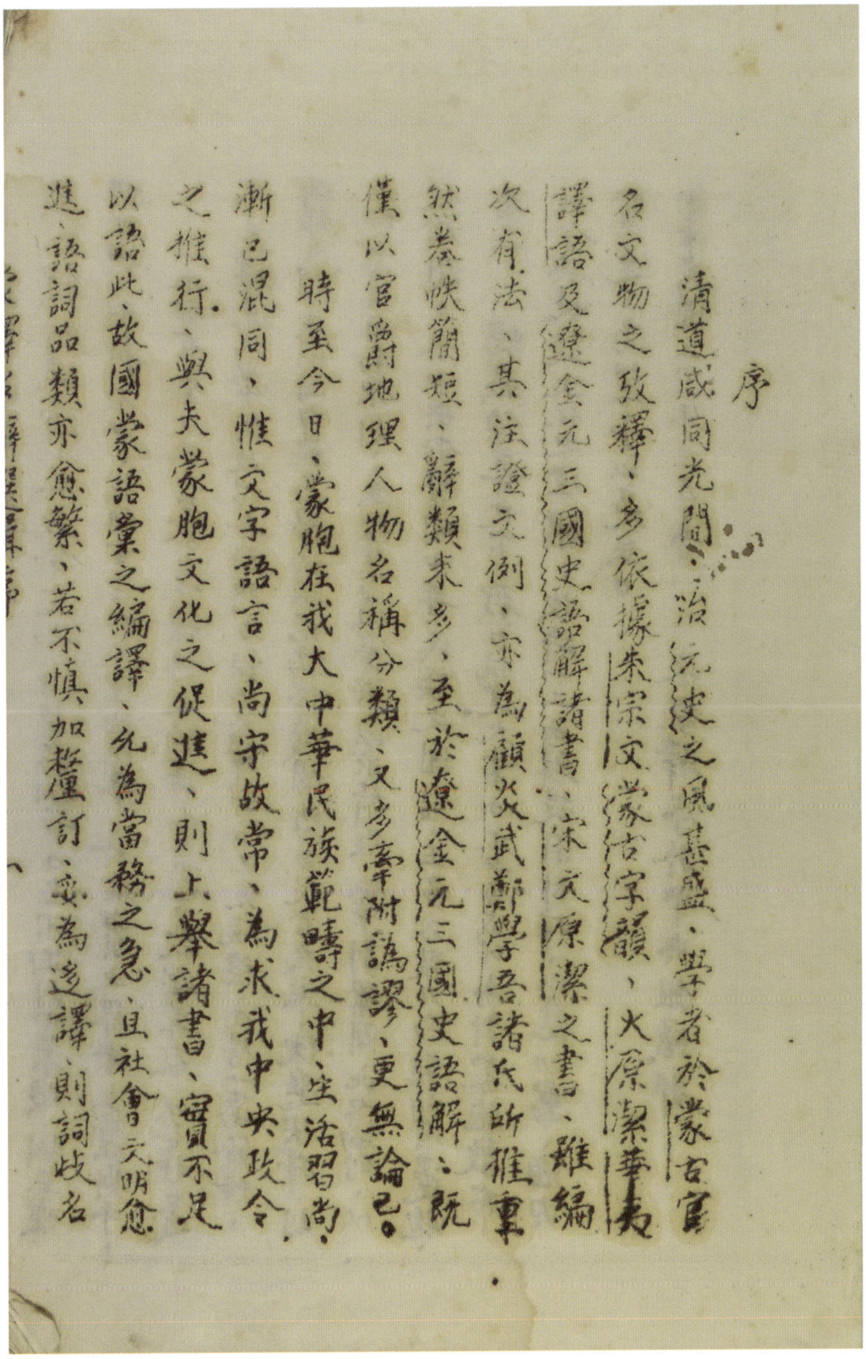

序

清道咸同光間，治元史之風甚盛，學者於蒙古官名文物之攷釋，多依據朱宗文蒙古字韻、火原潔華夷譯語及遼金元三國史語解諸書，宋文原潔之書，雖編次有法，其注證文例，亦為顧炎武鄭學吾諸氏所推重。然卷帙簡短，辭類未多，至於遼金元三國史語解，既僅以官爵地理人物名稱分類，又多牽附譌謬，更無論已。

時至今日，蒙胞在我大中華民族範疇之中，生活習尚，漸已混同，惟文字語言，尚守故常，為求我中央政令之推行，與夫蒙胞文化之促進，則上舉諸書，實不足以語此，故國蒙語彙之編譯，允為當務之急，且社會文明愈進，語詞品類亦愈繁，若不慎加釐訂，率為迻譯，則詞歧名

《蒙译名词选辑》汉文序文首页

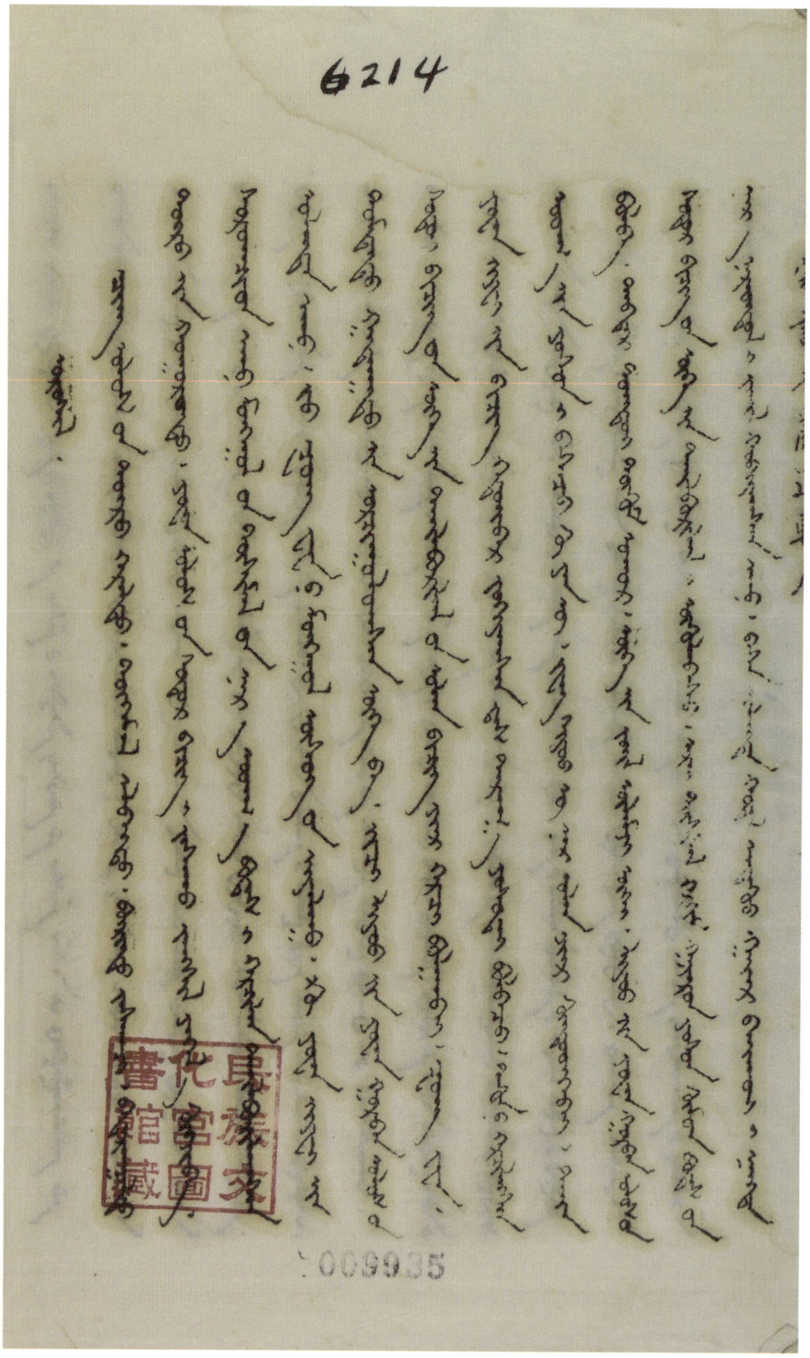


《蒙译名词选辑》蒙古文序文首页

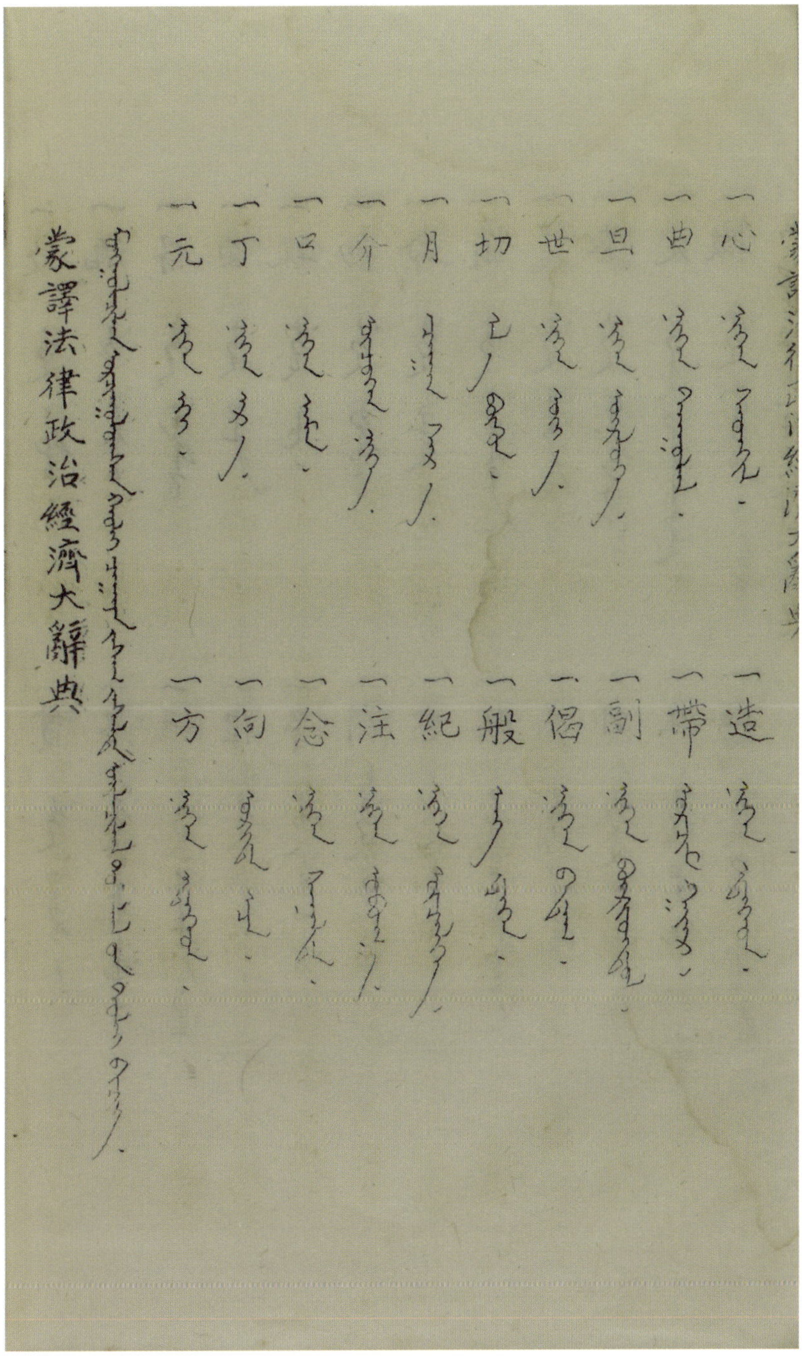
一心
一造
一曲
一帶
一旦
一副
一世
一倡
一切
一般
一月
一紀
一介
一注
一口
一念
一丁
一向
一元
一方
蒙譯法律政治經濟大辭典

《蒙译名词选辑》内容页

## 蒙译政治名词部分

中国国民党中央执行委员会组织部蒙藏语文研究会编。

民国二十五年（1936）油印本。汉文蒙古文合璧。

平装。页面26.2厘米×19.2厘米，无版框。每页13行，行字数不等，版心有页码。

1册，1函，62叶。

保存完好。

该书包括会议记录、初决蒙译政治名词汇书和翻译汇稿三部分内容。会议记录为中央组织部蒙藏语文研究会蒙古语文组第十八次至二十七次会议内容。每次会议记录都标明时间、地点、出席委员、列席者、主席、记录等信息。会议时间从1936年8月20日到10月19日，历时2个月，地点均在中央第一审查室。出席委员、列席者人员基本固定，每次会议九至十四人不等，主席为戴清廉或伊德钦或杭锦寿担任，记录均为史秉麟。研讨内容包括共和、同盟会、革命党、总统等蒙译政治名词472种、总理遗嘱之蒙古译文等。有些名词翻译经过反复研讨和修正，这在会议记录中有所体现，如“宣读上次会议记录并加修正”，修正以后还有复核，如“复核蒙译政治名词修正”。可见翻译工作之审慎细致。在以上十次会议的基础上，10月28日形成初决蒙译政治名词汇书。最后形成终稿中央组织部蒙藏语文研究会蒙古语文组选译政治名词部分汇稿，共计472个条目，11月印制完成。

该书对研究民国教育制度有参考价值。

（龚文龙）

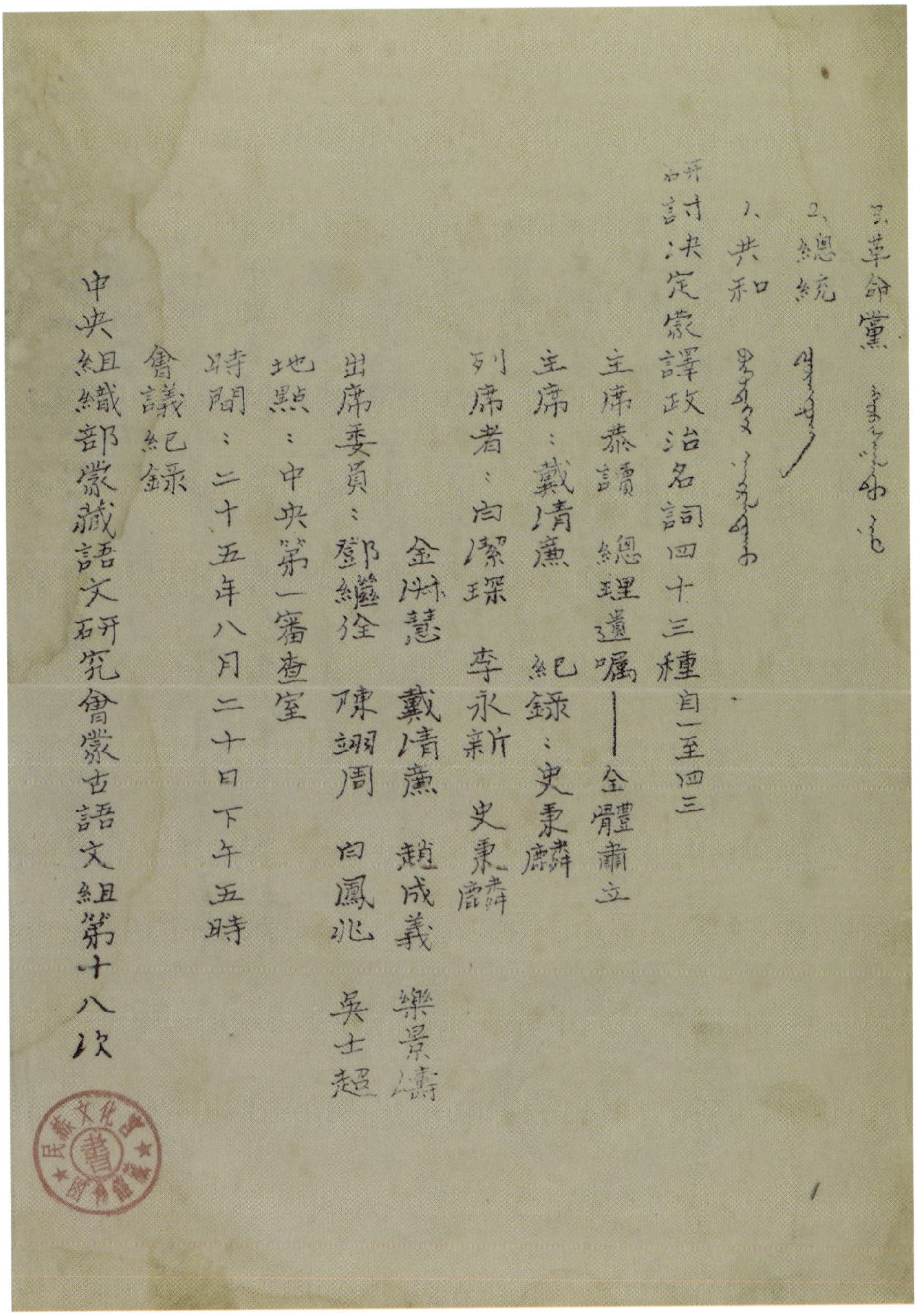
中央組織部蒙藏語文研究會蒙古語文組第十八次
會議紀錄
時間：二十五年八月二十日下午五時
地點：中央第一審查室
出席委員：鄧繼佺 陳翊周 白鳳兆 吳士超
金琳慧 戴清廉 趙成義 樂景濤
列席者：白潔琛 李永新 史秉麟
主席：戴清廉 紀錄：史秉麟
主席恭讀總理遺囑——全體肅立
研討決定蒙譯政治名詞四十三種自一至四三
1、共和
2、總統
3、革命黨

《蒙译政治名词部分》会议记录

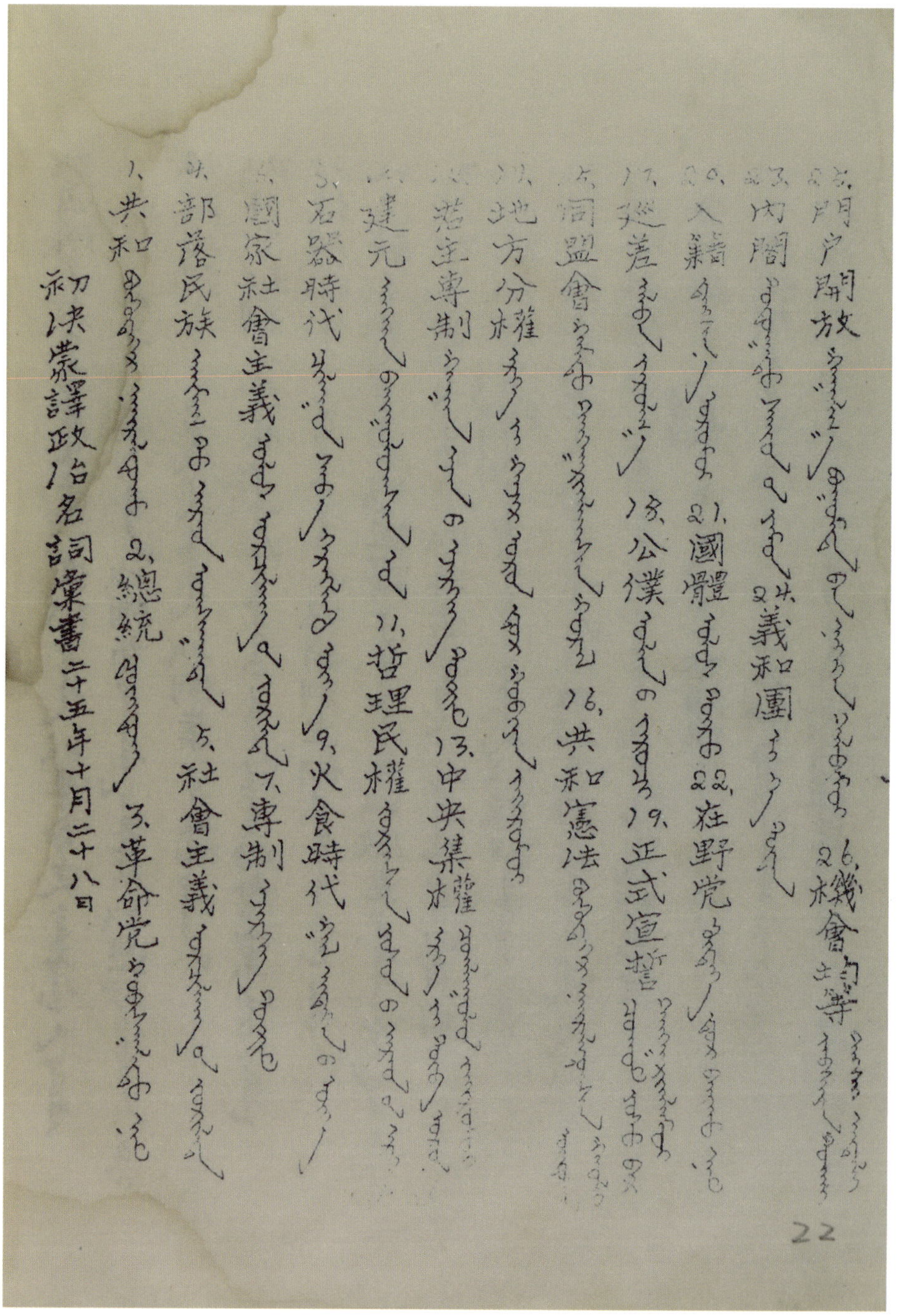
25. 門戶開放　26. 機會均等
23. 內閣　24. 義和團
20. 入籍　21. 國體　22. 在野党
17. 選差　18. 公僕　19. 正式宣誓
15. 同盟會　16. 共和憲法
14. 地方分權
12. 君主專制　13. 中央集權
10. 建元　11. 哲理民權
8. 石器時代　9. 火食時代
6. 國家社會主義　7. 專制
4. 部落民族　5. 社會主義
1. 共和　2. 總統　3. 革命党
初決蒙譯政治名詞彙書二十五年十月二十八日
22

《蒙译政治名词部分》初决稿

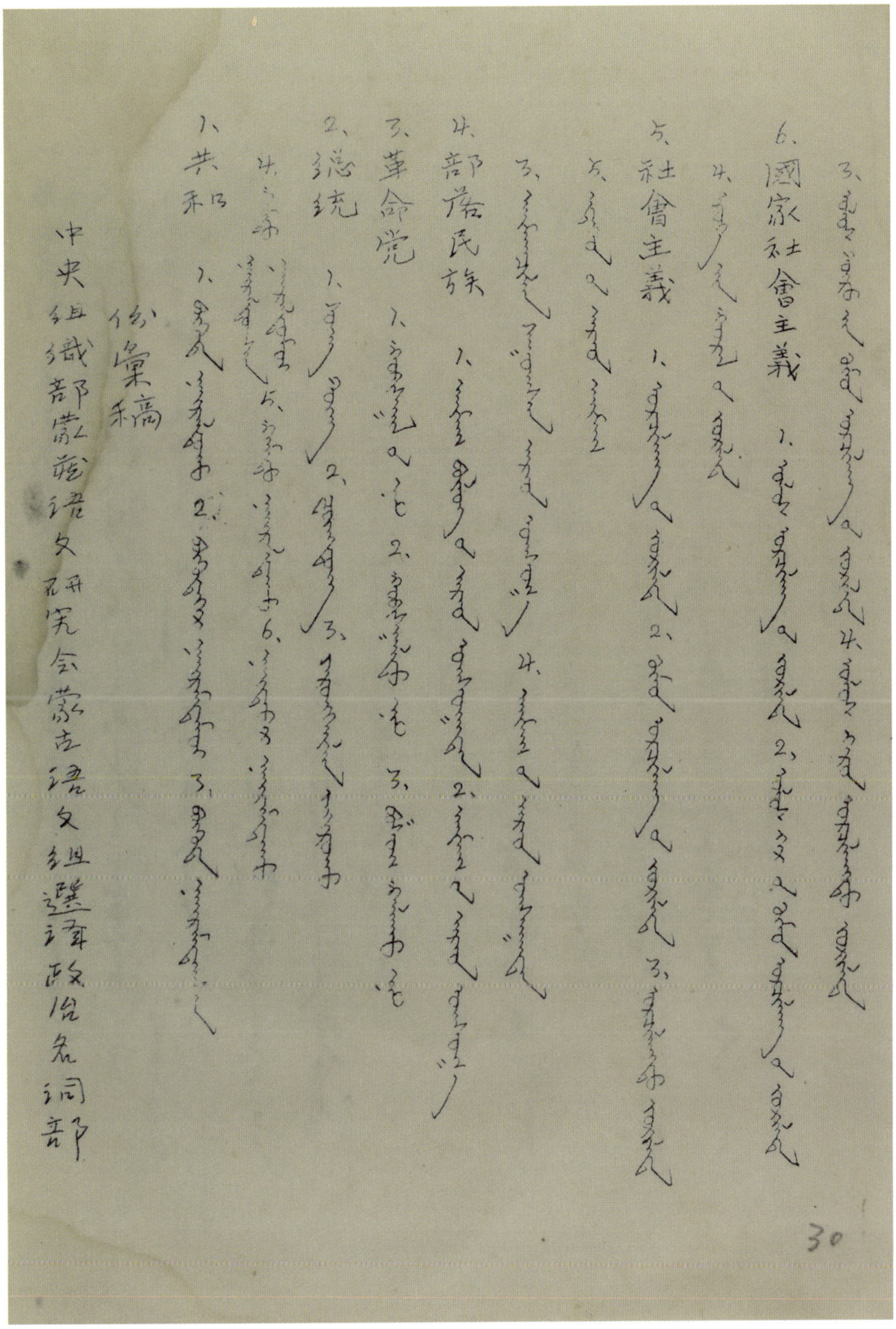
6、國家社會主義

5、社會主義

4、部落民族

3、革命党

2、總統

1、共和

彙稿

中央組織部蒙藏語文研究会蒙古語文組選譯政治名詞部份

30

《蒙译政治名词部分》终稿

## 蒙藏院召集蒙事会议议事录

编、译者不详。

民国十三年（1924）铅印本。汉文蒙古文合刊。

平装。页面25.2厘米×18.2厘米。

1册，1函，382页（汉文124页、蒙古文258页）。

残损。

《蒙藏院召集蒙事会议议事录》系中华民国蒙藏院于1924年召集内蒙古六盟盟长商议蒙古地方事务会议议事内容实录。1924年，受俄国“十月革命”影响，蒙古人民党在苏联的支持下加快了废除君主立宪、夺取政权的步伐，外蒙古独立呈现难以逆转之势。苏联的主张、外蒙古的独立运动逐渐渗透、蔓延到内蒙古地方。北洋政府由于军阀割据、各自为政，无力经营蒙古事务，外蒙古已为苏联掌控，内蒙古局势也出现异常，盗匪横行，人民惨遭蹂躏，商业损失巨大。鉴于此种形势，卓索图盟喀喇沁右旗（喀喇沁右翼旗）世袭札萨克亲王、卓索图盟盟长，中华民国蒙藏院总裁贡桑诺尔布（1872—1931）向时任大总统曹锟呈递公文，称“内外蒙古势犹唇齿……亟宜妥筹保卫之方，务期内部团结”，亟须召开内蒙古六盟（哲里木盟、锡林果勒盟、卓索图盟、乌兰察布盟、昭乌达盟、伊克昭盟）蒙事会议，召集六盟盟长共同筹划对策良方，抵拒外蒙古独立对内蒙古的影响。此文献即为这次会议的全部议事内容。

该文献封二有蒙藏院总裁贡桑诺尔布单人标准照片，封后有“蒙藏院召集内蒙六盟蒙事会议摄影”集体合照。文献内容包括三件公文，即“呈大总统召集内蒙六盟蒙事会议文”“照会六盟长文”“致六盟长电”；两份一览表，即“蒙事会议会员一览表”和“蒙事会议议案一览表”；还有“记事”“蒙藏会议宣言书”“议案”“议事录”等四部分内容。文献详细呈现了当时蒙藏院以及内蒙古六盟反对外蒙古独立、抵御其对内蒙古的影响并意图出兵收复外蒙古的政治立场，是一部反映当时历史现状，彰显蒙藏院和内蒙古六盟维护民族团结、国家统一政治态度的重要文献。

（陈烨）

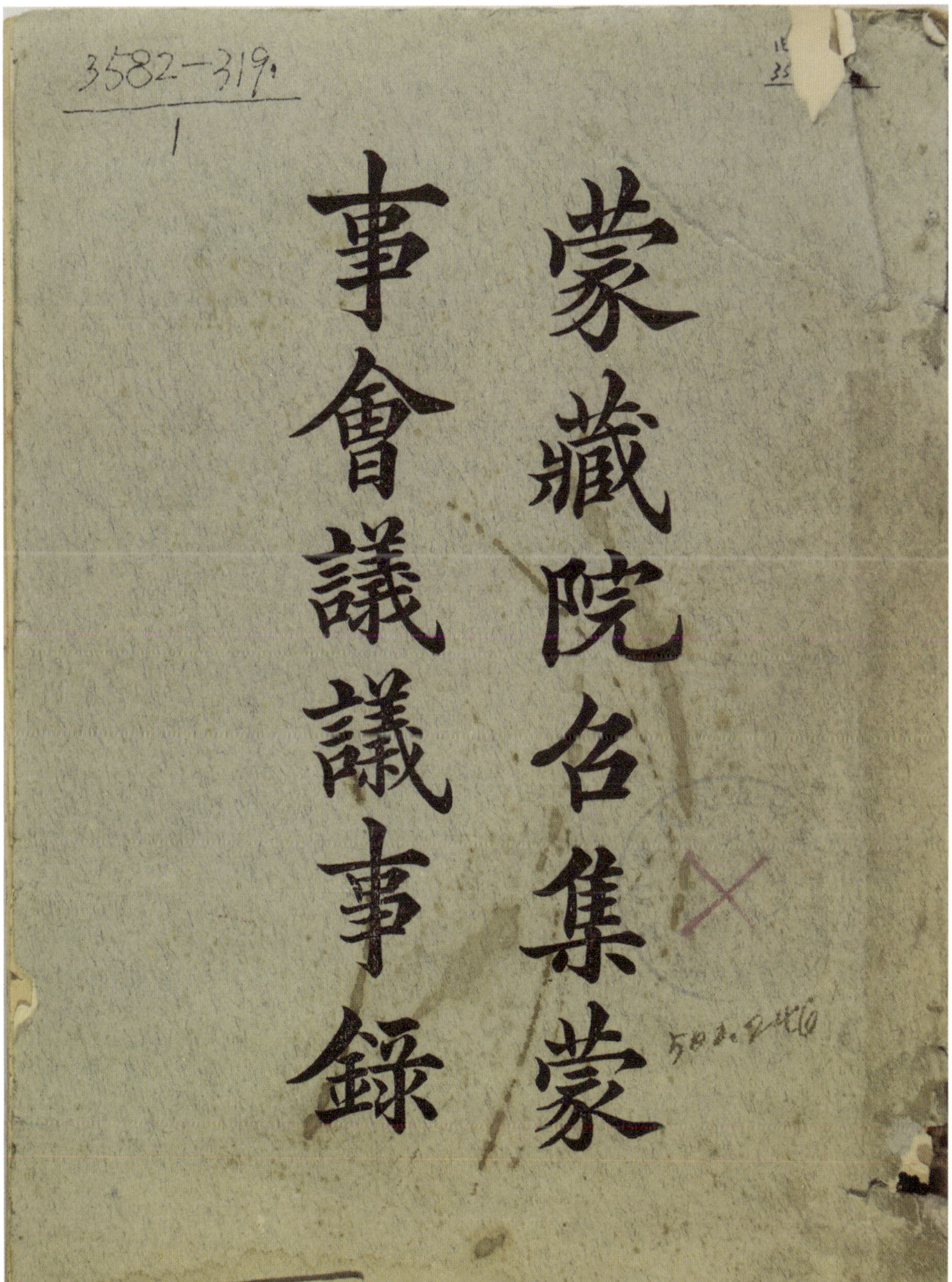


《蒙藏院召集蒙事会议议事录》汉文蒙古文合刊　汉文封面

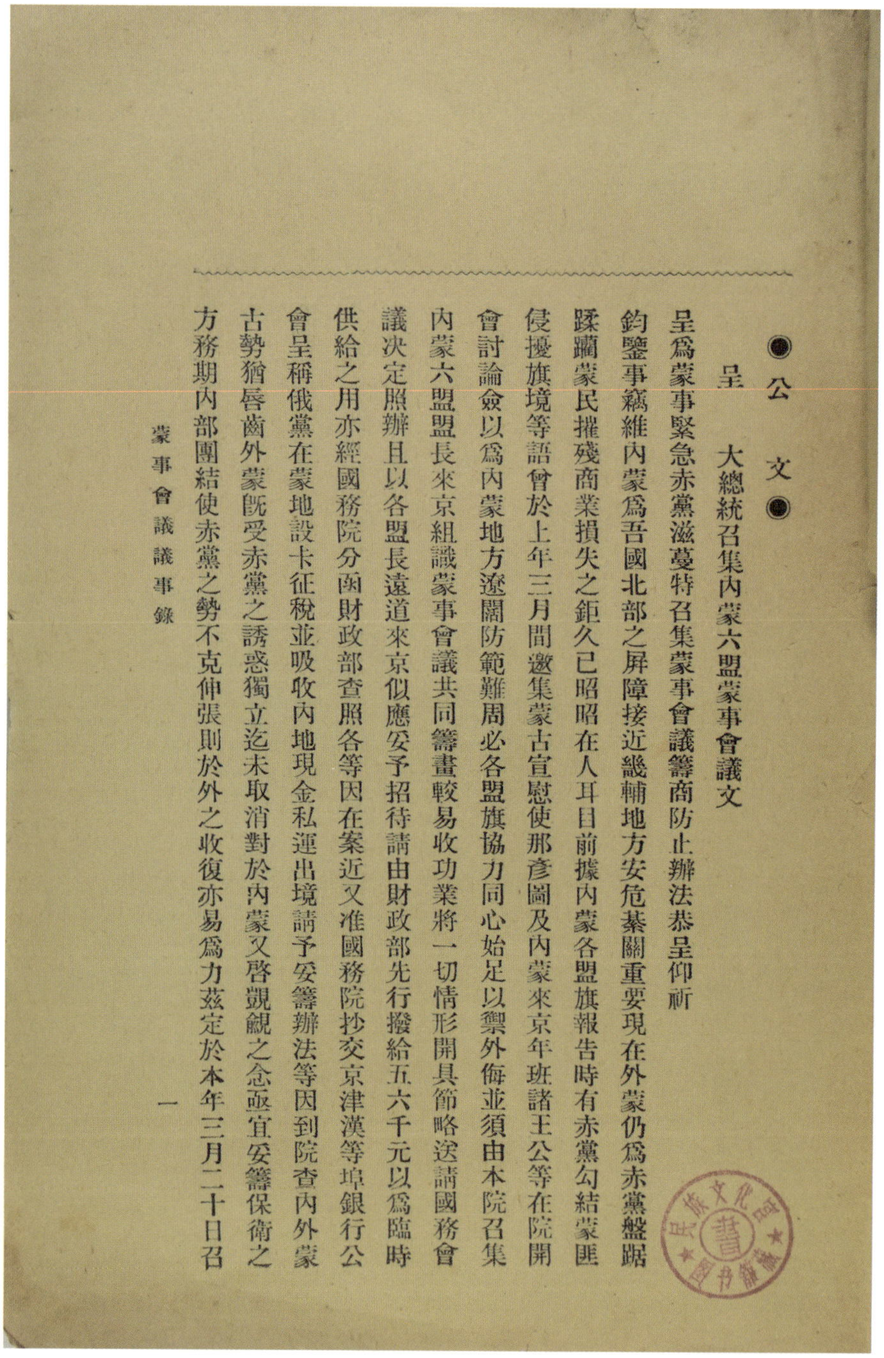

◉公　文◉

呈　大總統召集內蒙六盟蒙事會議文

呈爲蒙事緊急赤黨滋蔓特召集蒙事會議籌商防止辦法恭呈仰祈

鈞鑒事竊維內蒙爲吾國北部之屏障接近畿輔地方安危綦關重要現在外蒙仍爲赤黨盤踞蹂躪蒙民摧殘商業損失之鉅久已昭昭在人耳目前據內蒙各盟旗報告時有赤黨勾結蒙匪侵擾旗境等語曾於上年三月間邀集蒙古宣慰使那彥圖及內蒙來京年班諸王公等在院開會討論僉以爲內蒙地方遼闊防範難周必各盟旗協力同心始足以禦外侮並須由本院召集內蒙六盟盟長來京組識蒙事會議共同籌畫較易收功業將一切情形開具節略送請國務會議決定照辦且以各盟長遠道來京似應妥予招待請由財政部先行撥給五六千元以爲臨時供給之用亦經國務院分函財政部查照各等因在案近又准國務院抄交京津漢等埠銀行公會呈稱俄黨在蒙地設卡征稅並吸收內地現金私運出境請予妥籌辦法等因到院查內外蒙古勢猶唇齒外蒙既受赤黨之誘惑獨立迄未取消對於內蒙又啓覬覦之念亟宜妥籌保衛之方務期內部團結使赤黨之勢不克伸張則於外之收復亦易爲力茲定於本年三月二十日召

蒙事會議議事錄　一

蒙藏院总裁贡桑诺尔布呈大总统召集内蒙六盟蒙事会议公文（汉文，部分）

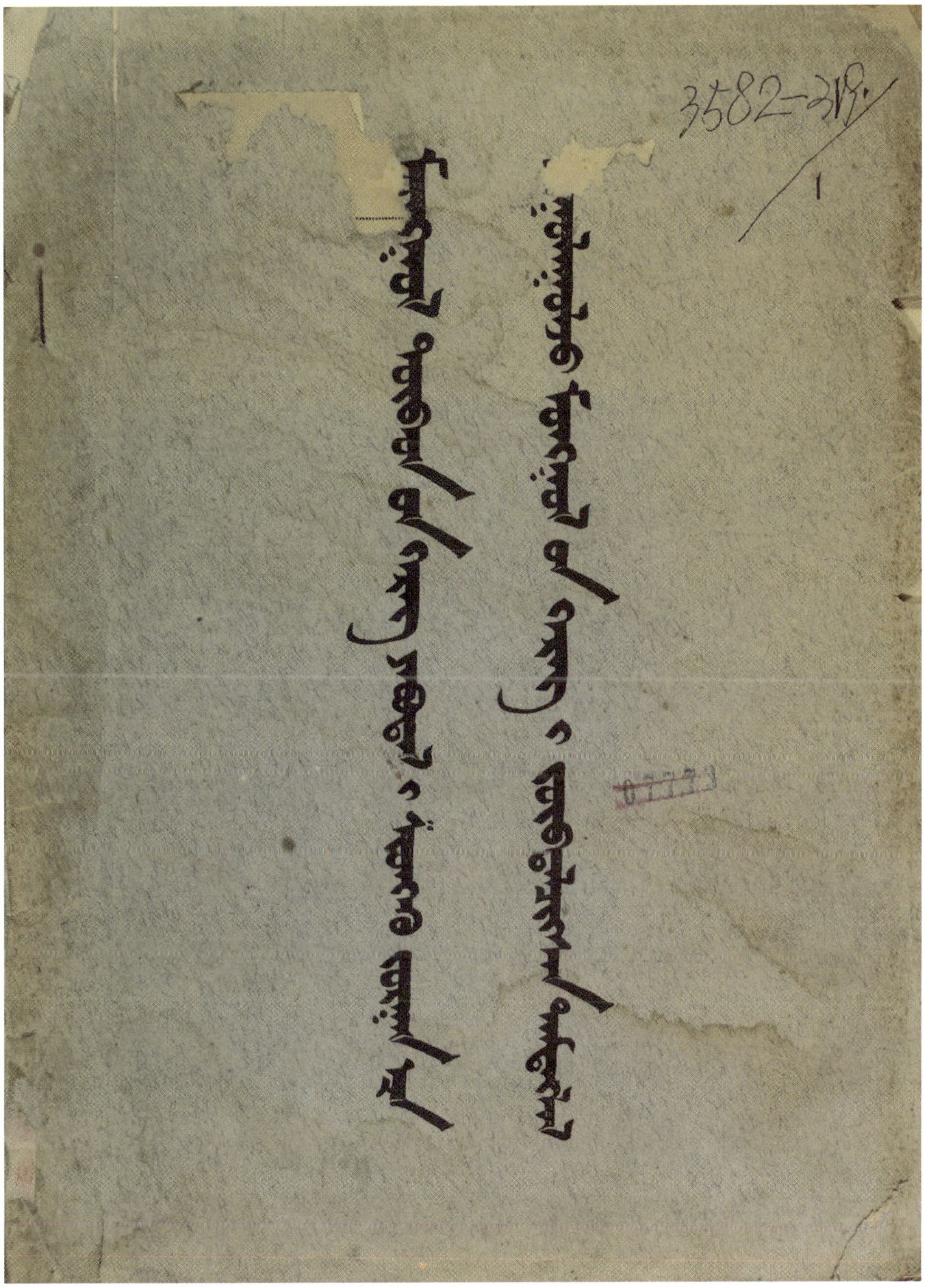

《蒙藏院召集蒙事会议议事录》汉文蒙古文合刊　蒙古文封面

# 3. 汉文满文合璧古籍

## 三国志通俗演义

ᡳᠯᠠᠨ ᡤᡠᡵᡠᠨ ᡳ ᠪᡳᡨᡥᡝ

（元）罗贯中著，祁充格等译。

清雍正年间坊刻本。汉文满文合璧。

线装。页面24.5厘米×16.6厘米，半叶版框21.7厘米×15.8厘米。四周双边。半叶14行。白口，单鱼尾，版心有汉文书名、卷次、页码。

48册，6函，24卷，约3456叶。

保存完好。

《三国演义》是中国古典四大名著之一，是中国第一部长篇章回体历史演义小说，全名为《三国志通俗演义》，作者是元末明初的小说家罗贯中。《三国演义》描写了从东汉末年到西晋初年之间近105年的历史风云，以描写战争为主，反映了东汉末年的群雄割据混战和魏、蜀、吴三国之间的政治和军事斗争。反映了三国时代各类社会斗争与矛盾的转化，并概括了这一时代的历史巨变，塑造了一批叱咤风云的三国英雄人物。

罗贯中《三国志通俗演义》现存最早刊本为明代嘉靖本，最为流行的本子是清代毛纶、毛宗岗父子的修改本。此本是雍正间坊刻本，共24卷，48册，卷一前有魏、蜀、吴三国皇帝、大臣、英雄等人物的姓氏和简介，每卷分为两册，卷前有目录。

罗贯中（约1330—1400），名本，字贯中，号湖海散人，山西并州太原人，汉族，元末明初著名小说家、戏曲家，是中国章回小说的鼻祖，代表作《三国演义》。其他主要作品有小说:《隋唐两朝志传》《残唐五代史演义》《三遂平妖传》。《三国志通俗演义》（简称《三国演义》）是罗贯中的力作，这部长篇小说对后世文学创作影响深远。除小说创作外，尚存杂剧《赵太祖龙虎风云会》。译者祁充格（？—1651），乌苏氏，满洲镶白旗人，清朝初年大臣。累官娴习文史，礼部启心郎，弘文院大学士，充《明史》《清太宗实录》总裁官。

这些作品中属《三国志通俗演义》的成就最高。全书以宏大的结构描绘了三国时期复杂的政治军事斗争，起自黄巾起义，终于西晋统一。作品谴责了统治者的残暴和丑恶，反映了动乱时代人民的痛苦和对清明政治、对仁君的向往，体现了鲜明的“拥刘反曹”倾向。《三国志通俗演义》“文不甚深、言不甚俗”，语言简洁明快而又生动。它把历史和文学自然结合，有现实的描绘，又充满了浪漫主义的传奇色彩。对研究古代满文语言文学具有参考价值。

（吾兰·吐尔汗）

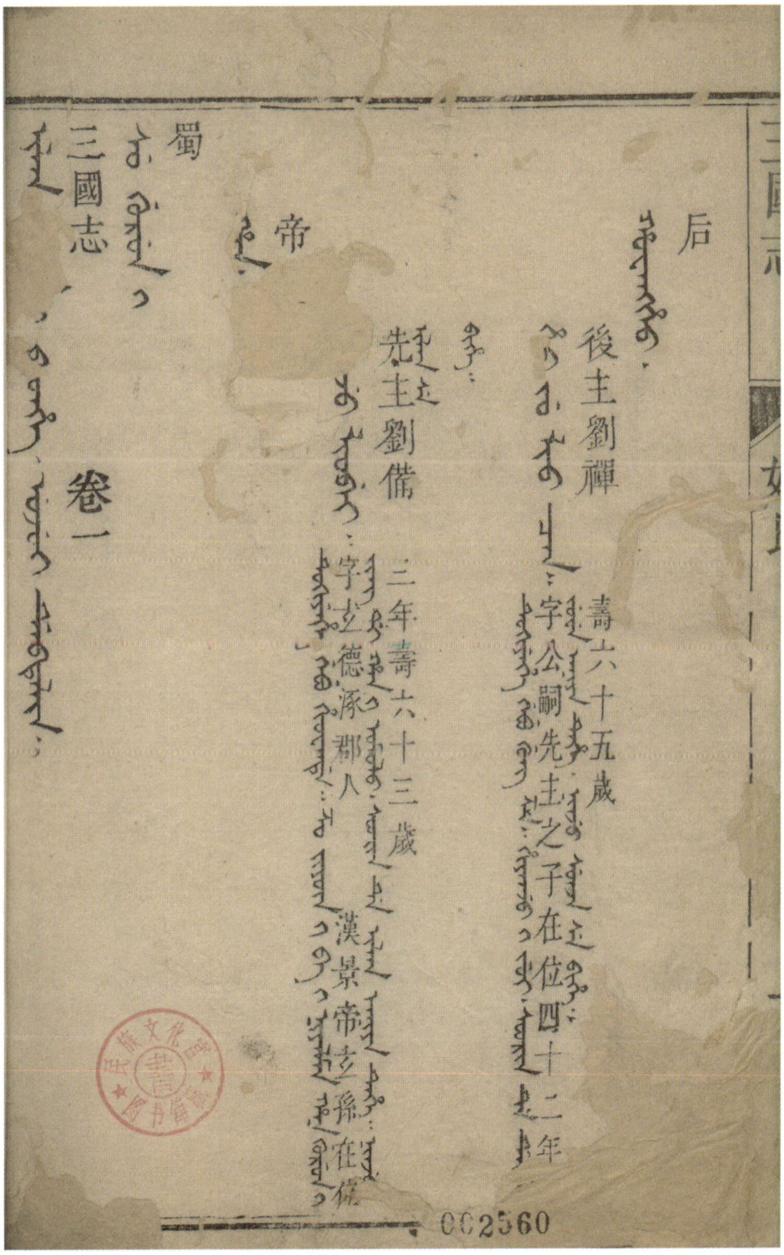
后
後主劉禪
壽六十五歲
字公嗣先主之子在位四十二年
先主劉備
三年壽六十三歲
字玄德涿郡人漢景帝玄孫在位
帝
蜀
三國志
卷一

《三国志通俗演义》卷一姓氏

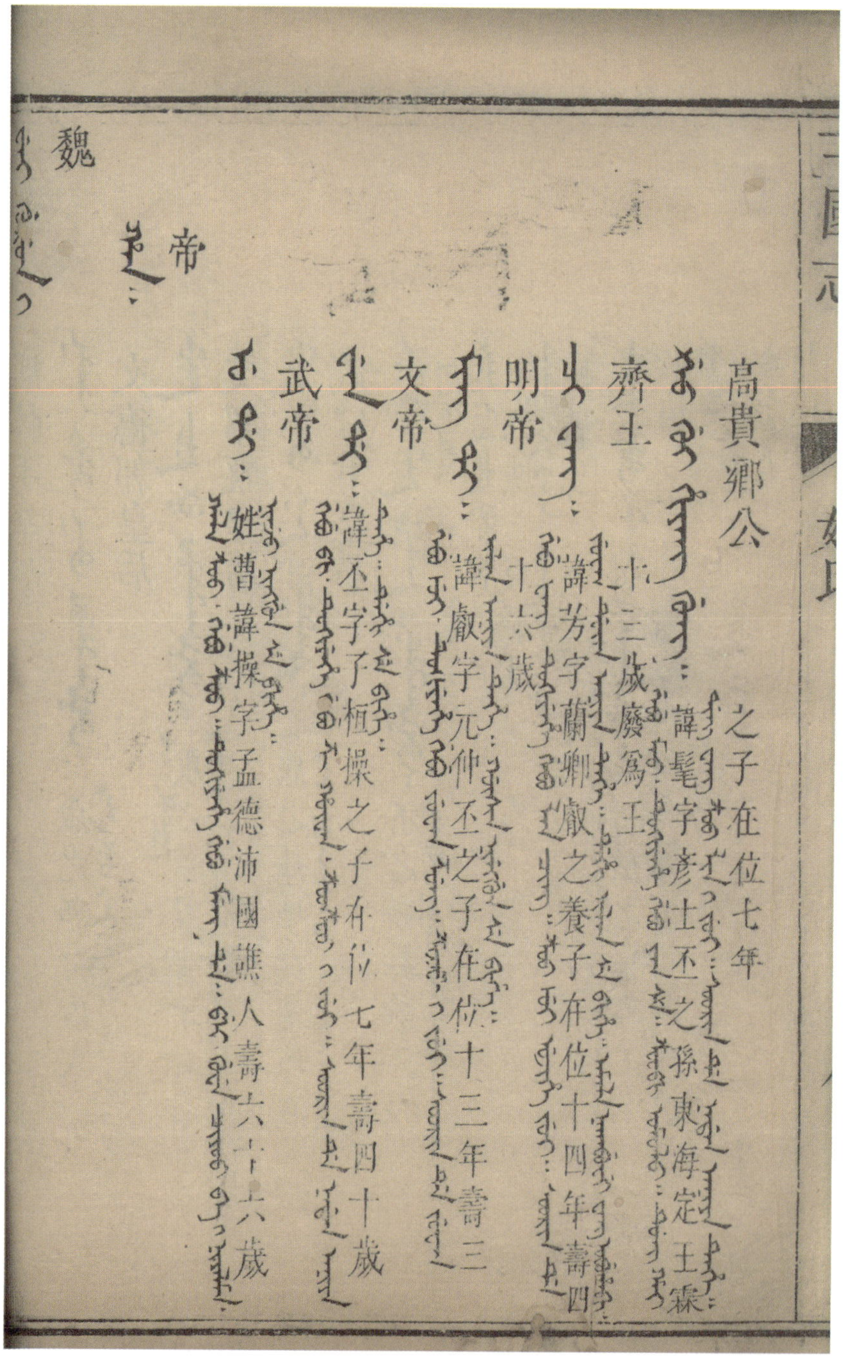
魏

帝

高貴鄉公　諱髦字彦士丕之孫東海定王霖之子在位七年

齊王　十三歲廢爲王　諱芳字蘭卿叡之養子在位十四年壽四

明帝　十六歲　諱叡字元仲丕之子在位十三年壽三

文帝　諱丕字子桓操之子在位七年壽四十歲

武帝　姓曹諱操字孟德沛國譙人壽六十六歲

《三国志通俗演义》卷一姓氏

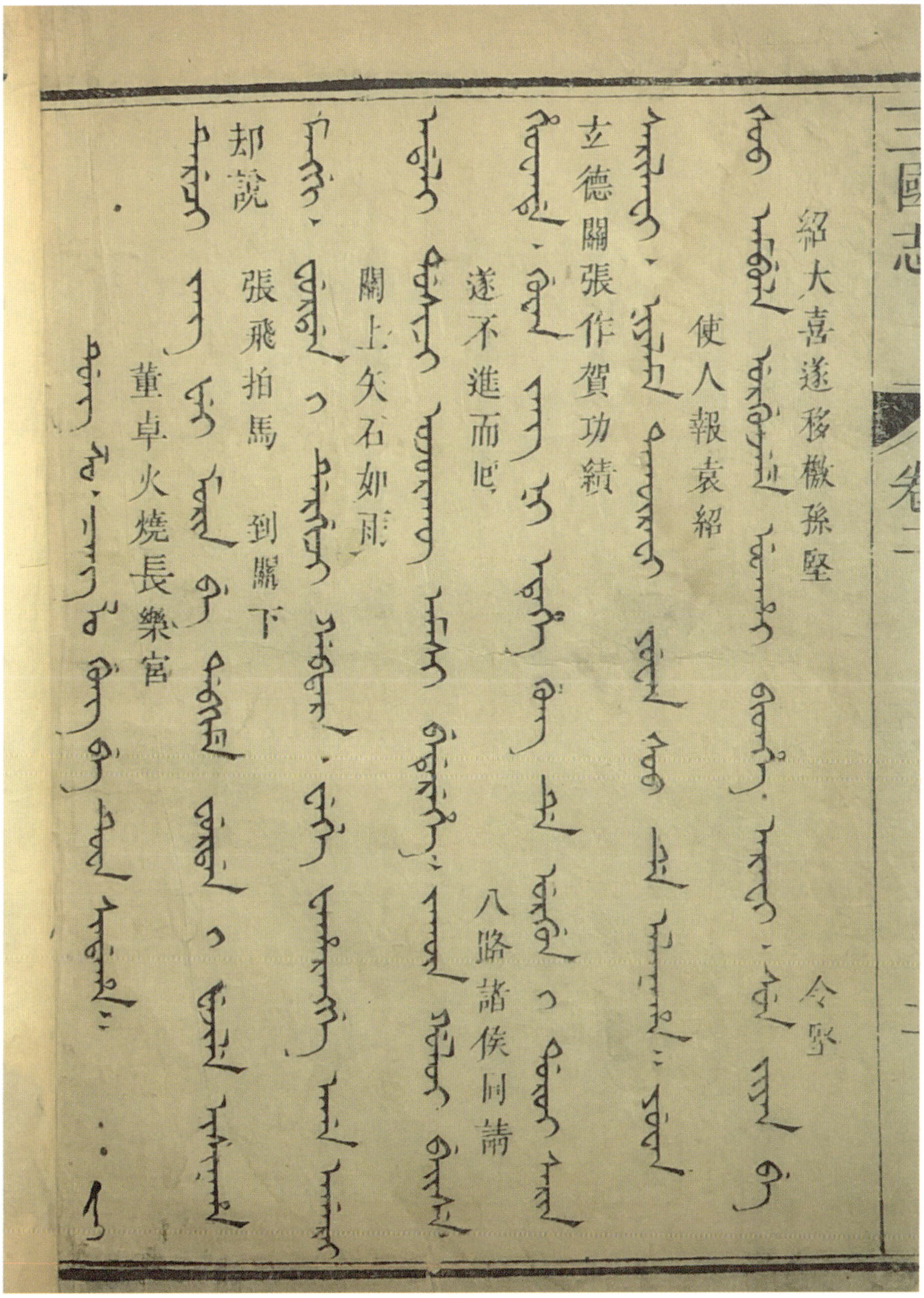
三國志 卷二

紹大喜遂移檄孫堅 令堅
使人報袁紹
立德關張作賀功績
遂不進而佀 八路諸侯同請
關上矢石如雨
却說 張飛拍馬 到關下
董卓火燒長樂宮

《三国志通俗演义》卷二内页

## 大清全书

ᡩᠠᡳᠴᡳᠩ ᡤᡠᡵᡠᠨ ᡳ ᠶᠣᠣᠨᡳ ᠪᡳᡨᡥᡝ

（清）沈启亮辑。

清康熙二十二年（1683）京都宛羽斋刻本。汉文满文合璧。

线装。页面30.6厘米×18.3厘米，半叶版框26.0厘米×17.2厘米。四周双边。半叶5行，双行小字。白口，单鱼尾，版心有满文书名、满文编排字头、满汉文页码。

14册，3函，738叶。

线断、皮破、口开、酸化。

《大清全书》是清代最早刊行的汉文满文合璧音序词典，康熙二十二年（1683）由京都宛羽斋刊印成册，成书比第一部皇帝敕修词典——《御制清文鉴》早二十余年，是清代第一部汉文满文合璧词典。卷前附康熙二十二年（1683）沈启亮撰汉文“大清全书序”。

该书收词18000条，是我国第一部刻版发行的大型满汉语文词典，条分缕晰，堪为实用。正文前还有满文总目，在每卷前另附满文卷目。正文每门首列满文词语，下列汉文译词，其下依次列汉文注解和满汉文对照的古书例句等，若是多义词，其下列若干个汉文译词或注解，并在各汉文译词中间用圆圈“○”来隔开。正文满文部分，主要是满语词语以及词的形态变化，有些词条后附例句。汉文部分采用对译或对译辅以解释的方法，少量采用音译或解释方法。书中收录了相当数量的早期汉语借词和满语古词。该词典主要收录以生产生活用语为主的综合性词语，其中名词居多，还有动词、连词、数词、副词和一些短语、语句等。

该词典是清代第一部按满文字母顺序编排满文词语的汉文满文合璧词典，内容虽不及后世所编《御制清文鉴》《御制增订清文鉴》等详尽，但因按音检字，查找便捷，在清代满蒙古文词典编纂史上开编纂音序词典的先河，也成了编纂满蒙古文词典的典范，后来的汉文满文合璧或满汉蒙三体合璧音序词典均以《大清全书》为蓝本。目前流传于世的清代满、蒙古文音序词典约40种，其大多数都沿用《大清全书》的体例而成。该书词汇量较丰富，汉文释义较为简单明了，是研究和翻译早期满文文献及满语中汉语借词的重要参考书。在研究清代满汉语言文化及词典编纂史上具有很高的价值。

（曹娇林）

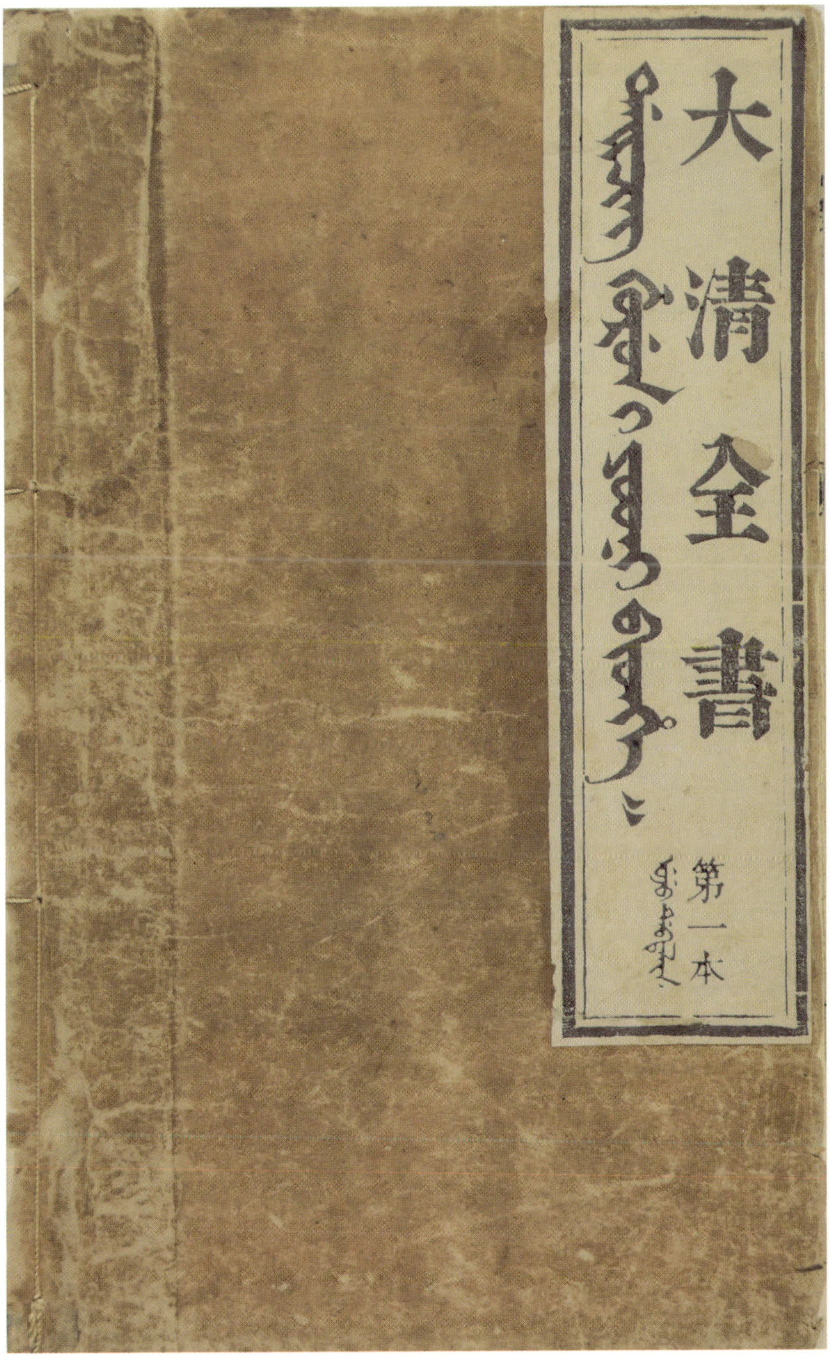


《大清全书》封面

《大清全书》内封

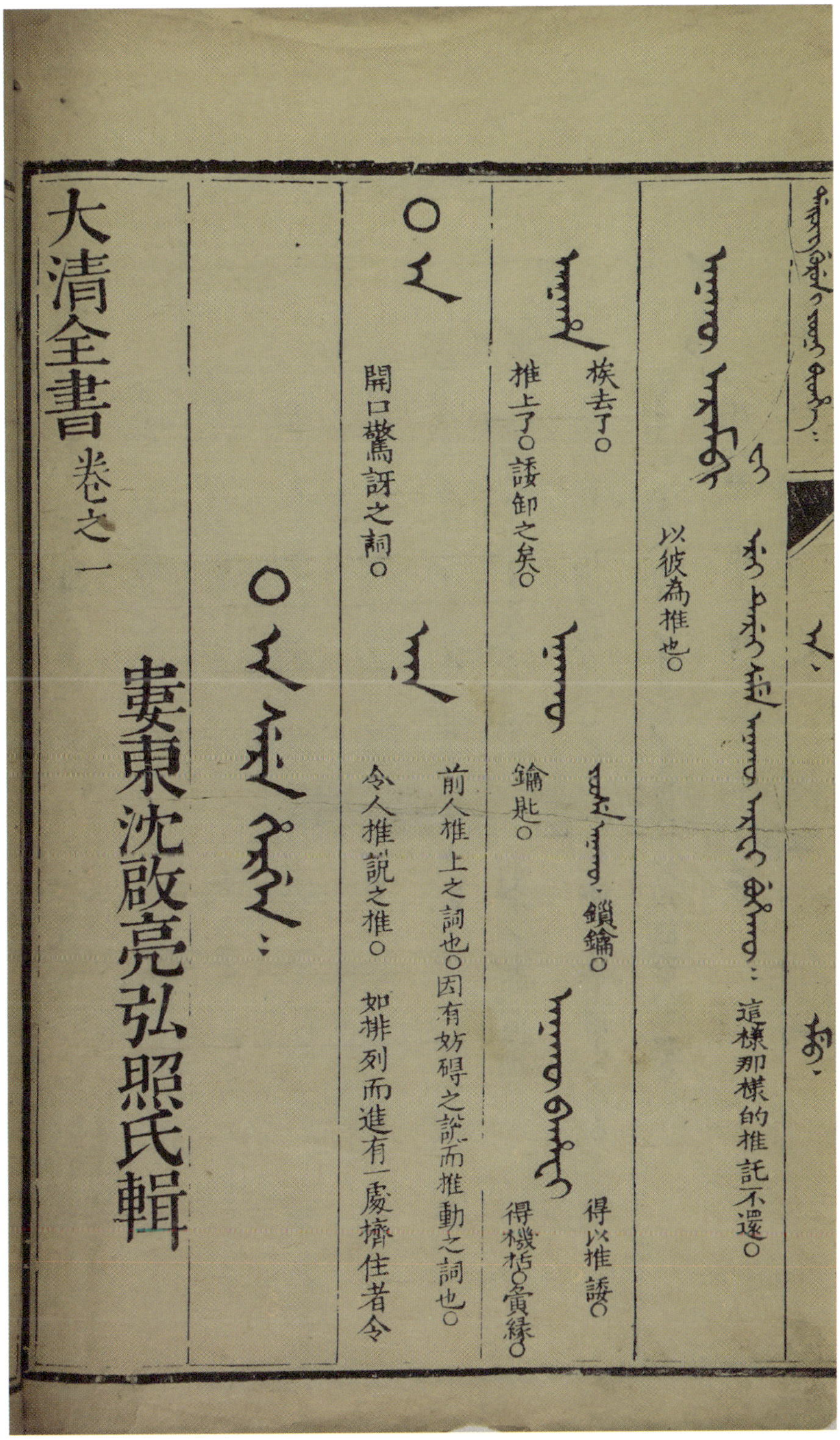
以彼為推也

這樣那樣的推託不還。

族去了。

推上了。誘卸之矣。

鑰匙。

鎖鑰。

得以推諉。

得機括。賁緣。

開口驚訝之詞。

前人推上之詞也。因有妨碍之說而推動之詞也。

令人推說之推。

如排列而進有一處擠住者令

大清全書　卷之一

婁東沈啟亮弘照氏輯

《大清全书》首卷卷端

## 千字文

（梁）周兴嗣著,（清）裕彰译。

清光绪七年（1881）京都隆福寺聚珍堂刻本。汉文满文合璧。

线装。页面23.7厘米×14.7厘米，半叶版框18.7厘米×12.7厘米。四周双边。半叶10行，满文汉文相间，各5行，行字数不等。白口，单鱼尾，版心有汉文书名、页码、堂号。

1册，1函，18叶。

保存完好。

正文前有光绪五年（1879）裕彰所作序文，指出“千字文，梁周兴嗣所著也，梁武帝素喜右军书，诏于大中书内，择千字编缀成文”“迨自汪啸尹先生诠注，行世已久”，认为内容“上自天时四序之经，下迄人事百行之细，以及往古之名卿巨儒，遁世之隐逸闺秀，莫不补具。”然“奥指微言，究非初学所能臆解”，而“国书为我朝根本，凡经书文义释诠难尽其奥者，一经翻译，无不章解句释，使读者一见了然”，故“余于此道，素承家学，研求有年，不揣固陋，译以国语用补汉文之缺”。序文详细介绍了《千字文》著者、内容、翻译背景等。

《千字文》由南北朝时期梁朝散骑侍郎、给事中周兴嗣编纂、一千个汉字组成的韵文。梁武帝（502—549）命人从王羲之书法作品中选取1000个不重复汉字，命周兴嗣编纂成文。全文涉及自然、社会、历史、教育、伦理等多方面的知识，四字为一节，两节为一句，对仗工整，条理清晰，文采斐然。由于其语句平白如话，易诵易记，是中国影响很大的儿童启蒙读物。

该书对研究清朝满族文化教育有参考价值。

（龚文龙）

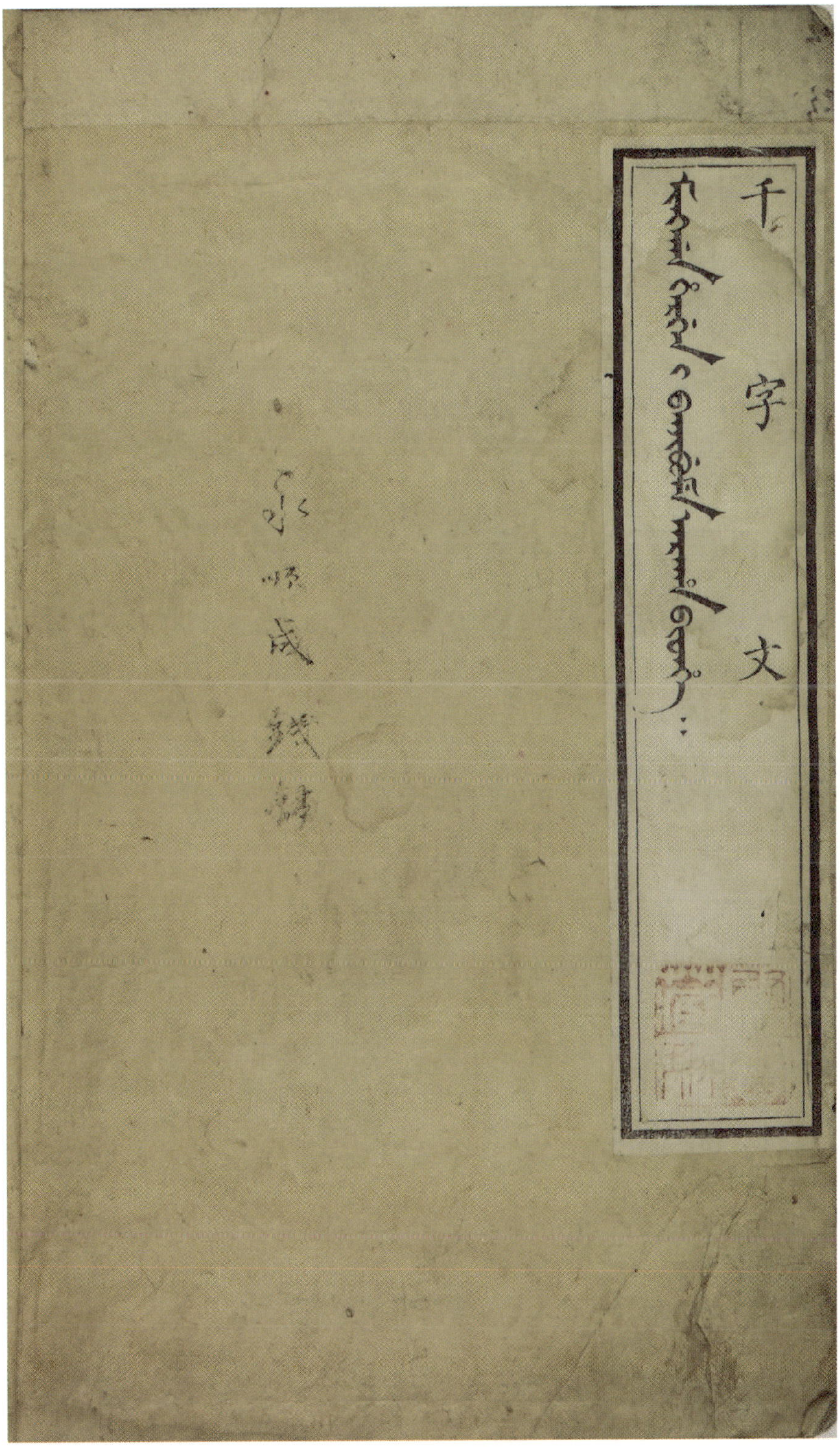

《千字文》封面题签

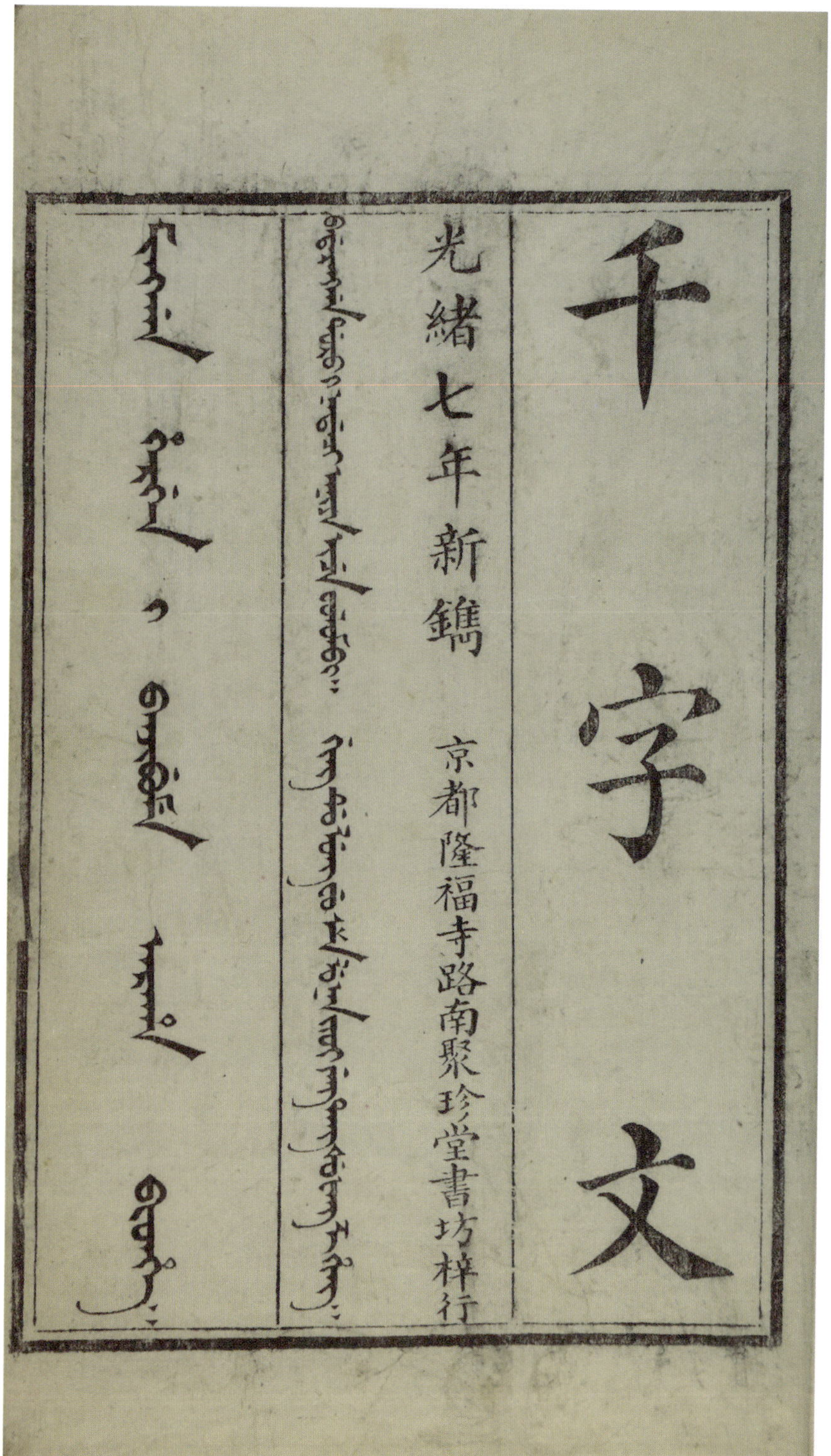


《千字文》内页封面

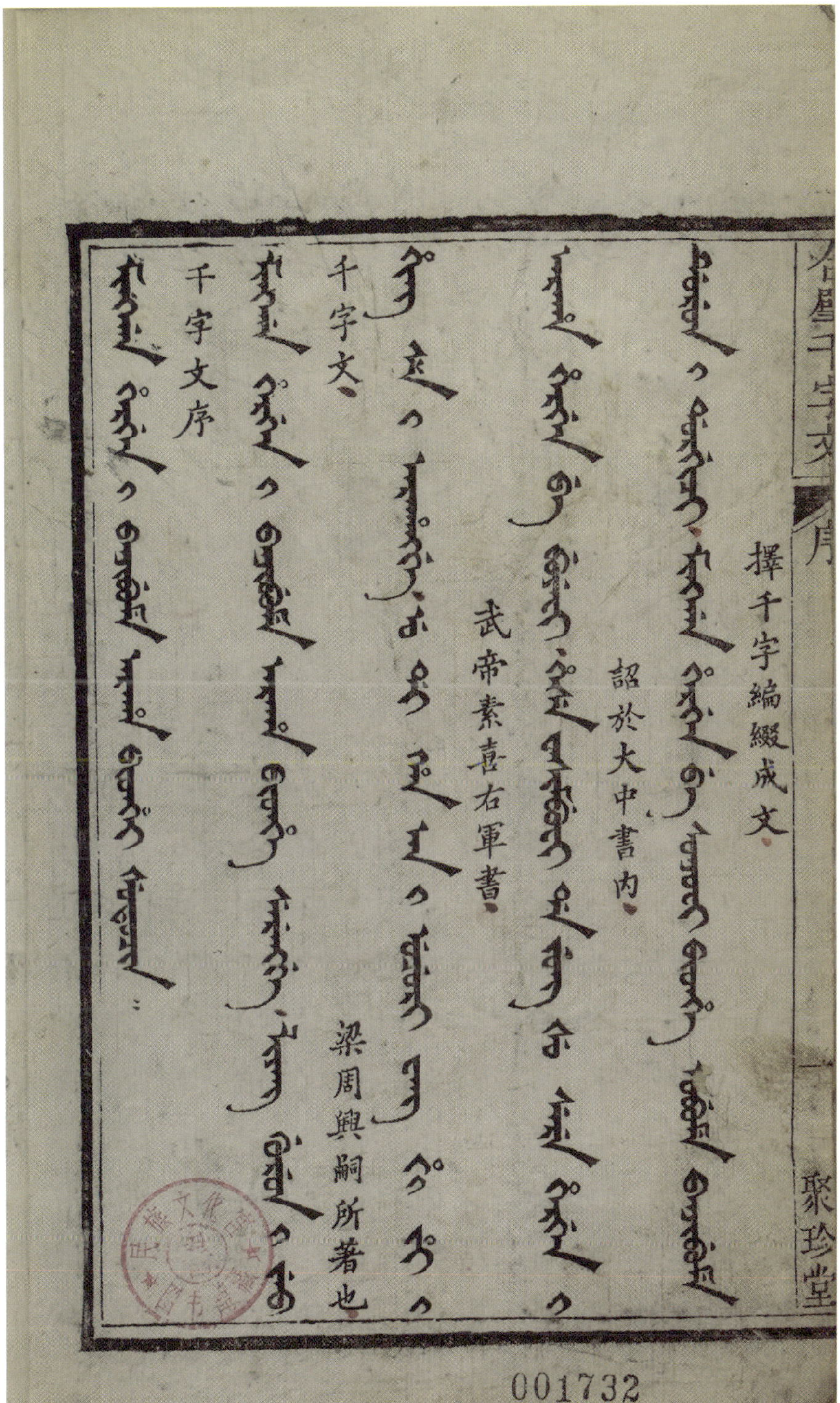
合璧千字文 序

千字文序

千字文

梁周興嗣所著也

武帝素喜右軍書

詔於大中書内

擇千字編綴成文

聚珍堂

《千字文》序文首页

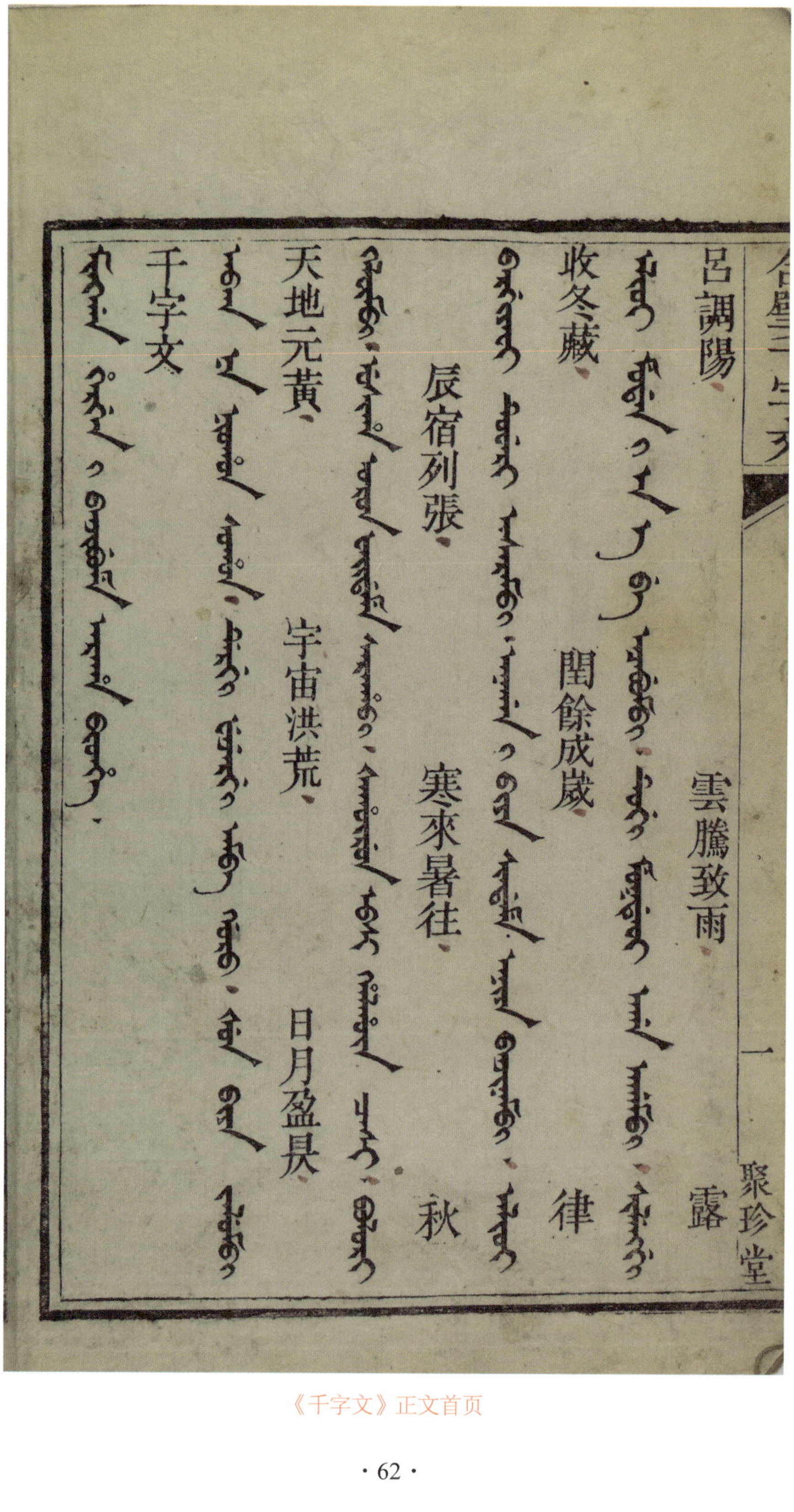


《千字文》正文首页

# 公文成语

编撰者不详。

清光绪十五年（1889）京都隆福寺聚珍堂刻本。汉文满文合璧。

线装。页面24.5厘米×15.3厘米，半叶版框19.1厘米×13.0厘米。四周双边。半叶9行。白口，单鱼尾，版心有汉文书名、堂号、页码。

1册，1函，36叶。

残存卷四。

本书为光绪十五年京都聚珍堂所印书籍，由丝线装订成册，现藏于北京民族文化宫图书馆内，是光绪年间专门收录各类公文词语的辞书，为满汉对照公文类专有名词和术语的汇集。其所收录词条基本上均为形制统一的二字词语，相应满文的语言结构和形式也高度统一，书名“公文成语”，公文旨在办理公文时的略缩语，修饰名词“成语”，为办理公文时使用的成语之意，该书封面页后的版权页记载了其版权信息，京都隆福寺东口内路南聚珍堂梓行，所涉地名“京都隆福寺东口内路”及方位“南”及梓行堂号“聚珍堂”等均为汉文音译。

“领催”则指清代官名，当时八旗统领直属的骁骑营，兵士名为马甲，而其中的优秀之人会被称作领催，当年是由他们来负责专门掌管、登记和入档史册的。

轻轻翻开这本史册，会发现其中收录的大量词语仍被沿用至今天，例如录用、注销、合同、户口、动工等词汇，这些书籍极大地帮助人们能够更精准地了解其中的含义，大力推动着清史相关领域的研究，是后世研究满汉成语及翻译整理满文史的重要文献，具备充分的发掘和利用价值，也是当今弥足珍贵的国家记忆和历史凭证，相信通过所有学者们的不懈努力之下，能够焕发出新的活力和生命。对研究翻译清朝满文档案文献具有参考价值。

（吾兰·吐尔汗）

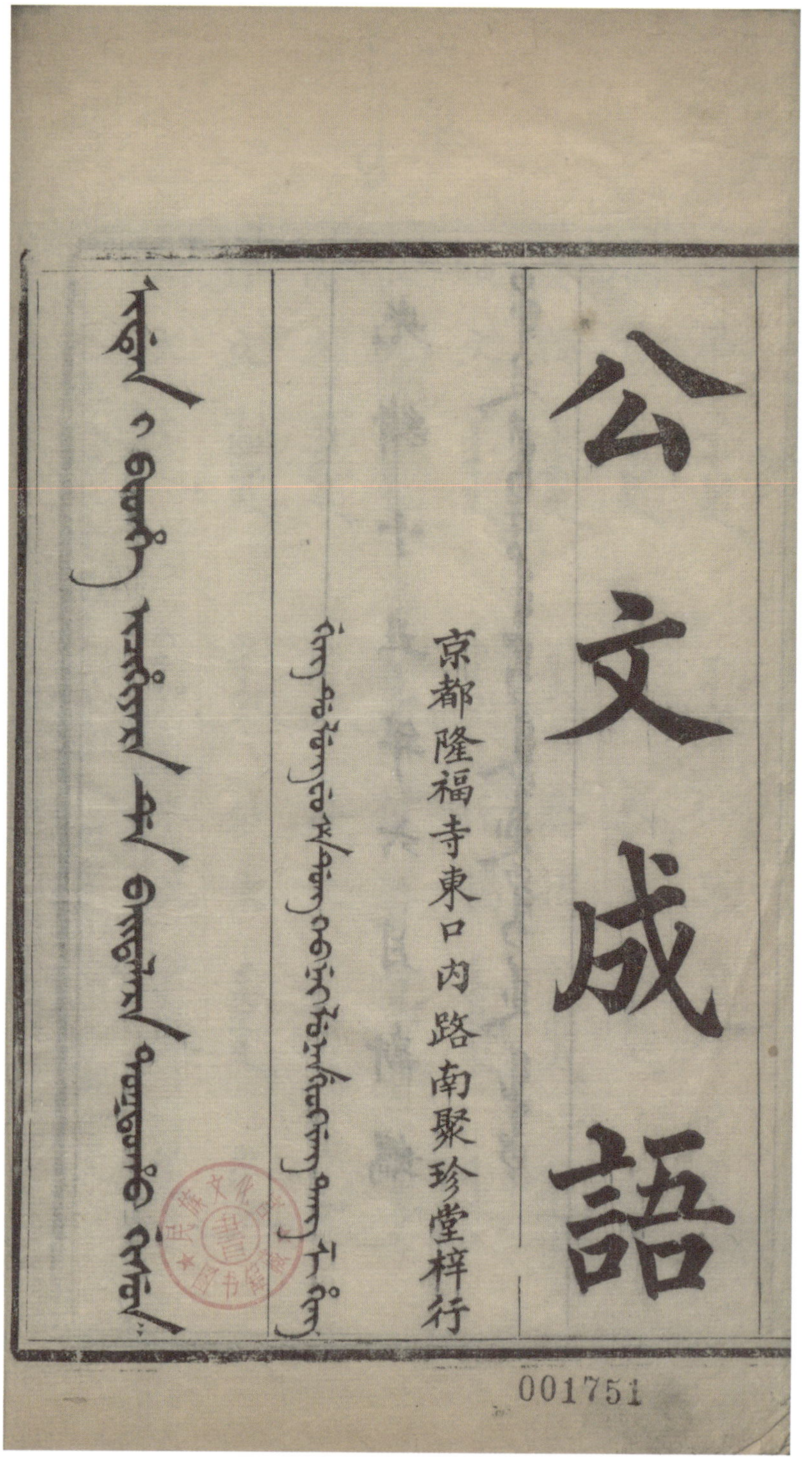


《公文成语》内页封面

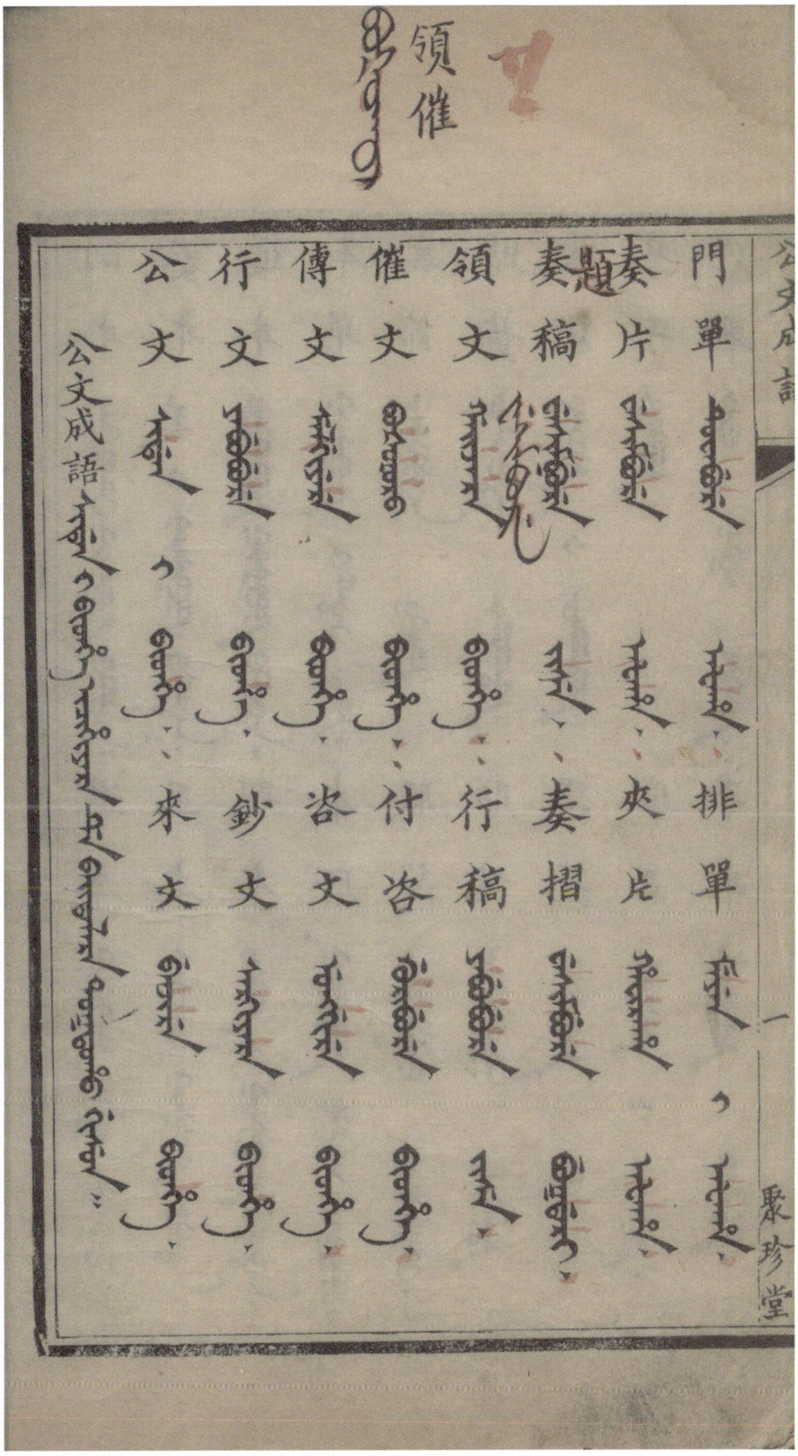


《公文成语》内页

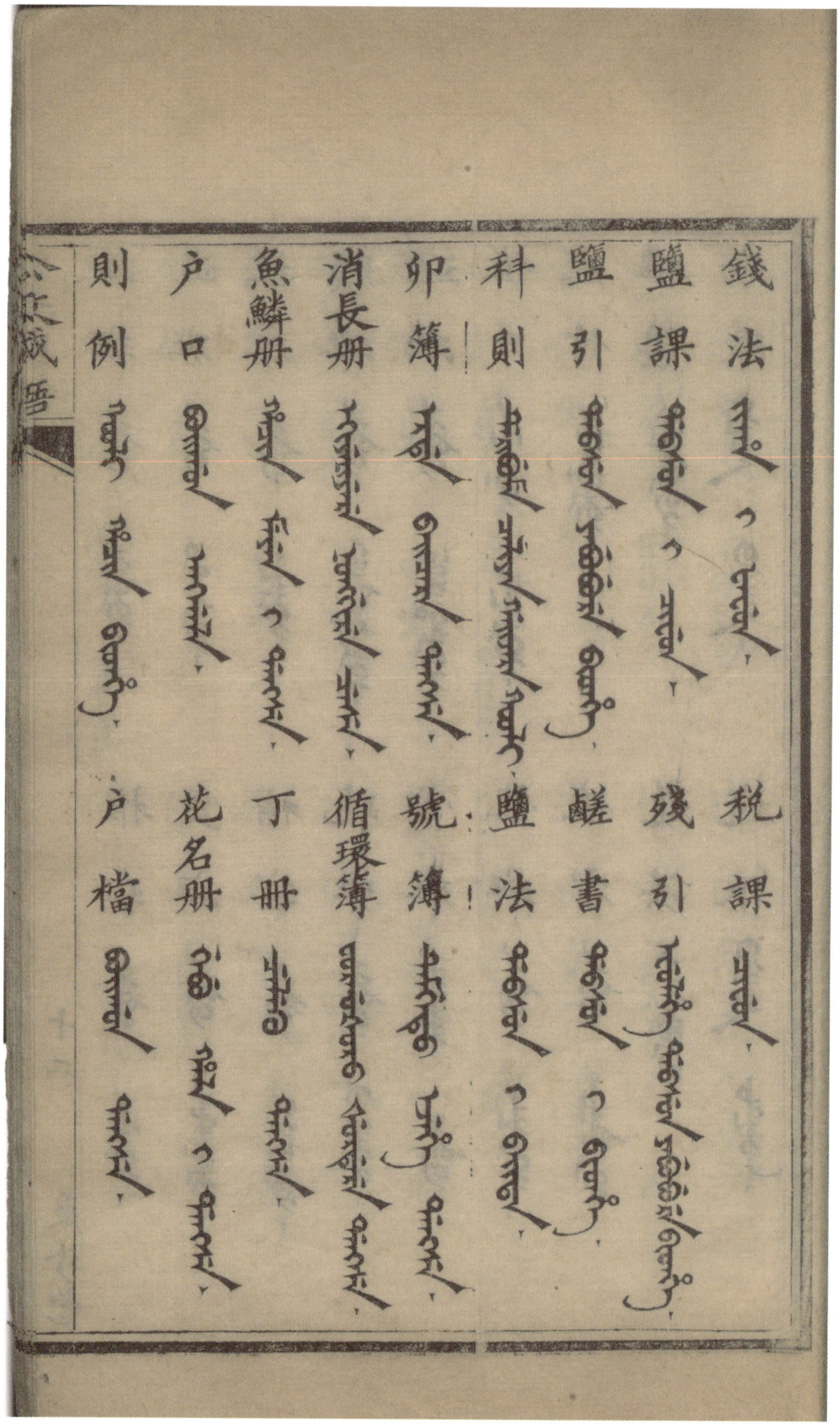

錢法　稅課
鹽課　殘引
鹽引　鹾書
科則　鹽法
卯簿　號簿
消長册　循環簿
魚鱗册　丁册
户口　花名册
則例　户檔

《公文成语》内页

# 圣谕广训（2种）

ᡝᠨᡩᡠᡵᡳᠩᡤᡝ ᡨᠠᠴᡳᡥᡳᠶᠠᠨ ᠪᡝ ᠨᡝᡳᠯᡝᠮᡝ ᠪᠠᡩᠠᡵᠠᠮᠪᡠᡥᠠ ᠪᡳᡨᡥᡝ

## 一、清京都隆福寺三槐堂刻本

清世宗（胤禛）撰。

清京都隆福寺三槐堂刻本。汉文满文合璧。

线装。页面32厘米×18.1厘米，半叶版框约21厘米×16.8厘米。四周双边。单鱼尾，版心有汉文书名、篇目、页码。

1册，1函，87叶。

文字部分保存完好，页面有残损。

另存清京都隆福寺三槐堂刻本1部，尺寸略有不同。页面25.0厘米×17.4厘米，半叶版框19.8厘米×15.7厘米。

《圣谕广训》是雍正二年（1724）刊刻的官修典籍，由康熙《圣谕十六条》与雍正《广训》两个部分组成，雍正依照康熙所颁行的《圣谕十六条》逐条释义，又于各条之下申明己意，撰成《圣谕广训》一书。故《圣谕广训》既是雍正对康熙《圣谕十六条》的继承与发展，又是雍正教化思想之所在。圣谕是明清两代帝王为教化民众、和睦社会所颁布的训诫，是国家层面在顶层设计上传播道德规范的重要内容和载体。雍正为广泛传播《圣谕广训》下令“颁发直省督抚学臣，转行该地方文武各官及教职衙门，晓谕军民生童人等，通行讲读，谕令各州县大乡大村于人居稠密处设立讲约所，每月朔望，齐集乡之耆老、里长及读书之人，宣讲《圣谕广训》”。从日常生活到科举甚至官场，雍正年间，县试、府试、院试、岁试必须默写《圣谕广训》中的一条；嘉庆后，岁试、科试也均要默写。

此书满文在左、汉文在右，每页约14行字，7行满文和对应的汉文翻译。文献由序言和正文组成，正文内容含敦孝弟以重人伦、笃宗族以昭雍睦、和乡党以息争讼、明礼让以厚风俗、隆学校以端士习、黜异端以崇正学、训子弟以禁非为、重农桑以足衣食、尚节俭以惜财用、务本业以定民志、讲法律以儆愚顽、息诬告以全良善、诫窝逃以免株连、完钱粮以省催科、联保甲以弭盗贼、解仇忿以重身命等“圣谕十六条”，涉及家庭、社会、教育、生计、秩序等多个方面。

爱新觉罗·胤禛（1678—1735），年号雍正，庙号世宗，清朝第五位皇帝（1722—1735年在位）。

（高彩云）

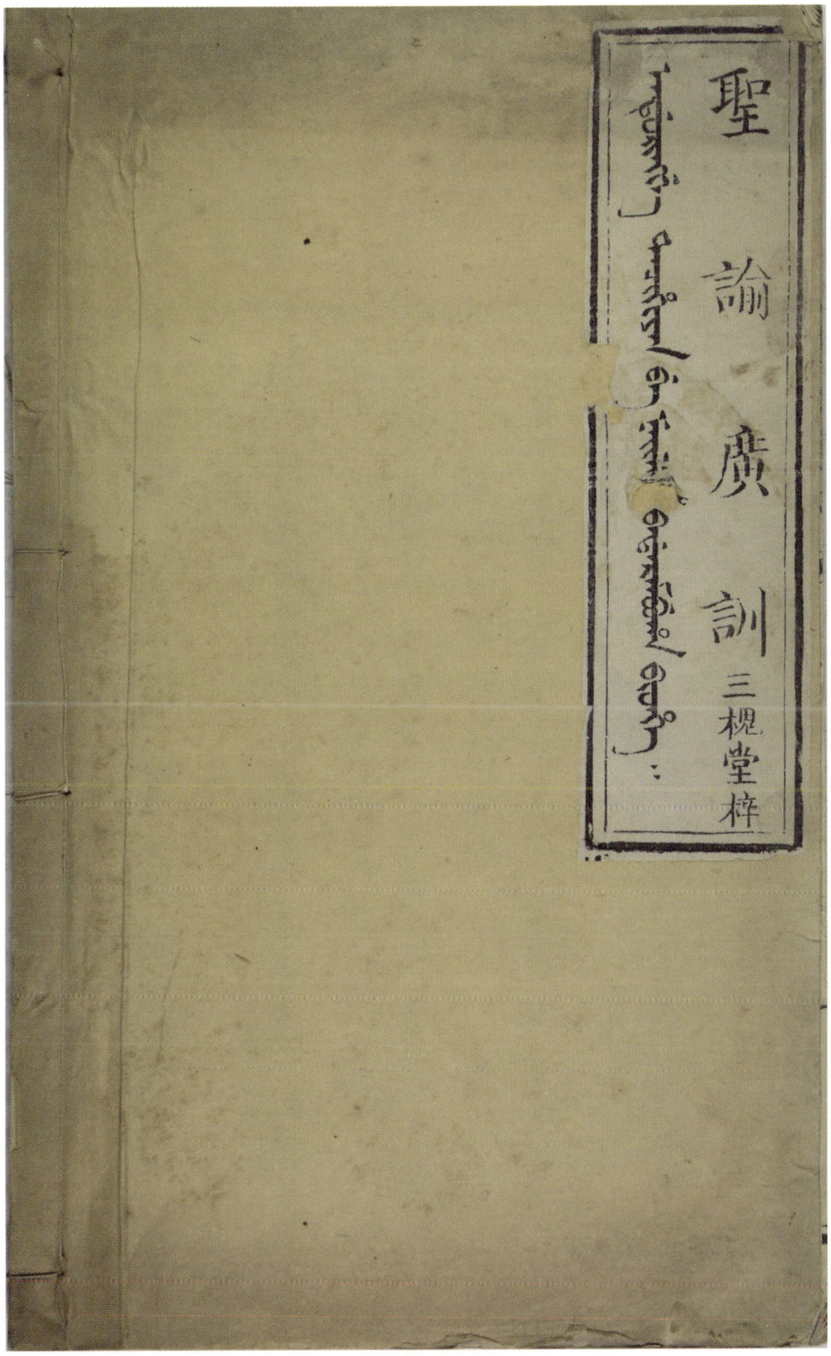


《圣谕广训》封面

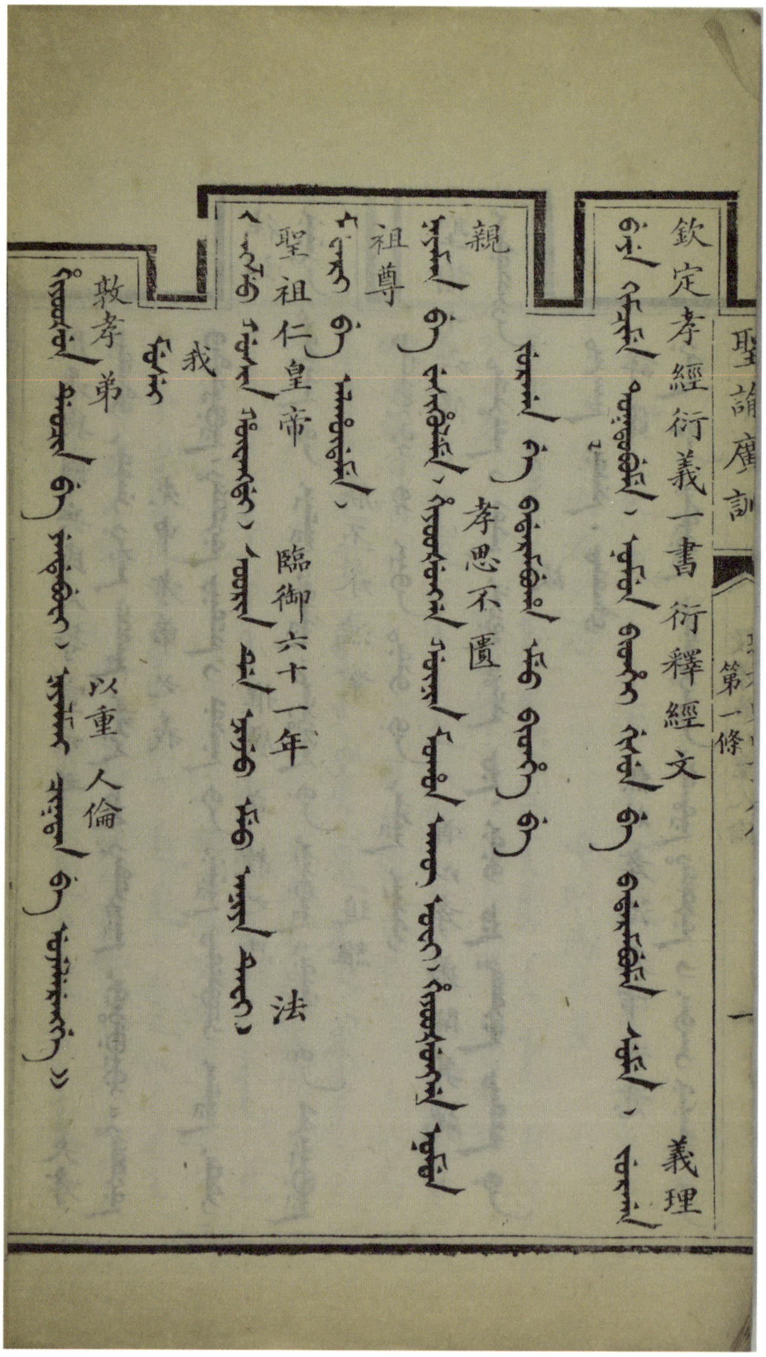
聖諭廣訓 第一條

欽定孝經衍義一書衍釋經文義理

親 孝思不匱

祖尊

聖祖仁皇帝 臨御六十一年 法

我

敦孝弟 以重人倫

《圣谕广训》第一条首页

## 二、清刻本

清世宗（胤禛）撰。

清刻本。汉文满文合璧。

线装。页面28.5厘米×18.8厘米，半叶版框约21.0厘米×17.0厘米。四周双边。单鱼尾，版心有汉文书名、页码。

1册，1函，70叶。

文字部分保存完好，页面修复过。

内容同清京都隆福寺三槐堂刻本。

（高彩云）

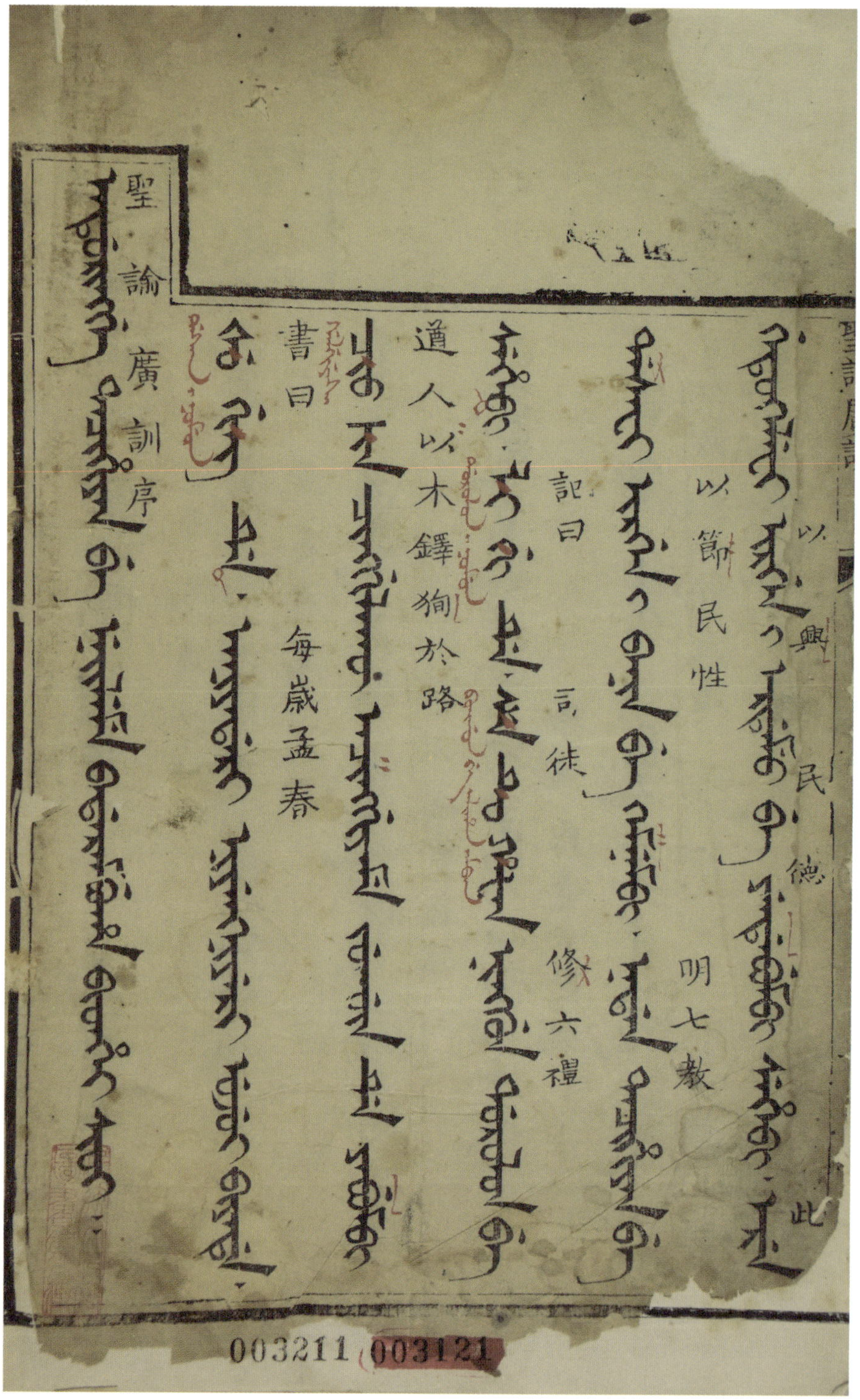

《圣谕广训》序首页

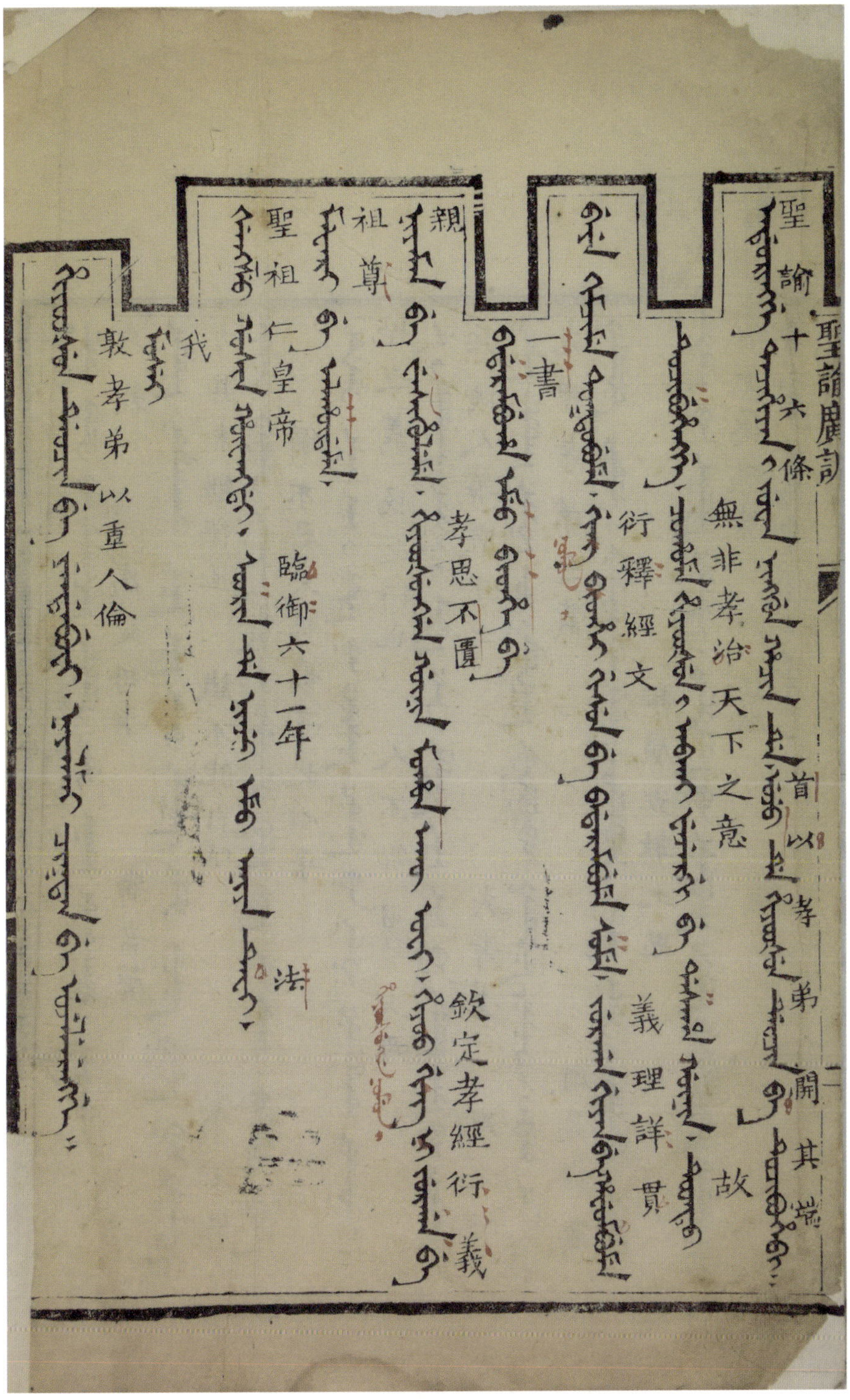
聖諭廣訓
敦孝弟以重人倫
我
聖祖仁皇帝臨御六十一年法
祖尊
親孝思不匱欽定孝經衍義
一書
衍釋經文義理詳貫
無非孝治天下之意故
聖諭十六條首以孝弟開其端

《圣谕广训》正文首页

## 对音辑字

（清）志宽、培宽编。

清光绪十六年（1890）荆州驻防翻译总学刻本。汉文满文合璧。

线装。页面26.0厘米×14.0厘米，半叶版框18.5厘米×12.5厘米。四周双边。半叶8行，每行满文字母1个、汉文18字，双行小字。白口，单黑鱼尾，版心有汉文书名、卷次、页码。

2册，1函，102叶。

封面破损。

另存同版1部，线装，页面23.5厘米×13.5厘米，半叶版框18.5厘米×12.5厘米，2册，1函，102叶。封面破损，酸化严重。

该书以十二字头为序编辑而成，收录满文十二字头及汉文对音字，是一部有关满语语音研究的著作。正文前有编者序1篇，文后有“附录省份对音”“附录东三省新疆各驻兵还音译文地名”和镌刻人员名单。

（曹娇林）

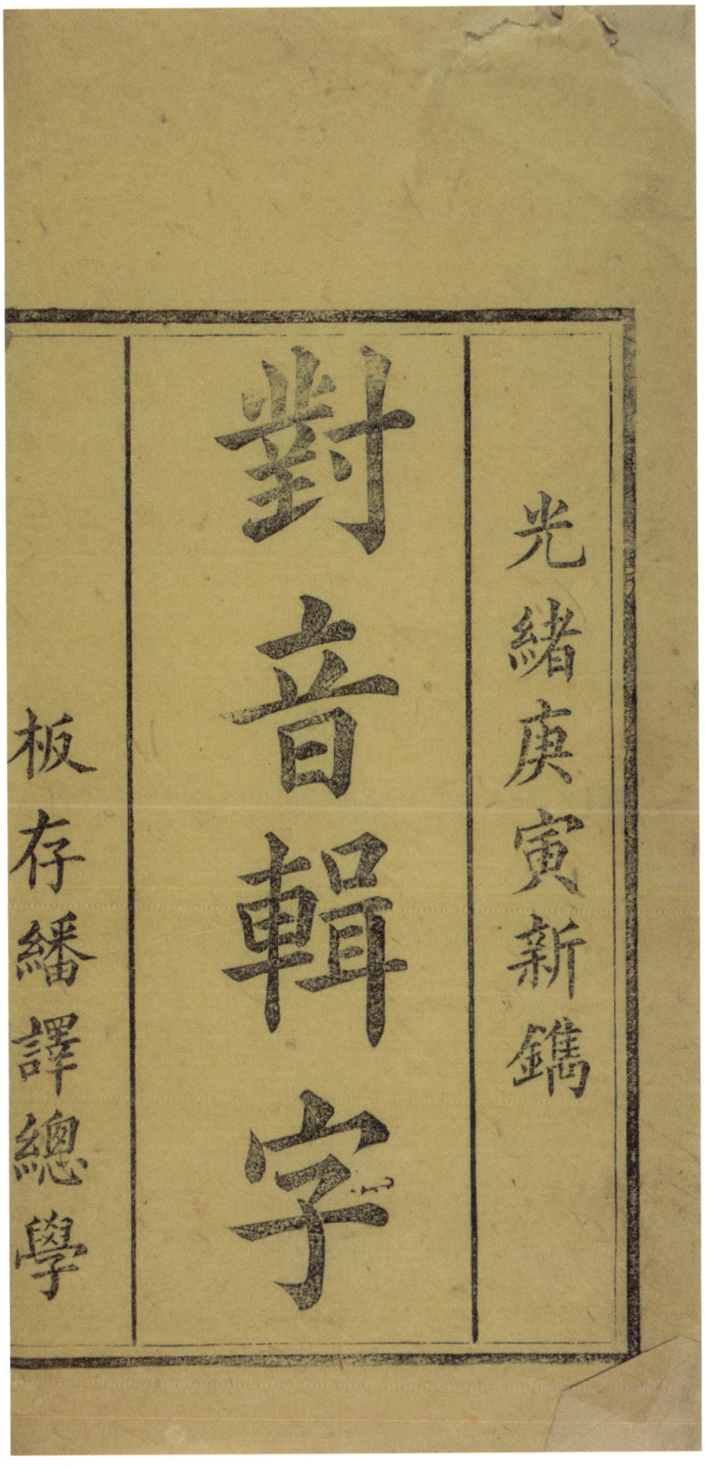


《对音辑字》内封

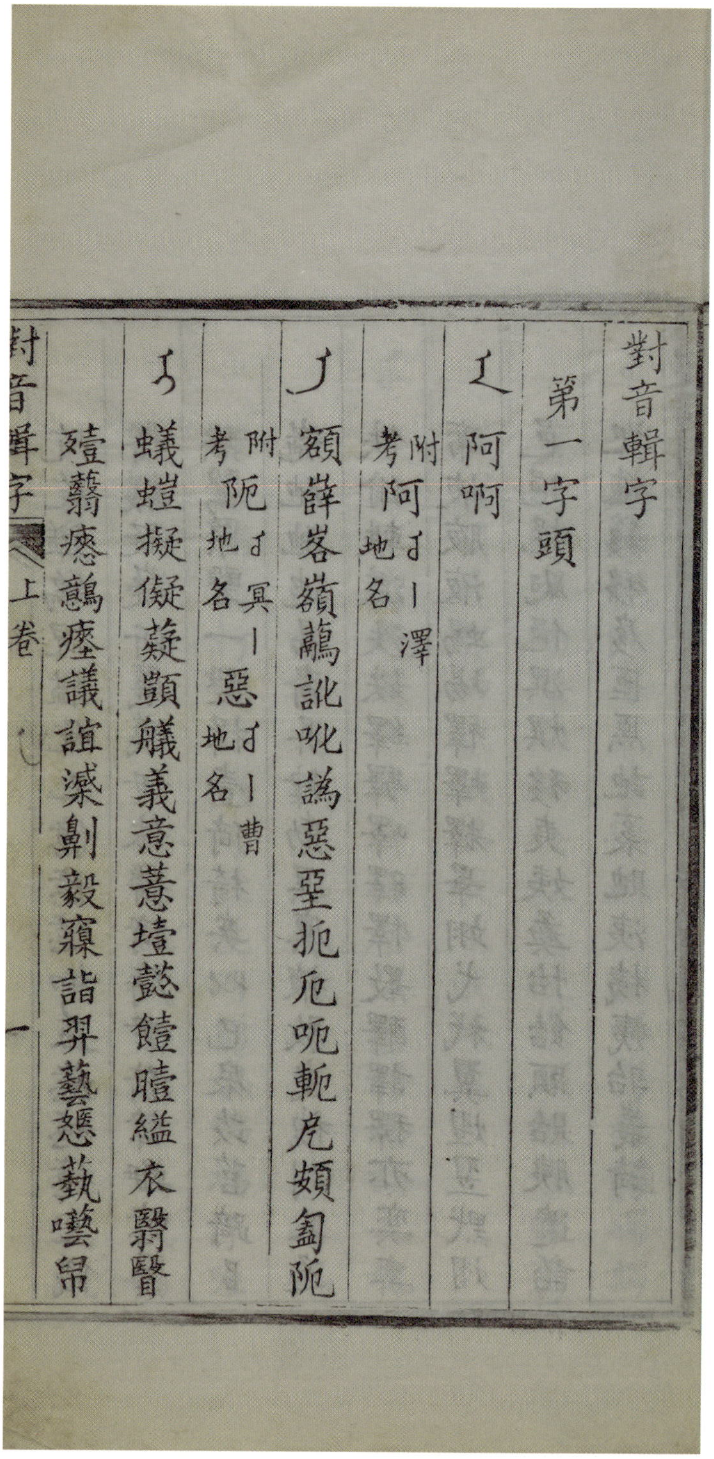
對音輯字
第一字頭
阿 啊
附考 阿丨澤 地名
額 嶭 峉 嶺 鶚 訛 吪 譌 惡 堊 扼 厄 呃 軛 戹 頞 匎 阨
附考 阨冥丨 地名 惡丨曹 地名
蟻 螘 擬 儗 薿 顗 艤 義 意 薏 壹 懿 饐 曀 縊 衣 翳 醫
殪 蘙 瘱 鷊 瘞 議 誼 瀷 劓 毅 寱 詣 羿 藝 懿 埶 囈 帠
對音輯字 上卷 一

《对音辑字》首卷卷端

# 吏治辑要

## 一、清道光二十四年（1844）京都隆福寺三槐堂刻本

（清）高鹗撰，（清）通瑞译。

清道光二十四年（1844）京都隆福寺三槐堂刻本。汉文满文合璧。

线装。页面24.6厘米×15.3厘米，半叶版框22.0厘米×13.6厘米。四周双边。单鱼尾，版心有汉文书名、页码。

1册，1函，45叶。

保存完好。

嘉庆年间高鹗辑录清代有关吏治著述文牍而成《吏治辑要》汉文本。道光二十四年（1844）通瑞加译满文。此文献为汉文满文合璧，满文在左、汉文在右，文献内容包含重刊吏治辑要序、吏治辑要序、正文三个部分内容。此文献内容多关乎官员升转调补、裁汰留退，并且从忠义道德层面反复强调为官应该如何，不该如何。

高鹗（1758—1815），字云士，号秋甫，别号兰墅、行一、红楼外史，历官内阁中书、汉军中书、内阁典籍、内阁侍读、江南道监察御史、刑科给事中等职，有《月小山房遗稿》《砚香词·簏存草》等作品传世。

（高彩云）

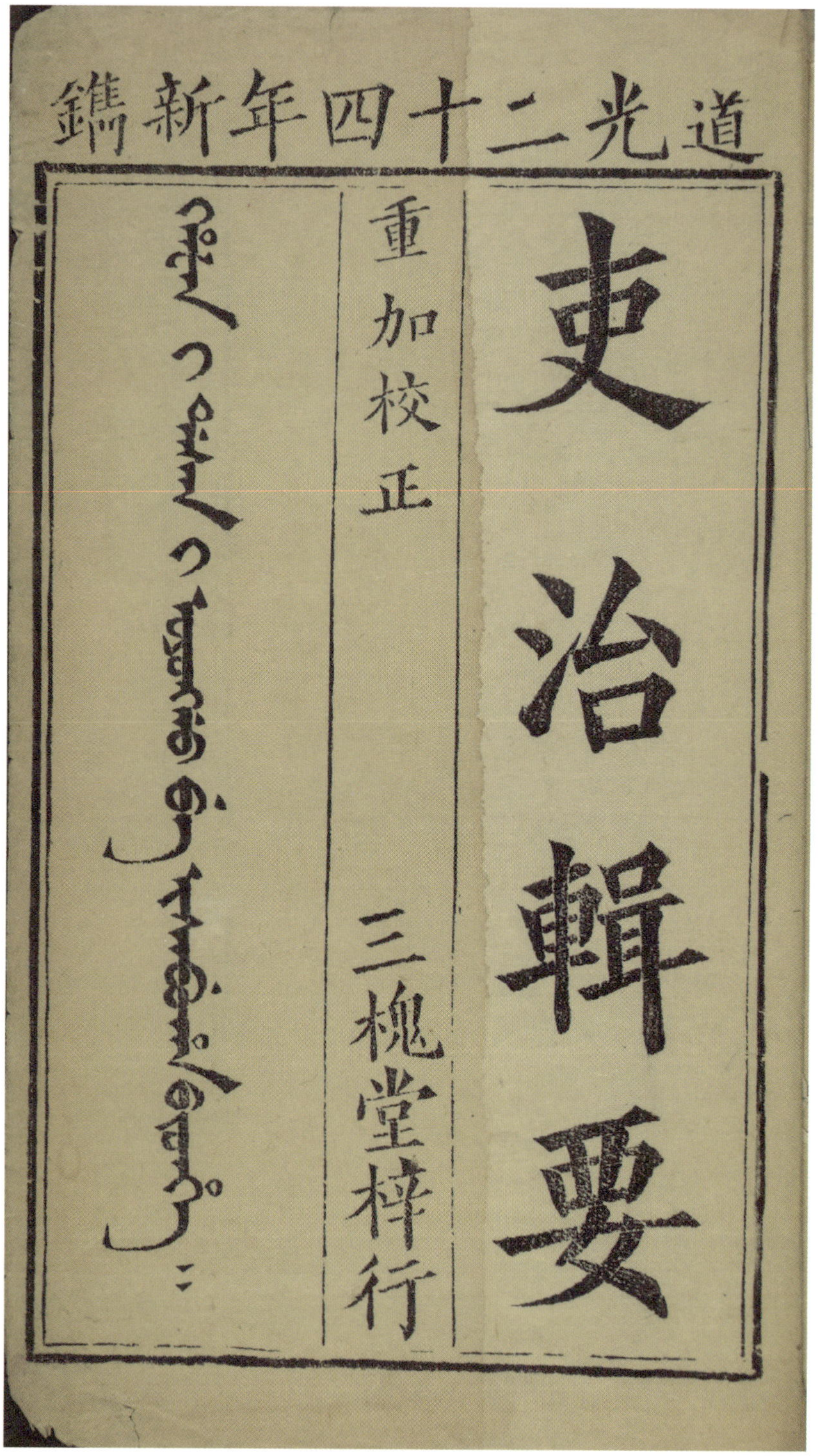


《吏治辑要》内封

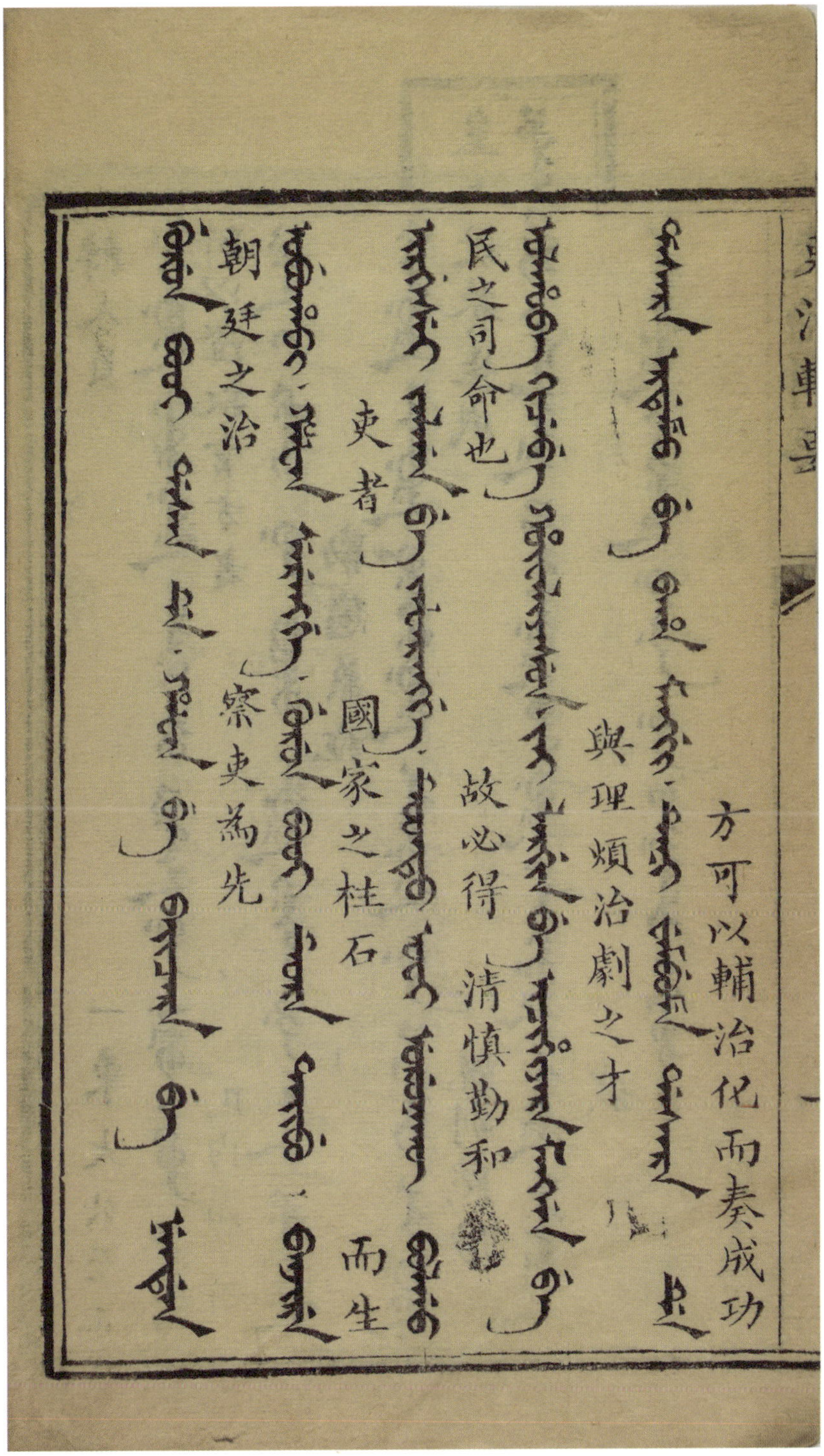
方可以輔治化而奏成功
與理煩治劇之才
民之司命也
故必得清慎勤和
吏者
國家之柱石
而生
朝廷之治
察吏為先

《吏治辑要》正文首页

## 二、清光绪十三年（1887）京都隆福寺聚珍堂重刻本

（清）高鹗撰，（清）通瑞译。

清光绪十三年（1887）京都隆福寺聚珍堂重刻本。汉文满文合璧。

线装。页面24.9厘米×15.0厘米，半叶版框21.1厘米×12.8厘米。四周双边。单鱼尾，版心有汉文书名、页码。

1册，1函，45叶。

保存完好。

内容同清道光二十四年（1844）京都隆福寺三槐堂刻本。

（高彩云）

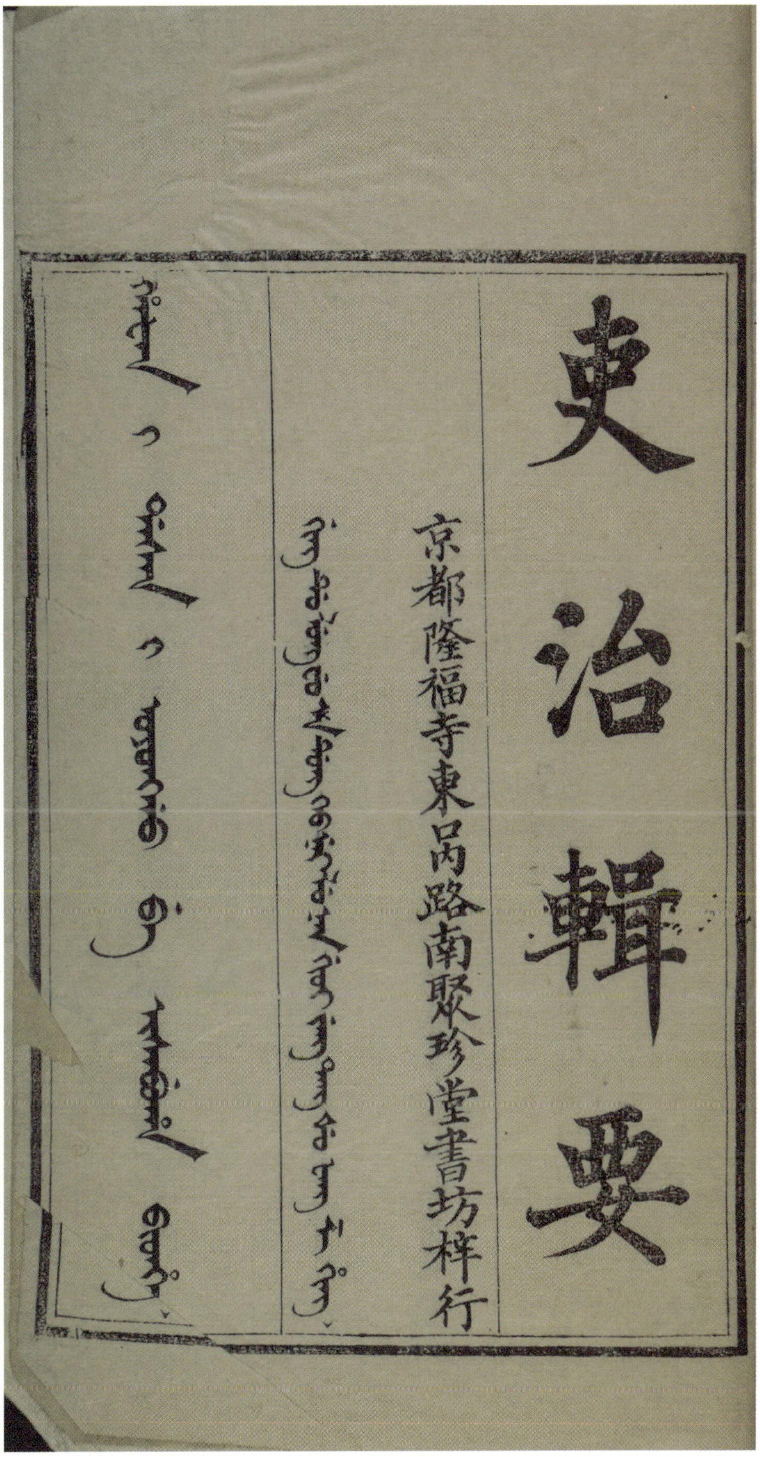


《吏治辑要》内封

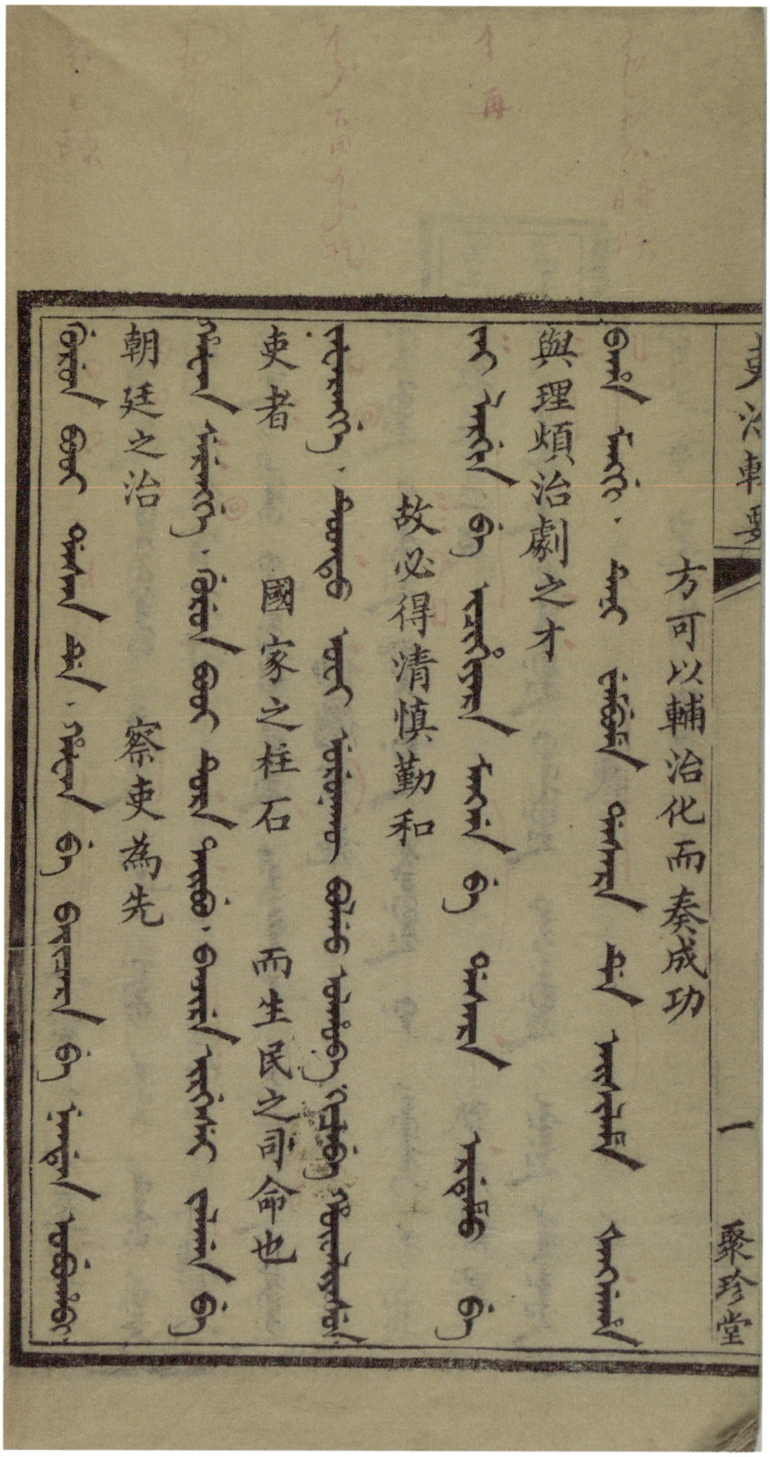
吏治輯要　一　聚珍堂

方可以輔治化而奏成功

與理煩治劇之才

故必得清慎勤和

吏者　國家之柱石　而生民之司命也

朝廷之治　察吏為先

《吏治辑要》正文首页

## 西厢记

《西厢记》，全名《崔莺莺待月西厢记》。

（元）王实甫著，（清）和素译。

清刻本。1—2册为满文，3—4册为汉文满文合璧。

线装。页面28.6厘米×18.4厘米，半叶版框21.0厘米×16.2厘米。四周双边。半叶大字8行、小字20行不等，行字数不等。白口，单鱼尾，版心有满文书名、汉文页码。

4册，1函，164叶。

保存完好。

《西厢记》最早的来源是唐代元稹所著的传奇小说《莺莺传》，不过它是以金代董解元的《西厢记诸宫调》为基础改编而成的。它和《董西厢》在情节上相差无几，但在每个方面都进一步加工、发展和提高，使戏剧冲突更加激烈，人物性格也更为鲜明，特别在心理描写上，细致、精确，引人入胜。本书描写书生张生在寺庙中遇见崔相国之女崔莺莺，两人产生爱情，通过婢女红娘的帮助，历经坎坷，终于冲破封建礼教束缚而结合的故事。王实甫的杂剧《西厢记》有鲜明、深刻的反封建的主题。张生和崔莺莺的恋爱故事，已经不再停留在“才子佳人”的模式上，也没有把“夫贵妻荣”作为婚姻的理想。他们否定了封建社会传统的联姻方式，始终追求真挚的感情，爱情已被置于功名利禄之外。《西厢记》结尾处，在中国文学史上第一次正面地表达了“愿普天下有情人都成眷属”的美好愿望，表达了反对封建礼教、封建婚姻制度、封建等级制度的进步主张，鼓舞了青年男女为争取爱情自由、婚姻自主而抗争。

《西厢记》具有广泛持久的影响。自它问世以来，就得到戏剧家、评论家的高度赞赏。明人都穆说“北词以《西厢记》为首”（《南濠诗话》），王世贞称《西厢记》为北曲的压卷之作，王骥德认为杂剧南戏之中“法与词两善其极，唯实甫《西厢》可当之”，称为“千古绝技”（《曲律》）。明代著名思想家李贽在《焚书》中，对《西厢记》出神入化的艺术技巧发出由衷赞叹；清代戏曲家李渔更下了这样一个结论：“自由《西厢》而迄于今，四百余载，推《西厢》为填

词第一者，不知几千万。”（《闲情偶寄》）

《西厢记》不仅受到中国人民的喜爱，而且得到世界人民的欢迎。自19世纪末开始，《西厢记》就被翻译成拉丁文和英文，虽然是零折翻译，但毕竟开始走出国门走向世界。迄今为止，已经有英、法、德、意大利、俄、拉丁、印地、朝鲜等多种文字的译本在各国出现。可见，《西厢记》已经成为世界文学宝库中的一颗明珠，用一位日本汉学家的话说，它已“成为世界戏剧史上的伟大文学作品了”。

“碧云天，黄花地，西风紧，北雁南飞。晓来谁染霜林醉？总是离人泪……”谁不为这华彩的辞章而拍案叫绝？可见，王实甫的《西厢记》不仅是一部戏剧，它也是中国文学史上的一部不朽名著。

王实甫（1260—1336），名德信，河北省保定市定兴（今定兴县）人。元代著名杂剧作家，五本二十一折的《西厢记》大约写于元代元贞、大德（1295—1307）年间，不仅是他的代表作，而且是元代杂剧创作中最优秀的作品之一。

和素（1652—1718），字存斋、纯德，完颜氏，清康熙年间满洲人，隶属内务府镶黄旗。精通满文、汉文。累官至内阁侍读学士，御试清文第一，赐巴克什号，充皇子师傅，翻书房总载，清代著名满文翻译家。和素一生译著较多，主要有《素书》《通鉴总论》《醒世要言》及《孝经》《左传》《琴谱合璧》（《太古遗音》）、《菜根谭》《西厢记》和《金瓶梅》等。

（吴贵飙）

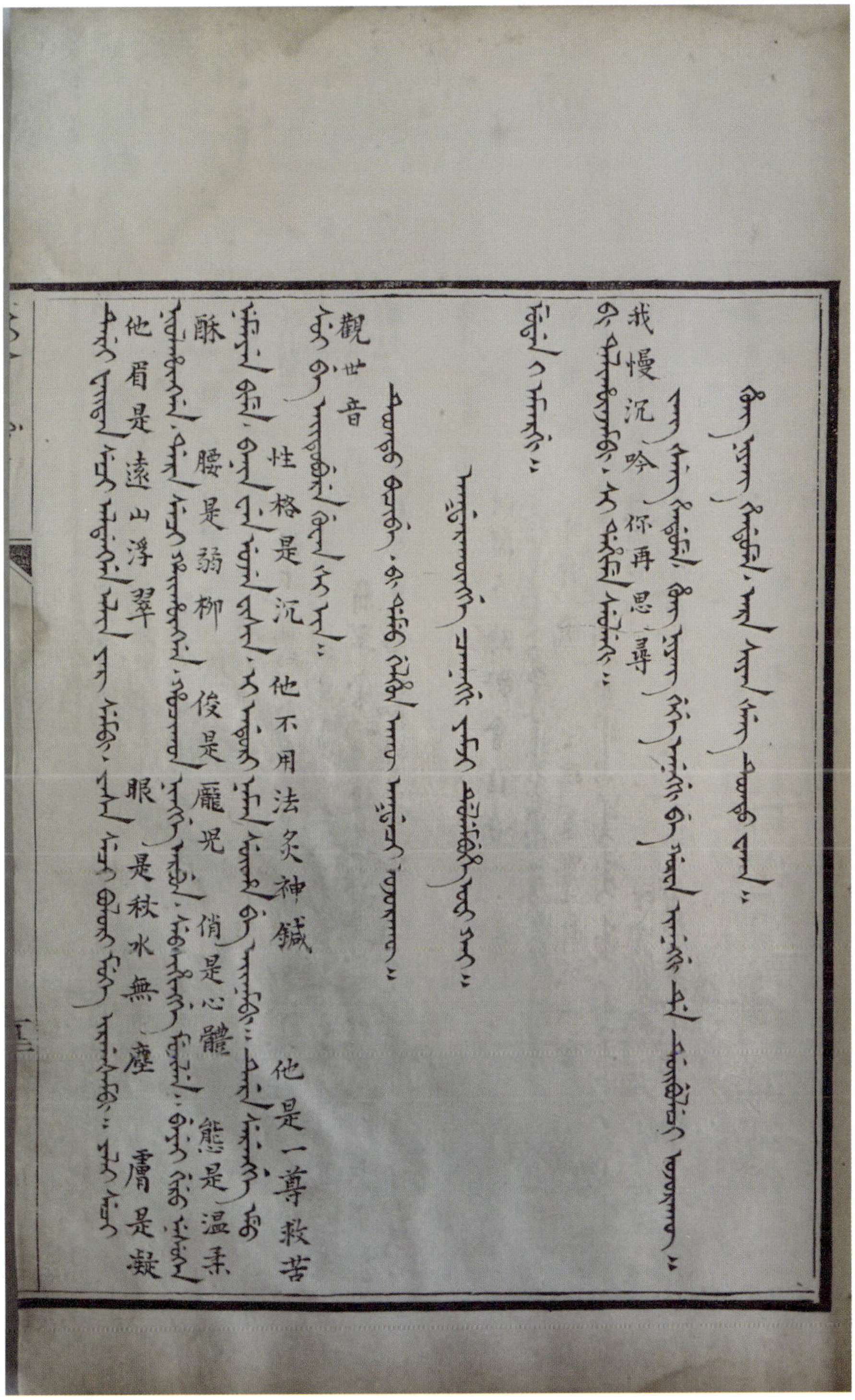
我慢沉吟 你再思尋
觀世音
性格是沉 他不用法灸神鍼 他是一尊救苦
酥 腰是弱柳 俊是龐兒 俏是心體 態是溫柔
他眉是遠山浮翠 眼是秋水無塵 膚是凝

《西厢记》第120叶

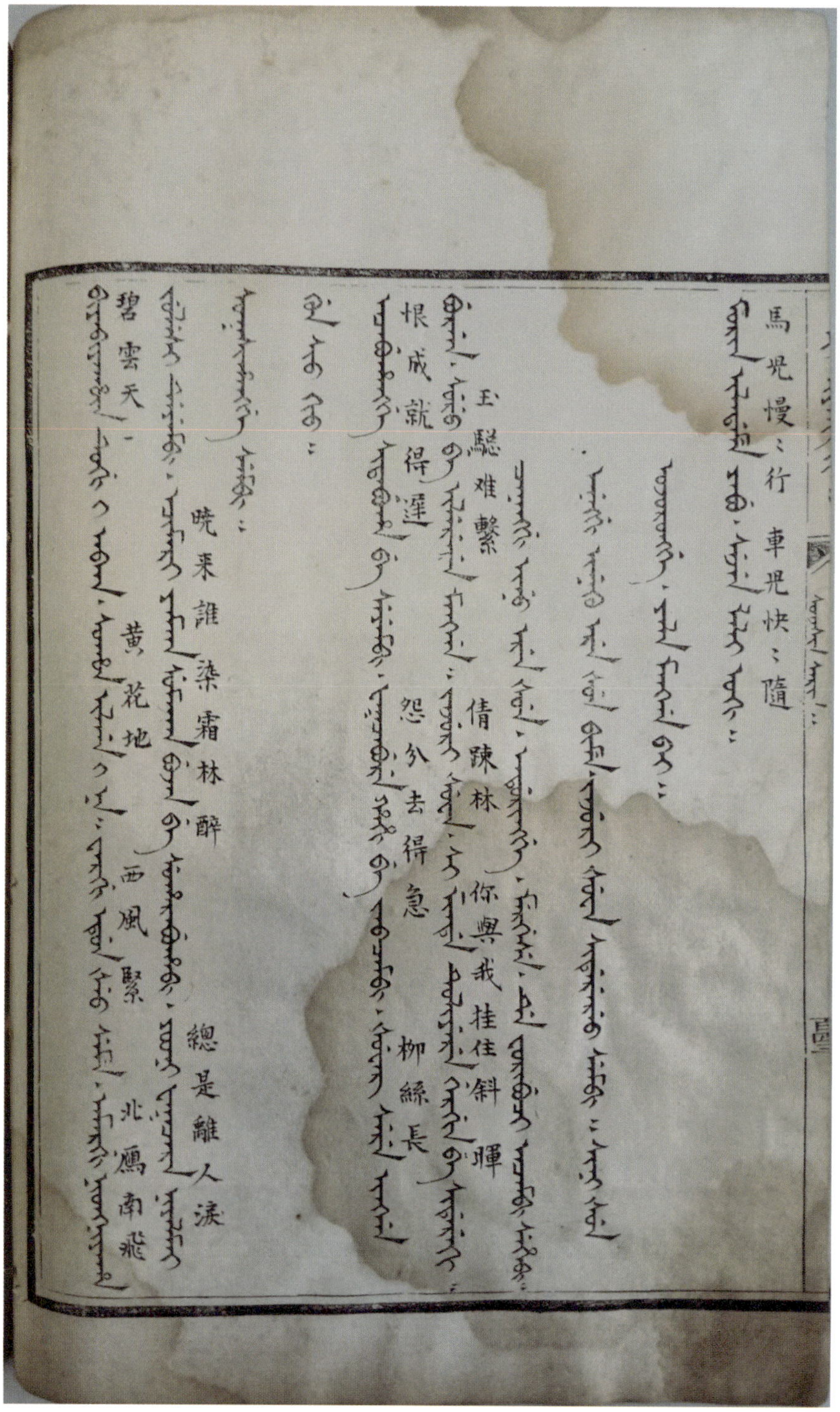
馬兒慢慢行 車兒快快隨
玉驄難繫 倩疎林你與我挂住斜暉
恨成就得遲 怨分去得急 柳絲長
曉來誰染霜林醉 總是離人淚
碧雲天 黃花地 西風緊 北鴈南飛

《西厢记》第143叶

## 百话条子

作者不详。

清抄本。汉文满文合璧。

线装。页面22.8厘米×14.8厘米。半叶10行，满文、汉文相间各5行。

2册，1函，44叶。

卷边，破损。

天头有话条次序。左翻页，从左至右满文汉文相间，分上、下册，封页有满文题名，卷次，各有方章“伊见思印”。卷尾书“厢红旗满洲都统和硕礼亲王”字样。

此书为满汉对照话条子，共收入100条。以话条形式，给初学者用于练习满汉语，是学习满语会话的资料。对研究清代北京白话有一定语料价值。

伊见思：民国著名报人，出版家，商务印书馆经理。

（李香）

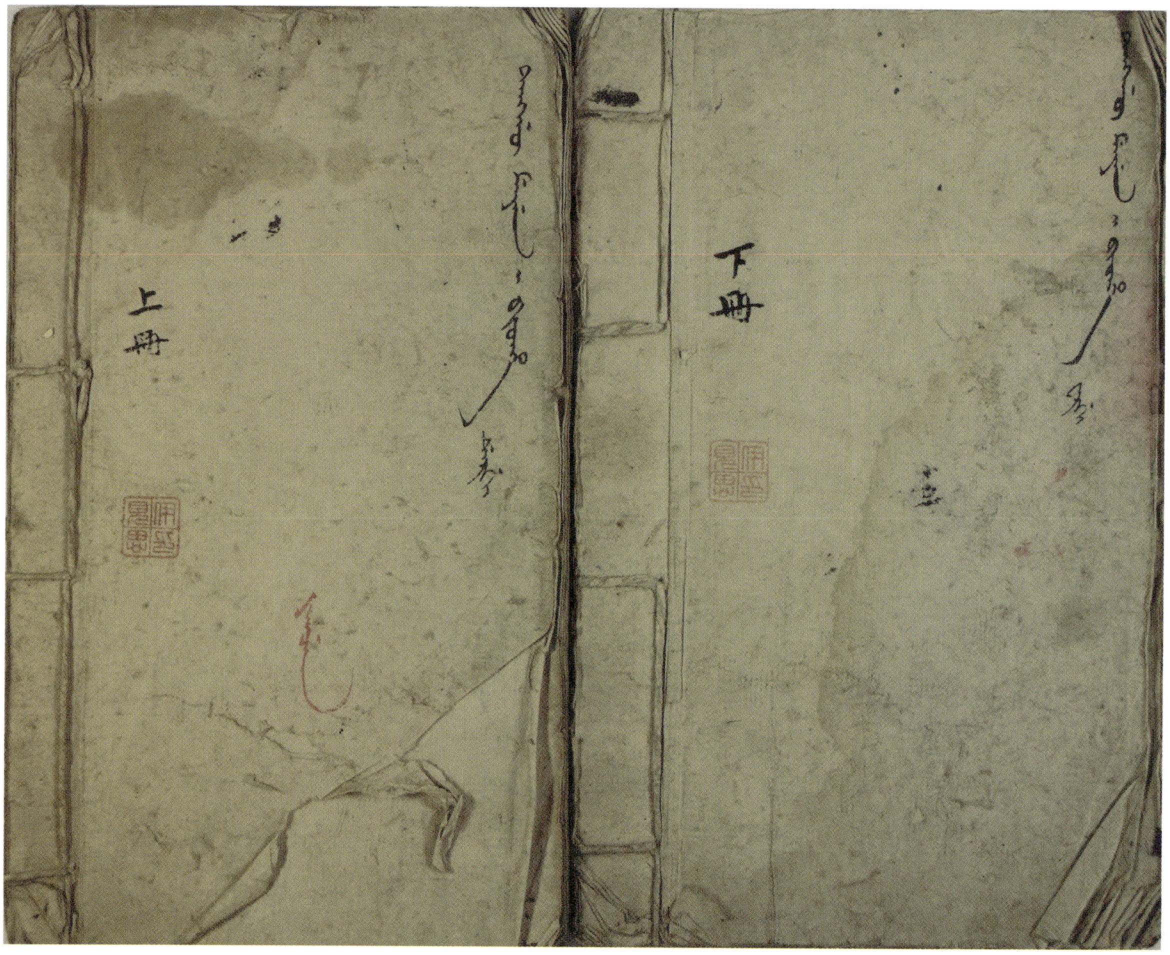


《百话条子》封面

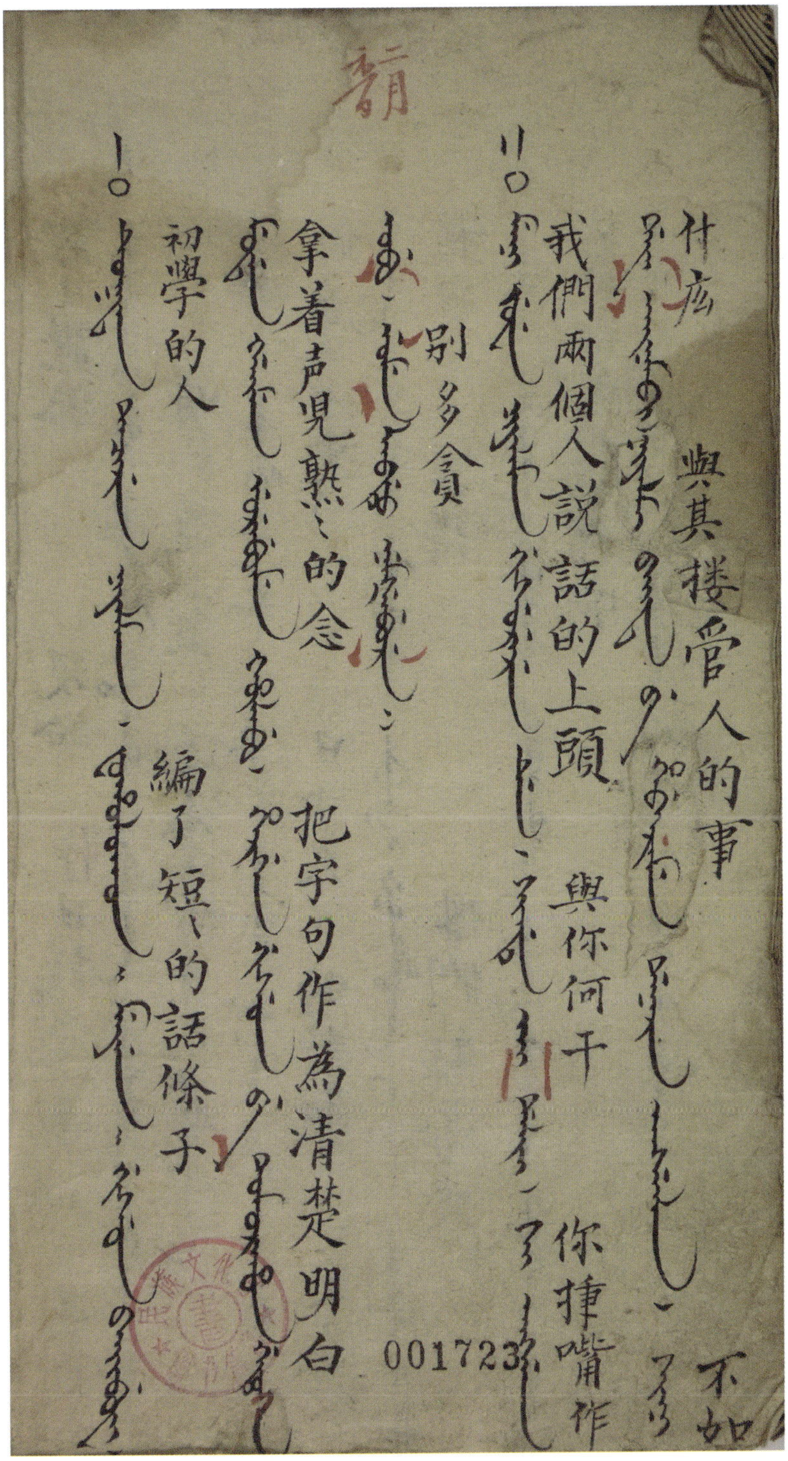

《百话条子》上册首页

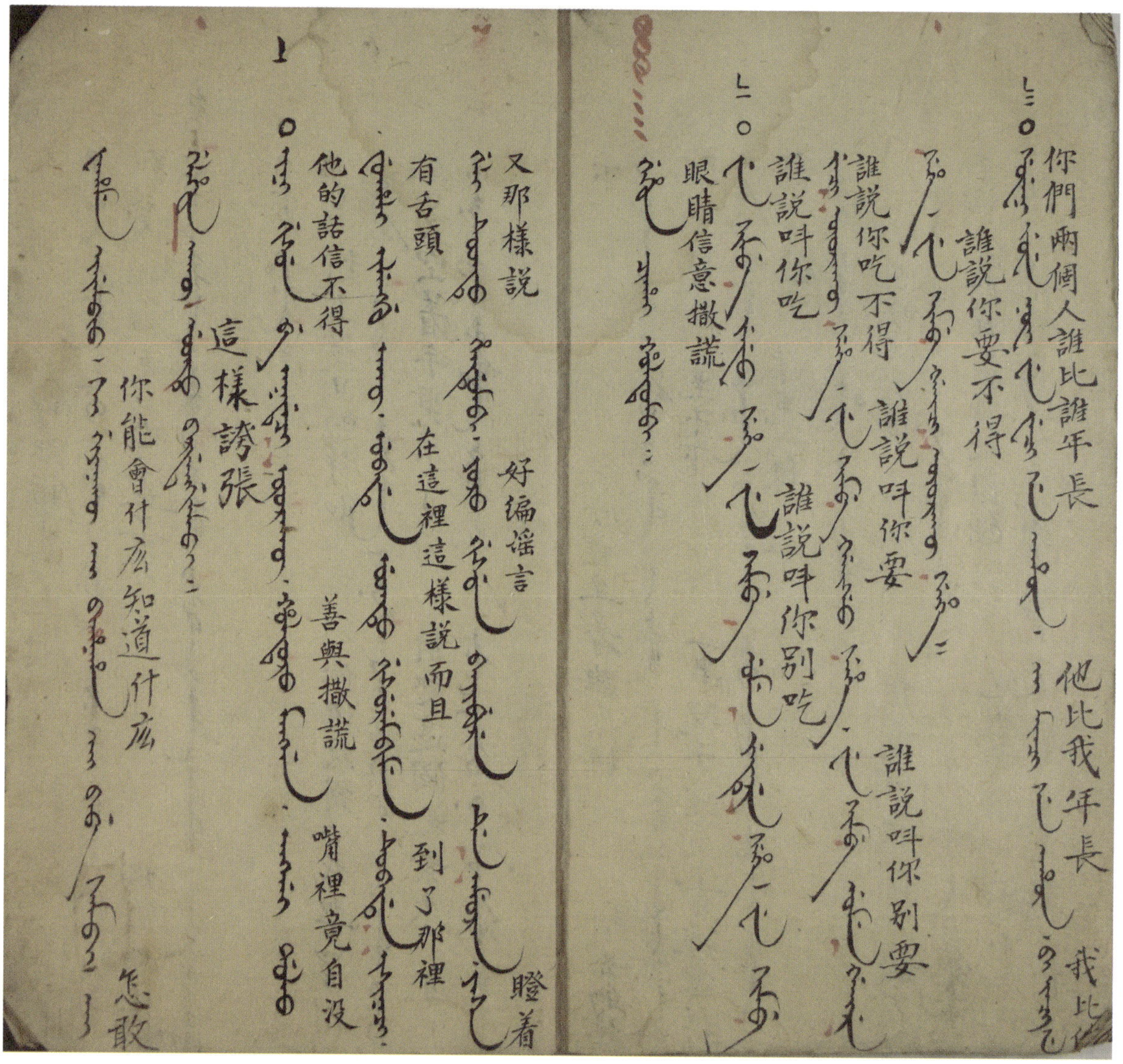
你們兩個人誰比誰年長
他比我年長
我比
誰說你要不得
誰說吽你要
誰說吽你別要
誰說你吃不得
誰說吽你吃
誰說吽你別吃
眼睛信意撒謊
又那樣說
好編謡言
瞪着
有舌頭
在這裡這樣說而且
到了那裡
他的話信不得
善與撒謊
嘴裡竟自没
這樣誇張
你能會什麼知道什麼
怎敢

《百话条子》上册内页

## 孙吴兵法

（春秋）孙武、（战国）吴起撰，佚名译。

清刻本。汉文满文合璧。

线装。页面22.3厘米×14.5厘米，半叶版框18.0厘米×12.8厘米。四周双边。半叶10行，行字数不等。白口，双鱼尾。

4册，1函，4卷，293叶。

保存完好。

孙武与吴起在春秋战国时期以善于用兵而闻名于世，并称“孙吴”，两人的兵书被合称为《孙吴兵法》。该书包含《孙子十三篇》和《吴子六篇》两部书。《孙子十三篇》上下两卷，每卷一册，包括始计、作战、谋攻、军形、兵势、虚实、军争、九变、行军、地形、九地、火攻、用间等十三篇内容。《吴子六篇》，上下两卷，每卷一册，包括图国、料敌、治兵、论将、应变、励士等六篇内容。

《孙子十三篇》即《孙子兵法》，孙武著，内容分析战争形势，探讨军事作战策略、方式，为百代谈兵之祖，被推崇为兵经。《吴子六篇》即《吴子兵法》是一部重要的军事著作，由战国名将吴起著，是反映古代军事思想的代表作之一。它继承和发展了《孙子兵法》的有关思想，在历史上曾与《孙子兵法》齐名，并称为“孙吴兵法”，因而为历代兵家所重视。

孙武，字长卿，春秋末期齐国人，从齐国流亡到吴国，辅助吴王经国治军，显名诸侯，被尊为“兵圣”。吴起，战国初期卫国人，历仕鲁、魏、楚三国，通晓兵、法、儒三家思想，在内政及军事上都有极高的成就。

该书对研究满族古代军事思想有参考价值。

（龚文龙）

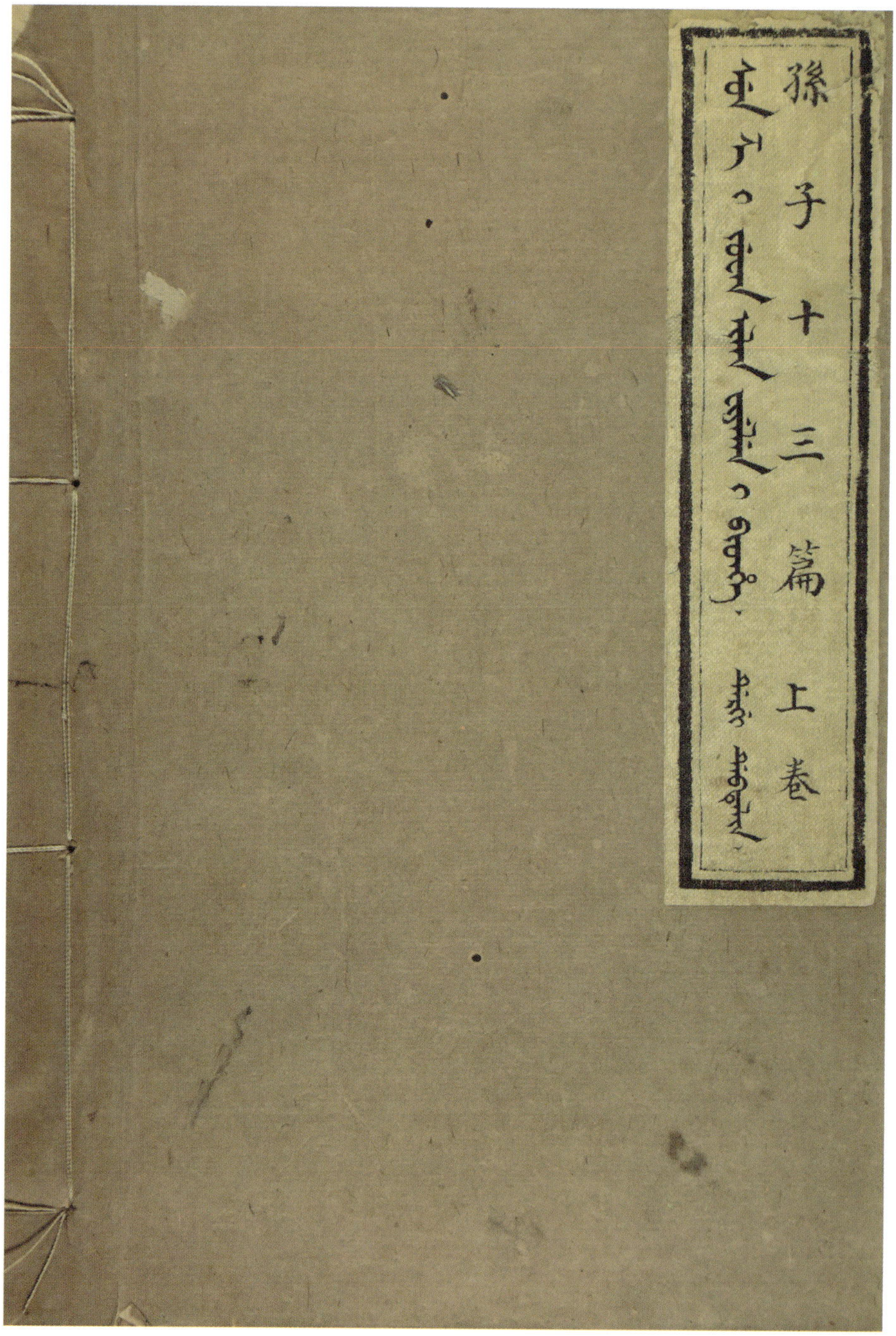


《孙子十三篇》封面题签

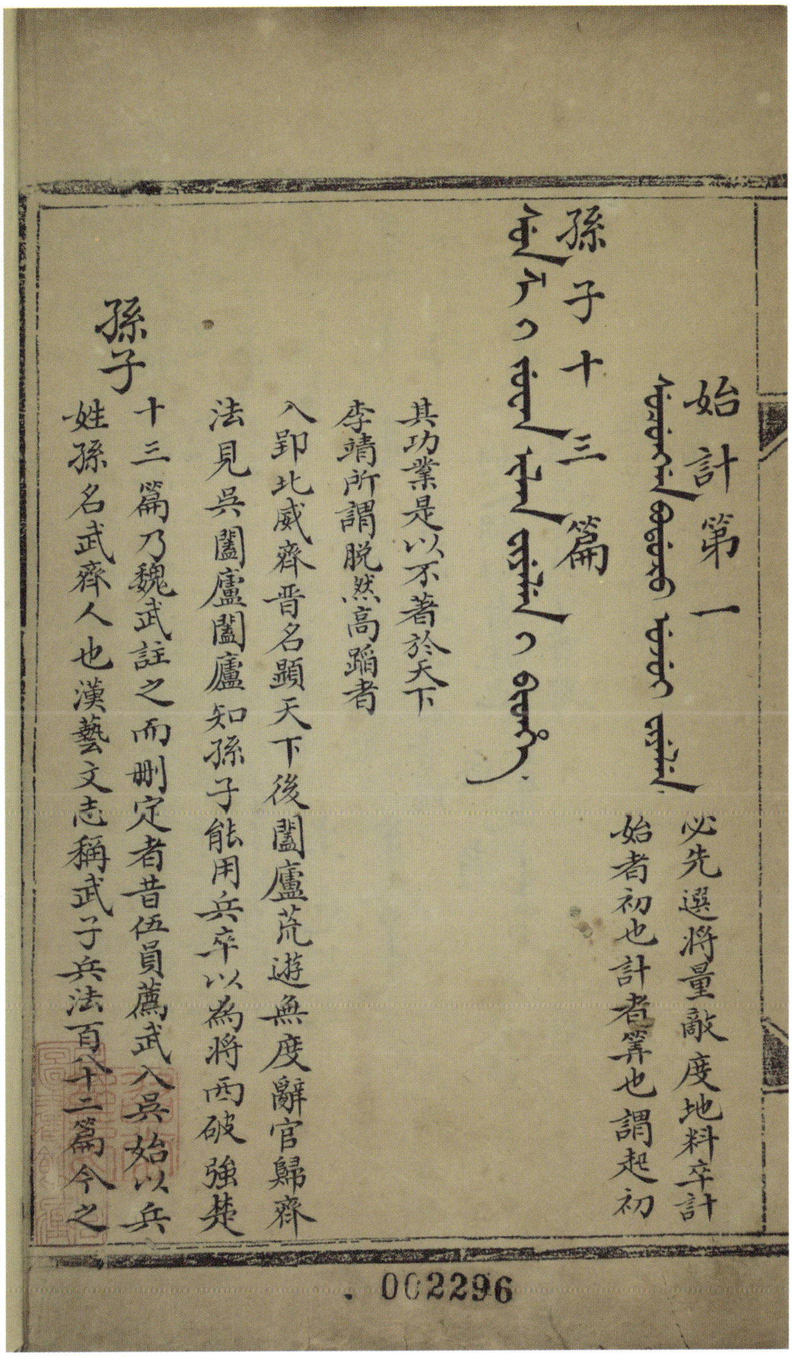

始計第一

始者初也計者筭也謂起初必先選將量敵度地料卒計

孫子十三篇

孫子

姓孫名武齊人也漢藝文志稱武子兵法百八十二篇今之十三篇乃魏武註之而刪定者昔伍員薦武於吳始以兵法見吳闔廬闔廬知孫子能用兵卒以為將西破強楚入郢北威齊晉名顯天下後闔廬荒遊無度辭官歸齊李靖所謂脫然高蹈者其功業是以不著於天下

002296

《孙子十三篇》正文首卷卷端

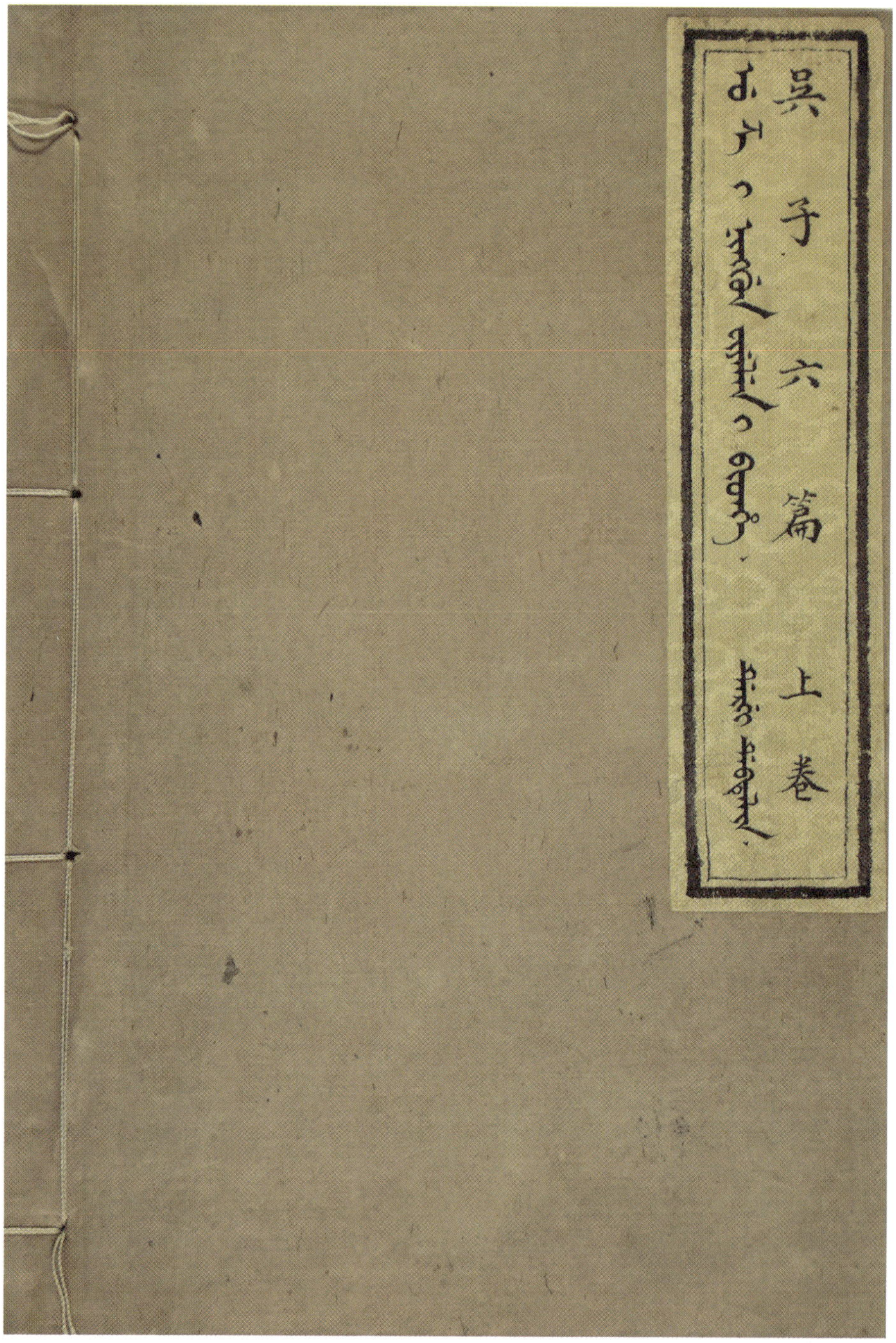


《吴子六篇》封面题签

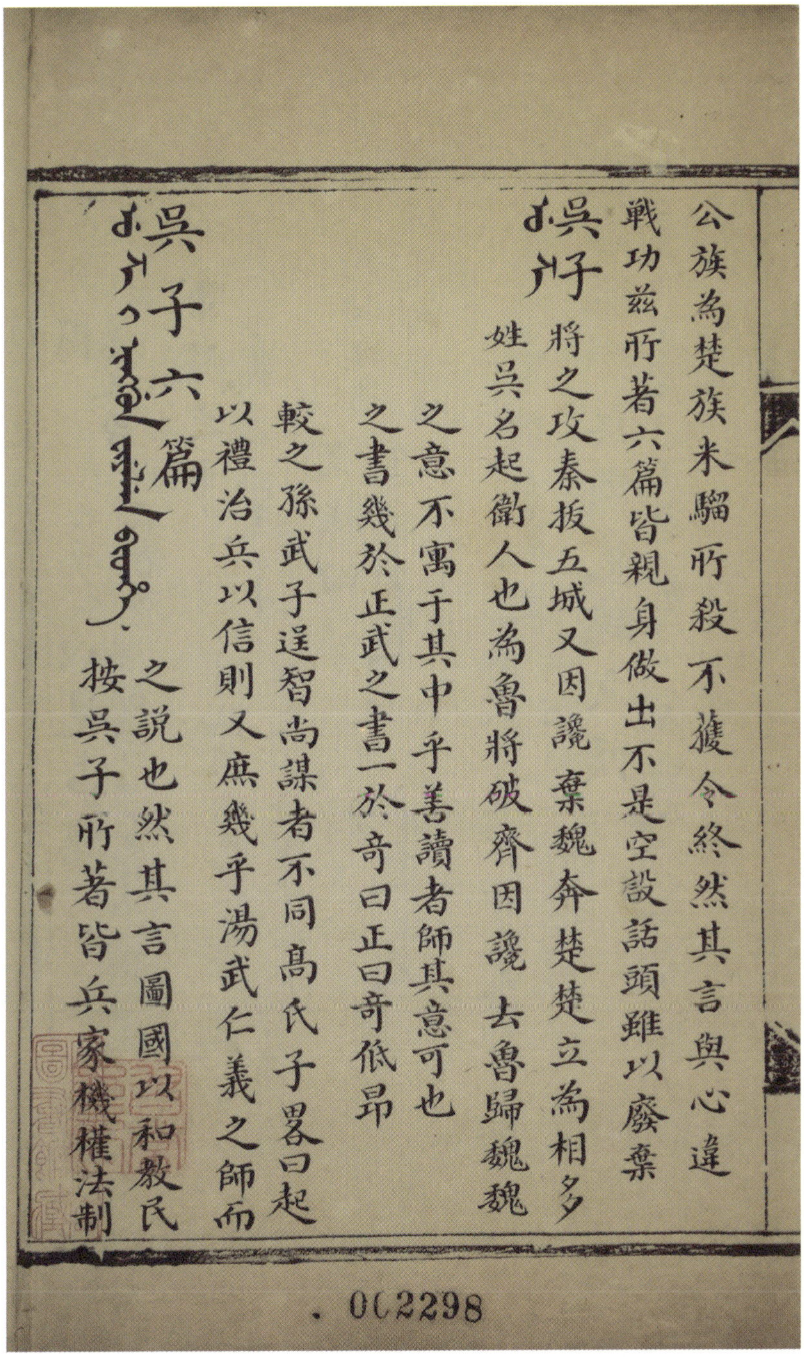
公族為楚族米騙所殺不獲令終然其言與心違
戰功茲所著六篇皆親身做出不是空設話頭雖以廢棄
吳子
將之攻秦拔五城又因讒棄魏奔楚楚立為相多
姓吳名起衛人也為魯將破齊因讒　去魯歸魏魏
之意不寓于其中乎善讀者師其意可也
之書幾於正武之書一於奇曰正曰奇低昂
較之孫武子逞智尚謀者不同高氏子畧曰起
以禮治兵以信則又庶幾乎湯武仁義之師而
之說也然其言圖國以和教民
按吳子所著皆兵家機權法制
吳子六篇
.0C2298

《吴子六篇》正文首卷卷端

## 孝经

ᡥᡳᠶᠣᠣᡧᡠᠩᡤᠠ ᠨᠣᠮᡠᠨ

清世祖（福临）撰，清文宗（奕訢）敕，乌八连不勒译。

清刻本。汉文满文合璧。

线装。页面24.4厘米×15.5厘米，半叶版框19.0厘米×14.0厘米。四周双边。半叶10行，满文汉文对应各5行。白口，单鱼尾，版心有汉文书名、页码。

1册，1函，25页。

孝，形成于人类文明之始，在漫长的奴隶社会中逐步发展成为人类共同的首要价值观和行为规范，并成为文明的重要标志；在向封建社会转变时期，我国升华出了经典文献——《孝经》。《孝经》是人类文明发展成熟的一个重要标志，它标志着人不仅以制造工具与动物相区别，而且以有了成熟的爱和亲情与蒙昧野蛮时代的人相区别。孝是宗法社会中一种基础性的价值观念与实践。

它曾经创造了灿烂的文明，并使我国历史上发展为强大的封建国家。一方面，它曾程度不同地被历代君王用作维护自己统治的工具；另一方面，它又在创造相对稳定的社会，尤其是所谓和谐盛世中发挥过重要作用。《孝经》收录了孔子与其学生曾子对话的形式论述，共18章，但仅1800余字，是儒家经典中字数最少的；其大体可分为四个部分：一是侧重于讲义理源流的开宗、三才、感应三章；二是分别讲天子、诸侯、卿大夫、士、庶人基本孝道的五章；三是侧重讲以孝治国功能的孝治、圣治、事君三章；四是侧重讲行孝方法和孝教的纪孝行、五刑、广要道、广至德、净谏、丧亲六章。对研究清代道德伦礼具备一定的参考价值。

（吾兰·吐尔汗）

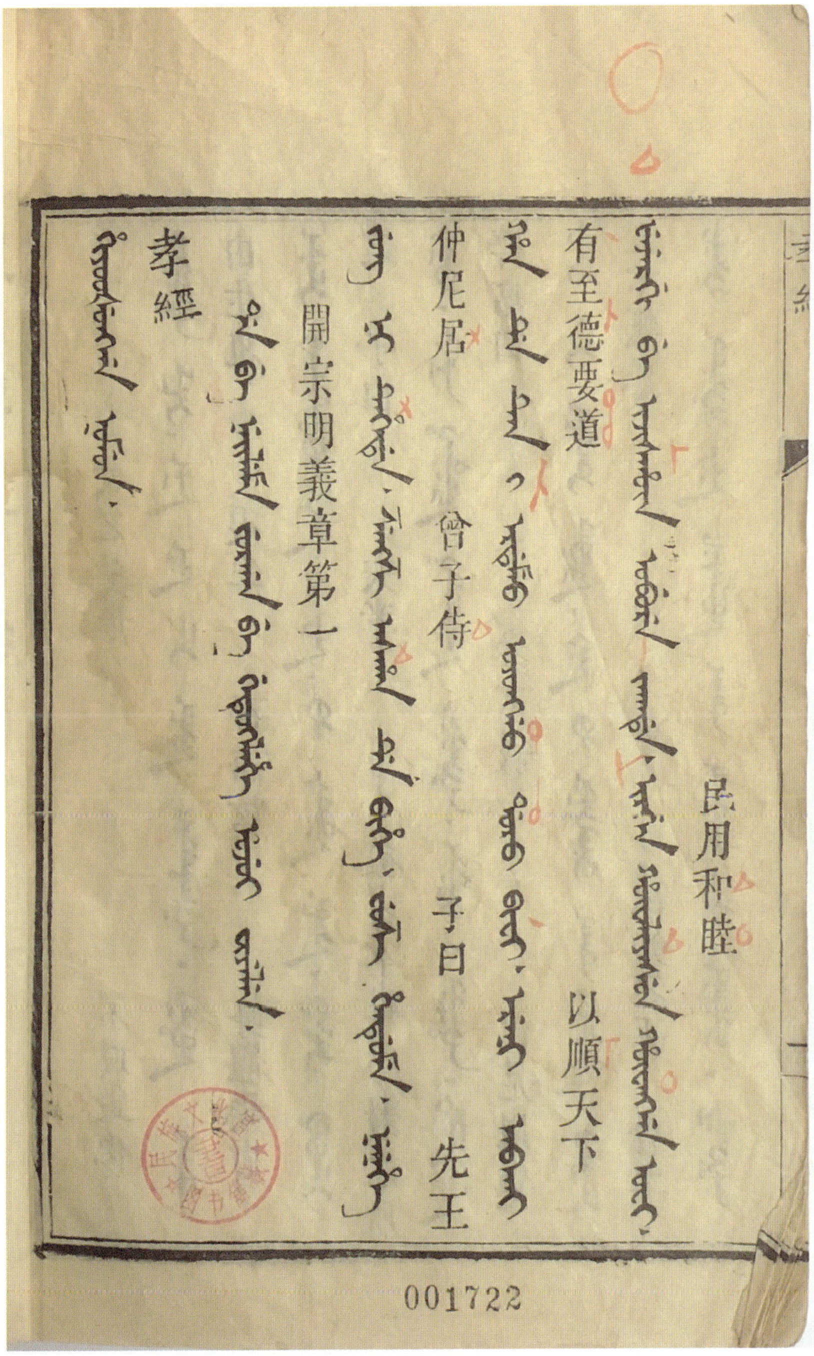
孝經

開宗明義章第一

仲尼居　曾子侍　子曰　先王

有至德要道　以順天下

民用和睦

001722

《孝经》第1页正面

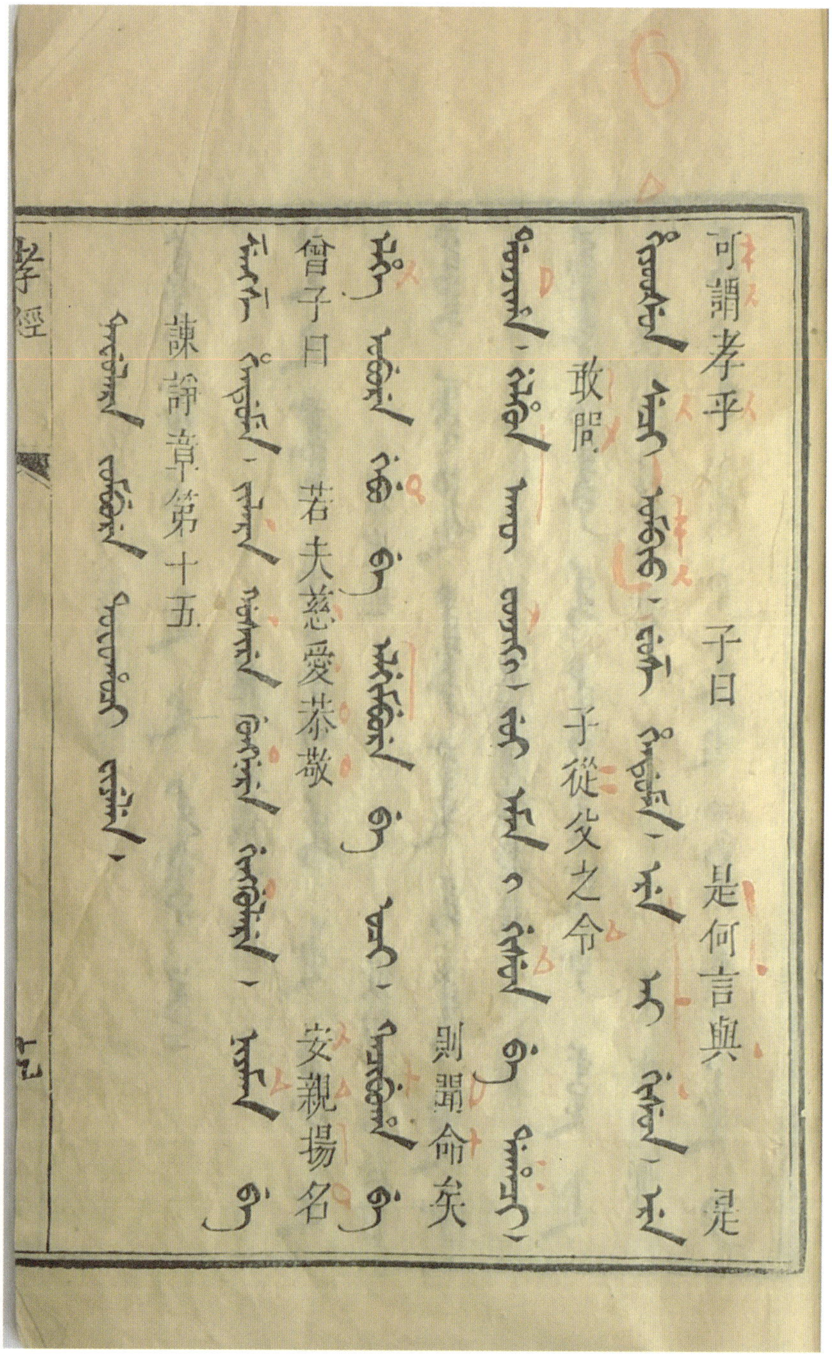
孝經

可謂孝乎　子曰　是何言與　是

敢問　子從父之令　則謂命矣

曾子曰　若夫慈愛恭敬　安親揚名

諫諍章第十五

《孝经》内页

## 折奏成语

编撰者不详。

清光绪十五年（1889）京都聚珍堂刻本。汉文满文合璧。

线装。页面24.6厘米×15.6厘米，半叶版框18.5厘米×13.2厘米。四周双边。半叶9行。白口，单鱼尾，版心有汉文书名、汉字页码、聚珍堂。

1册，1函，32叶。

保存基本完好。

该书封面为满文汉文书名，汉文居右，满文居左，下方有阳文钤印“阿昌阿”（繁体）一方。内封正面左右各列满文汉文书名，中间两列为小字满文汉文“京都隆福寺东口内路南聚珍堂梓行”；背面印满文汉文“光绪十五年三月新镌”，汉文居右，满文居左。正文前后无序跋。正文末页另有阴文钤印“玉森之印”、阳文钤印“松坪”各一方。

满文，清时称为“清字”“国字”“国书”等，被清朝统治者视为“立国之本”。有清一代产生和保留了大量满文文本，其中各类折奏数量可观。对于后世清史研究者而言，这些文本可谓清史研究不可替代的独特史料，而准确翻译文本内容则是充分利用这些史料的前提。清政府出于推广满文的目的，编纂出版了各类汉满辞书，汉文满文合璧《折奏成语》就是清代少有的专门收录清朝各部院、衙署等行政机构里常用的有关政治、法律等方面的各类奏折用语的辞书。据叶胜、（日）高田友纪著“《折奏成语》作者阿昌阿出身小考”推测，该书由奉恩将军阿昌阿编著，玉森、松坪审校出版，并被收入辞书《清语摘抄》。其所收汉文词条均为形制统一的四字成语，相应满文词条的语言结构和形式也高度统一，反映了这一时期满文高度成熟的状态，颇具特色。该书体量虽小，却字字珠玑。是研究清代政治、法律、历史等的重要资料，也是一部满汉翻译重要的工具书。对于后世研究清代满汉公文成语与翻译整理满文史料大有裨益，具有独特的史料价值，弥足珍贵。

该书有光绪十五年（1889）京都聚珍堂刻本、光绪十五年（1889）京都三槐堂刻本、光绪十七年（1891）琉璃厂名德堂刻本、宣统年间蒙译抄本等版本传世。

（曹娇林）

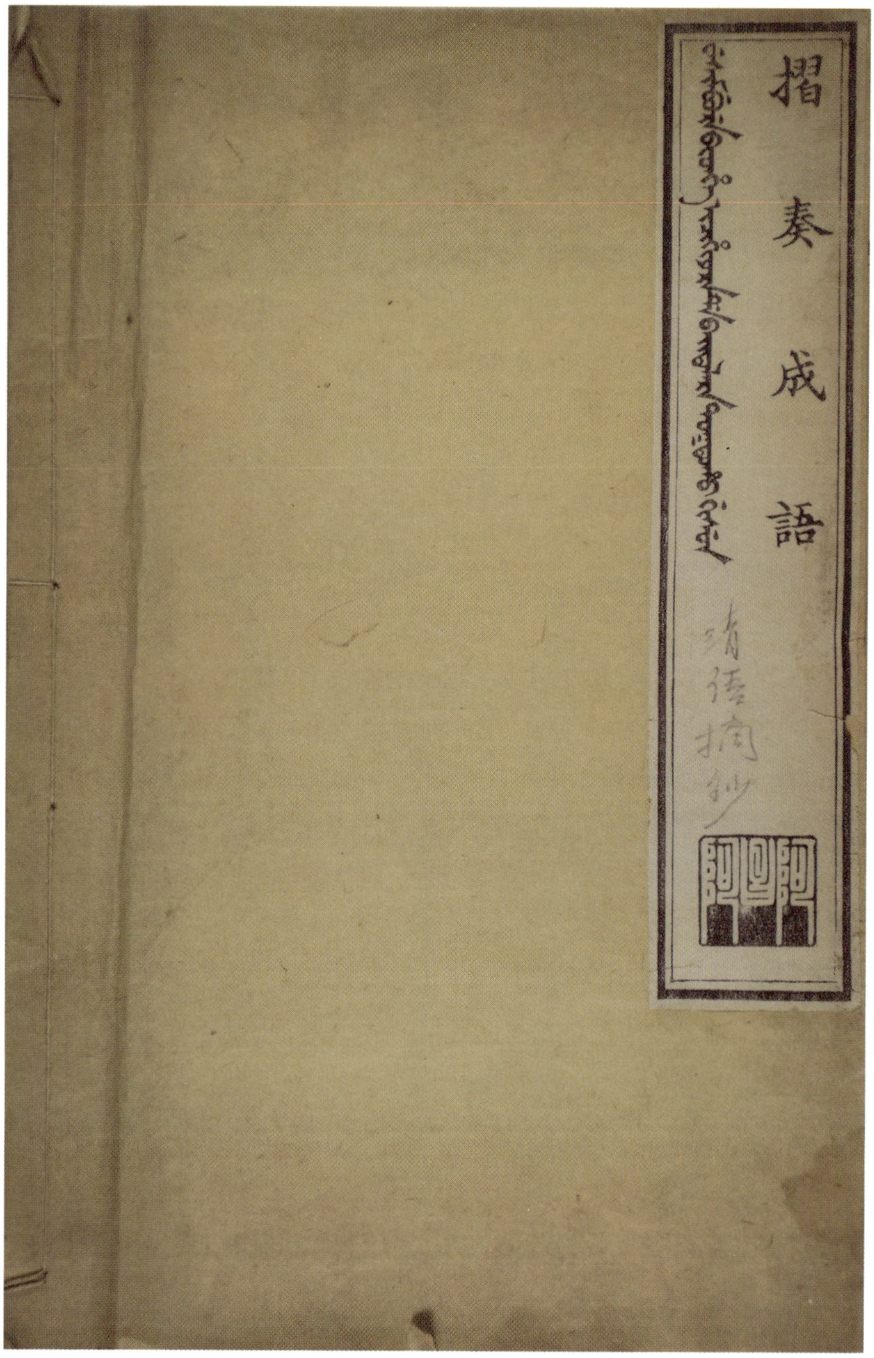


《折奏成语》封面

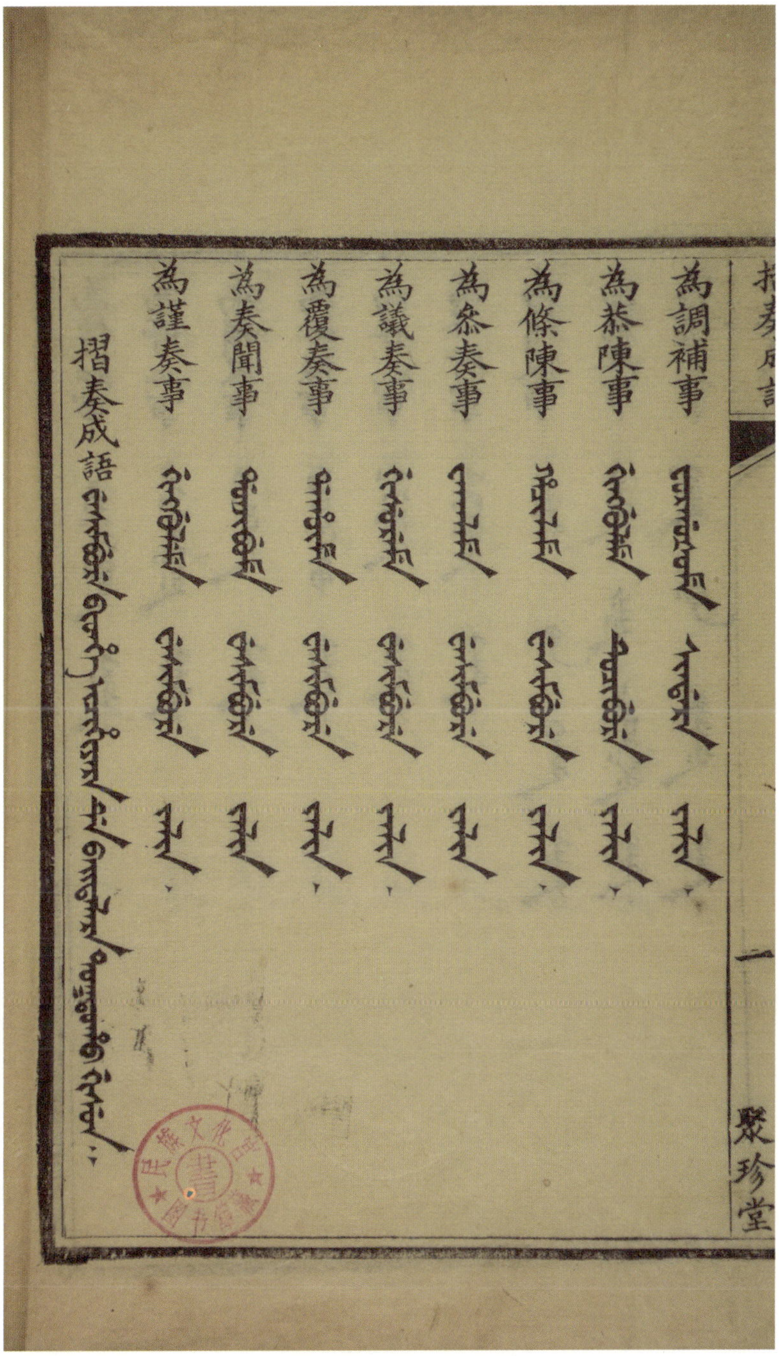


《折奏成语》首卷卷端

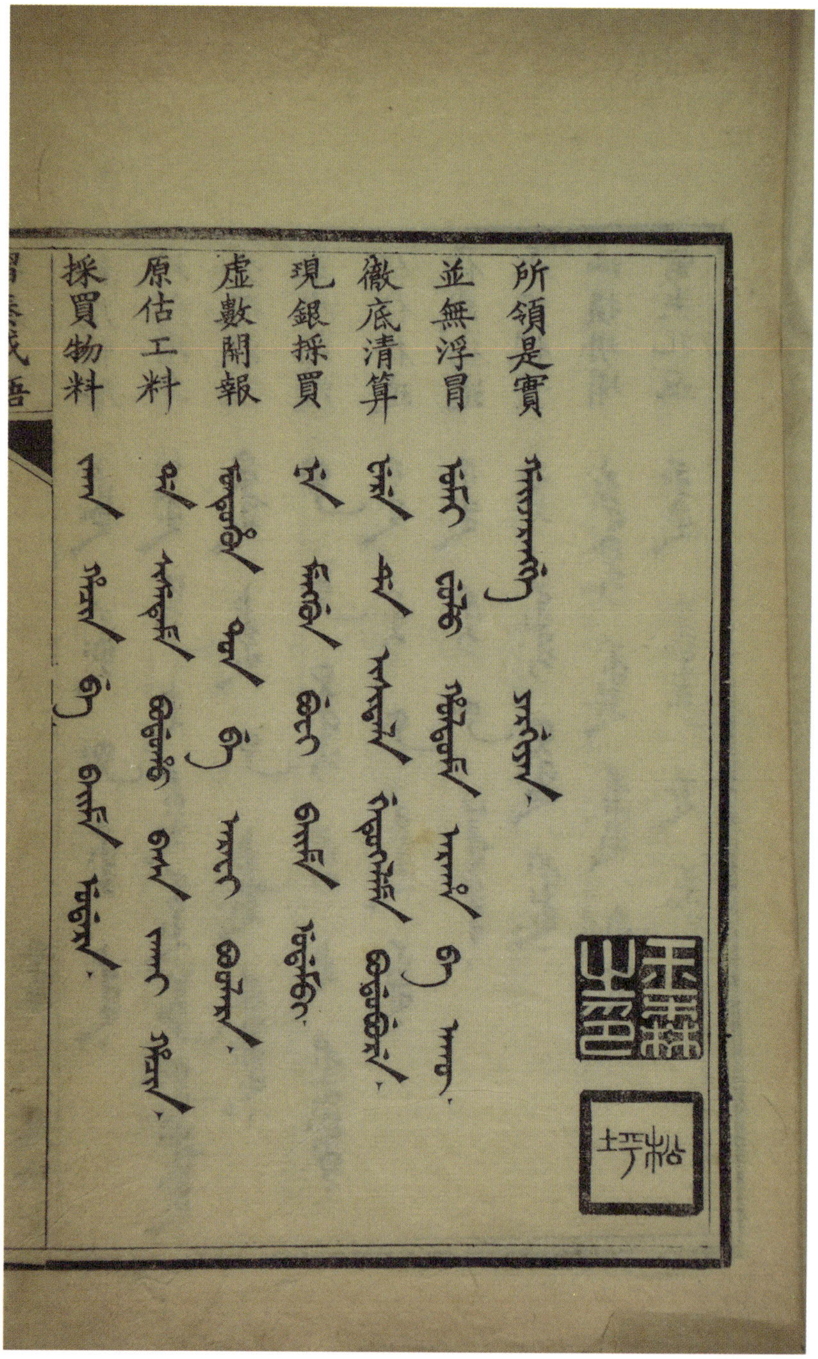
所領是實
並無浮冒
徹底清算
現銀採買
虛數開報
原估工料
採買物料

《折奏成语》卷末

## 初学必读

佚名著。

清光绪十六年（1890）京都隆福寺聚珍堂刻本。汉文满文合璧。

线装。页面24.5厘米×15.9厘米，半叶版框18.5厘米×12.5厘米。四周双边。半叶9行，行字数不等。白口，单鱼尾，版心有汉文书名、类目、页码、堂号。封面题名下方钤有“开卷有益”方印。

6册，1函，186叶。

保存完好。

该书主要为学习满语文而编。全书6册，共71个类目，收词广而博，与词书类似，但不规范。第一册收录有天文、时令、地舆、城郭、街道、坛庙、宫殿、室家、田地等9个类目。第二册收录有人、人伦、亲戚、朋友、老少、人身、疾病、疮脓、容貌、伤痕残疾等10个类目。第三册收录有礼仪、卤簿、筵宴、祭祀、祭祀器用、乐、乐器、文学、文教、文学什物、书等10个类目。第四册收录有兵、防守、征伐、骑射、骗马、贯跤、军器、撒袋、鞍辔、畋猎、打牲器用、牲畜器用、农器、工匠器用等14个类目。第五册收录有鸟、肢体、兽、诸畜、马匹、马匹毛片、牛、马畜残疾、龙蛇鱼虫、鳞甲肢体、虫、草、树木、花等14个类目。第六册收录有米谷、果品、菜肴、饽饽、饭肉、煮煎、滋味、生熟、数目、衡量、量度、营造、剪缝、船、车轿等14个类目。

该书对研究清末教育制度以及满族语言文字学有参考价值。

（龚文龙）

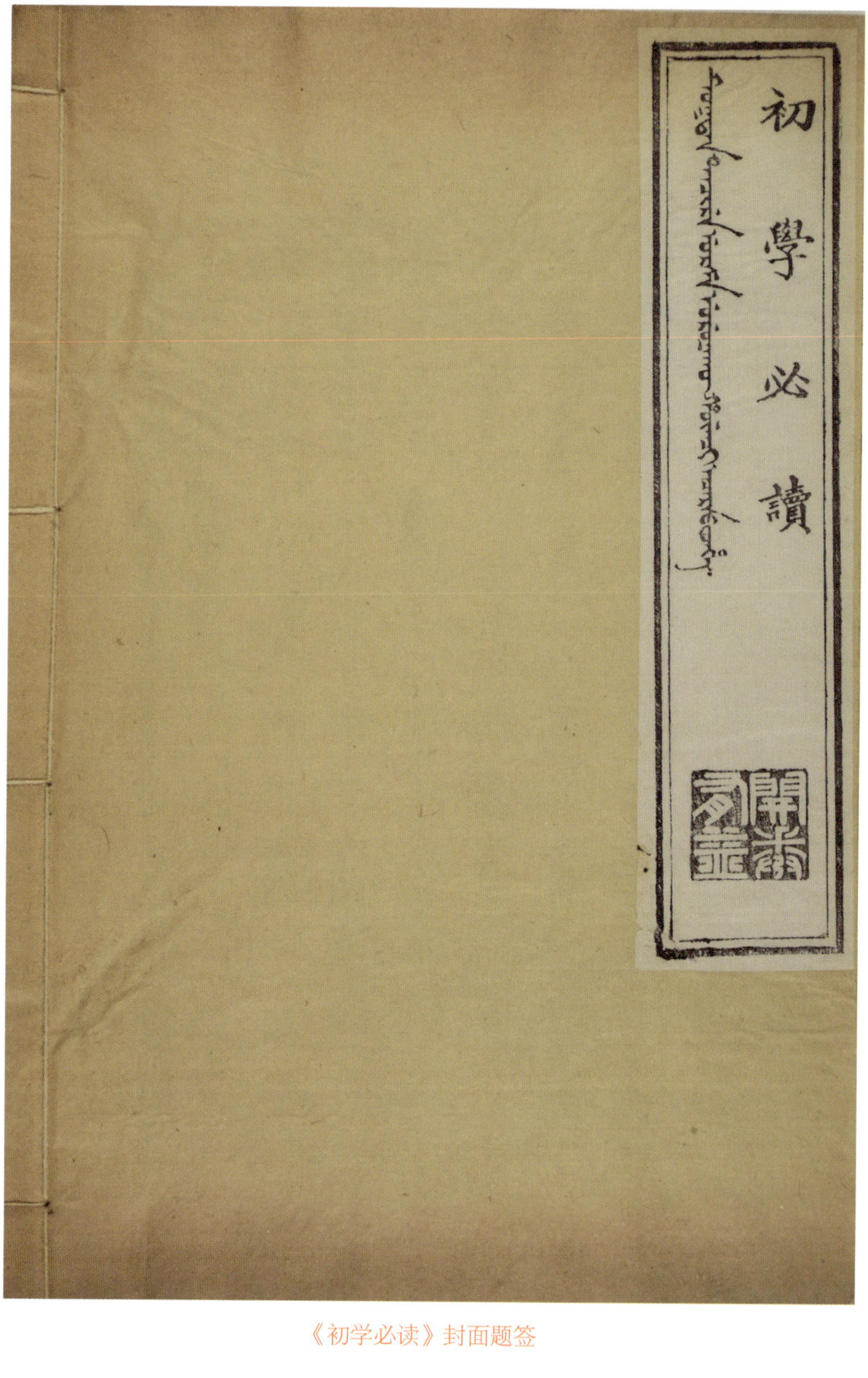


《初学必读》封面题签

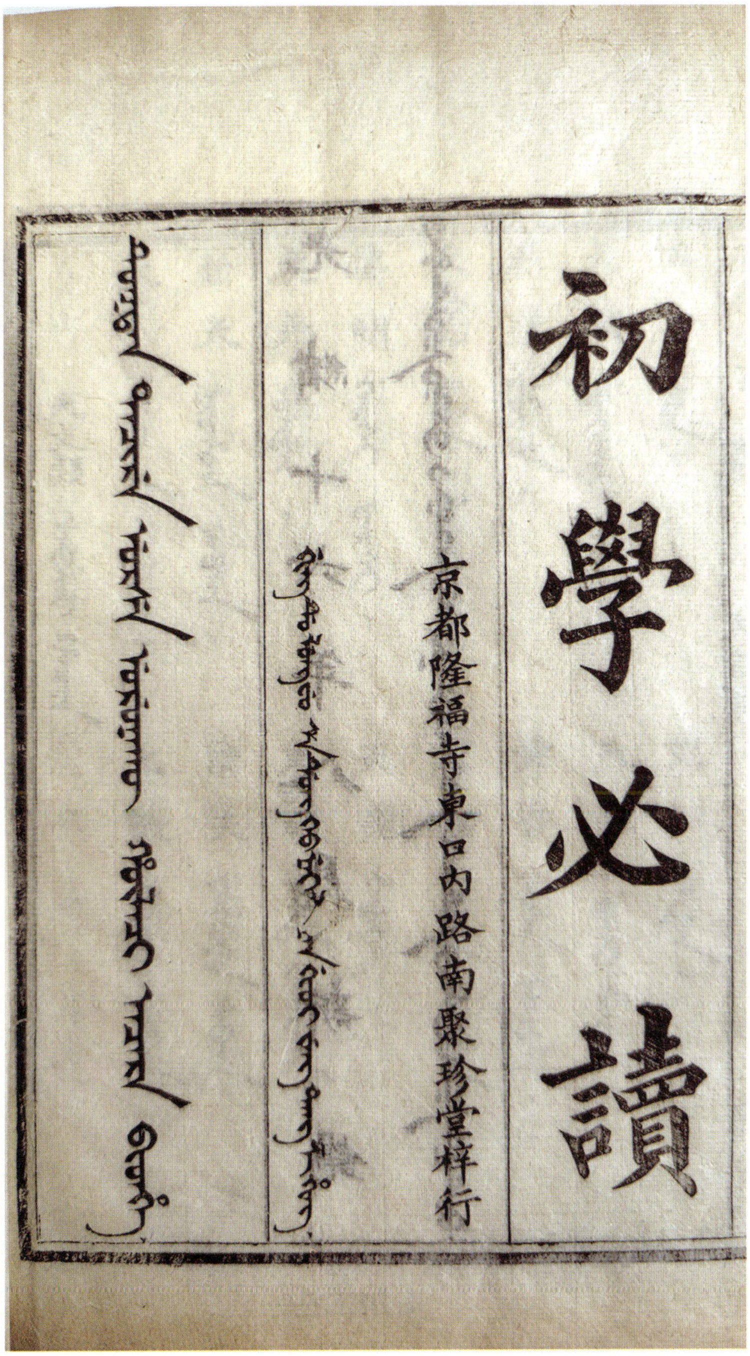


《初学必读》内页封面

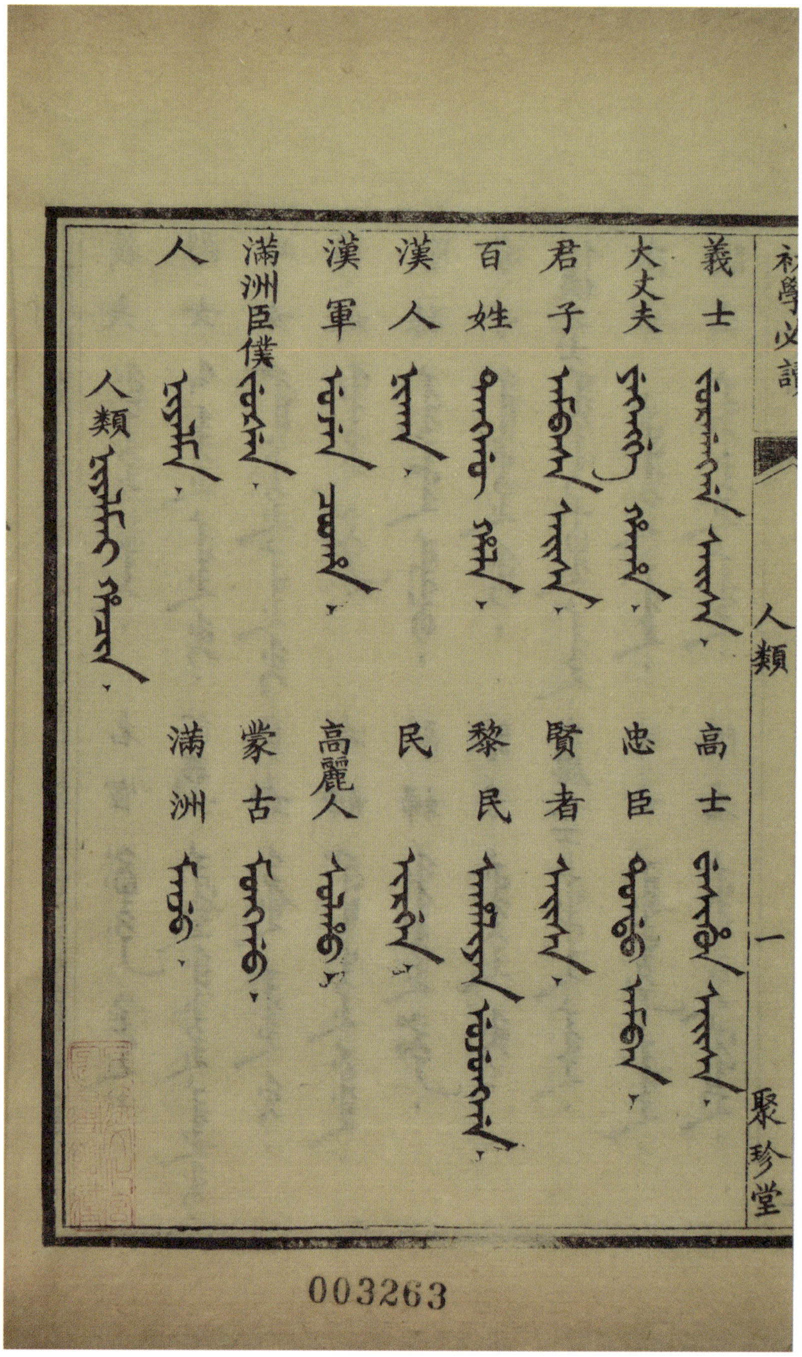
初學必讀 人類 一 聚珍堂

義士 高士

大丈夫 忠臣

君子 賢者

百姓 黎民

漢人 民

漢軍 高麗人

滿洲臣僕 蒙古

人 滿洲

人類

003263

《初学必读》正文首页

# 初学指南

（清）富俊编。

清乾隆五十九年（1794）绍衣堂刻本。汉文满文合璧。

线装。页面27.5厘米×17.5厘米，半叶版框23.0厘米×15.7厘米。四周双边。半叶5行。白口，双黑对鱼尾，版心有汉文书名。

2册，1函，123叶。

保存基本完好。

口语资料极其有限的近代蒙古语中，以满文字母转写的蒙古语文献资料是值得重视的研究领域。因为，随着语言自身的发展过程，存在一些多音字的蒙古书面语和口语之间发生了较大的差距，然而，语音和文字之间一一对应的满文更容易传达活的语言信息。蒙古语会话读本《初学指南》的蒙古语就是其中之一。

《初学指南》，没有“序”和“跋”。该书的内封正中间写有书名“初学指南”，左侧有“乾隆甲寅年刊绍衣堂”的字样，右侧写有“蒙古语多由口授内地殊难其人因辑是编以便初学孤陋寡闻未敢自信唯同志厘正之幸甚”二行语句。据此可知，《初学指南》是一部初学蒙古口语的教材。全书以两个人对话的形式记录蒙古语日常对话，由蒙古语译文和白话体汉语译文对照而成，其中蒙古语译文是以满文字母转写而成的。用满文标记蒙古语语音，此类文献多为满洲人学习蒙古文和汉文所用。为了如实反映蒙古口语的发音，作者抛开蒙古文，全用满文字母拼写蒙古口语，此书是研究清代蒙古语音的宝贵资料。《初学指南》的蒙古语是会话体裁的口语，其中所反映的语音信息和语法形式很大程度上不同于蒙古书面语。

富俊（1749—1834），卓特氏，字松岩，蒙古正黄旗人，清代乾隆、嘉庆、道光三朝大臣、赫赫有名的大文人。绍衣堂为其堂名。

（曹娇林）

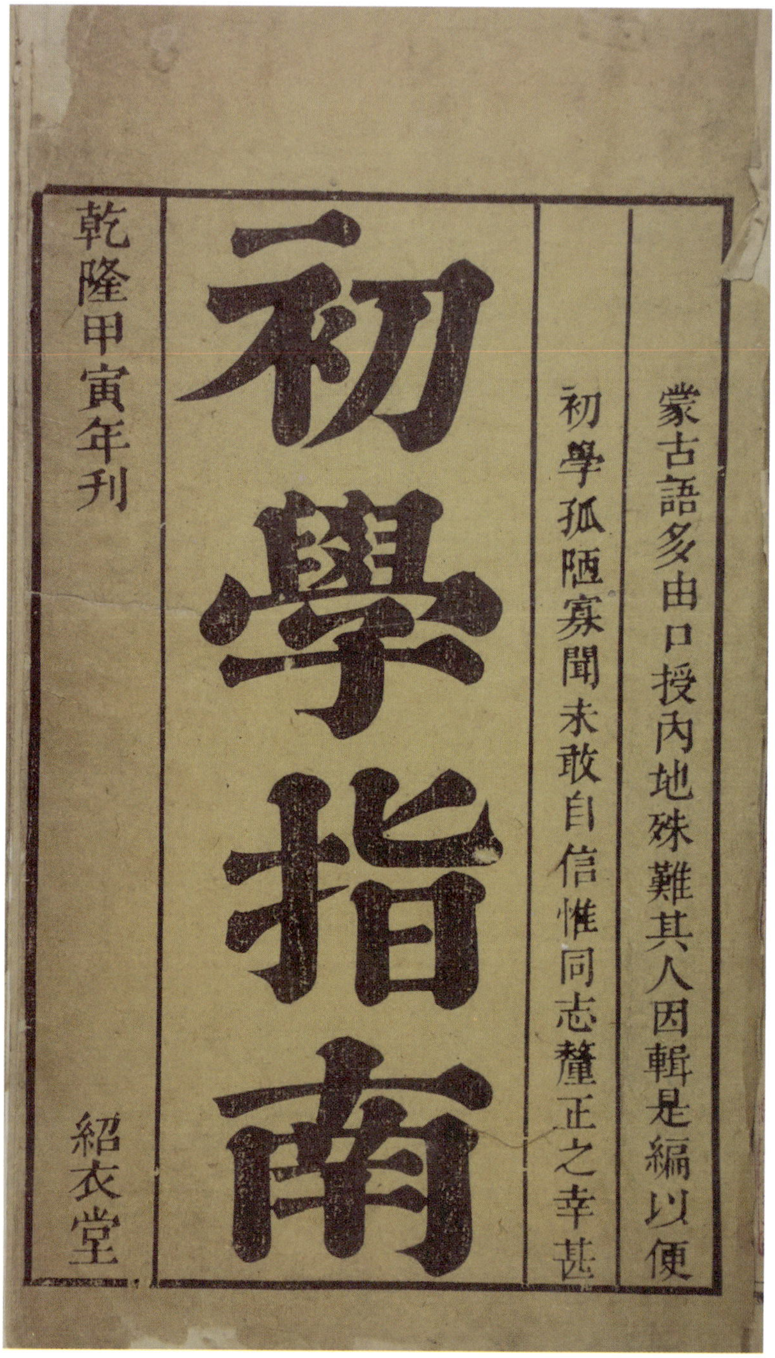
蒙古語多由口授內地殊難其人因輯是編以便
初學孤陋寡聞未敢自信惟同志釐正之幸甚

初學指南

乾隆甲寅年刊

紹衣堂

《初学指南》内封

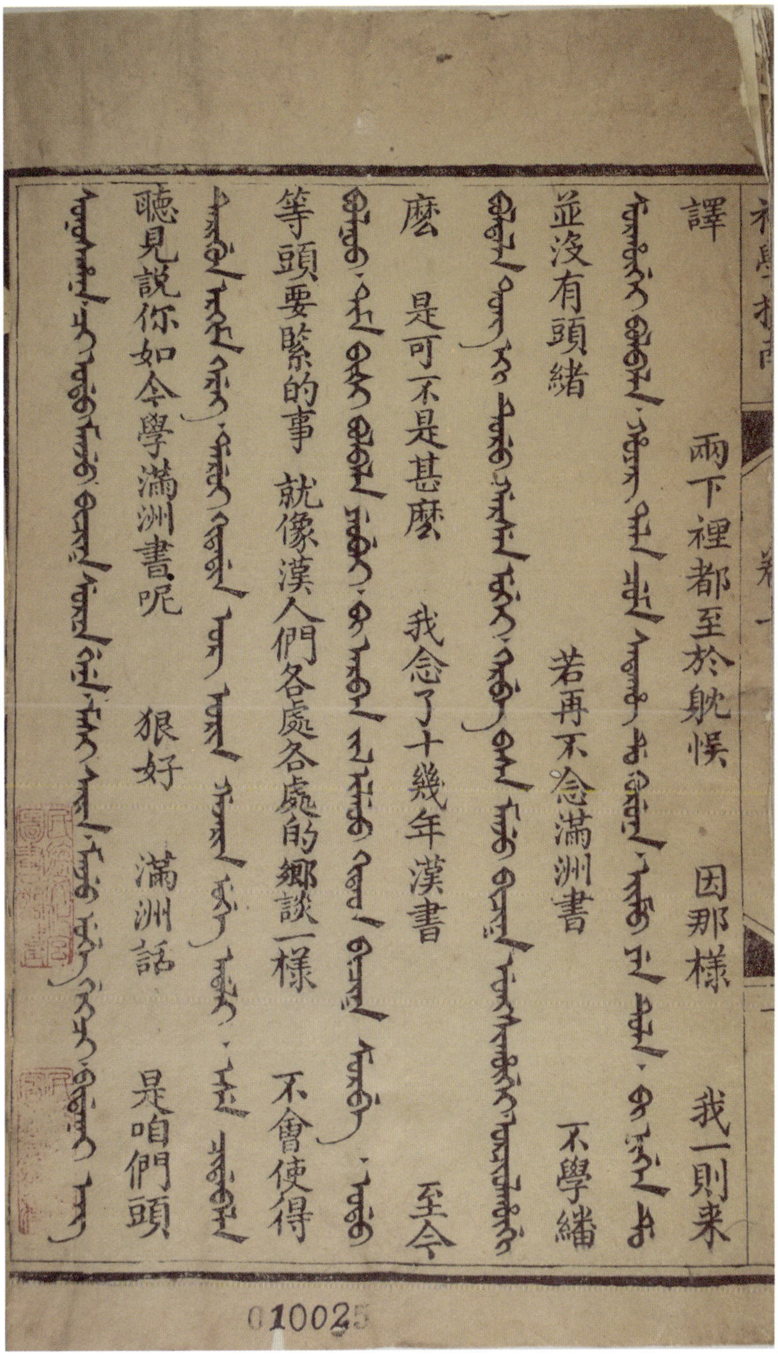
譯　兩下裡都至於躭悞　因那樣　我一則来
並沒有頭緒　若再不念滿洲書　不學繙
麼　是可不是甚麼　我念了十幾年漢書　至今
等頭要緊的事　就像漢人們各處各處的鄉談一樣　不會使得
聽見說你如今學滿洲書呢　狠好　滿洲話　是咱們頭



《初学指南》卷一卷端

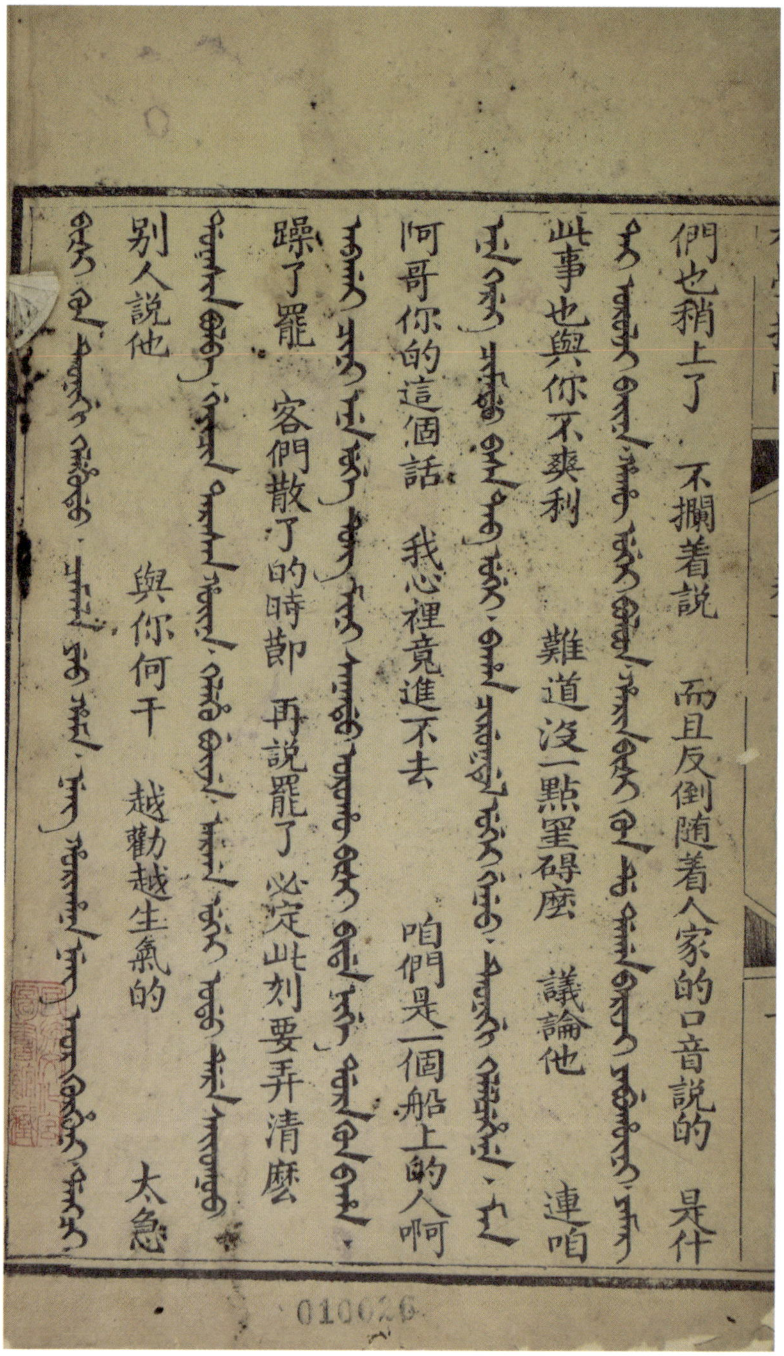

《初学指南》卷二卷端

## 择翻聊斋志异

蒲松龄著。扎克丹翻译，萨霖校正，穆齐贤覆校。

清道光二十八年（1848）刻本。汉文满文合璧。

线装。页面25.5厘米×18.0厘米，半叶版框19.0厘米×15.8厘米。四周双边。正文半叶14行，满文汉文相间各7行，字数不等。白口，双鱼尾，版心有汉文篇目、书名、卷次、页码。

全24册，4函。馆存6册，1函，1—6卷，415叶。缺7—24卷。

此书封页有满文汉文题名《择翻聊斋志异》，版权页有满文汉文题名《合璧聊斋志异》。有译者扎克丹为穆齐贤、庆锡、祥圃和惟一等人作的小传三篇，五费主人（扎克丹）、穆齐贤、庆锡、德音泰提序，五费居士（扎克丹）的提诗及满文序。首卷每篇扎克丹的文章后都印有扎克丹本人印章，分别为扎克丹（名）、秀峰（字）、五费居士（号）等三种不同印章。满文序后有扎克丹本人印章两枚及方章“锡庆觉罗氏”。每卷卷目后有责任者信息。每册正文首页有竖方章，方章各一枚及竖方章“民族文化宫图书馆藏”。此版本印有此书译者扎克丹本人印章数枚，字迹清晰，刊刻优美，版本价值颇高。清光绪三十三年（1907）由二酉书坊加以翻刻，翻刻本的卷数及册数与原刻本相同。

《择翻聊斋志异》是清朝作家蒲松龄的《聊斋志异》的满文选译本，译者扎克丹依据青柯亭刻本翻译，较为忠实的翻译了原著内容。全书二十四卷，分订二十四册，共选择作品一百二十六篇，其中包括了《考城隍》《青凤》《张诚》《乐仲》《曹友于》《齐天大圣》《续黄梁》《白于玉》《庚娘》《向杲》《巩仙》《花姑子》《禄数》等。

布吉尔根·扎克丹，满人，约为清乾隆至咸丰年间人士，字秀峰，号五费居士，正红旗满洲人。自幼家贫，攻习满文，后中翻译进士，道光六年（1826）在盛京任工部主事，除翻译《聊斋志异》外，还译过一些汉文诗歌，有《名士百花诗》抄本流传。扎克丹一生官不得志，有感于蒲松龄笔下所寄托的“孤愤”，因而酷爱《聊斋》，后为翻译几乎用尽了一生的心血。

扎克丹翻译《聊斋志异》后，满文版《聊斋》以抄本和刻本的形式在满族和蒙古族读者中广为流传。其促进了满、蒙、汉民族间的文学交流，为促进满、蒙、汉民族间的交往、交流、交融做出了贡献。《择翻聊斋志异》不仅对研究清代满语文学史有参考价值，也对研究清代满汉文学交流史有重要的意义。

另藏1部不同版的《择翻聊斋志异》。年代、版本不详。页面25.8厘米×17.5厘米，版框18.5厘米×16.0厘米。馆存7—24卷（缺1—6卷），18册，3函，共计1180叶。与上述版本可合成一部。

（李香）

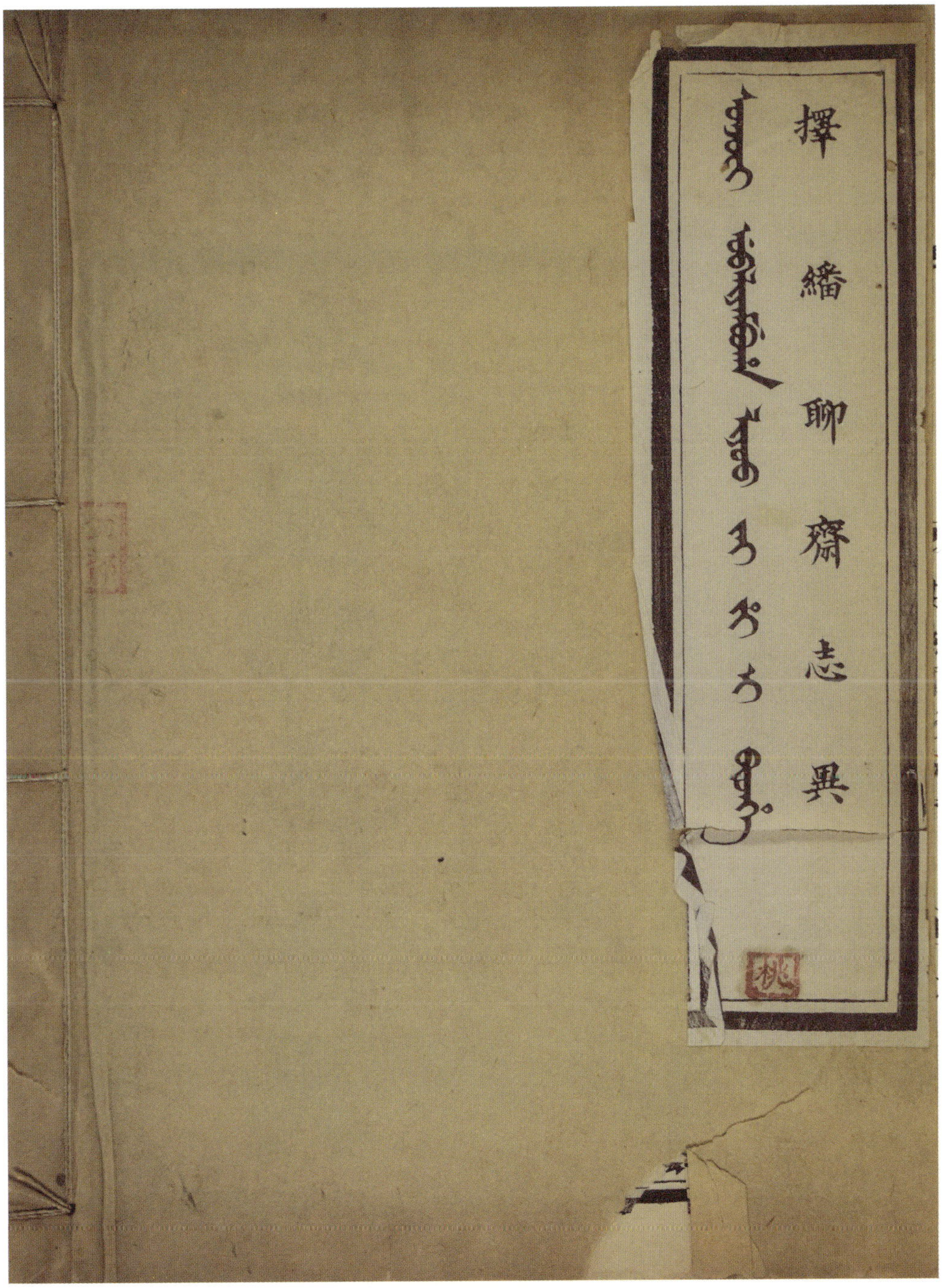


《择翻聊斋志异》封面

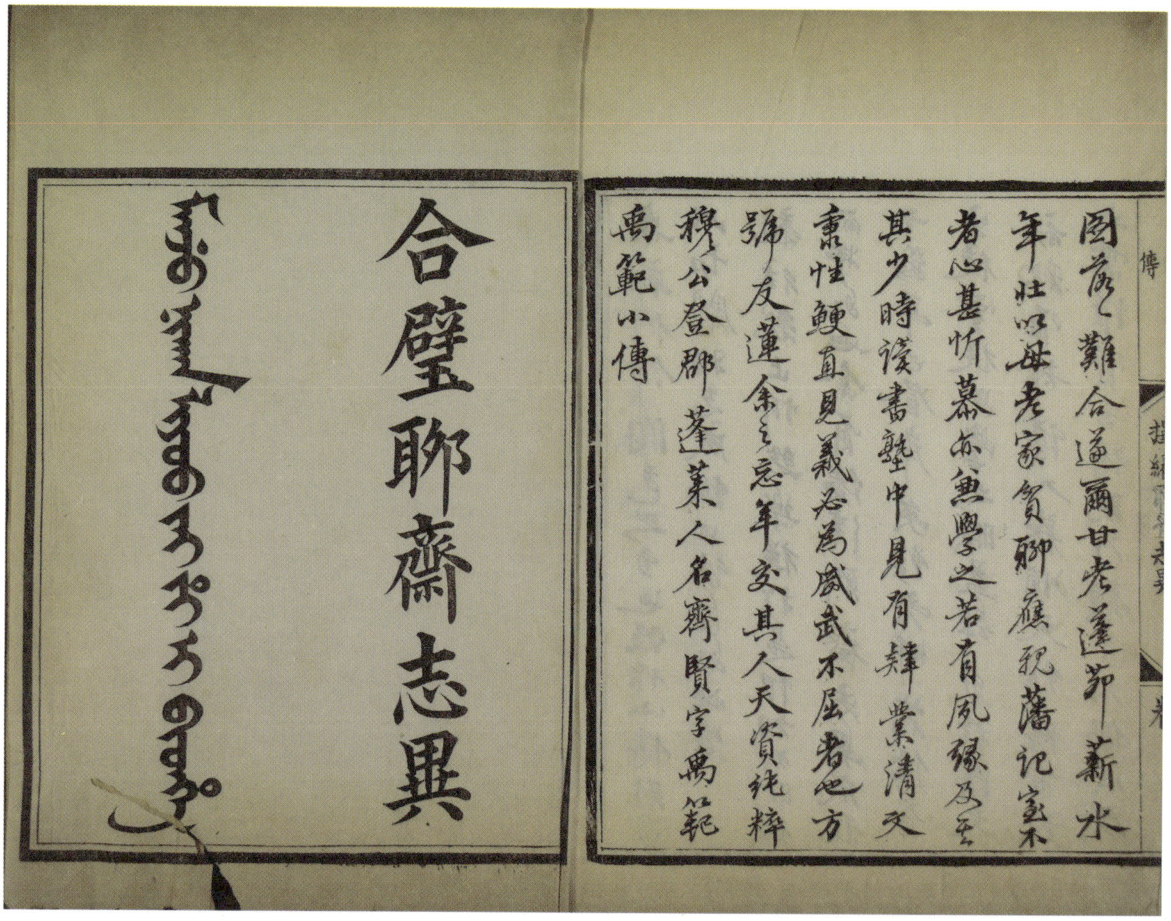


《择翻聊斋志异》卷一首页

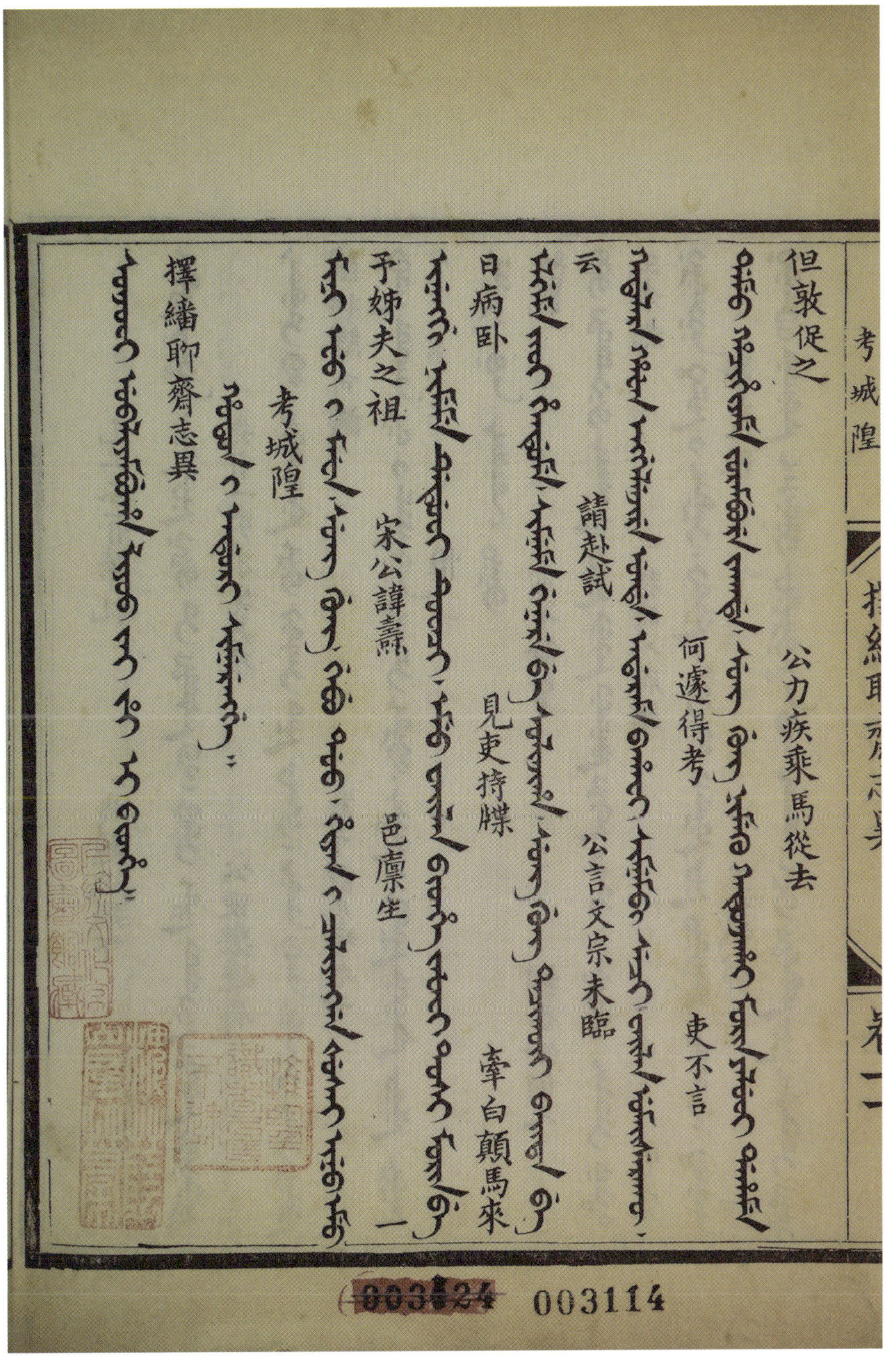


《择翻聊斋志异》卷一正文第1页

## 忠孝二经

（清）孟保译。

清咸丰元年（1851）刻本。汉文满文合璧。

线装。页面24.4厘米×15.6厘米，半叶版框19.1厘米×14.0厘米。四周双边。半叶10行，满文汉文相间各5行。白口，单鱼尾，版心有汉文书名、页码。

1册，1函，29叶。

纸张老化破损。此文只有《忠经》一本，缺少《孝经》部分。

《忠经》与《孝经》合刊，名为《忠孝二经》，又名为《翻译忠孝二经》。

《忠经》，汉本，相传马融撰，郑康成注，明张溥辑《汉魏六书朝文集》，以此列之融集中。全书共分18章，是一部完全仿照《孝经》体例而作的儒家经典。坊间往往与《孝经》并刊共行，为《忠孝经》。18章分别为天地神名、圣君、家臣、百工、守宰、兆人、政理、武备、观风、保举行、广为国、广至理、扬圣、辨忠、忠谏、征应、报国、尽忠等。《忠经》提出了许多对后世忠德观念有深远影响的重要原则，不仅反映了两汉时期忠德的主要内容，而且标志着春秋时期所产生的忠德观念已发展成为较系统的、完整的忠德学说。《孝经》是一部重要的儒家经典，是“十三经”中篇幅最短的一部。全书以孔子与其门人曾参谈话的形式，对孝的含义、作用等问题加以阐述，并首次将孝亲和忠君联系起来，忠、孝思想开始成为儒家学说的重要内涵和范畴，在中国古代社会流传极广，影响甚巨。

作者马融（79—166），字季长。扶风郡茂陵县（今陕西兴平东北）人。东汉时期著名经学家，东汉名将马援的从孙。马融自少“美辞貌，有俊才”，早年随儒士挚恂游学，以数次拒绝朝廷辟命而名重关西。汉安帝时，马融入仕大将军邓骘幕府，历任校书郎、郡功曹、议郎、大将军从事中郎及武都、南郡太守等职，后因得罪大将军梁冀而被剃发流放，途中自杀未遂，得以免罪召还。再任议郎，又在东观校勘儒学典籍，后因病离职。汉桓帝延熹九年（166），马融去世，年八十八。唐代时配享孔子，宋代时被追封为扶风伯。马融学识渊博，尤长于古文经学。他综合各家学说，遍注群经，使古文经学开始达到成熟的境地，预示着汉代经学发展将步入新的时期。他设帐授徒，不拘儒者礼节，门人常有千人之多，卢植、郑玄等都是其门徒。另有赋、颂等作品，其文集已佚，明人辑有《马季长集》。

译者孟保，其生卒年不详。字辅之，号定轩，汉军镇黄旗人。以三等侍卫，出为新疆巴里坤领队大臣，大理寺卿。清道光十八年（1838）十月以正红旗蒙古副都统为驻藏帮办大臣。十九年（1839）十月升为驻藏大臣。二十二年（1842）十一月奉诏回京，以海朴继任，二十三年（1843）三月又命为驻藏大臣，十月召回，以琦善继任。二十二年（1842）十一月，上谕诏孟保回京，然其并未回京一直在藏。又，孟保于“二十四年（1844）八月，因前曾任听诺门罕请给外番印照住牧，革去副都统，赏给三等侍卫，在大门上行走，九月又以前滥行借支火药，革职，十一月又以前自行提用缎匹、银牌，被参查办，解赴四川审讯，发往新疆，充当苦差，二十八年扣满三年，乃自阿克苏释回。咸丰元年（1851）赏三等侍卫为巴里坤领队大臣，七年（1857）由通政使司通政使迁理藩院右侍郎，十月调刑部右侍郎，九年（1859）解任。

（其力格尔）

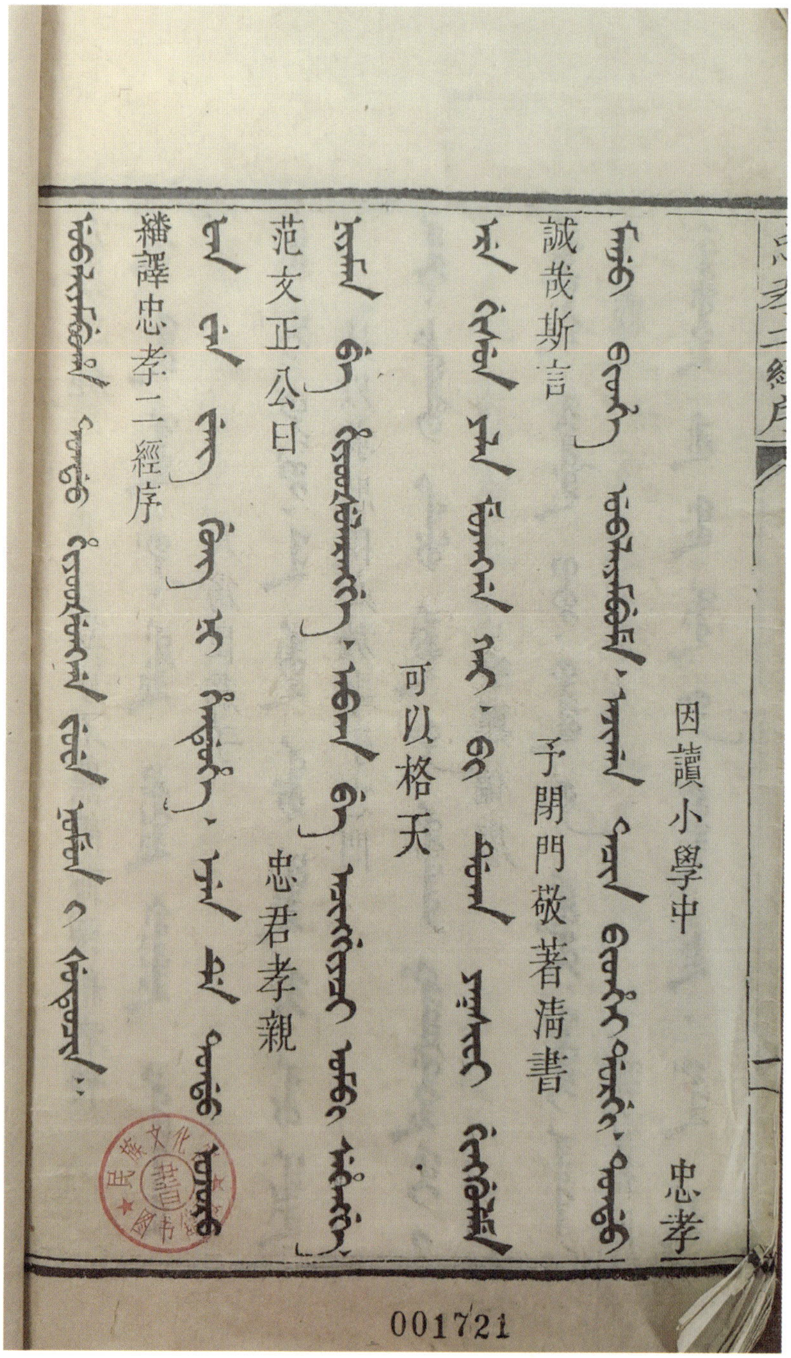


《忠孝二经》序

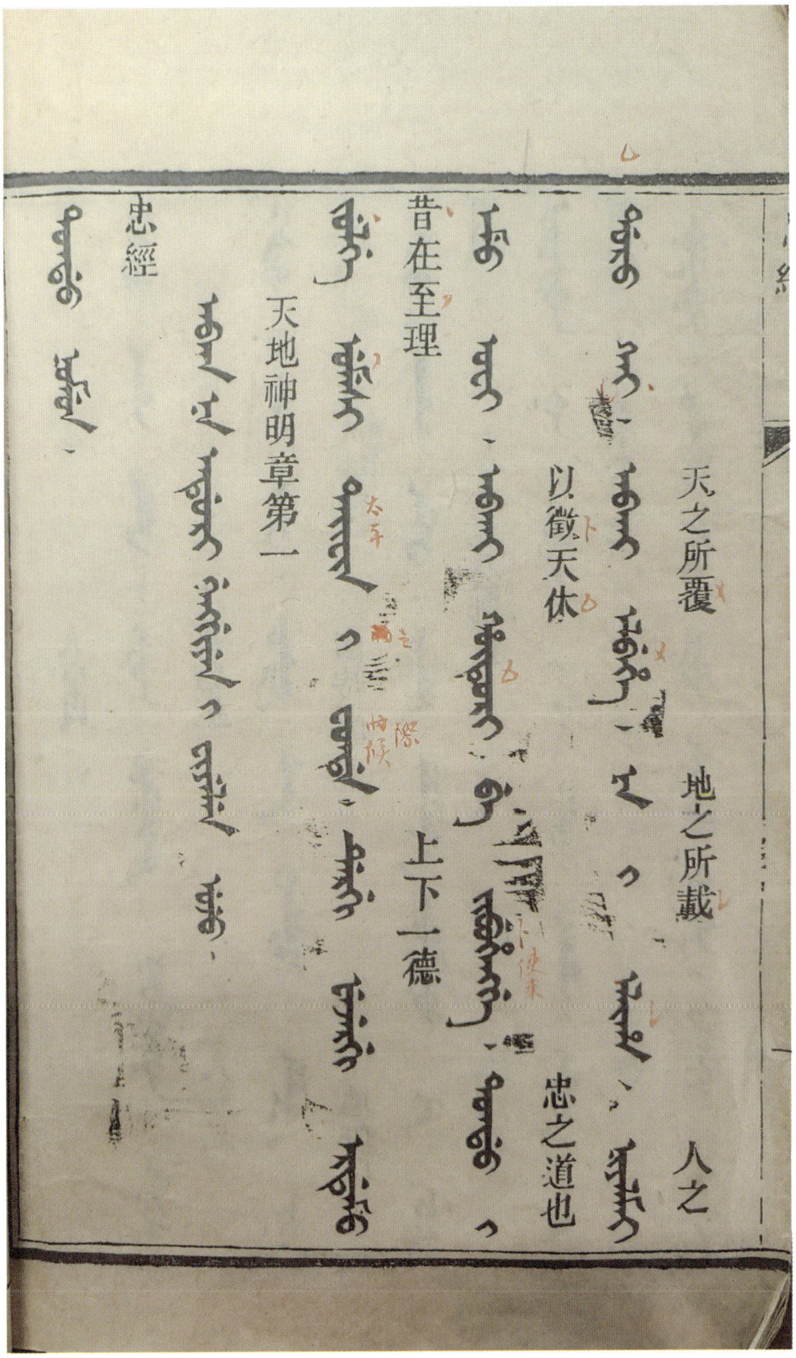

忠經

天地神明章第一

昔在至理　上下一德

以徵天休　忠之道也

天之所覆　地之所載　人之

《忠孝二经》首页

## 单语

清嘉庆十六年（1811）达斋抄本。汉文满文合璧。
线装。页面25.5厘米×15.0厘米。半叶5行，一行3个满语词汇，伴有汉文译文。
4册，1函，266叶。
保存完好。

左翻页，从上至下，从左到右阅读。首卷封面有满文汉文对照时间及姓名，每卷右上角红条内书满汉对照“春、夏、秋、冬”为分卷名。此抄本抄录约2000条满文清代一般性日常词语及其汉文译文，还收一些清代常见的习惯语、生活用语和少量成语等。内容丰富，对于满汉文的学习及研究具有一定参考价值。

（李香）

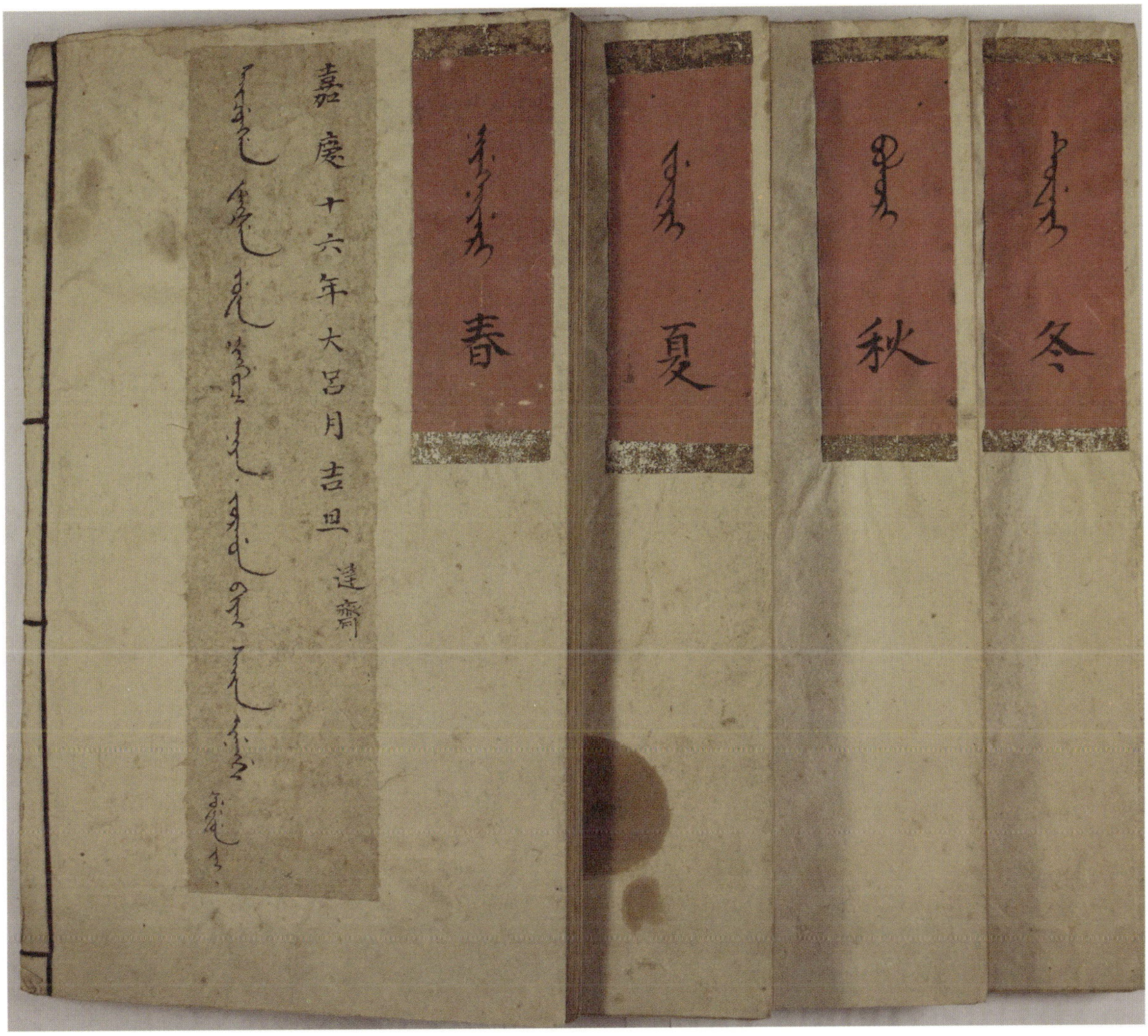


《单语》封面

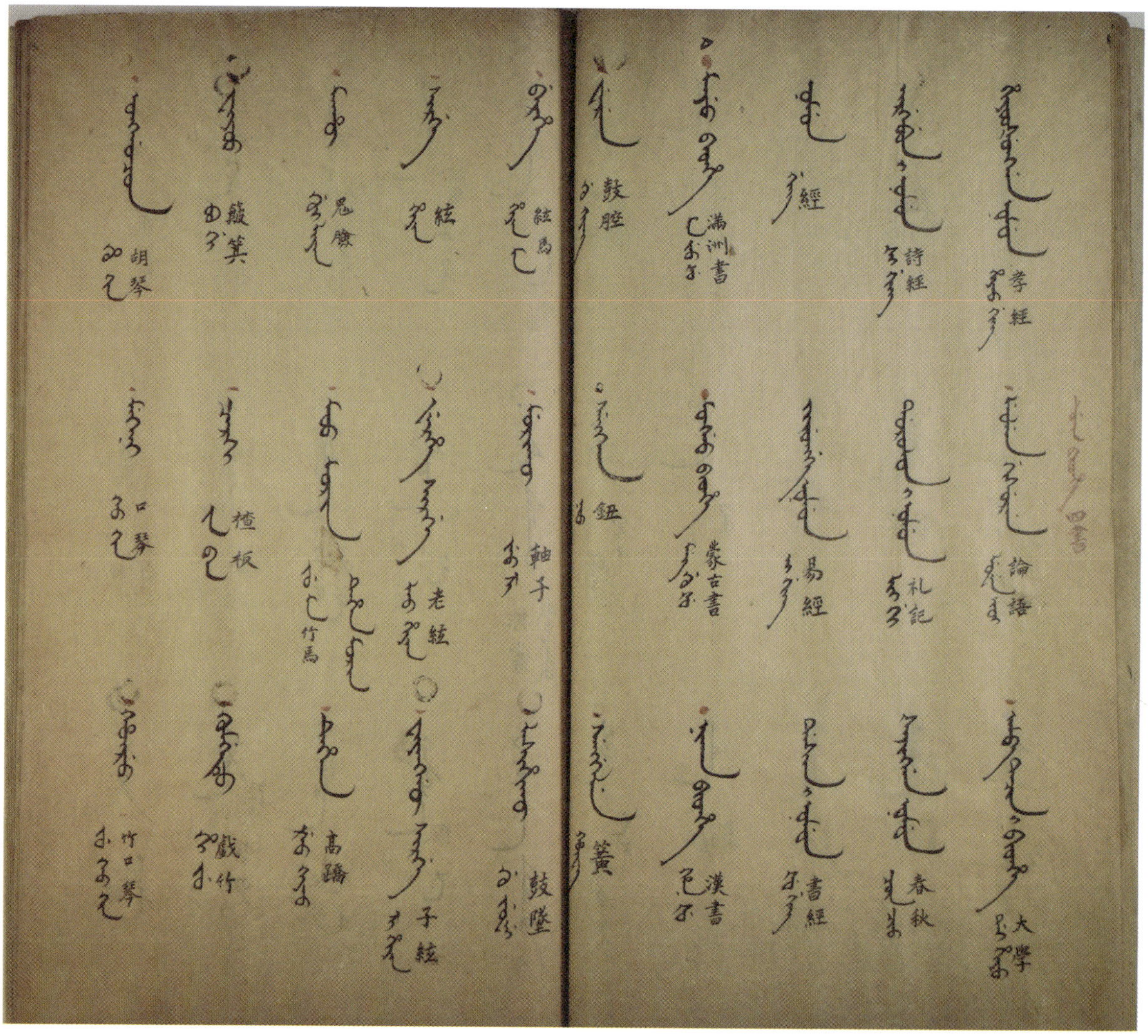

《单语》第一册内页

## 单清语

（清）志宽、培宽择录。

清光绪十七年（1891）荆州驻防翻译总学刻本。汉文满文合璧。

线装。页面20.5厘米×13.4厘米，半叶版框16.4厘米×11.4厘米。四周双边。半叶8行，行字数不等。白口，单鱼尾，版心有汉文书名、卷次、页码。

8册，1函，8卷，270叶。

保存完好。

无序有跋，跋内注明印房协领聊绶、金寿、宝俊、良续校正，印房章京有寿、盛喜全校，翻译总学教习志宽、培宽择录，骁骑校2人、举人4人、生员20人、佾生8人等捐刻者姓名信息。其中，志宽为丁卯科举人镶白旗蒙古候补佐领，培宽为癸酉科举人镶黄旗满洲总教习。

该书是满汉对照词典，主要收录汉语一般性词语，还收录了一些清代常见的习惯语、生活用语和少量成语等，在词条收录和释文方面具有特色。全书共285个类目，另有补录单字清语，包括第三字头、第五字头、第六字头、第七字头、第九字头、第十字头、外字等7部分内容。其中，卷一主要包括天文、时令、地舆、谕旨、封表、臣宰、考选等13个类目；卷二主要包括事务、官差、词讼、刑罚、书、文学、兵等28个类目；卷三主要包括征伐、骑射、田猎、玩鹰犬、鞍辔，人伦、人身等17个类目；卷四主要包括福祉、仁义、德艺、勇健、生育、歇息、留遣等57个类目；卷五包括仇敌、责备、折磨、疼痛、愚昧、懒惰、凶恶等49个类目；卷六包括佛、神、鬼怪、宫殿、坛庙、部院、田地等29个类目；卷七包括衣服、铺盖、剪缝、车轿、茶酒、饮食、滋味等61个类目；卷八包括米谷、果品、树木、花、鸟、马匹、虫等31个类目。

该书对研究清代满族语言文字学有参考价值。

（龚文龙）

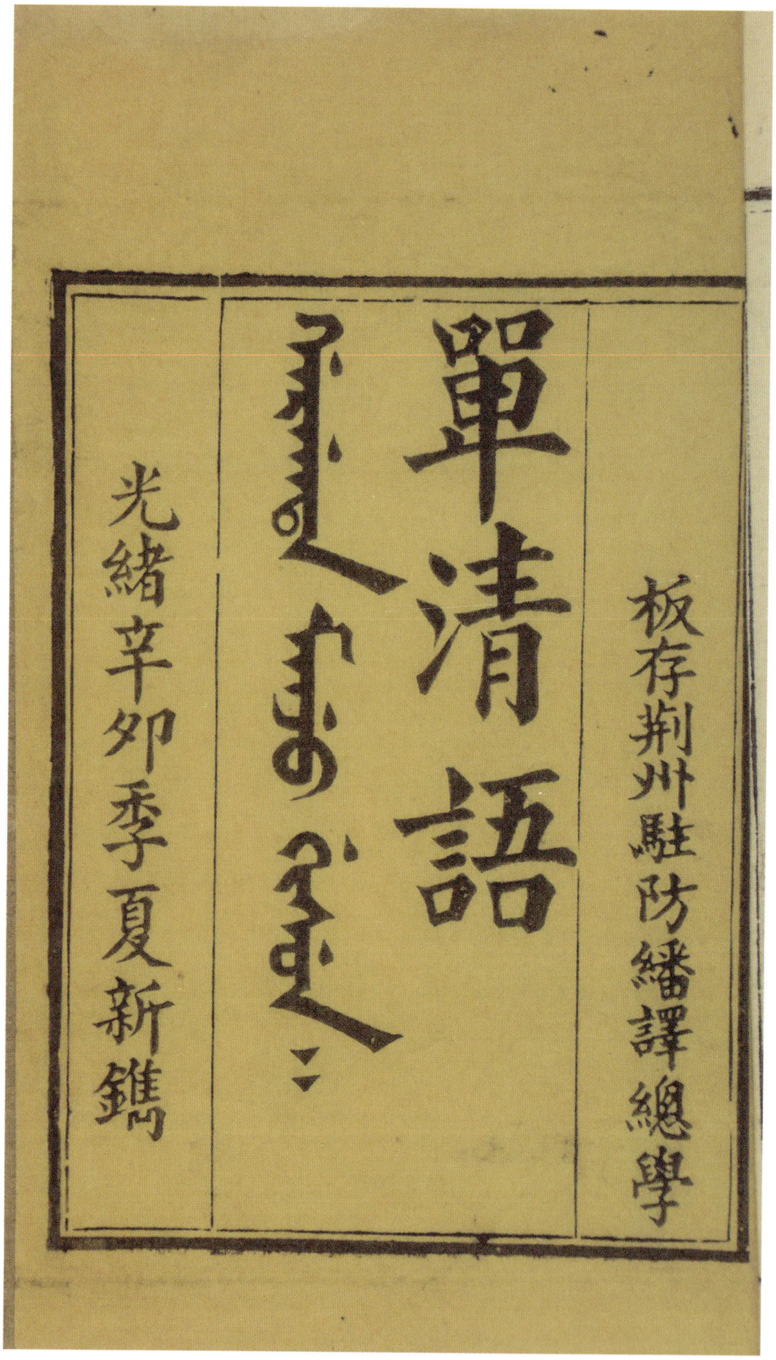


《单清语》内页封面

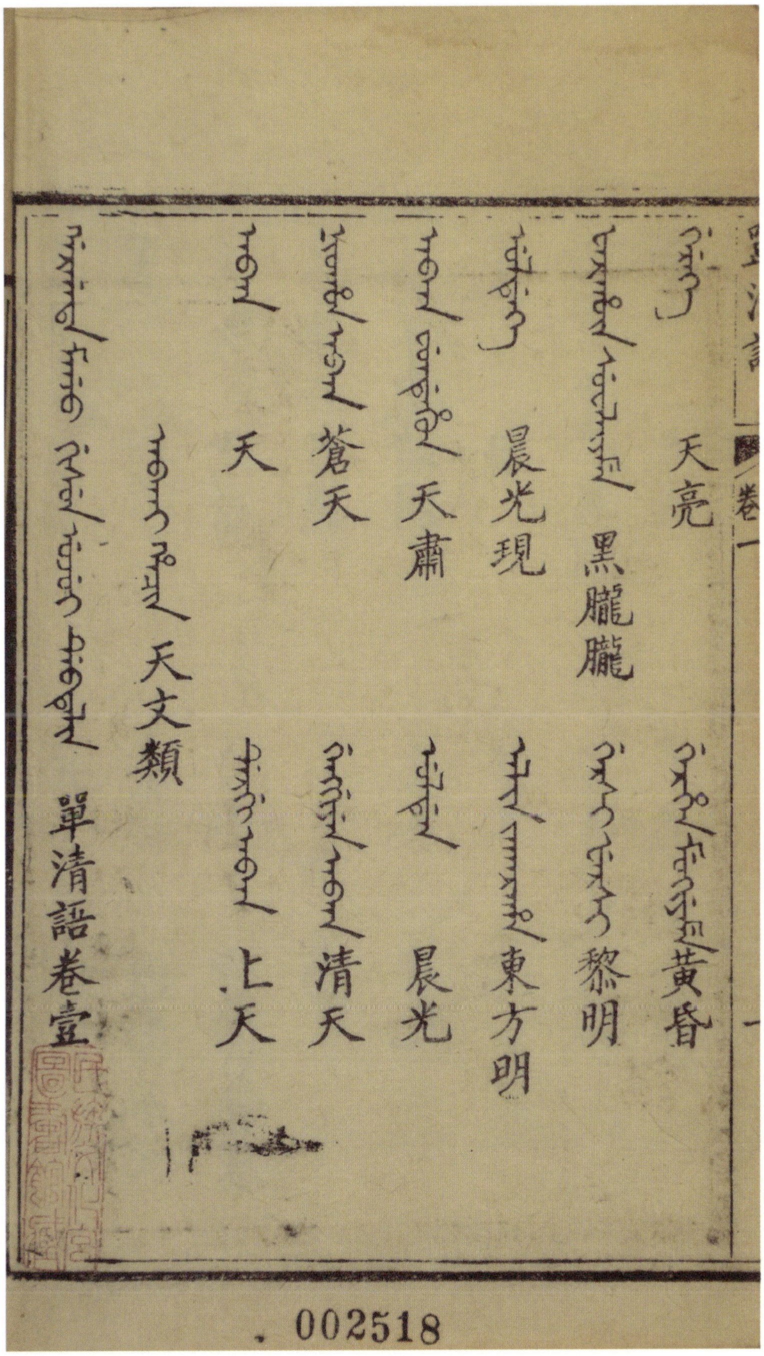
單清語　卷一

天亮　黄昏

黑朧朧　黎明

晨光現　東方明

天肅　晨光

蒼天　清天

天　上天

天文類

單清語卷壹

002518

《单清语》正文首卷卷端

# 官衔名目

佚名著。

清光绪十五年（1889）京都隆福寺聚珍堂刻本。汉文满文合璧。

线装。页面24.7厘米×15.8厘米，半叶版框18.7厘米×13.1厘米。四周双边。单鱼尾，版心有汉文书名、篇目、页码、堂号。

1册，1函，29叶。

保存完好。

此《官衔名目》未有记载著者信息和成书的背景，是《清语摘抄》中的一部。

此文献为汉文满文合璧，汉文在上、满文在下。此文献包含国朝年号（12条），列圣诞辰（10条），列圣、后忌辰（32条），君类（63条），封赠类：封衔（19条）、文职封赠（18条）、武职封赠（16条），外省文职（69条），外省武职（46条），京城文职（164条），京城武职（67条），内府官弁名（79条），闲散类（164条），太监官职（6条），合计汉文满文合璧的名录765条。此文献大体可以分为四个部分：1.皇家称谓，包括皇上、皇后，以及皇家人员的称谓；2.官职人员的品级、称谓，记录详细，品级从正一品到从九品，包含封赠、京内外，以及内府人员称谓，可以说涉及的官名非常的全面；3.对社会上一些人的尊称，从受人尊重的人，到普通百姓，都有满汉对照，比如孝子、孽子、义士、乡贤、君子、隐士、匹夫、刺客、道士、农夫、佃户等；4.太监官职，有关太监的官职。

清朝官制多承袭明制，又因时制宜而有增革，此文献可以看出清代近三百年的各级官职的称谓，而且是比较系统和全面的，是研究清朝时期官衔的重要参考文献。同时，文献中七百多条汉文满文合璧官衔对照，对研究汉文满文翻译有重要文献价值。

（高彩云）

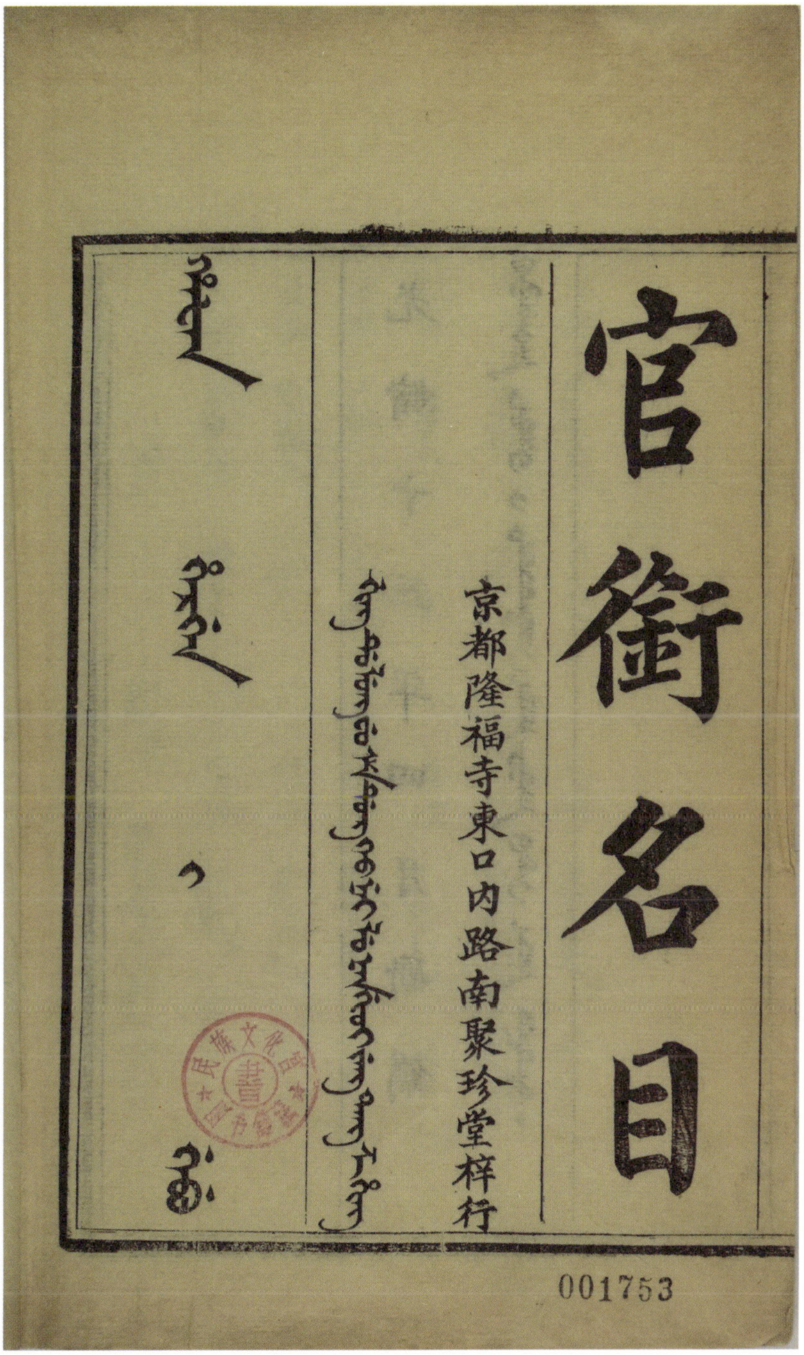


《官衔名目》内封

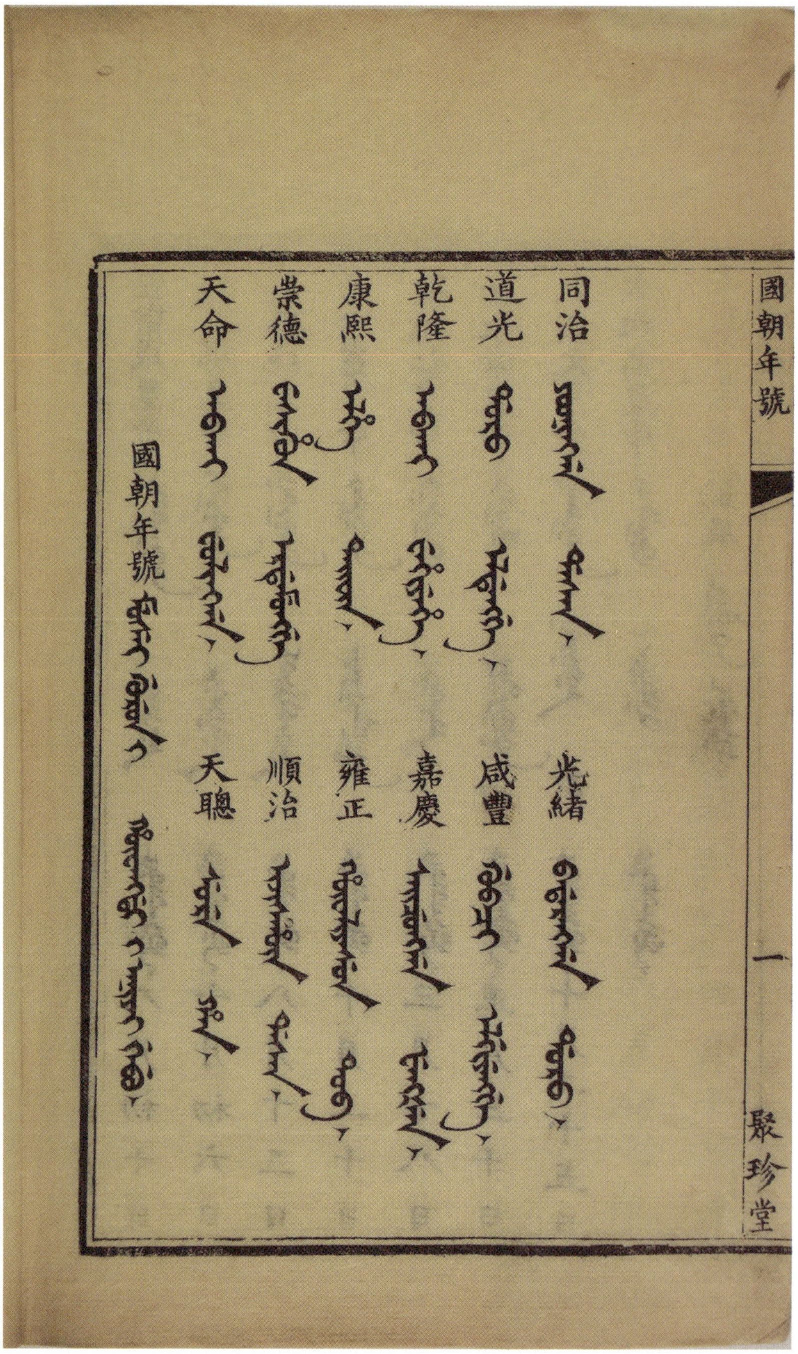

國朝年號

同治　道光　乾隆　康熙　崇德　天命

光緒　咸豐　嘉慶　雍正　順治　天聰

國朝年號

一

聚珍堂

《官衔名目》正文首页

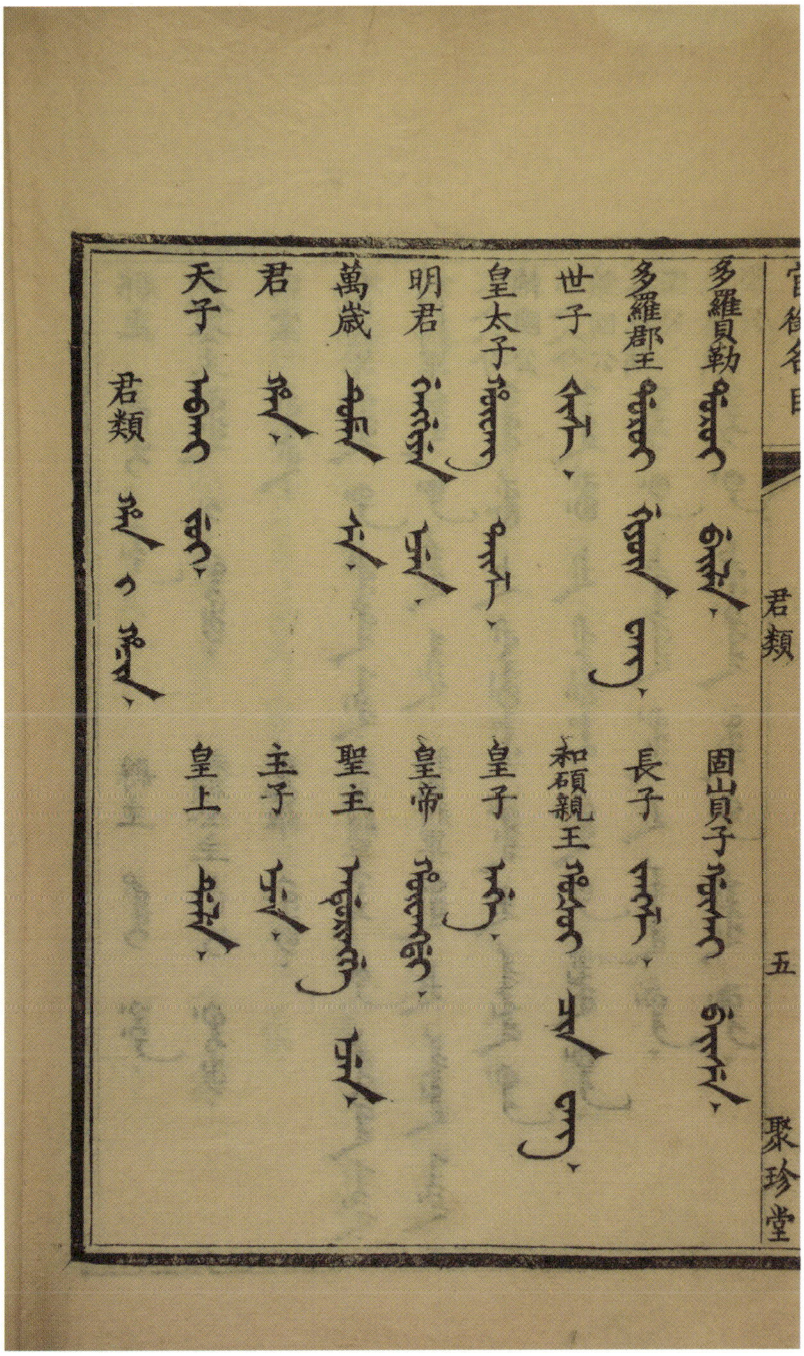
官銜名目　君類　五　聚珍堂

多羅貝勒　固山貝子

多羅郡王　長子

世子　和碩親王

皇太子　皇子

明君　皇帝

萬歲　聖主

君　主子

天子　皇上

君類

《官衔名录》正文

## 钦定对音字式

佚名著。

清道光十六年（1836）抄本。汉文满文合璧。

线装。页面25.5厘米×17.5厘米。半叶9行。

1册，1函，65叶。

保存完好。

《清汉对音字式》是汉文满文合璧语音辞书，乾隆帝为规范满语人名、地名，敕令军机处翻书房编纂此书。内容由两部分组成，第一部分包括“满文十二字头”“切音单字”“切音双字”等，主要表述满文音节字及汉文对音字或切音字。其“满文十二字头”部分为满文十二字头下列汉文对音字，并标注声调。“切音单字”部分含99条满文切音单字，下列其同音汉字。“切音双字”部分含17条满文切音双字，下列汉文二合切音字。第二部分为满汉文对照地名，收盛京、吉林、黑龙江、扎萨克、喀尔喀、青海、甘肃、新疆等143条地名。书中统一了满汉文译音标准，是研究满语言学不可缺少的资料。

（米吉提、阿依努尔·艾合麦提）

《钦定对音字式》封面

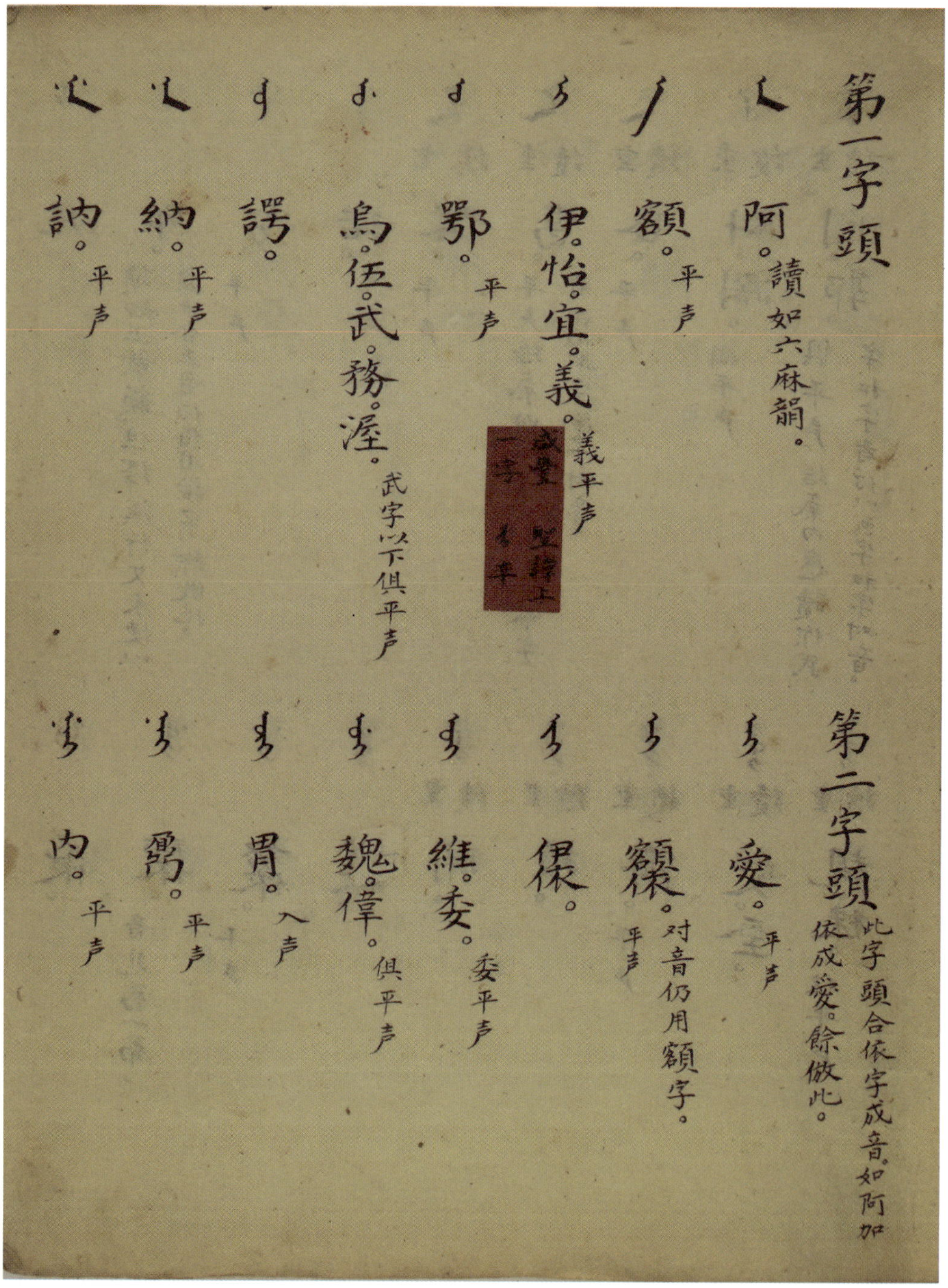
第一字頭
阿。讀如六麻韻。
額。平声
伊。怡。宜。義。義平声
鄂。平声
烏。伍。武。務。渥。武字以下俱平声
諤。
納。平声
訥。平声
第二字頭 此字頭合依字成音。如阿加依成愛。餘倣此。
愛。平声
[illegible]。對音仍用額字。平声
[illegible]。
維。委。委平声
魏。偉。俱平声
胃。入声
[illegible]。平声
內。平声

《钦定对音字式》第8页

## 钦定清汉对音字式

清高宗（弘历）敕撰。

清乾隆三十八年（1723）京都隆福寺聚珍堂重印本。汉文满文合璧。

线装。页面26.7厘米×17.5厘米，半叶版框19.0厘米×14.0厘米。四周双边。半叶9行。单鱼尾，版心有汉文题名、页码（分类）、卷次号。

1册，1函，64叶。

保存完好。另存同版3部。

《钦定清汉对音字式》是汉文满文合璧语音辞书，乾隆帝为规范满蒙语人名、地名，敕令军机处翻书房编纂此书。内容由两部分组成，第一部分包括“满文十二字头”“切音单字”“切音双字”等，主要表述满文音节字及汉文对音字或切音字。其“满文十二字头”部分为满文十二字头下列汉文对音字，并标注声调。“切音单字”部分含99条满文切音单字，下列其同音汉字。“切音双字”部分含17条满文切音双字，下列汉文二合切音字。第二部分为满汉文对照地名，收盛京、吉林、黑龙江、扎萨克、喀尔喀、青海、甘肃、新疆等143条地名。书中统一了满文汉文译音标准，是研究满语言学不可缺少的资料。

（米吉提、阿依努尔·艾合麦提）

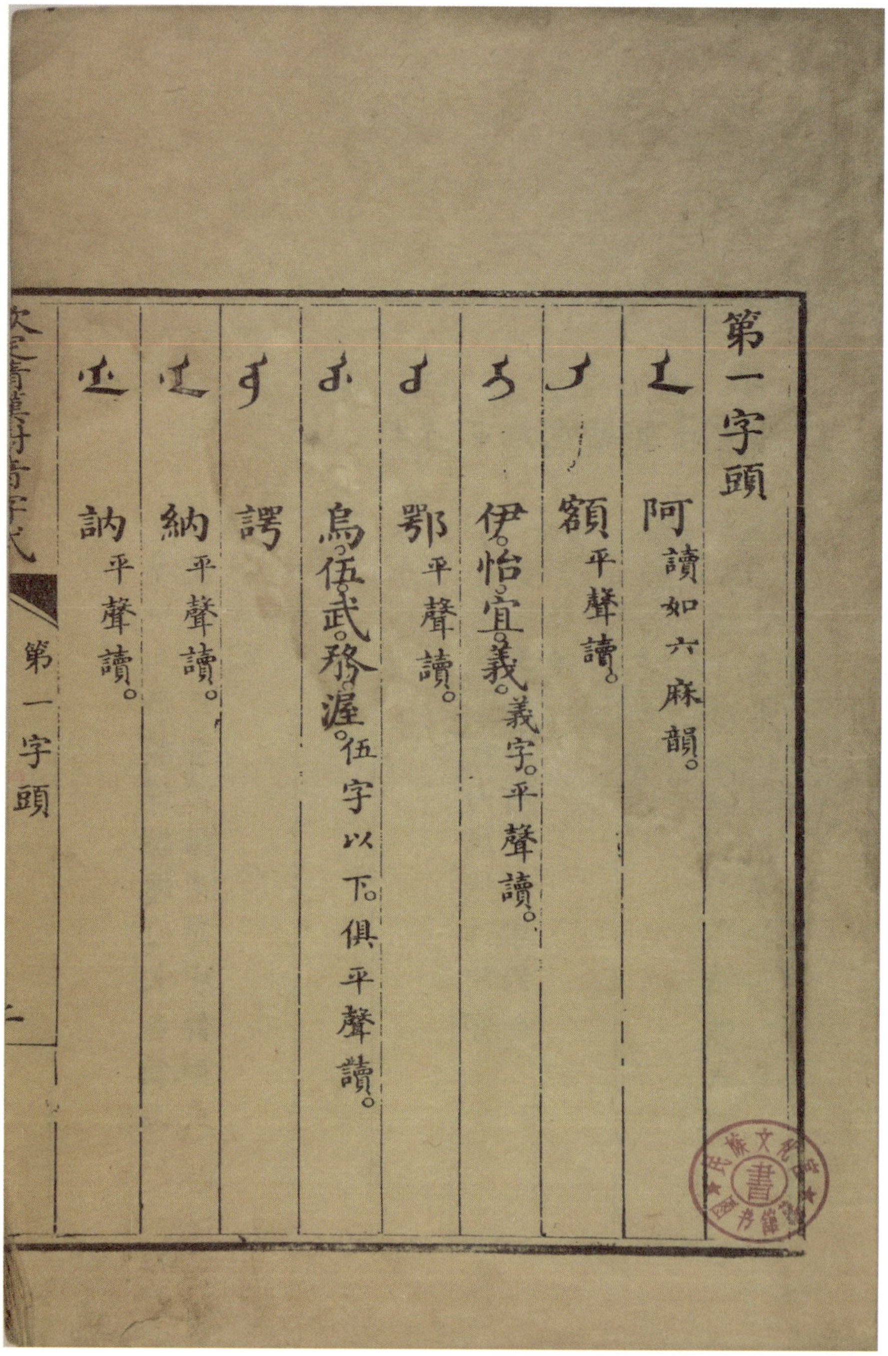
第一字頭
阿讀如六麻韻。
額平聲讀。
伊怡宜義。義字。平聲讀。
鄂平聲讀。
烏伍武務渥。伍字以下。俱平聲讀。
諤
納平聲讀。
訥平聲讀。
欽定清漢對音字式　第一字頭　一

《钦定清汉对音字式》第6页

# 重刻清文虚字指南编（2种）

## 一、清光绪二十年（1894）京都隆福寺聚珍堂刻本

（清）万福厚田编撰，（清）刘凤山校订。

清光绪二十年（1894）京都隆福寺聚珍堂刻本。汉文满文合璧。

线装。页面30.2厘米×17.9厘米，半叶版框19.9厘米×15.0厘米。四周双边。单鱼尾，版心有汉文书名、卷次、页码、堂号。

2册，1函，112叶。

保存完好。

《重刻清文虚字指南编》是以《清文虚字指南编》为蓝本重新校订刊刻，在《清文虚字指南编》的基础上增加了目录和序言，分上、下两卷。《清文虚字指南编》由万福厚田撰，于清光绪十年（1884）成书，是清代用传统方法专门研究满语语法的著作，主要以歌诀的形式，系统讲解了满语中副词、格词缀、连词、后置词、方位词、感叹词等316个虚词、词组或附加成分的意义和用法。其中每一个词的讲解均配有例句，例句多选自汉文满文合璧的儒家经典。

此书是当时学习满语者必备语法工具书，虚词数量庞大、体系完整、用法广泛、特色鲜明，不仅体现了满语虚词的特色，而且为满语语法研究提供了许多可借鉴的语言材料。从例句选择可以看出儒家文化在各民族中的高度认同。

著者万福厚田，隶属于八旗蒙古，其生年事迹均不详。校订者刘凤山生猝年不详，以翻译举人出仕，官至广州将军。

（高彩云）

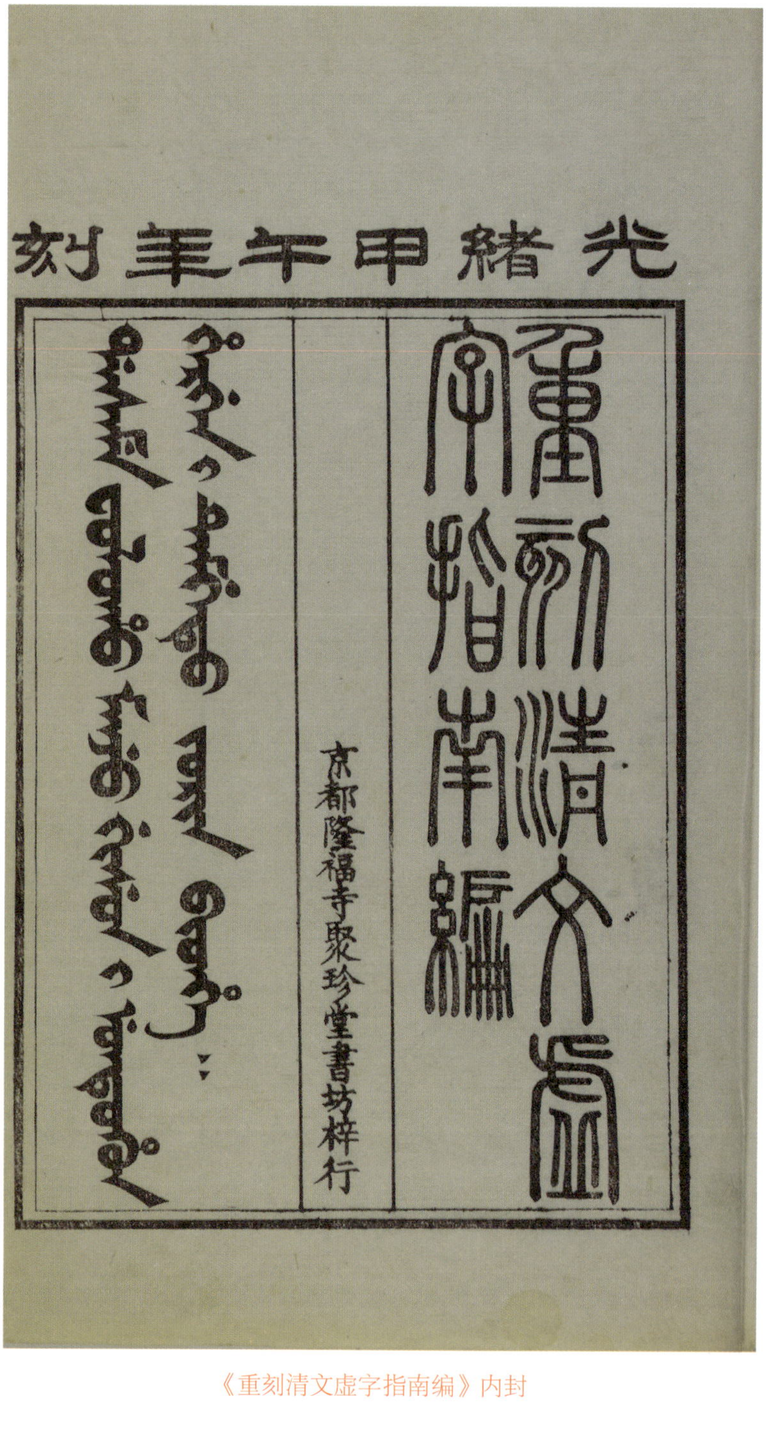


《重刻清文虚字指南编》内封

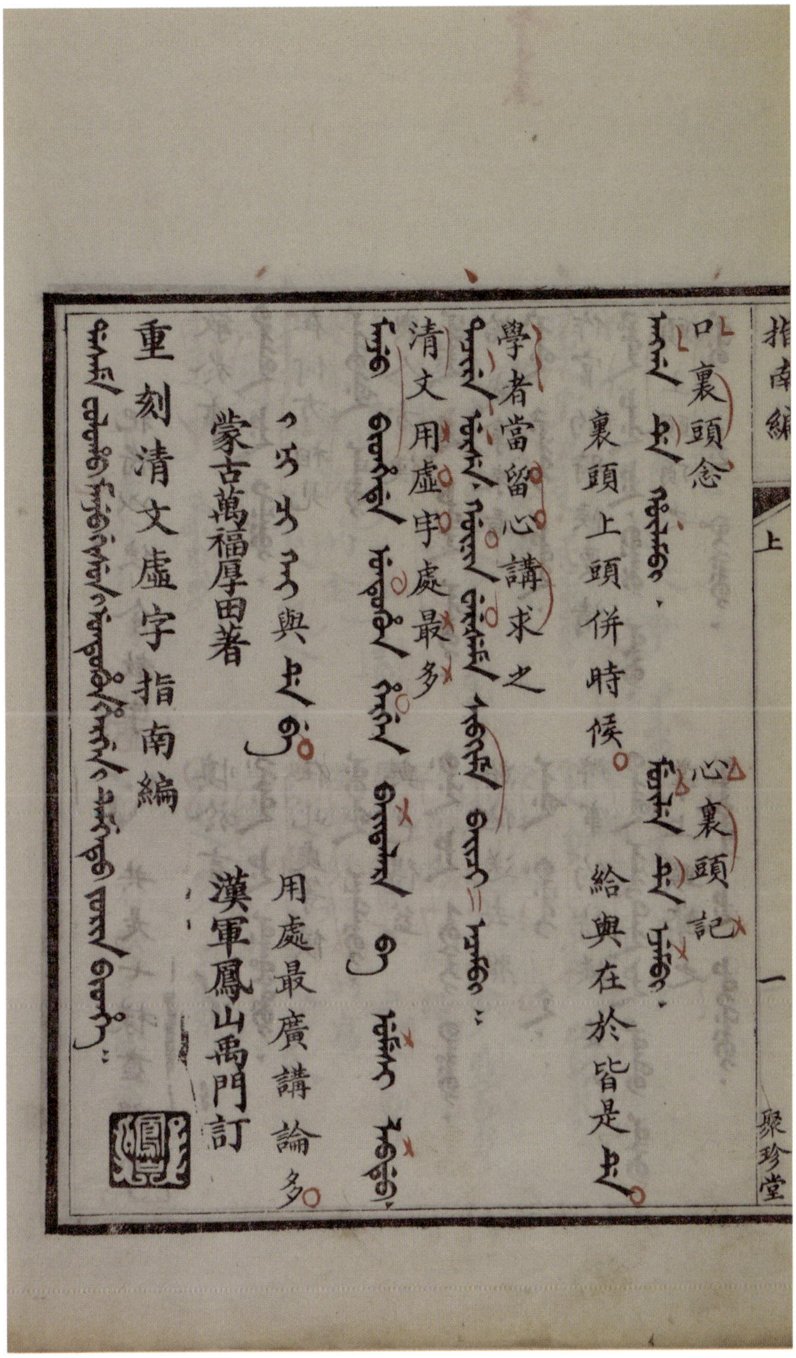
指南編　上　一　聚珍堂
口裏頭念　心裏頭記
裏頭上頭併時候　給與在於皆是
學者當留心講求之
清文用虛字處最多
與　用處最廣講論多
蒙古萬福厚田著　漢軍鳳山禹門訂
重刻清文虛字指南編

《重刻清文虚字指南编》卷首首页

## 二、清宣统元年（1909）京都隆福寺镜古堂刻本

（清）万福厚田编撰，（清）刘凤山校订。

清宣统元年（1909）京都隆福寺镜古堂刻本。汉文满文合璧。

线装。页面26.8厘米×16.5厘米，半叶版框19.7厘米×14.7厘米。四周双边。单鱼尾，版心有汉文书名、卷次、页码、堂号。

2册，1函，110叶。

文字部分保存完好，下册封面有破损。

内容同清光绪二十年（1894）京都隆福寺聚珍堂刻本。

（高彩云）

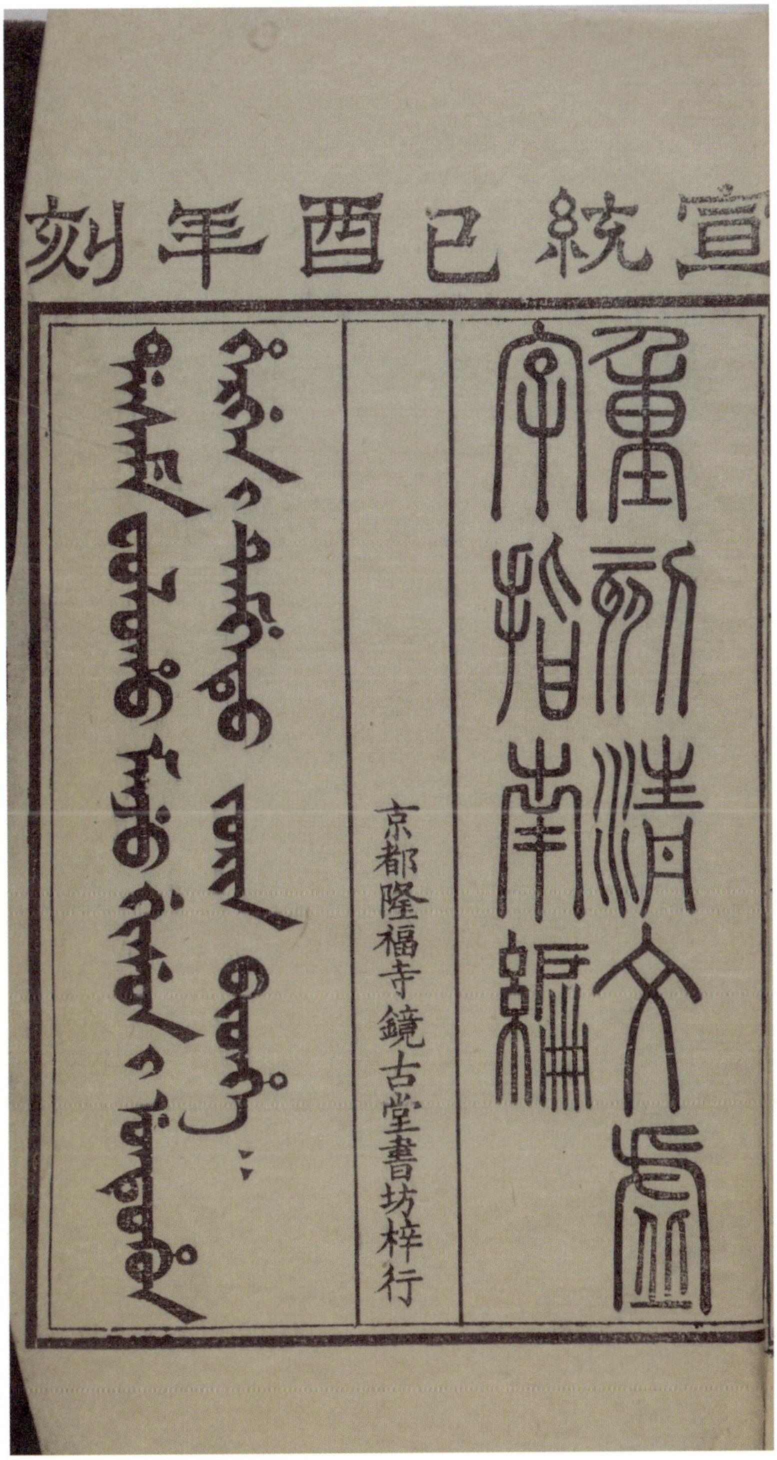


《重刻清文虚字指南编》内封

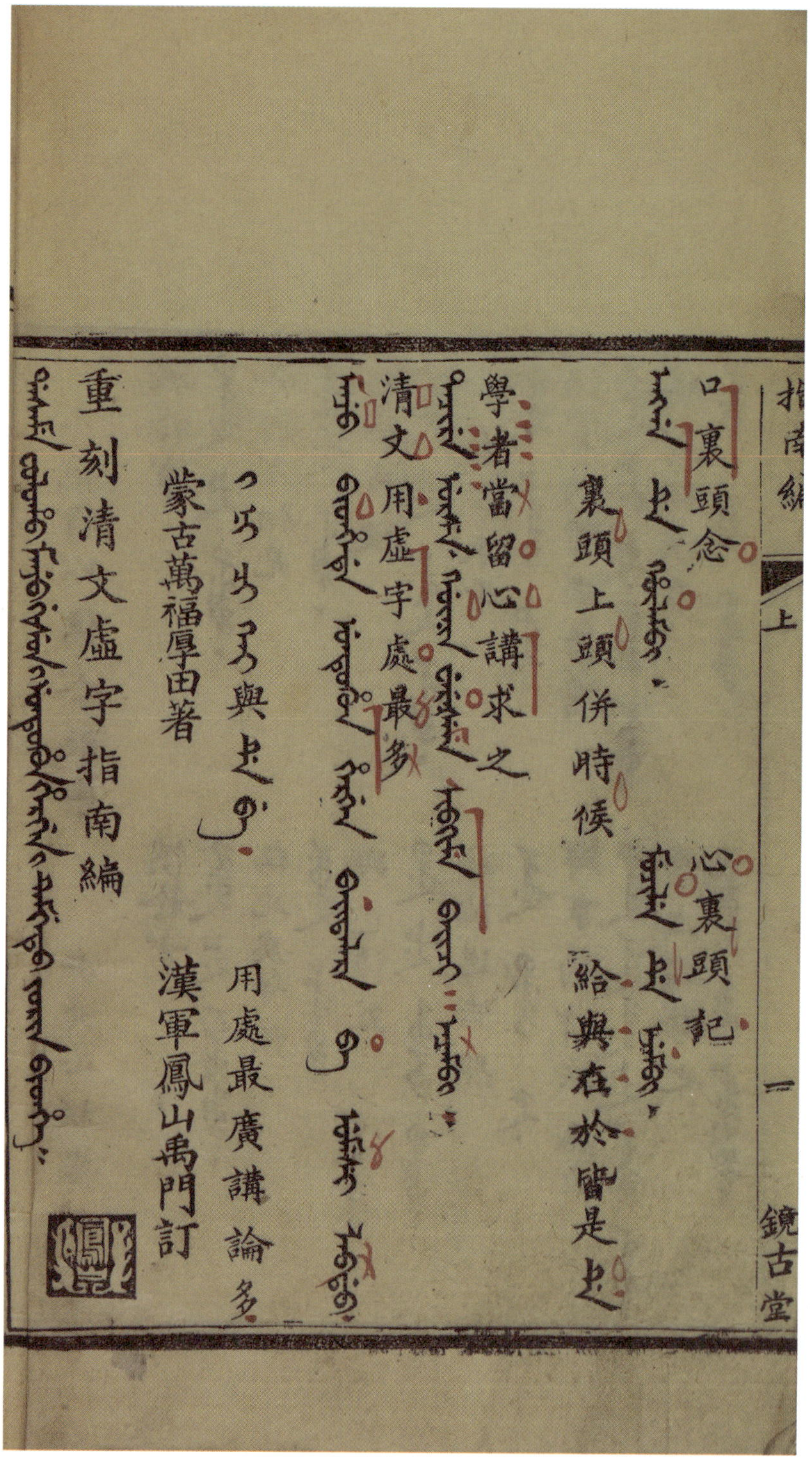


《重刻清文虚字指南编》卷首首页

# 清文汇书

ᠮᠠᠨᠵᡠ ᡳᠰᠠᠪᡠᡥᠠ ᠪᡳᡨᡥᡝ

（清）李延基撰。

清乾隆年间京都隆福寺三槐堂刻本。汉文满文合璧。

线装。页面26.5厘米×16.0厘米，半叶版框20.0厘米×14.5厘米。四周双边。半叶8行，汉文小字双行。白口，单黑鱼尾，版心有汉文书名、卷次、页码。

12册，1函，12卷，446叶。

保存基本完好。

另存同版3部。

该书是一部汉文满文合璧的音序词典，正文前附雍正二年（1724）李延基撰汉文“自序”。正文每行二到四组满汉文对照词语条目，每门首列满文词语，下列汉文译词和汉文注解等。该词典主要解释词语的用法、词义等，若是多义词，解释各种词义，在若干个汉文译词和注解之间用圆圈标记“○”来隔开。书中在有些汉文注解中也间用了满文，对有些由满文字母独立构成的单词，解释词义的同时，还说明了书写方法、发音方法等。

著者以《御制清文鉴》为基础，以《大清全书》体例为蓝本，订立条目，编成此书。著者先把《御制清文鉴》所有满文词语译成汉文，并详细分析、考证其中的口语成分，并增补2000余条词语，最后以满文字母顺序编排满文词语。正文首列满文词语，下列汉文译词和汉文注解，解释词义及用法。全辞典约收20000条词语，包括以名词、动词、形容词等为主的综合性词语，其中生产生活用语居多，政治、军事、法律、文化方面的词语较少。

该辞典词汇量丰富，查用方便，是清代满文汉文翻译最重要的工具书。成书早于《御制增订清文鉴》，但有很多欠缺。后宗室宜兴从《御制增订清文鉴》中选录新增词语编成了《清文补汇》，乾隆五十一年（1786）刊行。光绪年间荆州八旗驻防翻译总学教习志宽、培宽二人组织学生，合并《清文汇书》和《清文补汇》，编成了《清文总汇》，光绪二十三年（1897）刊印。

此外，清后期很多音序辞典均以《清文汇书》体例为蓝本。

（曹娇林）

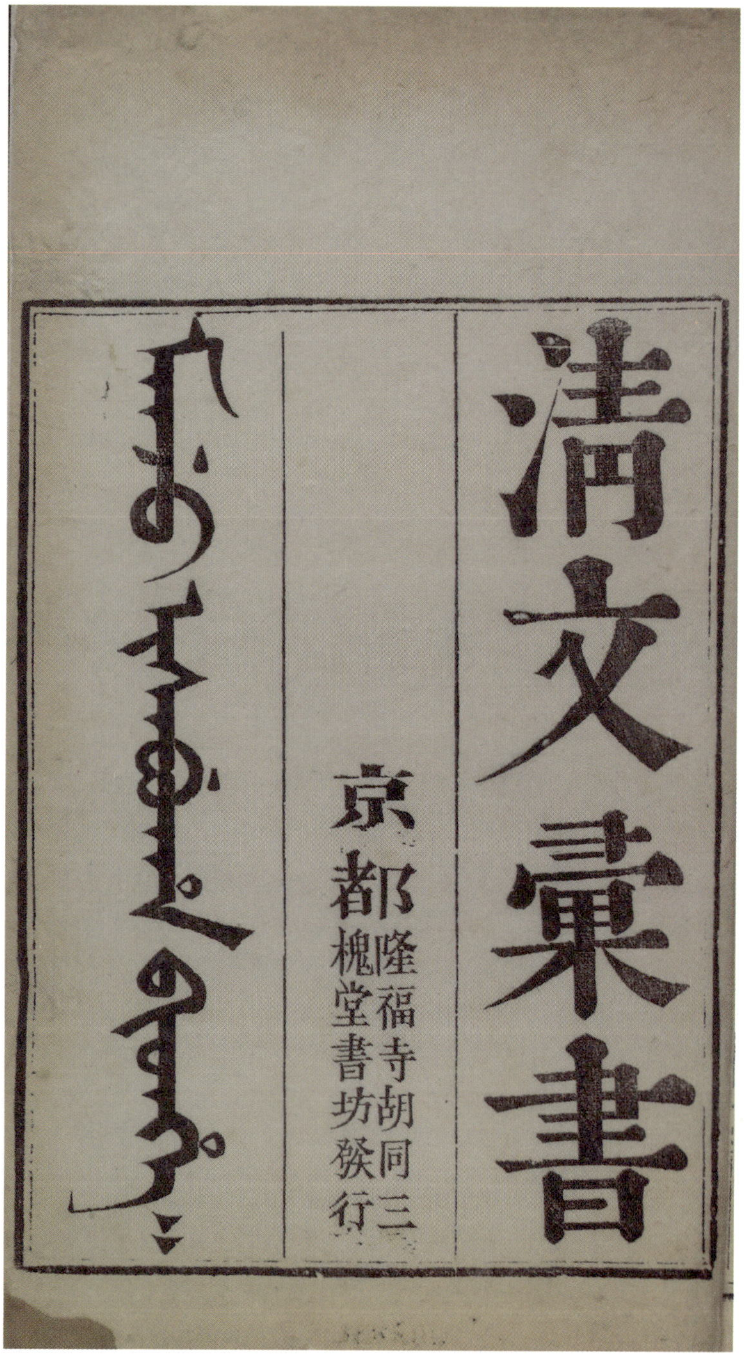


《清文汇书》内封

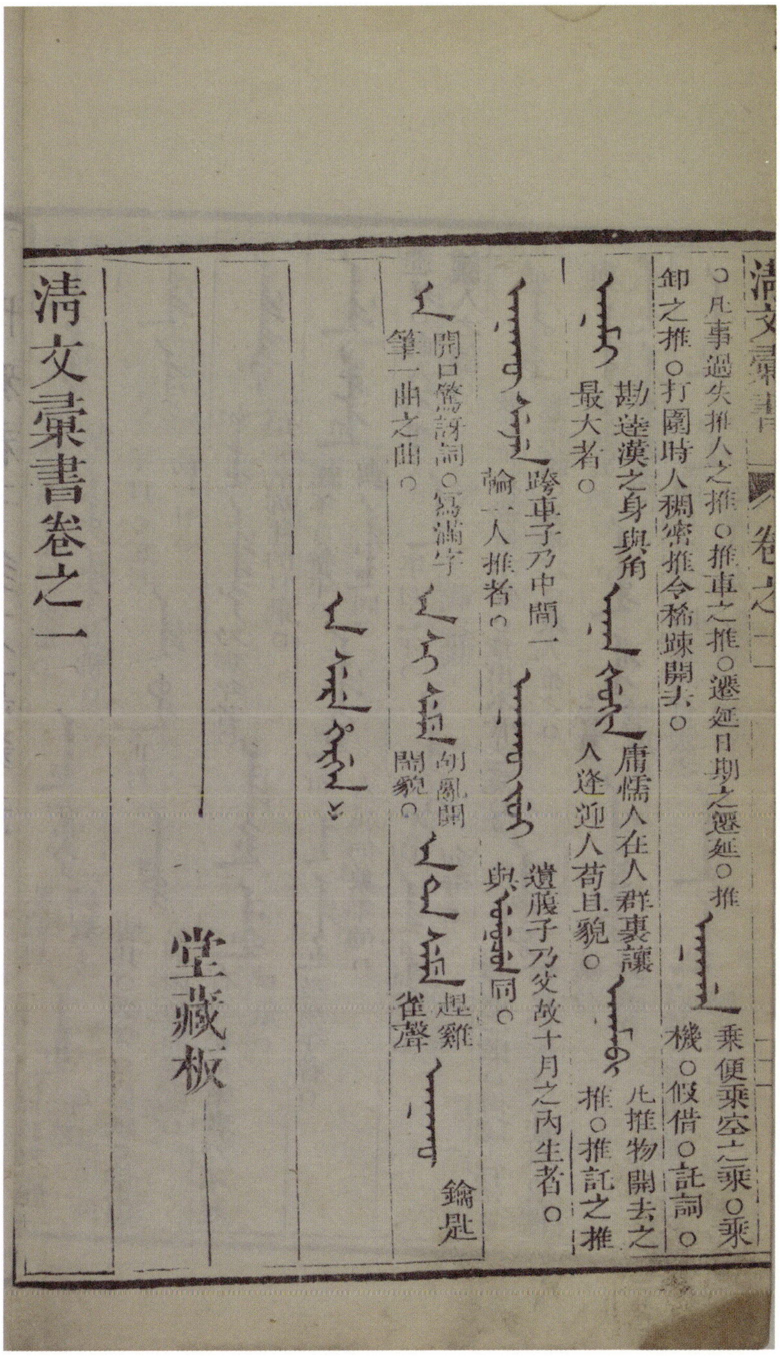

《清文汇书》首卷卷端

## 清文启蒙

佚名著。

清道光七年（1827）西城刘东山刻本。汉文满文合璧。

线装。页面24.0厘米×14.5厘米，半叶版框20.5厘米×11.5厘米。四周单边。半叶10行。单鱼尾，版心有汉文题名、分类、页码。

4册，1函，4卷，84叶。

保存完好。

另存同版1部。

该书为学习满语会话之用，亦是满文、汉文翻译的教学参考书。全书中满语对译的汉语部分多使用北京话，且为日常口语，对研究早期北京话有很大的帮助，也对研究清代汉语言学有参考价值。

（米吉提、阿依努尔·艾合麦提）

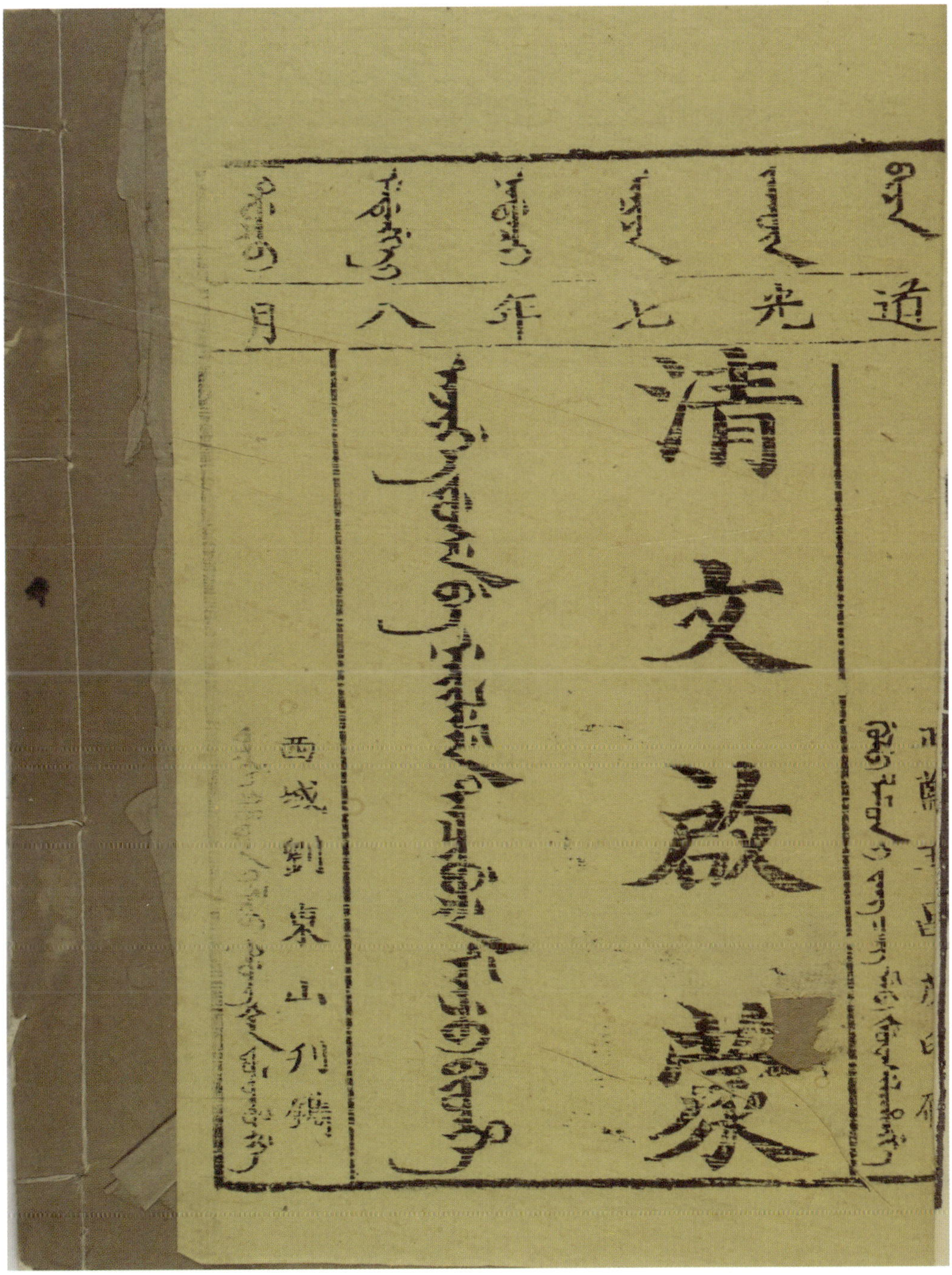


《清文启蒙》内页

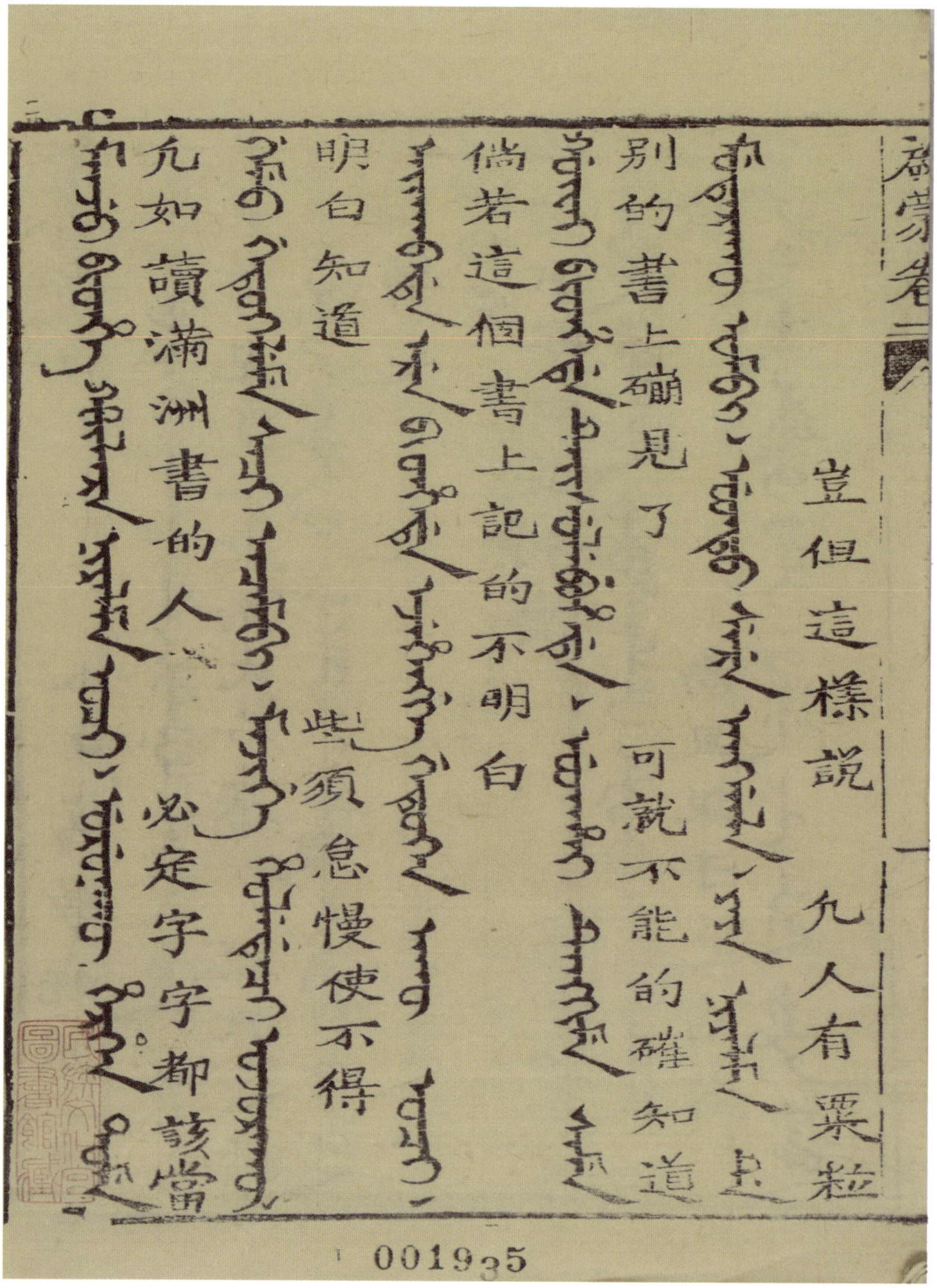

啟蒙卷二　一

豈但這樣說　凡人有粟粒

別的書上磞見了　可就不能的確知道

倘若這個書上記的不明白

眀白知道　些須怠慢使不得

凡如讀滿洲書的人　必定字字都該當

001935

《清文启蒙》正文第1页

# 清文补汇（2种）

## 一、清乾隆五十一年（1786）刻本

（清）宜兴撰。

清乾隆五十一年（1786）刻本。汉文满文合璧。

线装。页面29.0厘米×18.0厘米，半叶版框19.0厘米×15.0厘米。四周双边。半叶8行，小字双行。单鱼尾，版心有汉文题名、页码（分类）、卷次号。

8册，1函，8卷，397叶。

保存完好。

另存同版2部。

《清文补汇》是汉文满文合璧注解辞典，为修订、增补《清文汇书》而编成此书。该书的编纂目的与乾隆朝“规范国语”政策相符，乾隆敕修《御制增订清文鉴》是为了进一步修订、规范《御制清文鉴》中的汉语音译借词。清代民族语文音序辞典也紧跟着分类辞典的发展步伐，《清文汇书》与《御制清文鉴》一样，存在收入很多汉语音译借词和半音译、半意译词的问题，为此著者以《御制增订清文鉴》等为基础，汇集7900余条新定词语，并吸收《旧清语》等其他书中钦定词语等，并加以解释，依《清文汇书》体例，编成此书。《清文补汇》正文体例、词语编排、注解等均与《清文汇书》相近，但也有细微的区别，可谓《清文汇书》的续编。全书约收8300条词语，词汇量不及早期刊行的大型音序辞典，但所收词语均是经过乾隆朝规范后的新增词语，并收录了每个词语的词义及形态变化等，这些词大多为早期辞典中未收词语。该书与《清文汇书》为清代满族语言文化发展最全面的资料之一，对研究清代满语词汇变化颇有参考价值。

（米吉提、阿依努尔·艾合麦提）

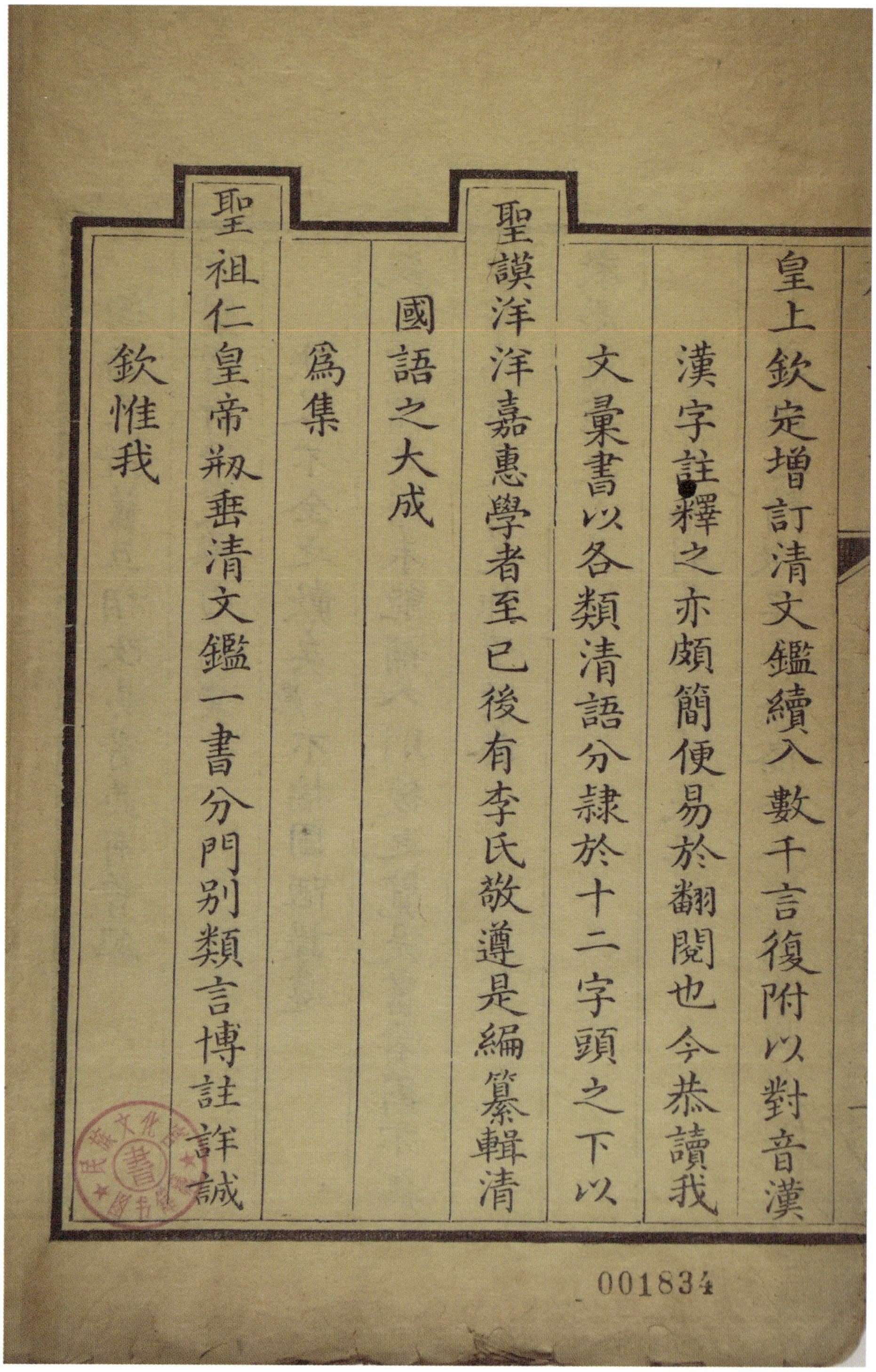

皇上欽定增訂清文鑑續入數千言復附以對音漢
漢字註釋之亦頗簡便易於翻閱也今恭讀我
文彙書以各類清語分隸於十二字頭之下以
聖謨洋洋嘉惠學者至已後有李氏敬遵是編纂輯清
國語之大成
爲集
聖祖仁皇帝勅垂清文鑑一書分門別類言博註詳誠
欽惟我



《清文补汇》序 第1页

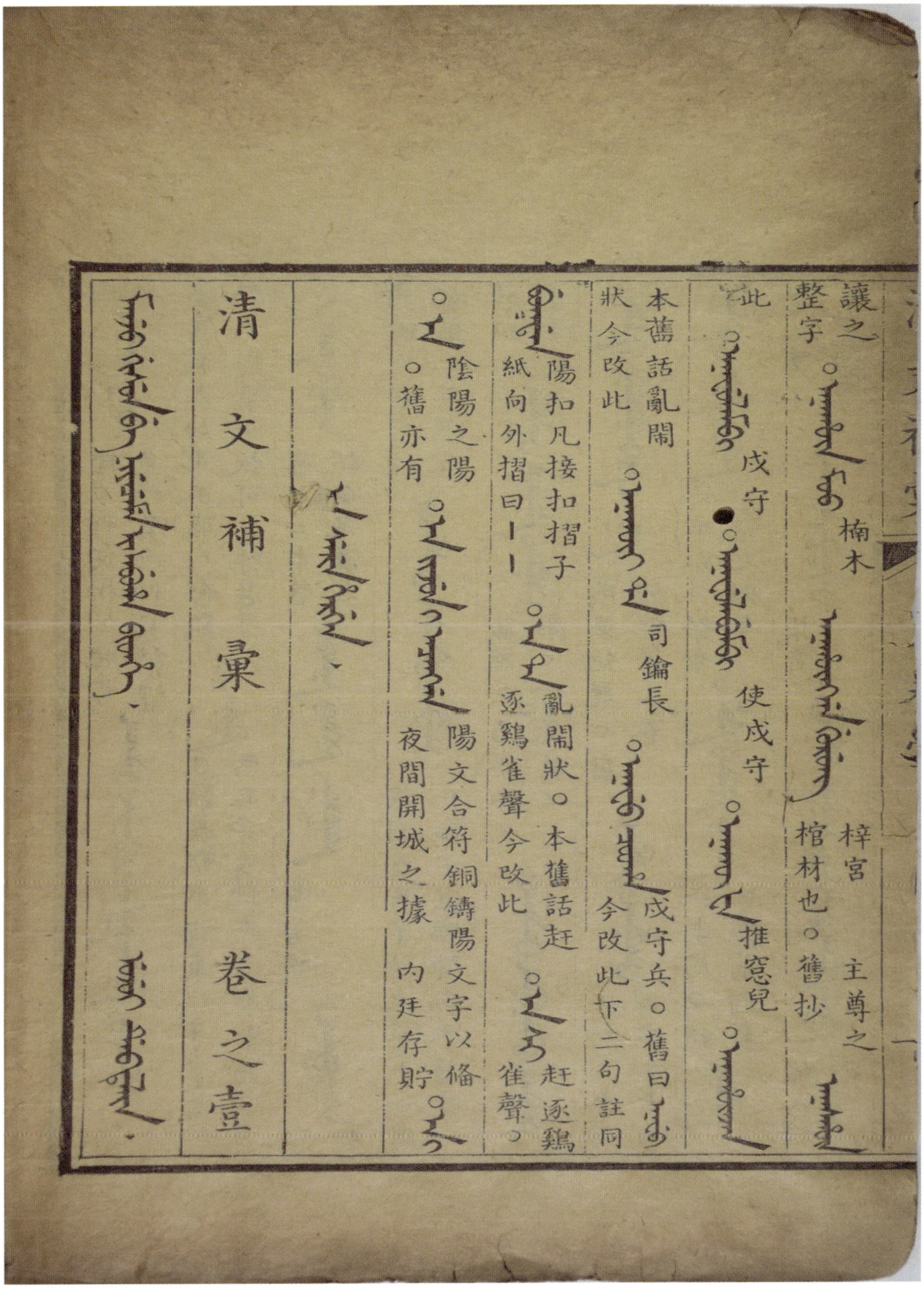

《清文补汇》正文 第1页

## 二、清嘉庆七年（1802）刻本

（清）宜兴撰。

清嘉庆七年（1802）刻本。汉文满文合璧。

线装。页面26.5厘米×16.0厘米，半叶版框19.0厘米×15.0厘米。四周双边。半叶8行，小字双行。单鱼尾，版心有汉文题名、页码（分类）、卷次号。

8册，1函，8卷，404叶。

保存完好。

内容同清乾隆五十一年（1786）刻本。

（米吉提、阿依努尔·艾合麦提）

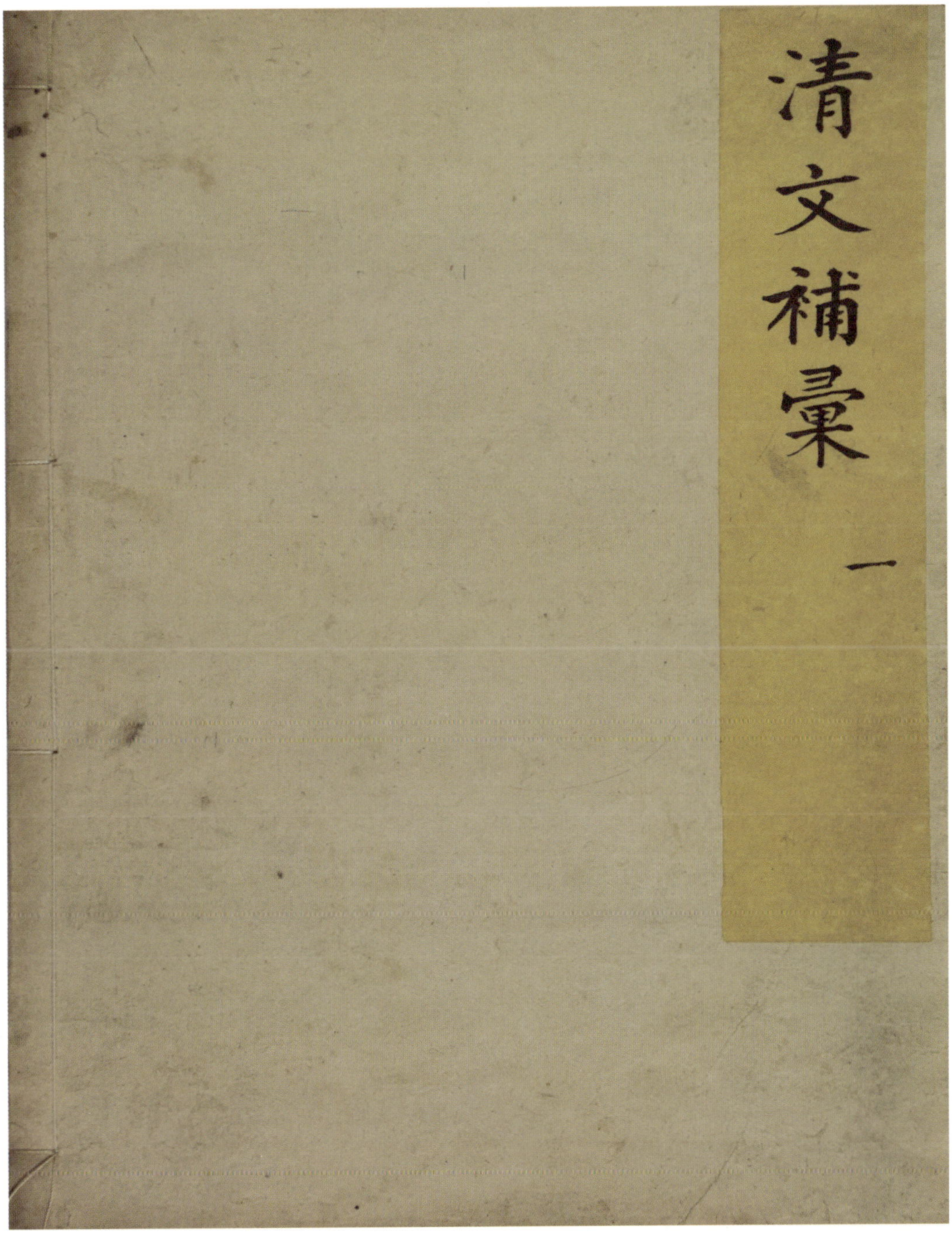


《清文补汇》封面

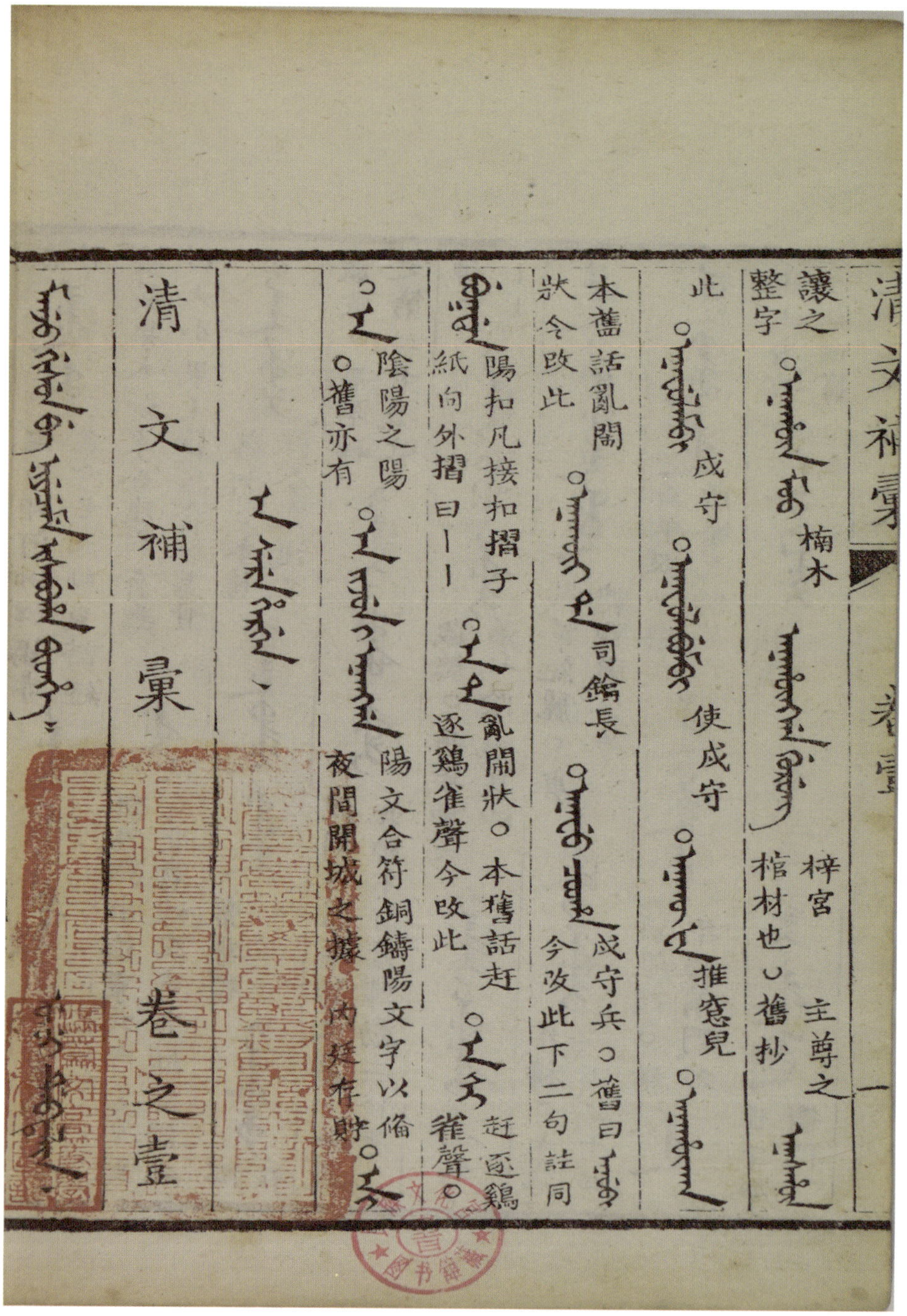
清文補彙　卷壹　一

讓之整字　楠木　梓宮棺材也○舊抄主尊之

此　戍守　使戍守　推窓兒

本舊話亂鬧狀今改此　司鑰長　戍守兵○舊曰今改此下二句註同

陽扣凡接扣摺子紙向外摺曰ㄧㄧ　亂鬧狀○本舊話赶逐鷄雀聲今改此　赶逐鷄雀聲○

○陰陽之陽○舊亦有　陽文合符銅鑄陽文字以備夜間開城之據內廷存貯○

清文補彙卷之壹

《清文补汇》卷一 第1页

## 清文典要

（清）秋芳堂主人辑。

清光绪四年（1878）文渊堂刻本。汉文满文合璧。

线装。页面18.2厘米×13.0厘米，半叶版框14.5厘米×11.6厘米。四周双边。半叶14行，上书汉文四字词语，下书满文译文，上下对照。白口，单鱼尾，版心有汉文书名、卷次、页码。

4册，1函，4卷，343叶。

封皮有修补，卷四缺失第87页“龙部”。

另存同版2部。

卷首及卷一首页印有汉满双语竖方章“满蒙文高等学堂监督”。

满蒙文高等学堂是近代中国教育史上出现的第一所专门的少数民族高等学校，1907年6月，清政府在京师设立，以“造就满蒙文通才，以保国粹而裨要政”为宗旨，派都察院副都御史伊克坦为监督。它的创办填补了少数民族高等教育的空白，改变了民族地区主要依靠宗教教育培养上层人才的状况。

《清文典要》是有年代可考证的第一部汉满合璧形序词典，于乾隆三年（1738）由秋芳堂刊行，是以汉字偏旁部首笔画顺序编排的清代最有代表性的汉满合璧形序词典之一。全书共4卷，收入成语典故七千余条，用满文对译汉语成语及常用词组，对于满汉文的学习研究及翻译工作，具有较高的参考价值。

秋芳堂是清代民间刊刻满文图书的书坊，文渊堂也是。当时刊印满文图书的书坊有60余家，这就决定了坊刻本版本繁多，质量参差不齐。《清文典要》清代曾多次刊印，除以上版本还有二酉堂、永魁斋等坊刻本。

（李香）

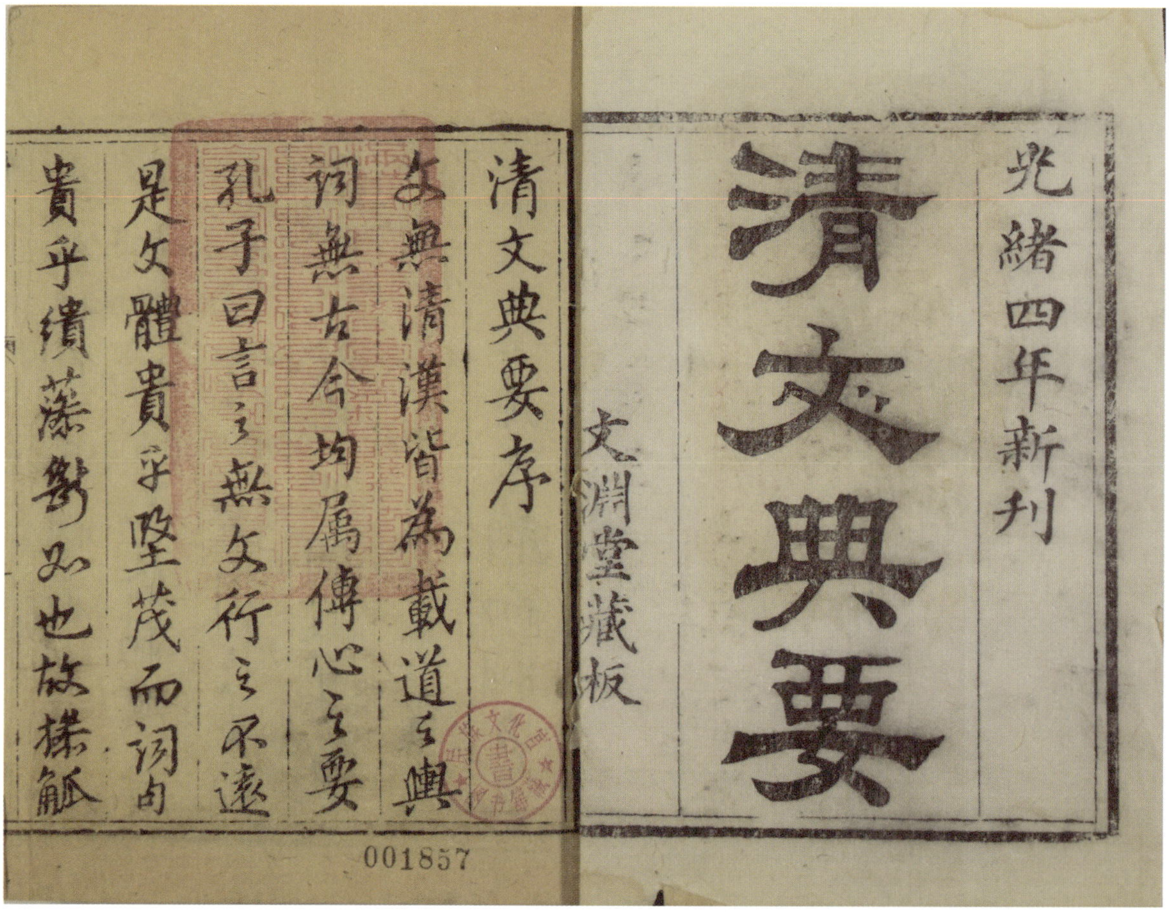
光緒四年新刊
清文典要
文淵堂藏板

清文典要序
文典清漢皆為載道之輿
詞無古今均屬傳心之要
孔子曰言之無文行之不遠
是文體貴乎堅茂而詞尚
貴乎繢藻斟酌也故搦觚

001857

《清文典要》序首页

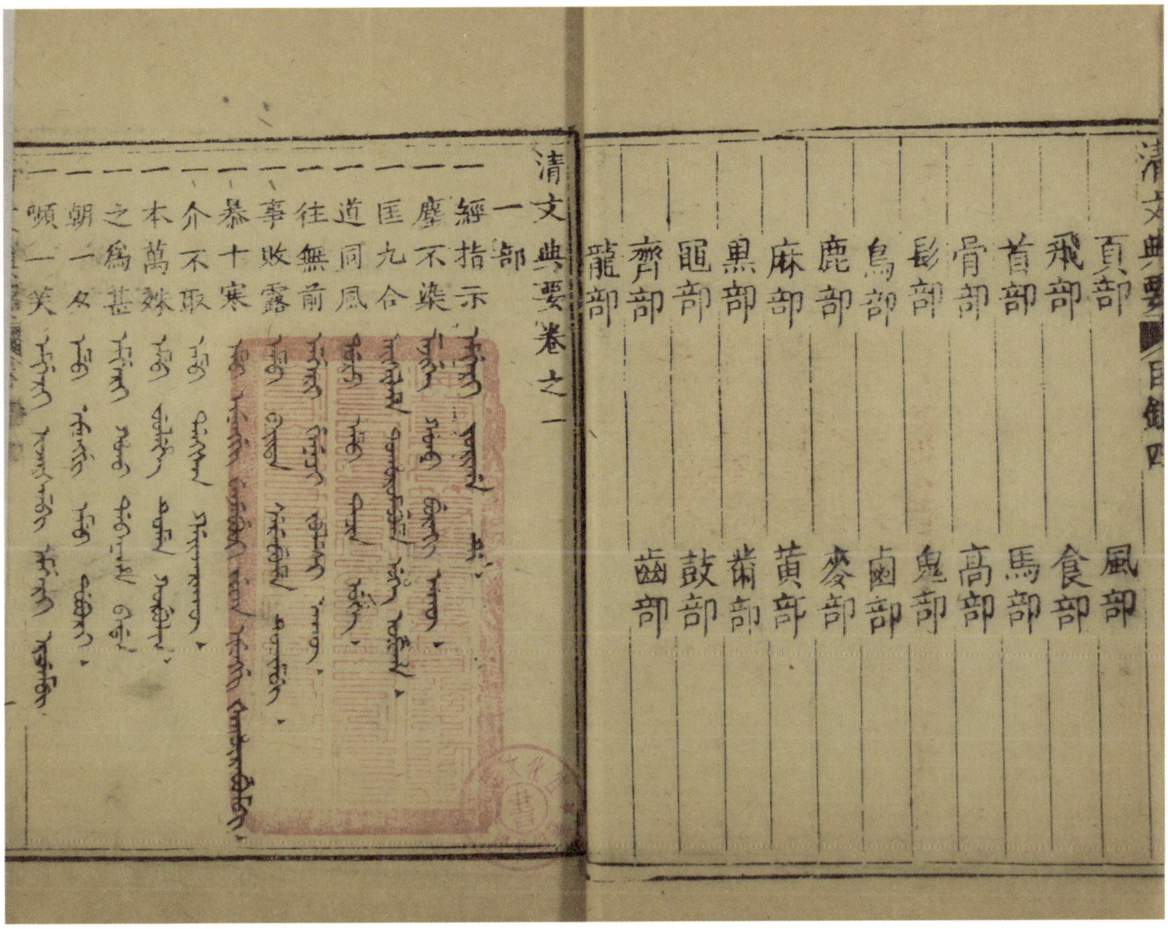

《清文典要》卷一首页

## 清文指要

（清）富俊著。

清嘉庆十四年（1809）重刻本，大西堂藏版。汉文满文合璧。

线装。页面22.8厘米×15.2厘米，半叶版框16.3厘米×13.5厘米。四周双边。半叶14行，汉文每行22字，满文汉文交替排行，从左至右，从上到下阅读。白口，单鱼尾，版心有汉文卷目、卷次、页码。

4册，1函，145叶。3卷，附续指要2卷。

保存基本完好，封面书口磨损。

原封皮为黄纸，刊刻满汉对照题名，另外包封皮，右上角手书汉文题名及册数，每册封面中下方印有竖方章“修竹山房”，每册首页左下方印有竖方章“民族文化宫图书馆藏”。

《清文指要》包含《序》《字音指要》《清文指要中》《清文指要下》三卷，附《续清文指要上》《续清文指要下》两卷。是作者根据老辈传说以及作者自身所学汇集语句供初学满语及喜好满语的人们参考，以便能灵活学习，随意运用。书中内容反映了当时的社会生活、饮食习惯、风土人情等，为八旗子弟学习满语会话提供方便。

《清文指要》是清朝最早刊行的一部满汉对照双语教材和历史文献，是研究清代满语或汉语的重要语料。它不仅是清代学习满文的名著，而且至今仍然具有满语历史教科书的价值，同时也是清代满文读本会话类文献的重要代表。

富俊（1749—1834），字松岩，卓特氏，正黄旗蒙古人。乾嘉道三朝大臣，乾隆四十四年（1779）翻译进士。初授礼部主事，历官内府蒙古侍读学士、礼部侍郎、镶蓝旗蒙古副都统、镶白旗满洲副都统、兵部右侍郎、科布多参赞大臣、兵部左侍郎、叶尔羌办事大臣、乌里雅苏台参赞大臣、镶红旗汉军都统、吉林将军、理藩院尚书、大学士等职。谥“文诚”。著有《三合便览》《蒙文指要》《蒙古托忒汇集》等。

（李香）

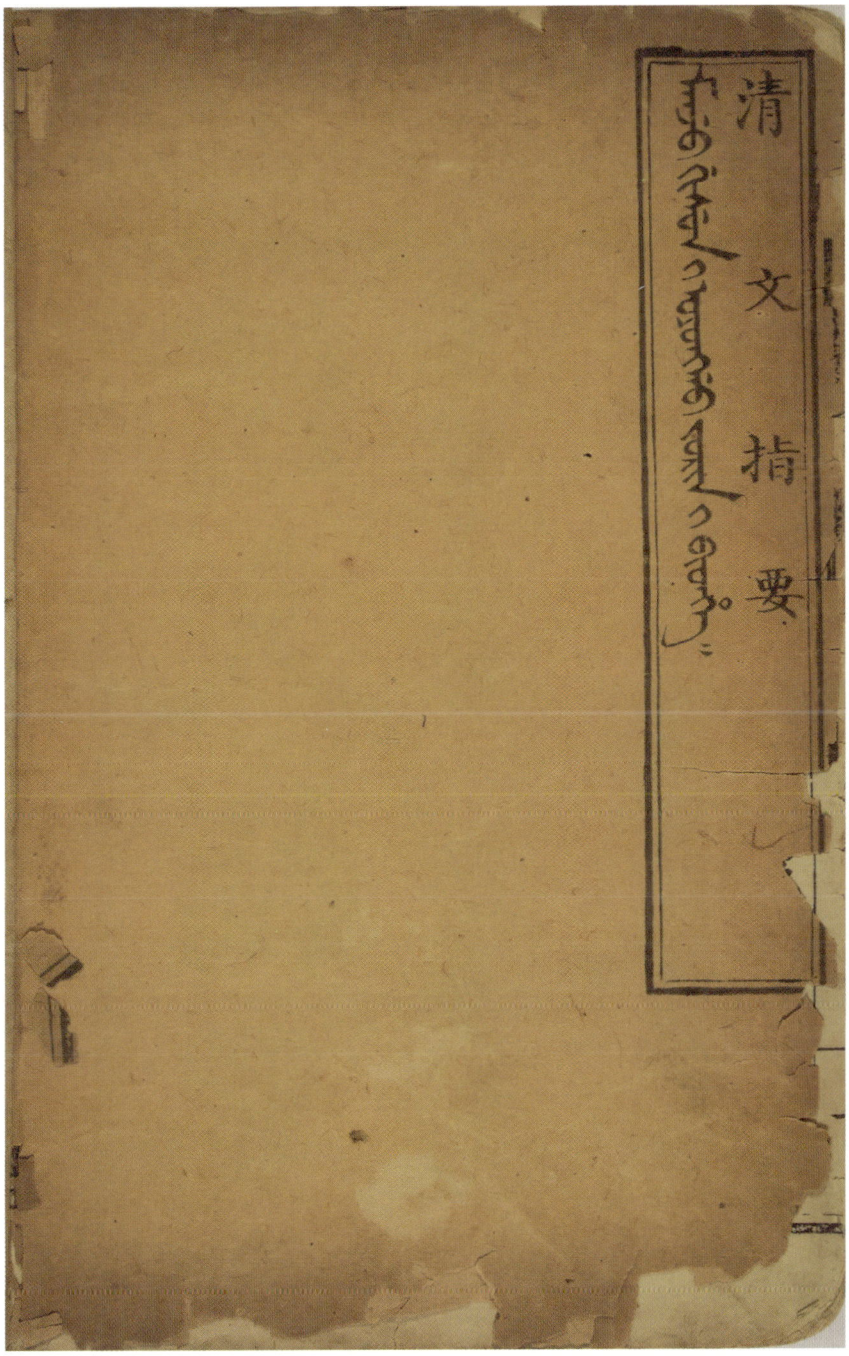


《清文指要》封面

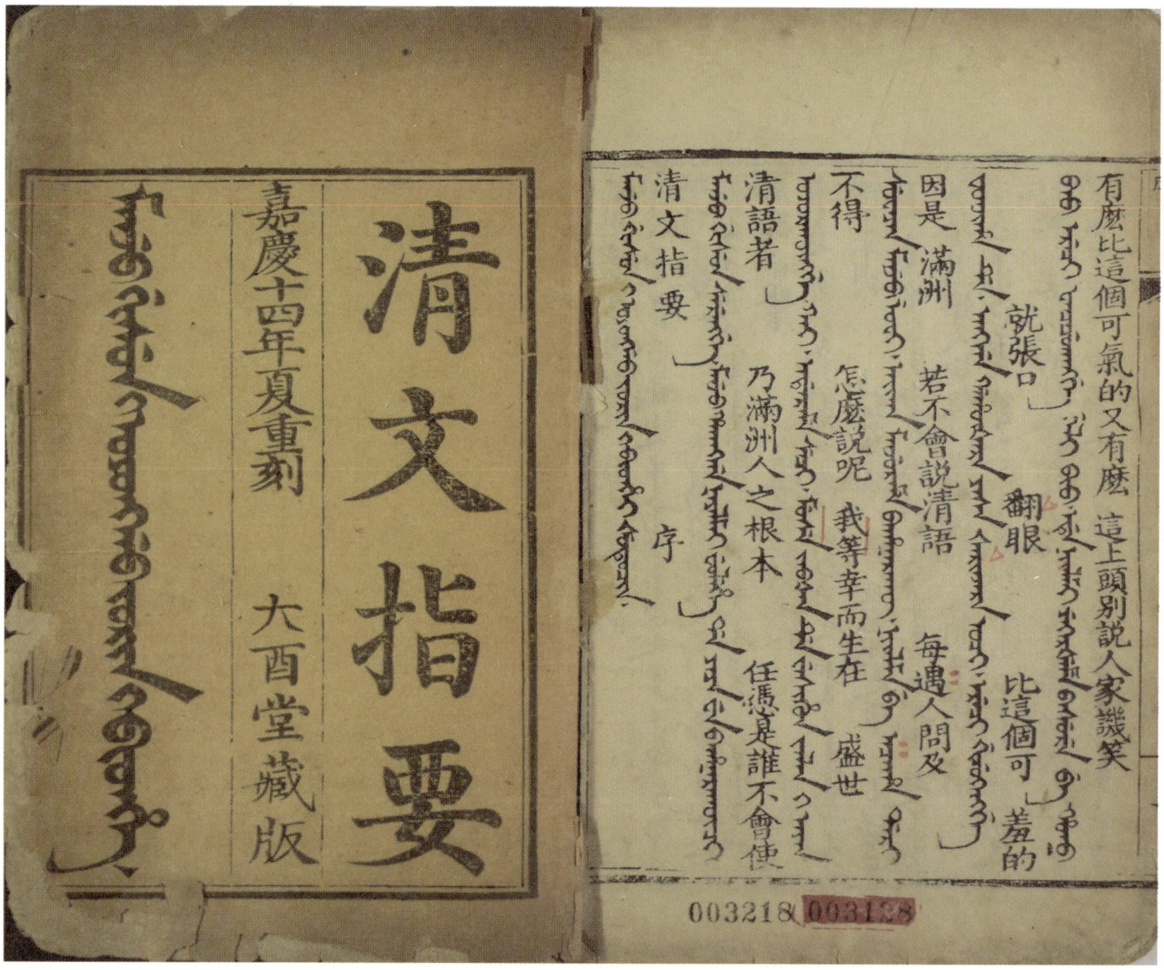
清文指要
嘉慶十四年夏重刻
大酉堂藏版
有麽比這個可氣的又有麽
這上頭別說人家譏笑
比這個可羞的
就張口
翻眼
因是滿洲
若不會說清語
每遇人問及
不得
怎麽說呢
我等幸而生在
盛世
清語者
乃滿洲人之根本
任憑是誰不會使
清文指要
序
003218

《清文指要》序

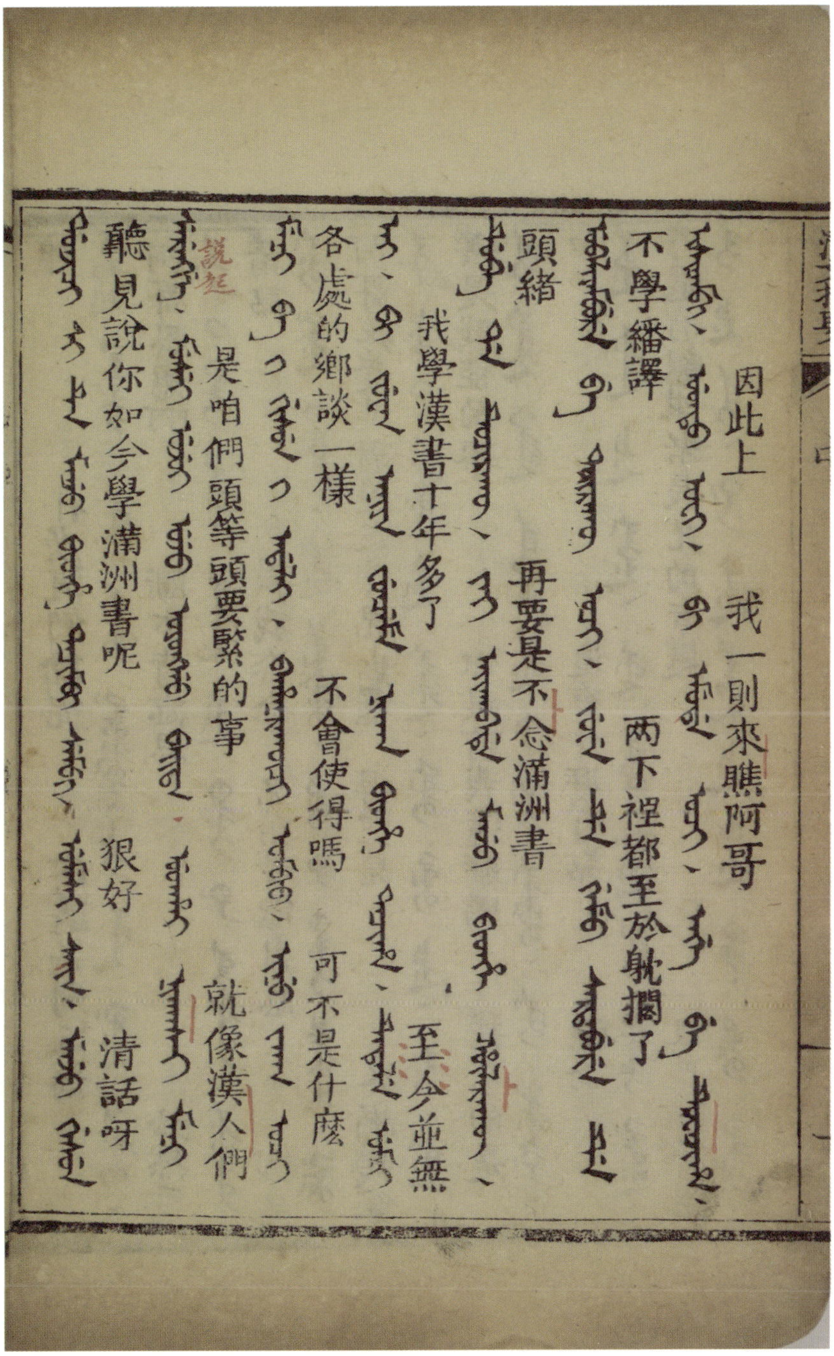

《清文指要》卷中首页

## 清文总汇

（清）志宽、培宽等编。

清宣统三年（1911）据荆州驻防翻译总学刻本重刻本。汉文满文合璧。

线装。页面26.8厘米×16.7厘米，半叶版框18.5厘米×14.1厘米。四周双边。半叶8行，汉文小字双行。下黑口，单黑鱼尾，版心有汉文书名、汉文满文卷次、汉字页码。

2册，1函，12卷，629叶。

保存基本完好。

此书是汉文满文合璧注解辞典，合并《清文汇书》《清文补汇》而成，编排体例、收录词语等均与这两种辞典相近。清光绪二十三年（1897）荆州驻防翻译总学刊印成书，是清代最后一部官修汉文满文合璧音序词典。正文前附三篇序文：第一篇为雍正二年（1724）李延基撰汉文“自序汇书原序”；第二篇为乾隆五十一年（1786）宜兴撰汉文“补汇原序”；第三篇为光绪二十三年（1897）祥亨撰汉文“清文总汇序”。正文后附两篇后跋：第一篇为光绪二十三年（1897）志宽、培宽撰汉文跋；第二篇为宣统三年（1911）凤山撰汉文跋。该书约收23000条词语，正文每行二到四组满汉文对照词语条目，每门首列满文词语，下列汉文译词和汉文注解等。该词典主要解释词语的用法、词义等，若是多义词，解释各种词义，在若干个汉文译词和注解之间用圆圈标记“○”来隔开。书中在有些汉文注解中也间用了满文，对有些由满文字母独立构成的单词，解释词义的同时，还说明了书写方法、发音方法等。

自嘉庆四年（1799），清政府始准予各省驻防八旗子弟参加科举考试翻译科，激起了驻防旗营子弟的学习“国语”的兴趣，早期刊行的《清文汇书》《清文补汇》二书成了旗营八旗子弟学习满汉文翻译重要的参考书，而这些旧本刊行日久，在驻防旗营早已不多见了，更为可惜的是其版片字迹已模糊不清，即使重印也难以利用。为此清末荆州驻防八旗翻译总学教习志宽、培宽二人组织学生对这两种书加以详细考订、校刊，并参考《御制清文鉴》《御制增订清文鉴》《旧清语》《大清会典》《钦定满汉文对音字式》《大清律》《清文启蒙》《祭祀条例》《四书》《五经》《春秋》《左传》等满汉文书籍，进一步增补词语，刊印成册。

该词典是清晚期编成的汉文满文合璧注解词典，所选词语较规范，释义简明易懂，是学习、研究满语必备的工具书。对阅读各种满文文献颇有参考价值以及研究清代满文词语源流及发展变化可提供可靠的依据。

（曹娇林）

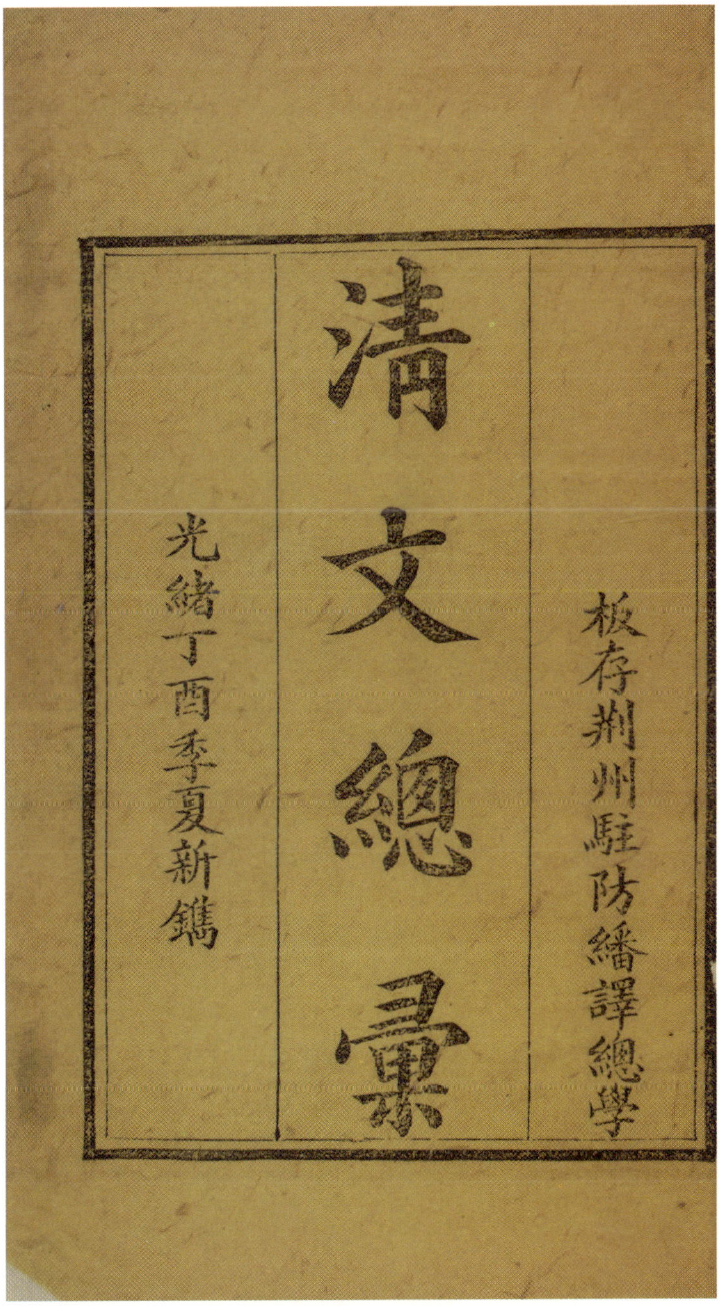


《清文总汇》内封

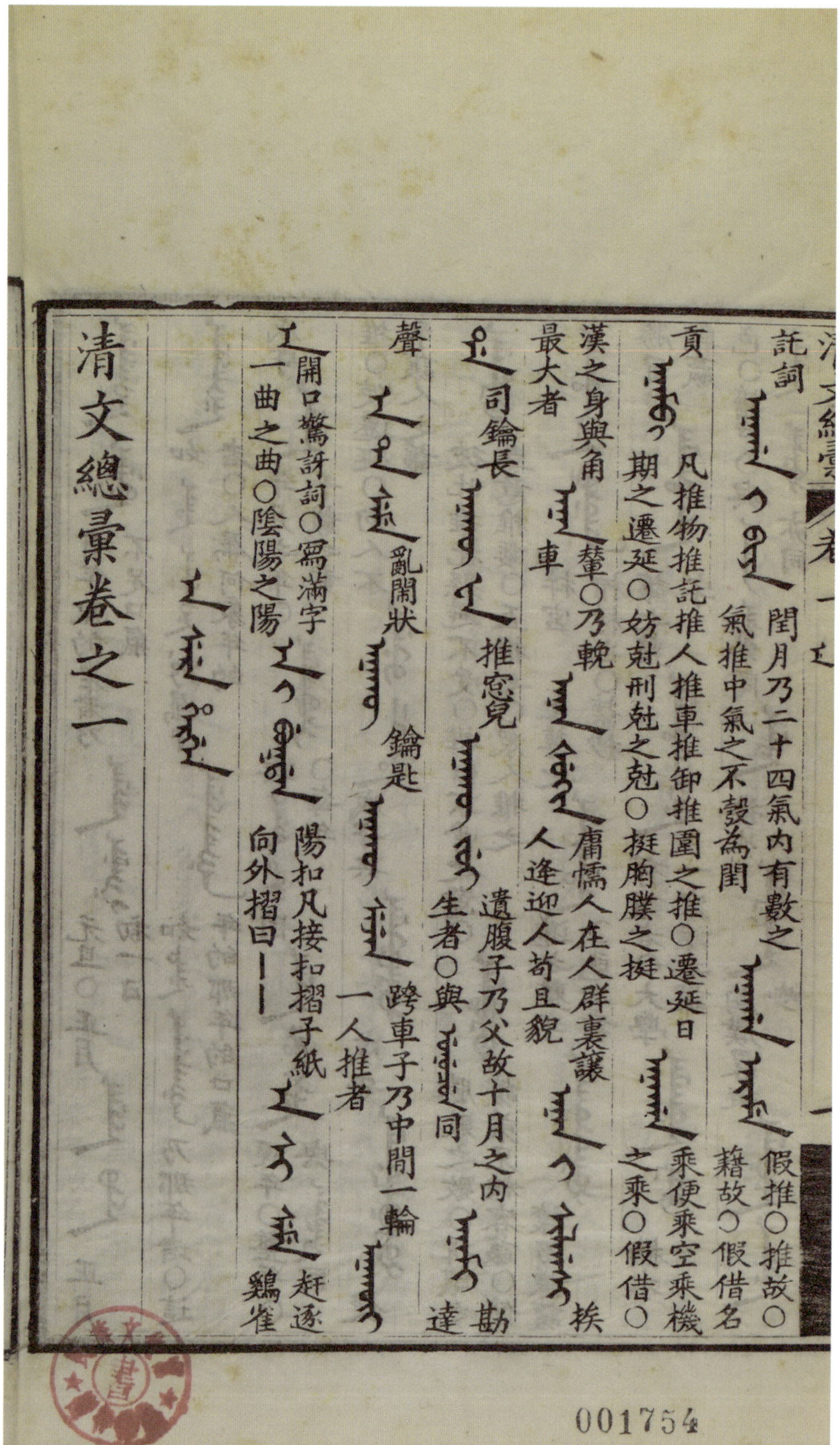
清文總彙　卷一

託詞　閏月乃二十四氣內有數之氣推中氣之不毅為閏　假推○推故○藉故○假借名

貢　凡推物推託推人推車推御推圍之推○遷延日期之遷延○妨尅刑尅之尅○挺胸膆之挺　乘便乘空乘機之乘○假借○

漢之身與角最大者　輦○乃輓車　庸懦人在人群裏讓人逢迎人苟且貌　挨

司鑰長　推窗兒　遺腹子乃父故十月之內生者○與　同　勘達

聲　亂鬧狀　鑰匙　跨車子乃中間一輪一人推者

開口驚訝詞○寫滿字一曲之曲○陰陽之陽　陽扣凡接扣摺子紙向外摺曰ㄧㄧ　赶逐鵪雀

清文總彙卷之一

001754

《清文总汇》首卷卷端

## 清文接字

（清）嵩洛峰著。

清同治五年（1866）京都隆福寺聚珍堂刻本。汉文满文合璧。

线装。页面24.4厘米×16.0厘米，半叶版框18.7厘米×14.1厘米。四周双边。半叶5行。白口，单黑鱼尾，版心有汉文书名、页码。

1册，1函，50叶。

保存基本完好。

另存同版两部，一部保存基本完好，另一部封面破损。

另有“光绪十四年（1888）京都隆福寺对过三槐堂书坊梓行”的满汉《清文接字》翻刻本1部，线装，页面27.3厘米×15.7厘米，半叶版框18.2厘米×14.1厘米，封面破损。

该书封面题签下方有阴文朱印“聚珍堂印”一方，内封分三栏，中间栏刻书名“清文接字”，右栏下方双行小字，刻有“京都隆福寺路南聚珍堂书坊梓行”。正文前有“清文接字序”一篇，清同治三年（1864）长白完颜朴山崇实书。书后有跋二篇，分别为清同治五年（1866）楚郢铁魁伟人跋和作者之子嵩裕彰识。

1644年中国东北以满族为主体的清政权入关以后，在汉语这一强势语言的影响下，熟习满语的满人越来越少，因此出现了一批用当时的北京话注释翻译的满语会话书和语法书。这批教科书的目的是教授旗人学习满语，却无意中成为早期北京话的珍贵记录。对北京话溯源和满汉语言接触研究具有重要意义，也将为满语研究和满语教学创造极大便利。此本为嵩洛峰所著之经典满语语法教材《清文接字》。主要教人学满语，先教以单字，之后是词，再用词造句，满汉对照，文中以常用简单词语字接字，做翻译注译，词句口语化，浅近易懂。对于满语文研究者来说，可作为满语文语法史研究材料或语言偏误研究材料，更是早期北京话的珍贵记录。对研究满族语言文字学有参考价值。

（曹娇林）

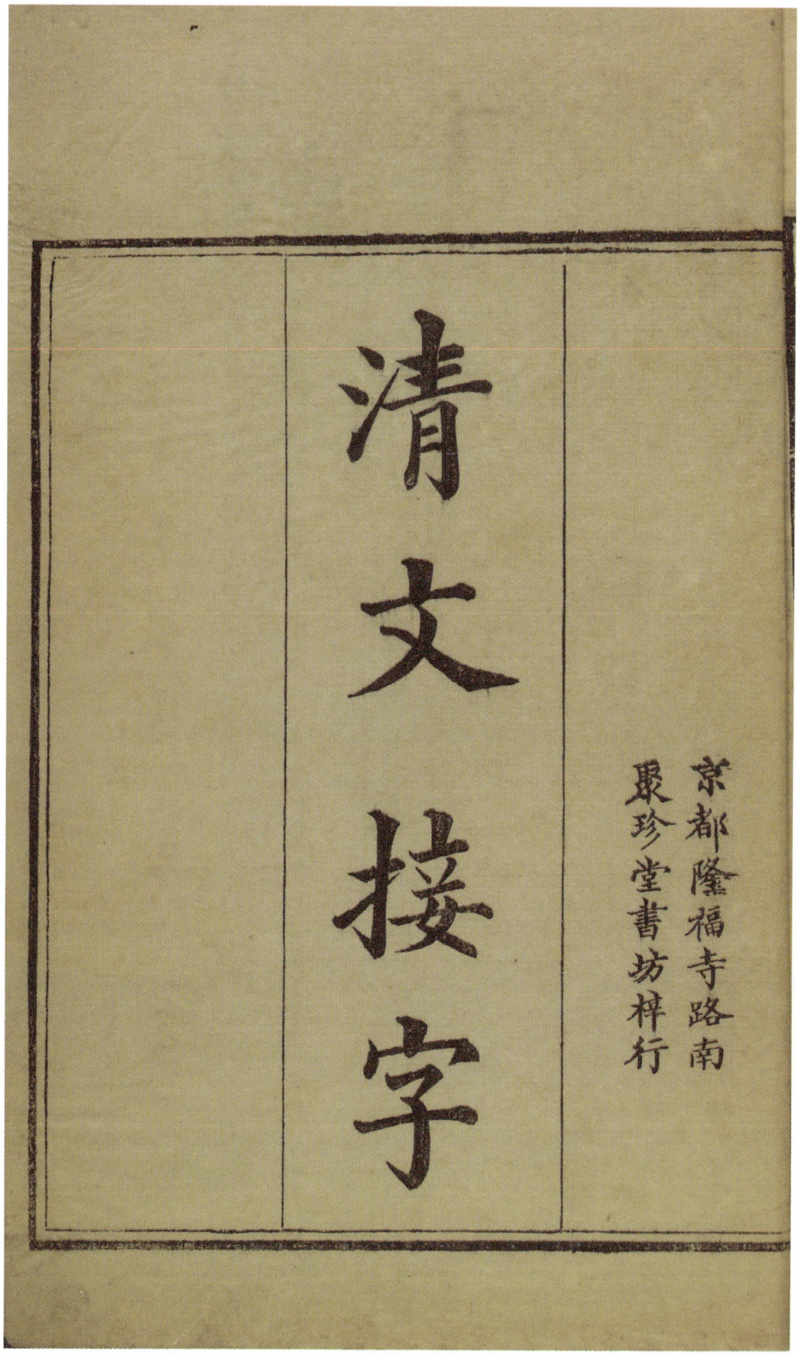


《清文接字》内封

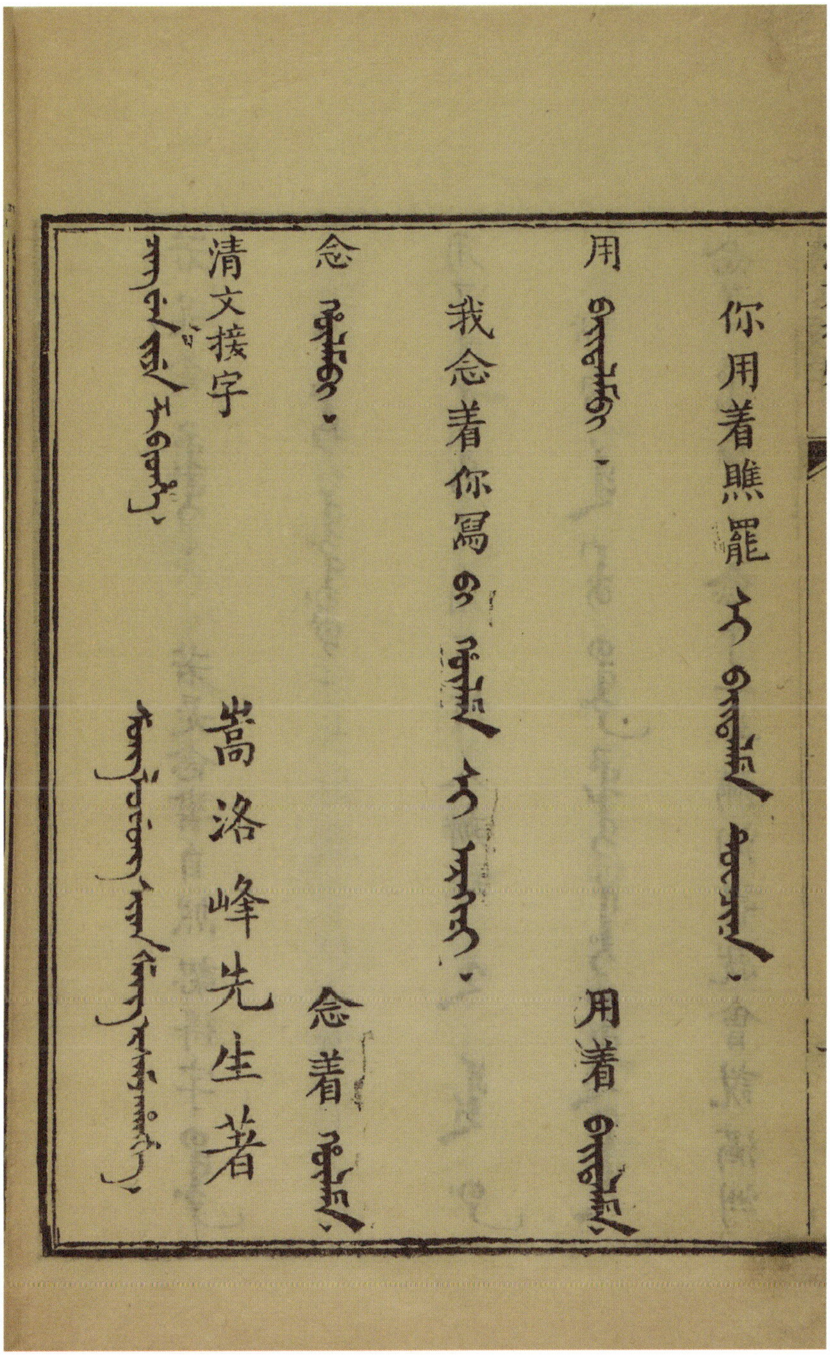
你用着瞧罷

用　用着

我念着你寫

念　念着

清文接字

嵩洛峰先生著

《清文接字》首卷卷端

## 清汉文海

（清）瓜尔佳巴尼珲编，普恭校订。

清道光元年（1821）江南驻防衙门刻本。满文汉文合璧。

线装。页面25.0厘米×15.2厘米，半叶版框19.2厘米×13.5厘米，四周单边。半叶9行。单鱼尾，版心有汉文题名、页码（分类）、卷次号。

20册，4函，1266叶。

保存完好。

另存同版2部。

《清汉文海》是按《佩文韵府》中汉语的音韵编辑的大型汉满语文词典。嘉庆末年成书。取材丰富、检字方便。收汉字8800余。其凡例指明辨别尖团字音之要领，为他书所无载。是研究满族语言文字之重要资料。

（米吉提、阿依努尔·艾合麦提）

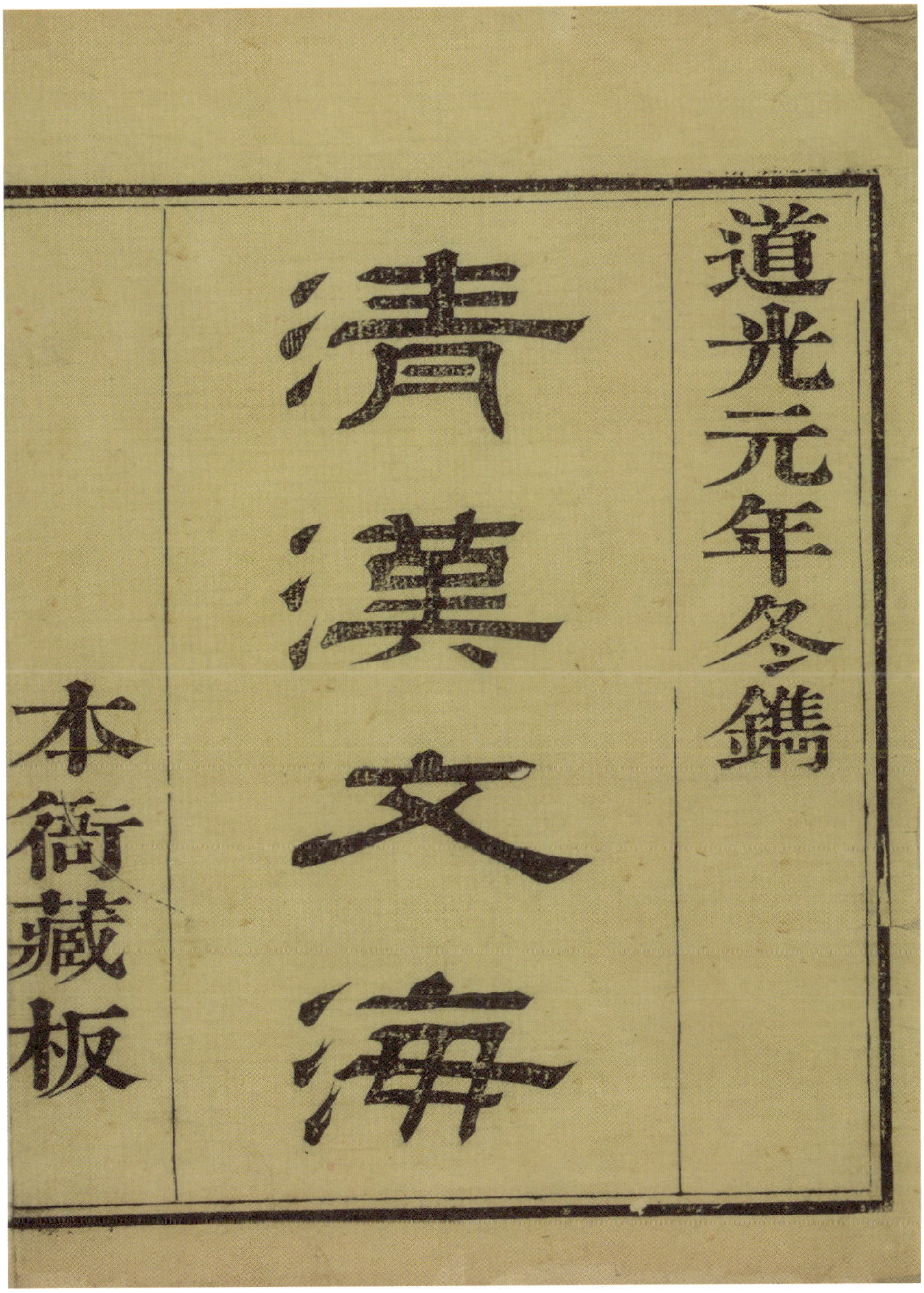


《清汉文海》内页

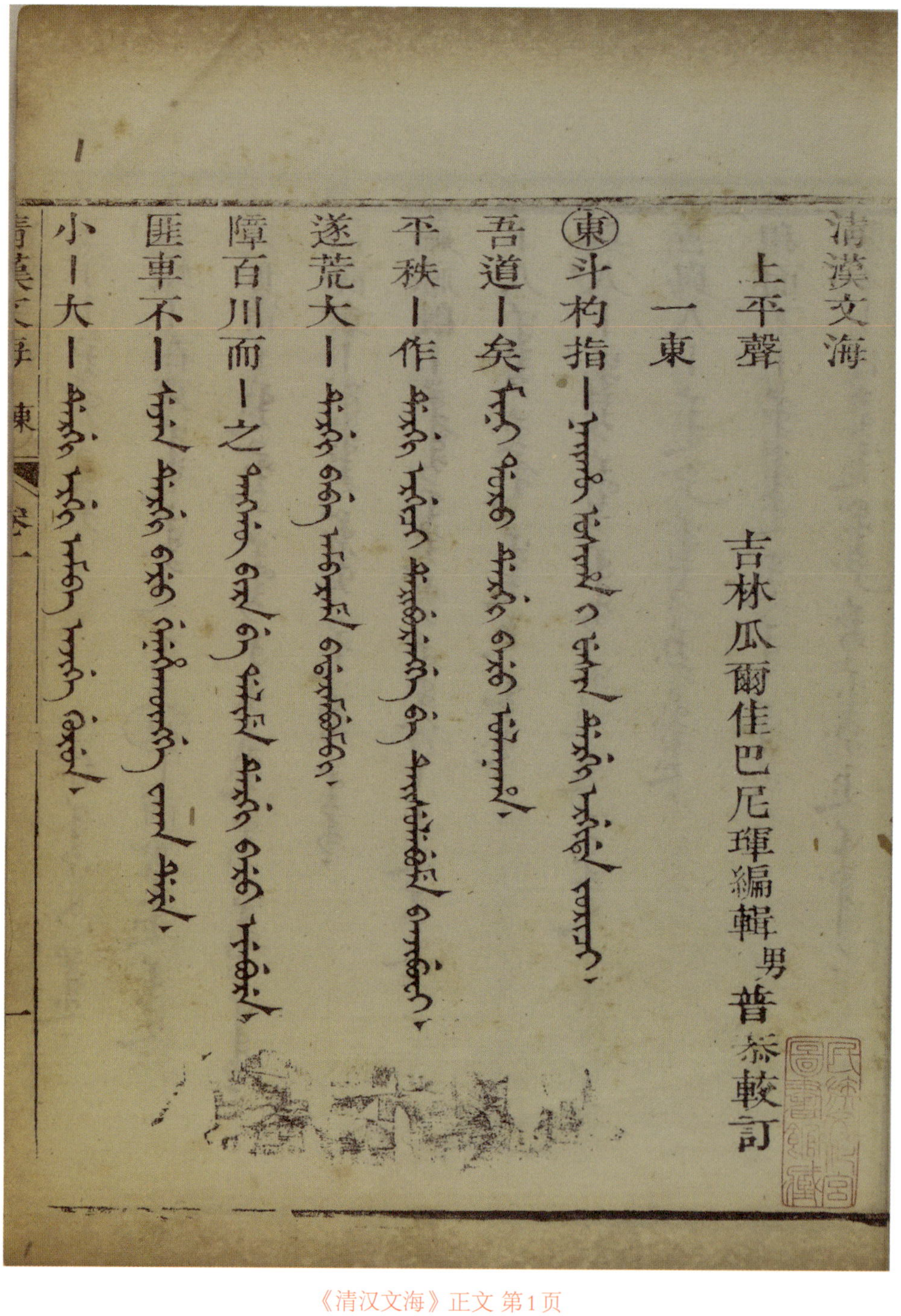
清漢文海

上平聲

一東

吉林瓜爾佳巴尼琿編輯 男 普恭較訂

東 斗杓指丨

吾道丨矣

平秩丨作

遂荒大丨

障百川而丨之

匪車不丨

小丨大丨

清漢文海 卷一 東 一

《清汉文海》正文 第1页

## 清语摘抄

编撰者不详。

清光绪十五年（1889）京都隆福寺聚珍堂刻本。汉文满文合璧。

线装。页面24.2厘米×15.6厘米，半叶版框18.5厘米×13.0厘米。四周双边。半叶9行。白口，单黑鱼尾，版心有汉文书名、类目名、页码、聚珍堂。

4册，1函，4卷，125叶。

页面破损。

该书分为官衔名目、衙署名目、公文成语、折奏成语四种，是为满文汉文对照翻译的专门用书。封面标签下方都有阳文钤印一方，第一种衙署名目，有“依鎮额”印；第二种官衔名目，有“哈丰阿”印；第三种折奏成语，有“阿昌阿”印；第四种公文成语，有“哲克东额”印。内封正面左右各列满汉书名，中间两列为小字满汉文“京都隆福寺东口内路南聚珍堂梓行”；背面印满汉文“光绪十五年三月新镌”，汉文居右，满文居左。正文前后无序跋。正文末页另有阴文钤印“玉森之印”、阳文钤印“松坪”各一方，据叶胜、（日）高田友纪著“《折奏成语》作者阿昌阿出身小考”推测，疑似阿昌阿编著了《折奏成语》，后由“玉森”“松坪”审校并出版。由此可知，《清语摘抄》中每一种封面印章主人疑似该种书编撰者。

该书专门收录清朝各官署衙门中常用的专有名词而成，内容皆奏咨公牍新订清语，主要采自《御制增订清文鉴》《六部成语》《上谕成语》和其他政书，以及阁、部、旗、营、现行案卷。第一种衙署名日分为九类，即部院类、旗分佐领类、仓库名、京城门名、禁城门名、宫殿名、坛庙名、关隘名、州县名。第二种官衔名目分为十四类，即国朝年号，列圣诞辰、列圣列后忌辰、君类、封衔、文职封赠、武职封赠、外省文职、外省武职、京城文职、京城武职、内府官弁名、闲散类、太监官职。第三种折奏成语主要收各类奏折成语。第四种公文成语主要收各类公文用语。

该书是一部小型词典。该词典词汇量虽少，但专门收录清朝各部院、衙门名称、文武大臣的官名及有关清代政治、经济方面的专有名词等，对于研究清代政治、宫廷历史、地方志以及满汉文翻译都具有重要的参考价值。后其汉文词语上标注满文对音字，并增加蒙古文译词等，变成三体合璧的注音本，名曰：《新译成语摘抄词林》。

（曹娇林）

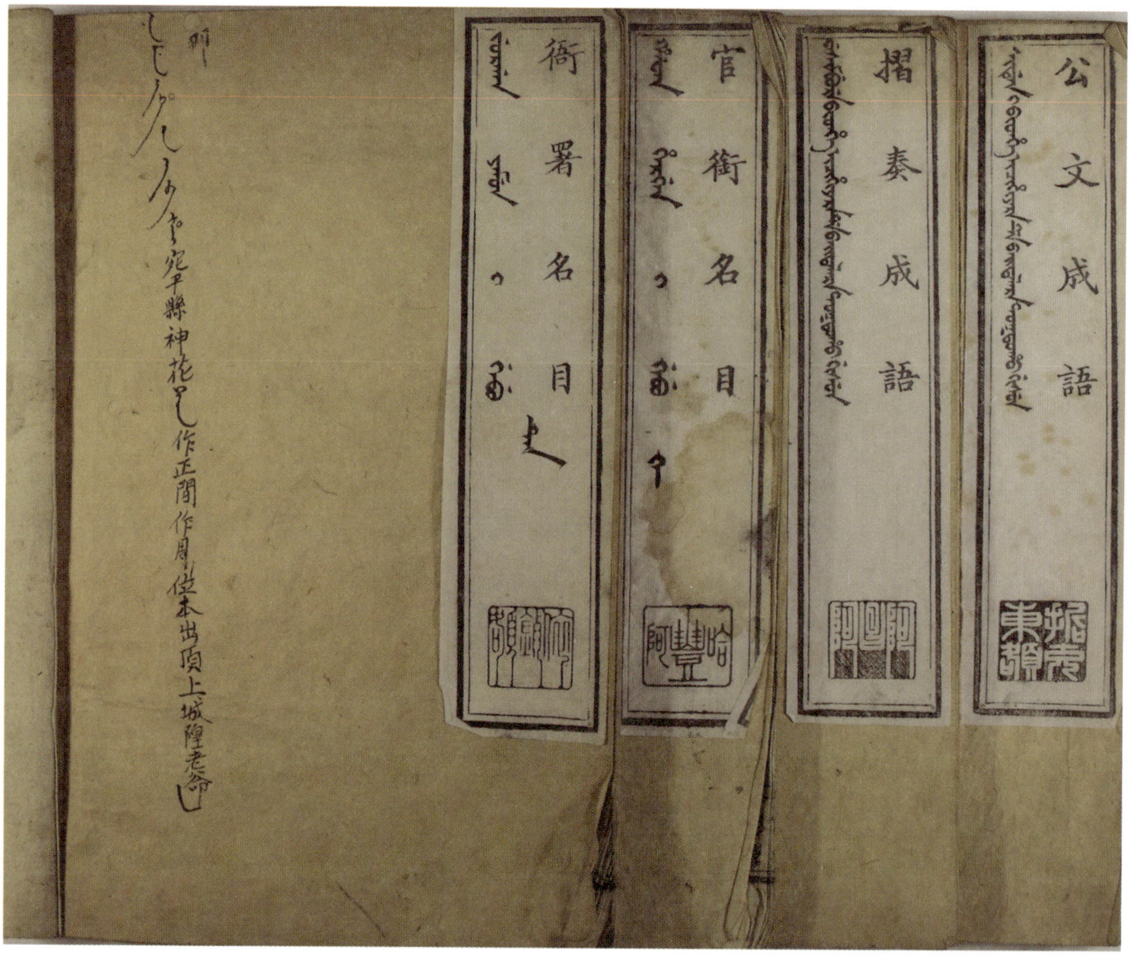


《清语摘抄》封面

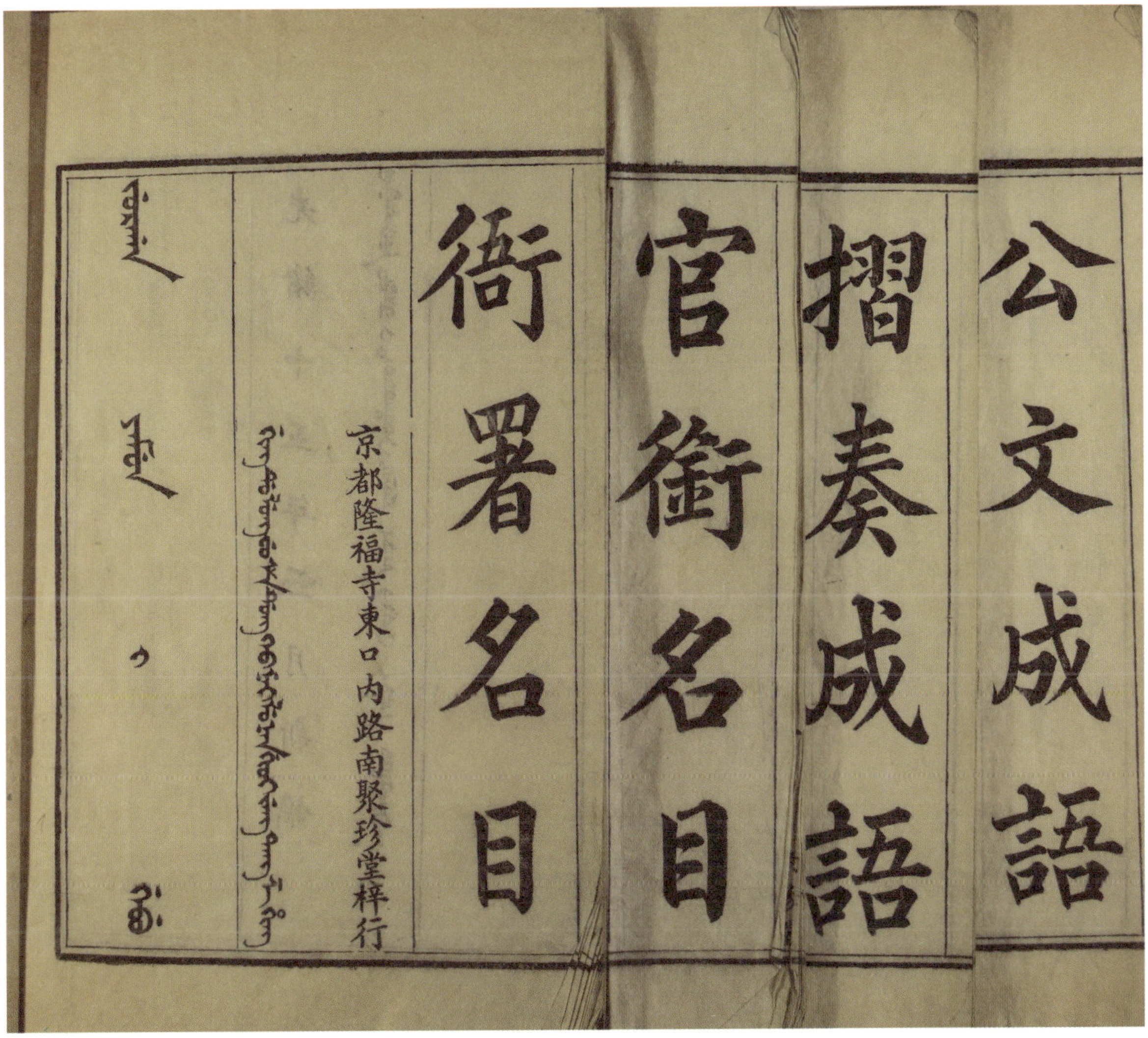


《清语摘抄》内封

# 续编兼汉清文指要（2种）

## 一、清乾隆五十四年（1789）刻本

又名《兼汉续清文指要》《续清文指要》。

（清）富俊著。

清乾隆五十四年（1789）双峰阁藏版，坊刻本。汉文满文合璧。

线装。页面22.0厘米×15.4厘米，半叶版框17.4厘米×13.8厘米。四周双边。半叶14行，满文汉文交替各7行，汉文每行22字。白口，单鱼尾，版心有汉文卷目、卷次、页码。

2册，1函，2卷，61叶。

原封皮为黄纸，破损。

此版本只存《续清文指要》，内有大量汉文批注正误痕迹。

《清文指要》包含《序》及《字音指要》《清文指要中》《清文指要下》三卷，附《续清文指要上》《续清文指要下》两卷。是作者根据老辈传说以及作者自身所学汇集语句供初学满语及喜好满语的人们参考，以便能灵活学习，随意运用。书中内容反映了当时的社会生活、饮食习惯、风土人情等，为八旗子弟学习满语会话提供方便。

《清文指要》是清朝最早刊行的一部满汉对照双语教材和历史文献，是研究清代满语或汉语的重要语料。它不仅是清代学习满文的名著，而且至今仍然具有满语历史教科书的价值，同时也是清代满文读本会话类文献的重要代表。

富俊（1749—1834），字松岩，卓特氏，正黄旗蒙古人。乾嘉道三朝大臣，乾隆四十四年（1779）翻译进士。初授礼部主事，历官内府蒙古侍读学士、礼部侍郎、镶蓝旗蒙古副都统、镶白旗满洲副都统、兵部右侍郎、科布多参赞大臣、兵部左侍郎、叶尔羌办事大臣、乌里雅苏台参赞大臣、镶红旗汉军都统、吉林将军、理藩院尚书、大学士等职。谥“文诚”。著有《三合便览》《蒙文指要》《蒙古托忒汇集》等。

（李香）

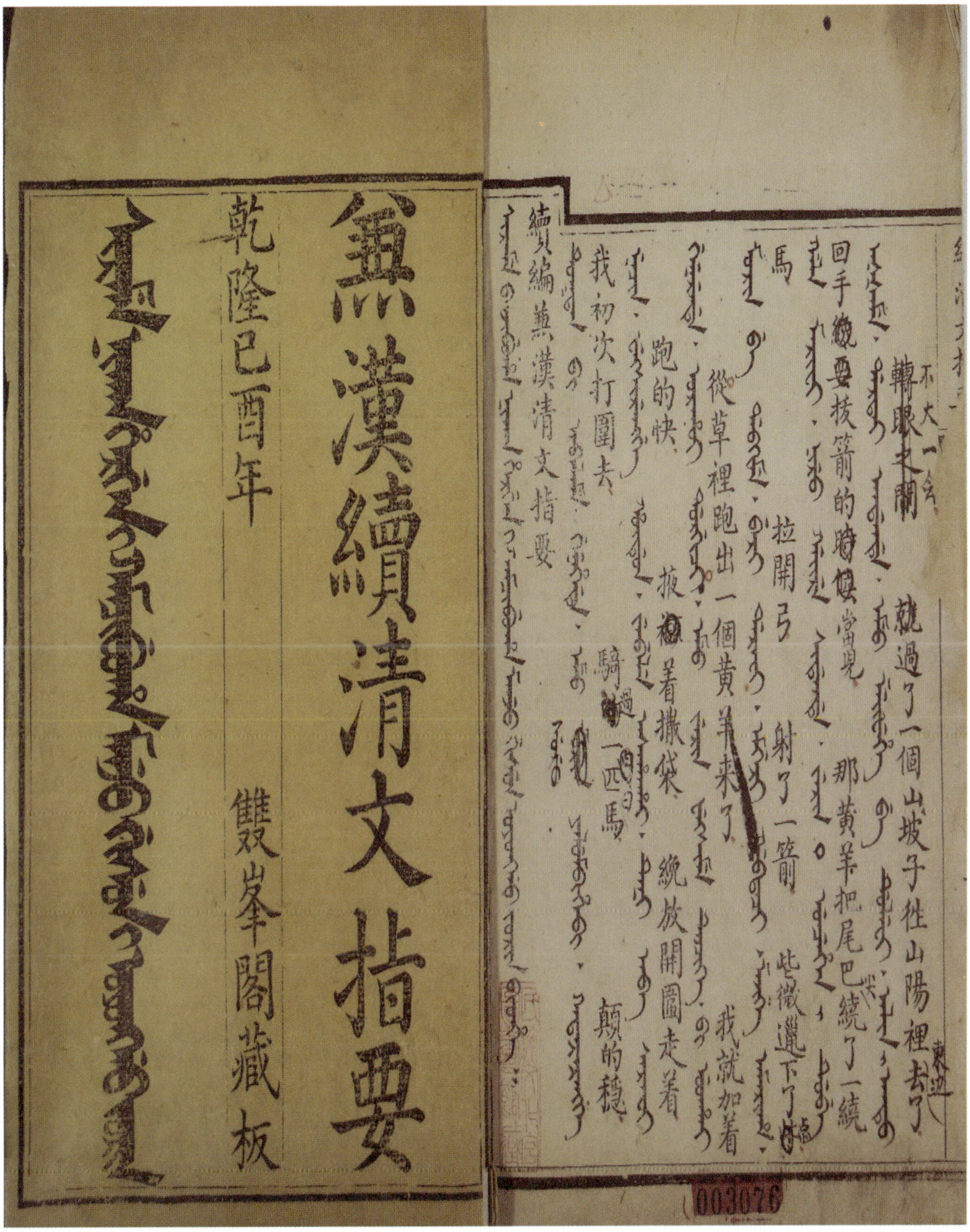


《续编兼汉清文指要》首页

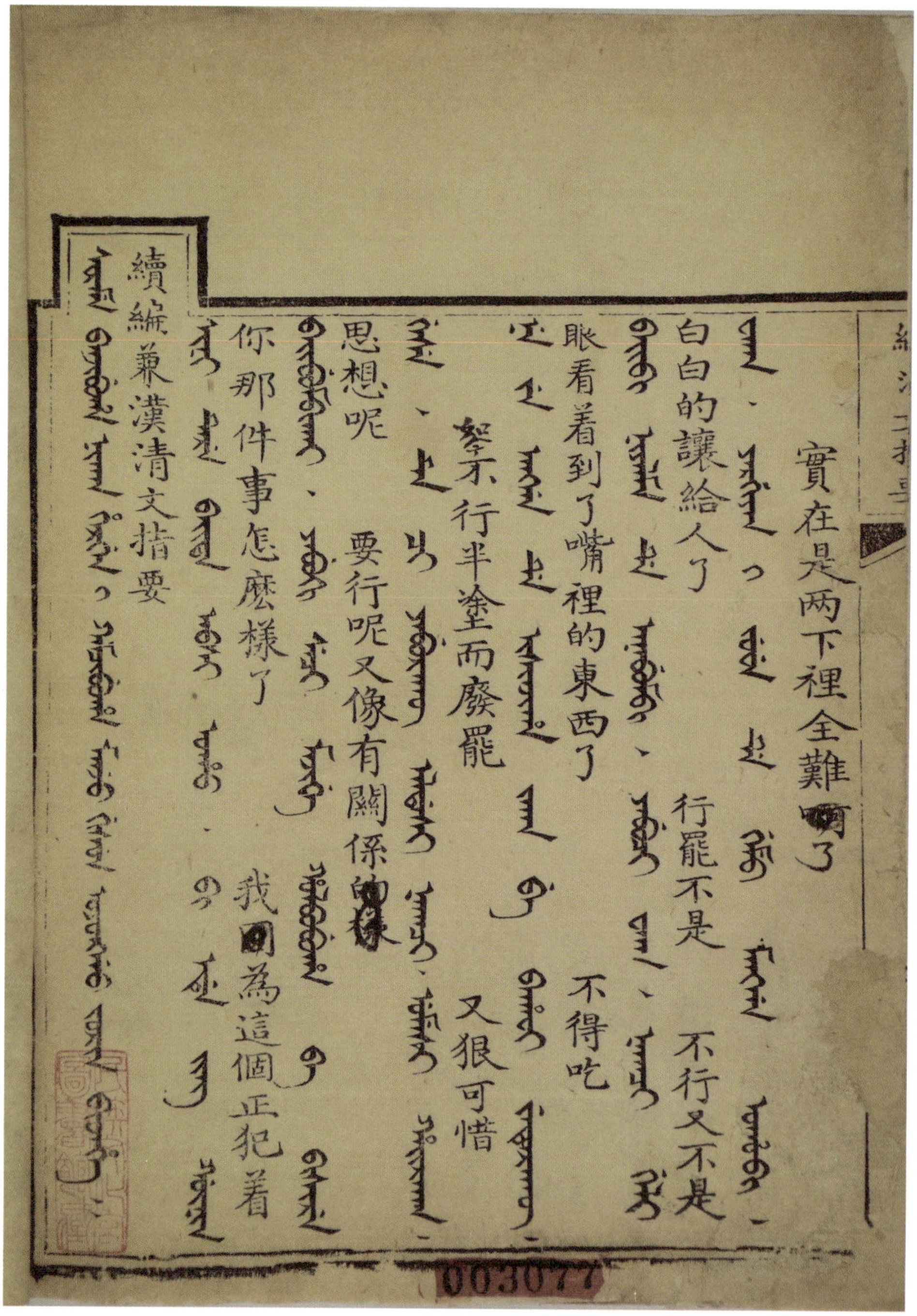
續編兼漢清文指要
實在是兩下裡全難[illegible]了
白白的讓給人了　行罷不是　不行又不是
眼看着到了嘴裡的東西了　不得吃
緊行半途而廢罷　又狠可惜
思想呢　要行呢又像有關係的[illegible]
你那件事怎麼樣了　我因為這個正犯着
續編兼漢清文指要


《续编兼汉清文指要》卷下首页

## 二、清嘉庆十四年（1809）抄本

（清）富俊辑。
清嘉庆十四年（1809）抄本。汉文满文合璧。
线装。页面23.5厘米×18.5厘米。半叶14行。
4册，1函，5卷，140叶。
保存完好。
此书每册首页有“丰府藏书”及“檀尊藏本”印章。

《续编兼汉清文指要》收录了满汉文对照的日常用语话条，简称《清文指要》，约收1000条话条，反映了当时的社会生活、饮食习惯、风土人情等。该书为八旗子弟学习满语会话之用，亦是满、汉文翻译的教学参考书，宗旨是鼓励更好地学习满语，对当今满语言文化研究者来说，可作为珍贵的研究材料。全书中满语对译的汉语部分多使用北京话，且为日常口语，对研究早期北京话有积极作用，也是在清代汉语研究上具有价值的资料之一。

（米吉提、阿依努尔·艾合麦提）

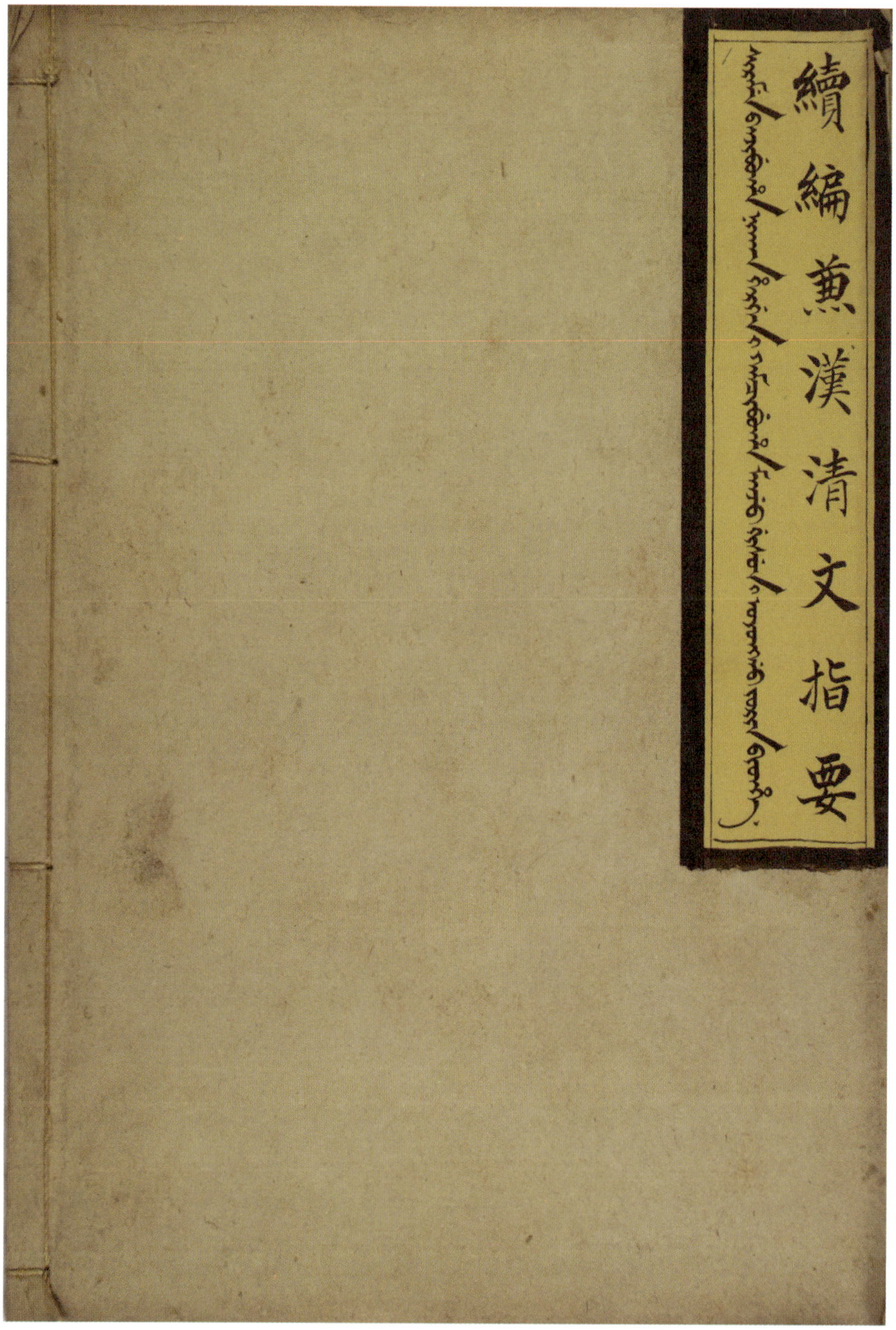


《续编兼汉清文指要》封面

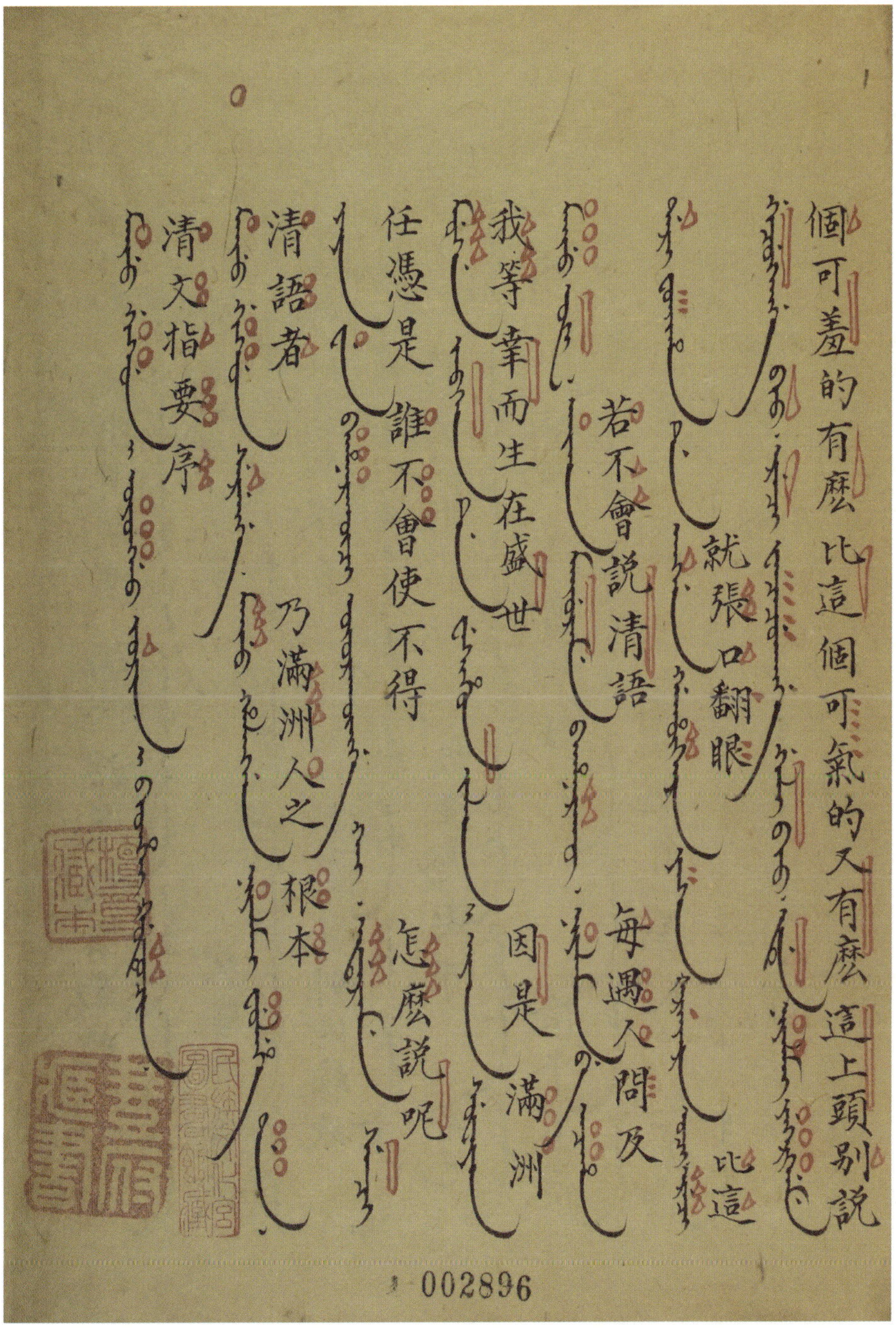
個可羞的有麽 比這個可氣的又有麽 這上頭別說
就張口翻眼 比這
若不會說清語 每遇人問及
我等幸而生在盛世 因是滿洲
任憑是 誰不會使不得 怎麽說呢
清語者 乃滿洲人之根本
清文指要序

002896

《续编兼汉清文指要》序 第1页

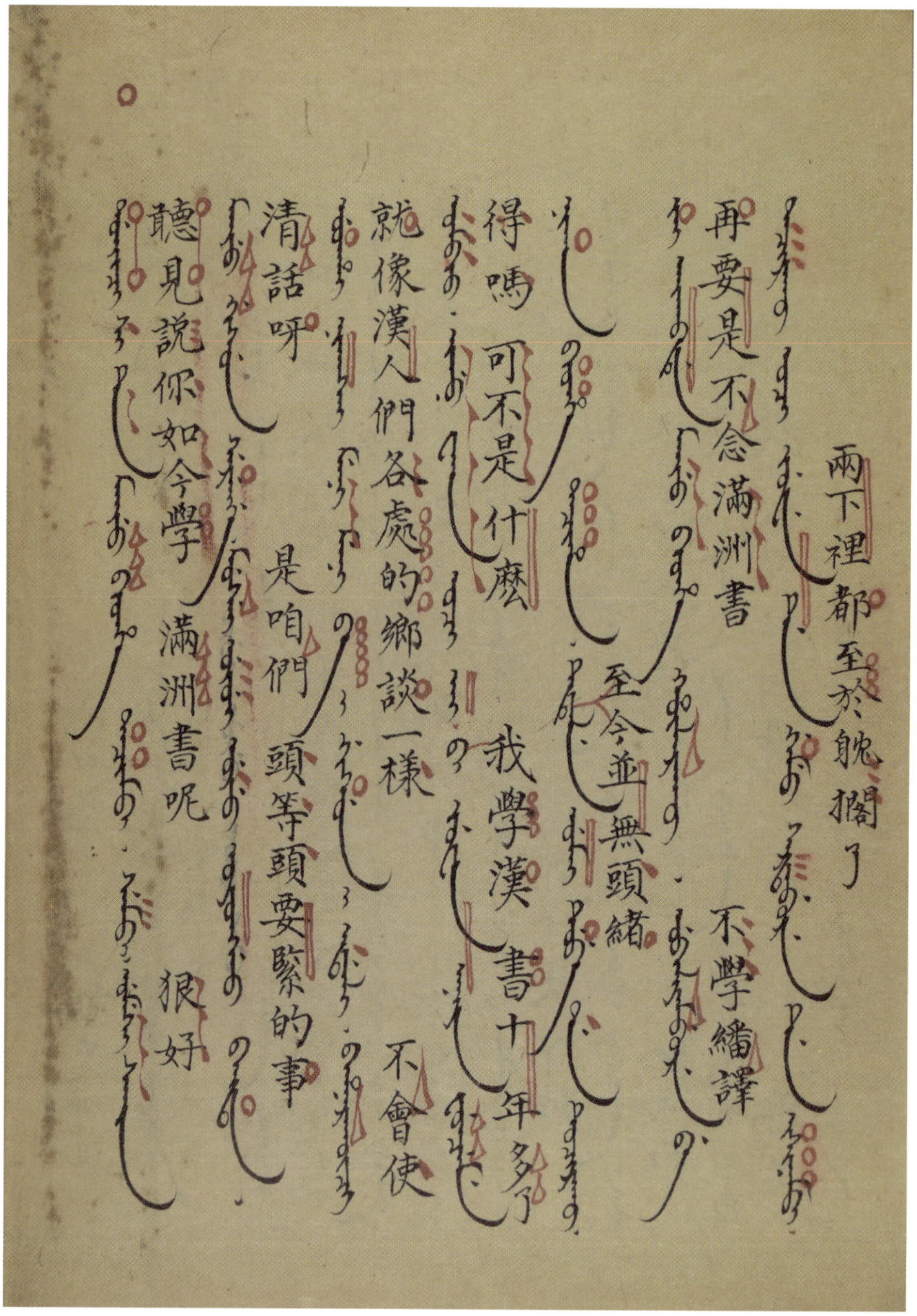

兩下裡都至於躭擱了
再要是不念滿洲書 不學繙譯
至今並無頭緒
得嗎 可不是什麽 我學漢書十年多了
就像漢人們各處的鄉談一様 不會使
清話呀 是咱們頭等頭要緊的事
聽見說你如今學滿洲書呢 很好

《续编兼汉清文指要》正文 第3页

# 御制劝善要言（2种）

## 一、清武英殿刻本

清世祖（福临）撰。

清武英殿刻本。汉文满文合璧。

线装。页面37.6厘米×22.1厘米，半叶版框25.7厘米×18.0厘米。四周双边。半叶10行，汉文满文对应各5行。单鱼尾，版心有满文书名、汉文页码。

1册，1函，87叶。

内容保存完整，极少部分页面虫蛀。

另存清武英殿刻本1部。

清世祖于顺治十二年（1655）“取诸书之要言，辑为一编”名曰《劝善要言》，书中辑录中国古代经典中劝人向善的嘉言警句。顺治帝将《劝善要言》颁发于王公以下文官三品以上各一部，顺治之后多次刊刻过。

此文献为汉文满文合璧《御制劝善要言》，全文满文在左、汉文在右。全书包含顺治制序、正文，以及党崇雅、图海、傅以渐作的后序。正文部分以“善”为核心，引用中国历代有关善恶祸福、仁义德行等方面的名言警句，告诫劝谕人们积德行善、先义后利、畏公守法。汉文满文合璧《御制劝善要言》是中华传统思想在各民族间传承的珍贵文献。

清世祖爱新觉罗·福临（1638—1661），年号顺治，庙号世祖，清朝第三位君主（1643—1661年在位）。

（高彩云）

《御制劝善要言》封面

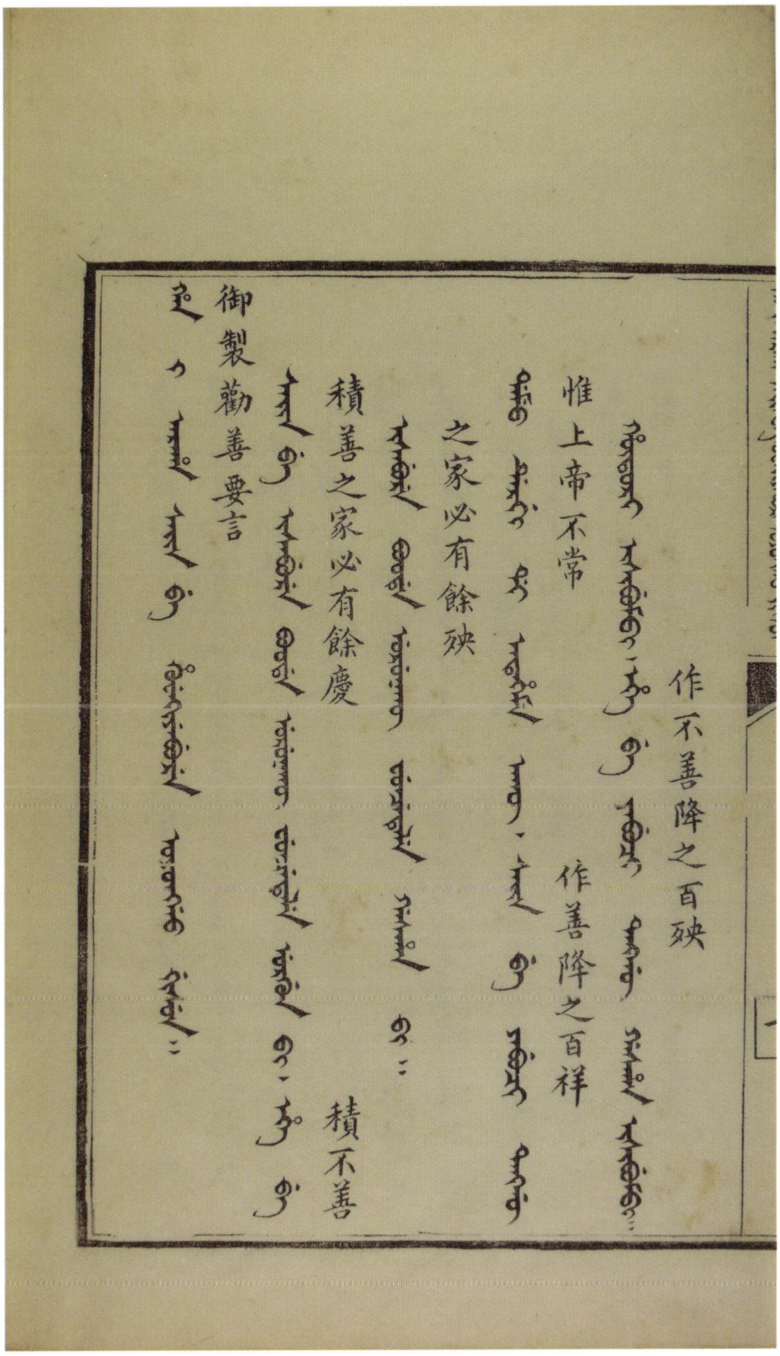
御製勸善要言
積善之家必有餘慶
積不善之家必有餘殃
惟上帝不常
作善降之百祥
作不善降之百殃

《御制劝善要言》首页

## 二、清刻本

清世祖（福临）撰。

清刻本。汉文满文合璧。

线装。页面35.0厘米×21.4厘米，半叶版框26.0厘米×18.2厘米。四周双边。半叶10行，汉文满文对应各5行。单鱼尾，版心有满文书名、汉文页码。

1册，1函，87叶。

内容保存完整，有修复加的封面。

另存清刻本2部。

内容同清武英殿刻本。

（高彩云）

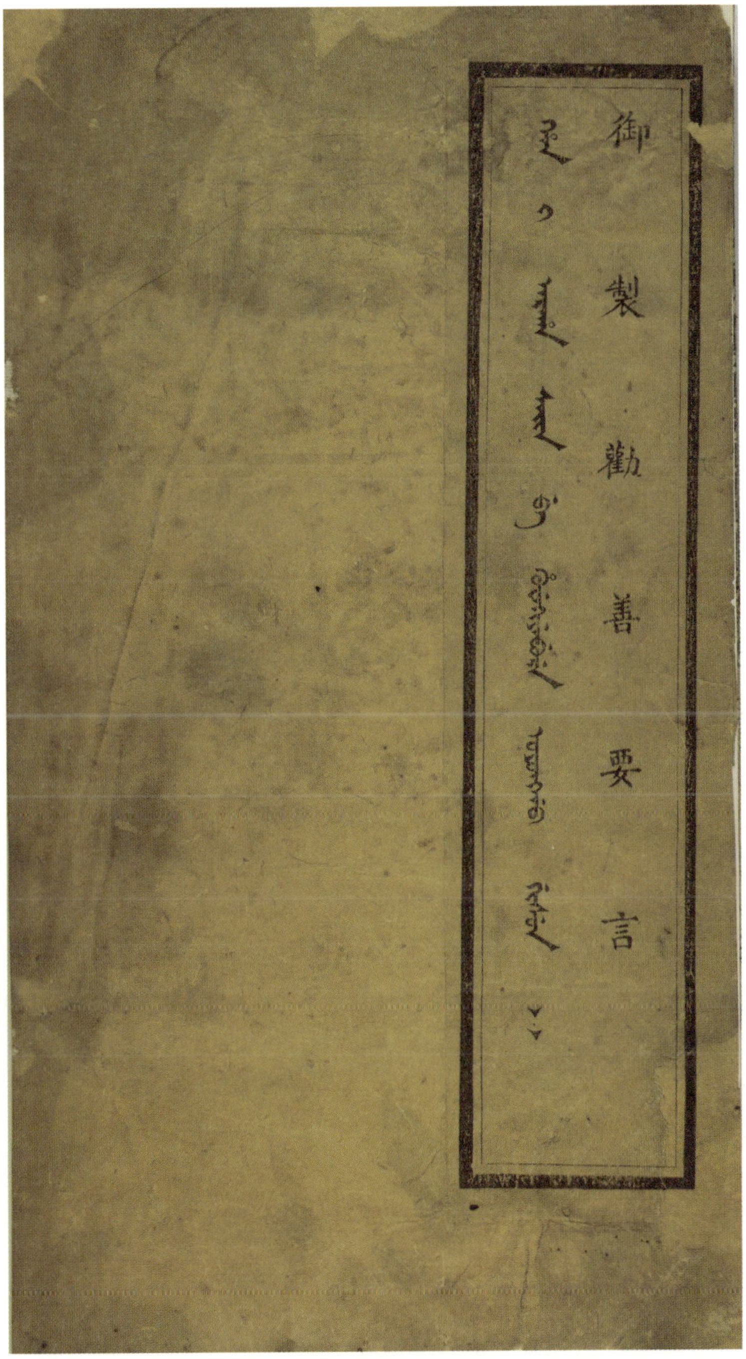


《御制劝善要言》内封

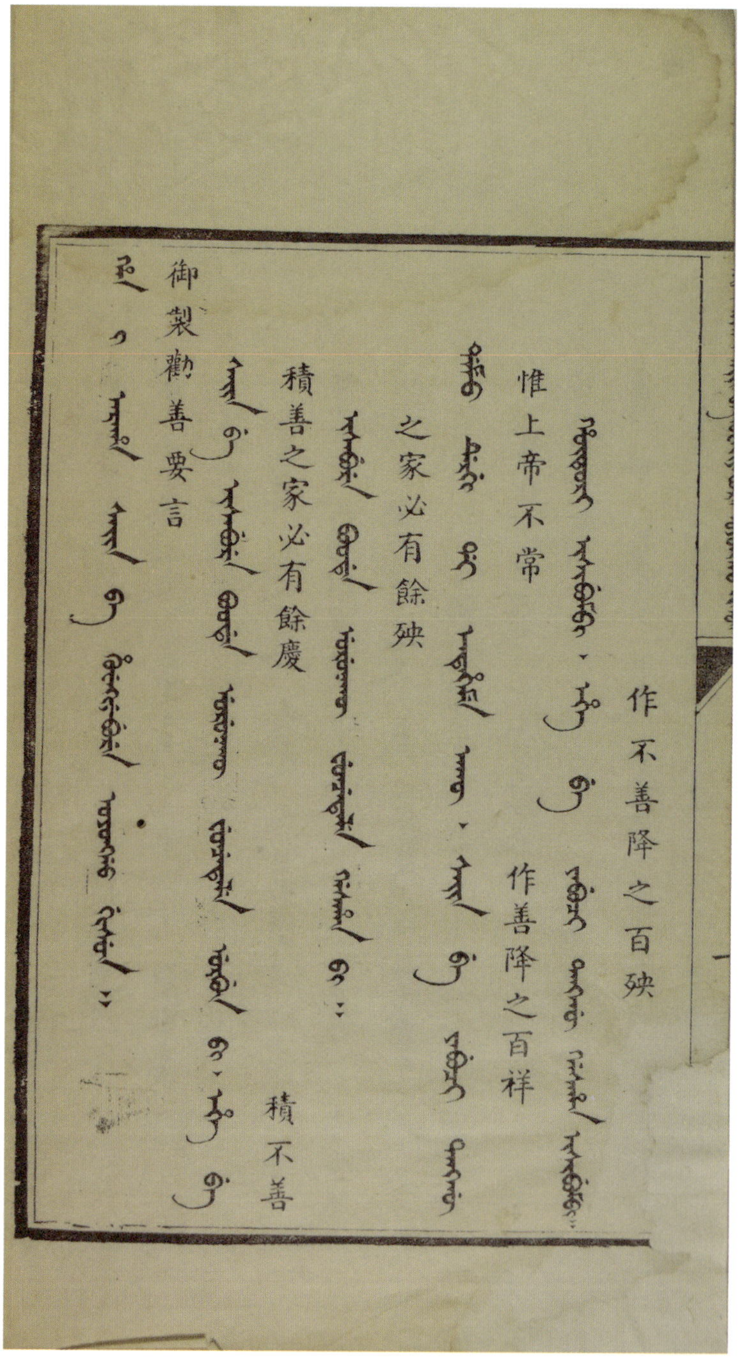
御製勸善要言
積善之家必有餘慶
積不善
之家必有餘殃
惟上帝不常
作善降之百祥
作不善降之百殃

《御制劝善要言》首页

## 御制满汉合璧易经

又名《御制翻译易经》。

清高宗（弘历）敕译。

清乾隆三十年（1765）武英殿刻本。汉文满文合璧。

线装。页面29.6厘米×17.9厘米，半叶版框18.5厘米×13.9厘米。四周双边。半叶正文12行，汉文满文相间各6行。白口，单鱼尾，版心有汉文卷次、页码。

4册，1函，4卷，307叶。

保存完好。又有同版3部。

《易经》是远古文明的产物，是我国自然科学和社会科学融为一体的哲理性很强的著作。《易经》认为天地万物都处在永不停息的发展之中，其阐述的就是这个“自然而然”的规律。这规律揭示了整个宇宙的特性，囊括了天地间所有事物的属性。“易”，一是“变易”，二是“简易”，三是“不易”。变易，指变化之道，万事万物时时刻刻都在变化。简易，一阴一阳，囊括了万种事物之理；有天就有地，有上就有下，有前就有后，都是相反相成，对立统一。不易，虽世间的事物错综复杂，变化多端，但是有一样东西永远不变的，那就是规律；天地运行，四季轮换，寒暑交替，冬寒夏热，月盈则亏，日午则偏，物极必反，这便是规律。万事万物的发展皆有“定数”与“变量”，定数有规可循而变量无规可循；定数中含有变量，变量中又含有定数，无论定数还是变量其大局皆不变。易有太极，太极生二仪，二仪生四象，四象生八卦。八卦成列，象在其中矣；因而重之，爻在其中矣；刚柔相推，变在其中矣；系辞焉而命之，动在其中矣。清高宗（弘历）敕译为满文，与汉文合璧，利于满族学习易文化。

（阿如汗）

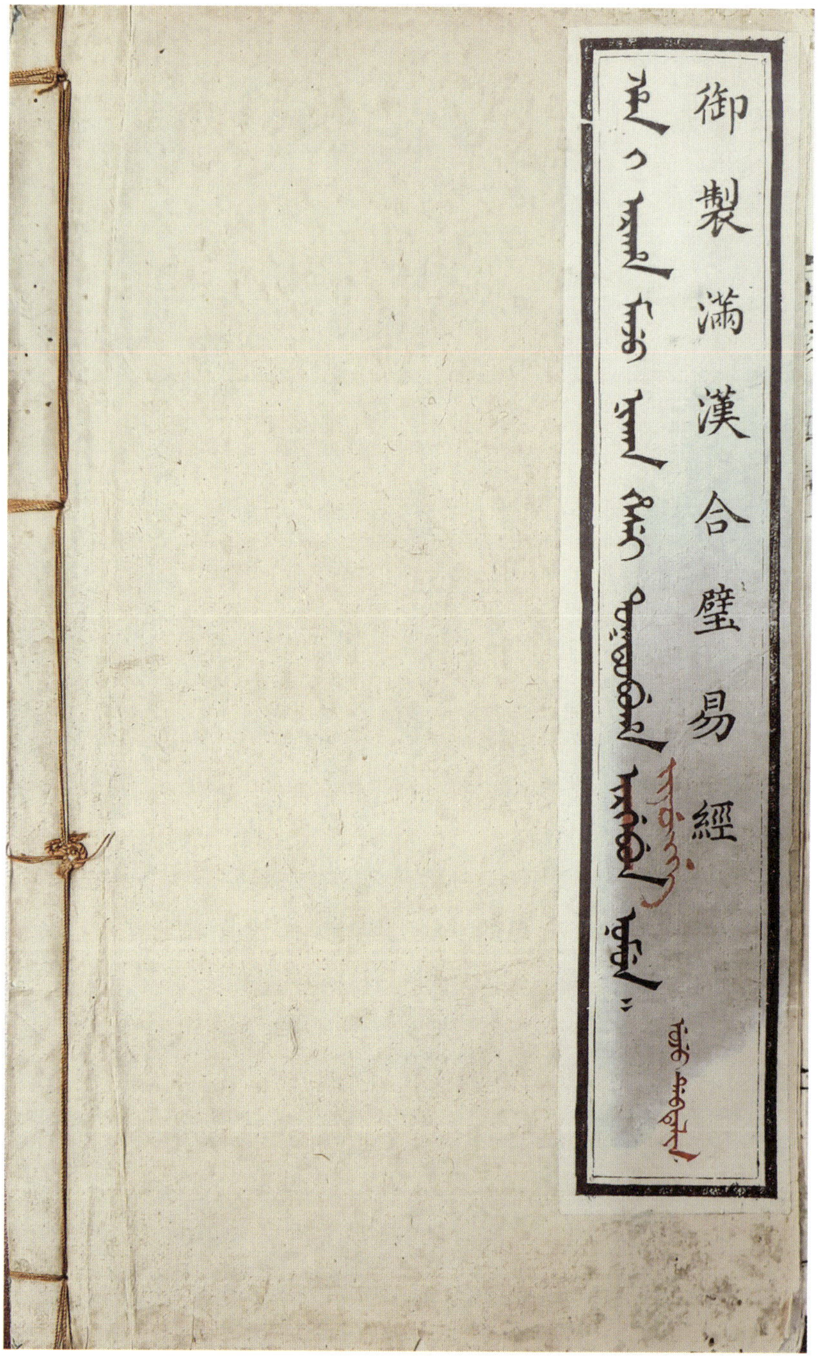


《御制满汉合璧易经》封面

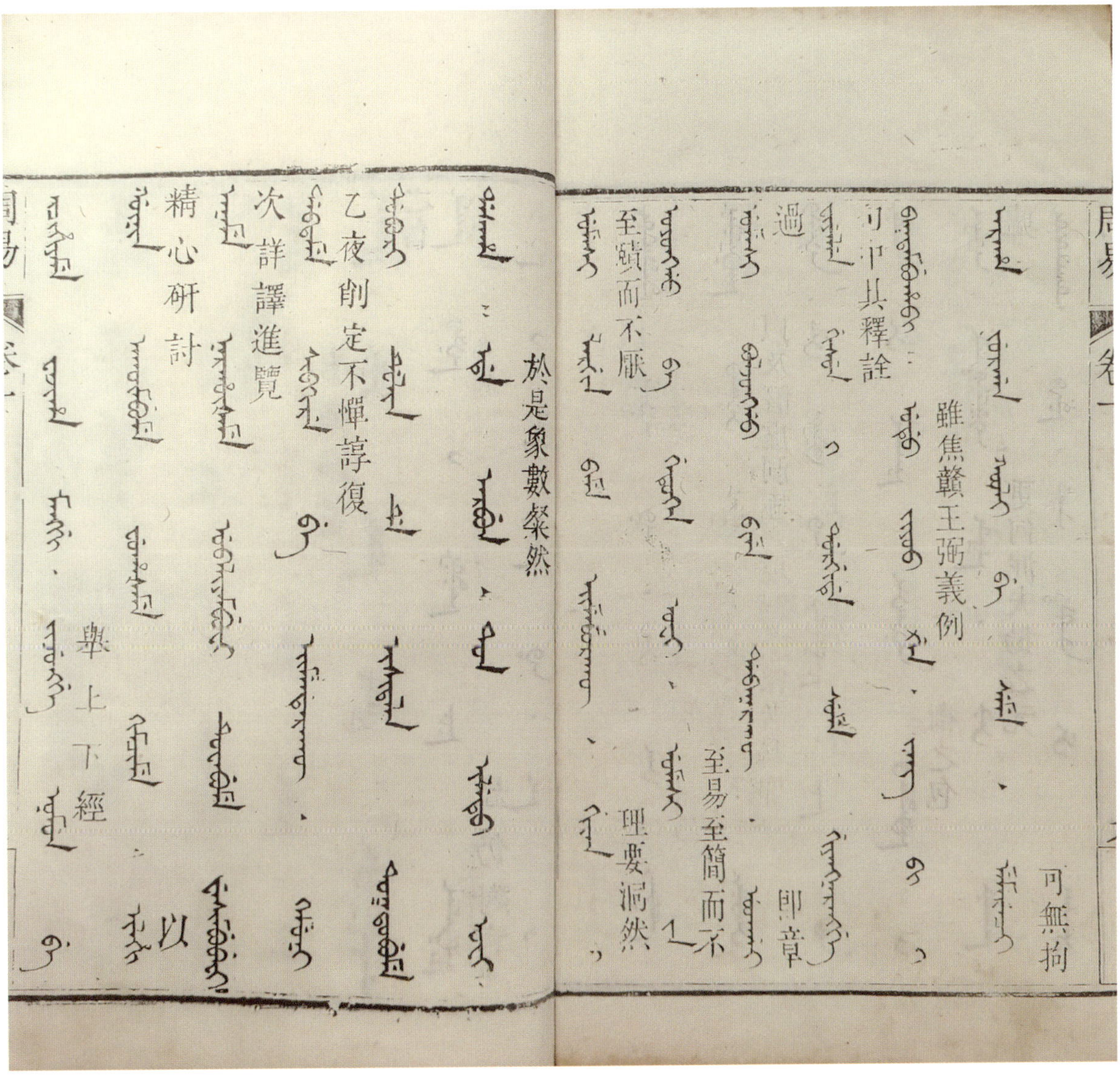


《御制满汉合璧易经》第6页

# 御制翻译大学衍义

ᡥᠠᠨ ᡳ ᠠᡵᠠᡥᠠ ᡠᠪᠠᠯᡳᠶᠠᠮᠪᡠᡥᠠ ᠠᠮᠪᠠ ᡨᠠᠴᡳᠨ ᡳ ᠵᡠᡵᡤᠠᠨ ᠪᡝ ᠪᠠᡩᠠᡵᠠᠮᠪᡠᡥᠠ ᠪᡳᡨᡥᡝ

（宋）真德秀编撰，（清）孟保等译。

清咸丰六年（1856）武英殿刻本。汉文满文合璧。

线装。页面25.3厘米×17.8厘米，半叶版框18.3厘米×14.2厘米。四周双边。半叶5行，小字双行。白口，单鱼尾，版心有汉文书名、卷次、页码。

51册，8函，43卷，约3385叶。

保存完好。

《大学衍义》因大学之义而推衍之，故名“衍义”。它为元、明、清三朝皇族学士必读之书，被康熙皇帝称为“力明正学”，其治国之道、民生之理和廉政文化很为后世所推崇。

此书为清咸丰六年（1856）武英殿刻本，共43卷。卷前有咸丰六年（1856）上谕、翻译大学衍义奏疏、翻译大学衍义衔名、康熙十一年（1672）十月十六日御制翻译大学衍义序、真德秀序及大学衍义目录。全书由“帝王为治之序”“帝王为学之本”“格物致知之要”“诚意正心之要”“修身之要”“齐家之要”纲目组成。“每条之中，首之以圣贤典训，次之以古今之迹，诸儒之释经论史有所发明者录之”。《大学衍义》认为，大学之道，有体有用，“本之一身者，体也，达之天下者，用也”。无论为治之序，还是为学之本，莫不自身心开始，故以格物、致知、诚意、正心、修身为体，以齐家、治国、平天下为用。而以明道术、辨人才、审治体、察民情为格物致知之要。

真德秀（1178—1235），本姓慎，因避孝宗讳改姓真。始字实夫，后更字景元，又更为希元，号西山。福建路建宁府浦城县（今福建省浦城县仙阳镇）人。官至参知政事，南宋著名理学家，政治家。译者孟保，汉军镶黄旗人，生卒年月不详，清朝大臣，巴里坤领队大臣三等侍卫。

该书对满族文化和中原文化关系的研究具有重要的学术意义和版本价值。

（吾兰·吐尔汗）

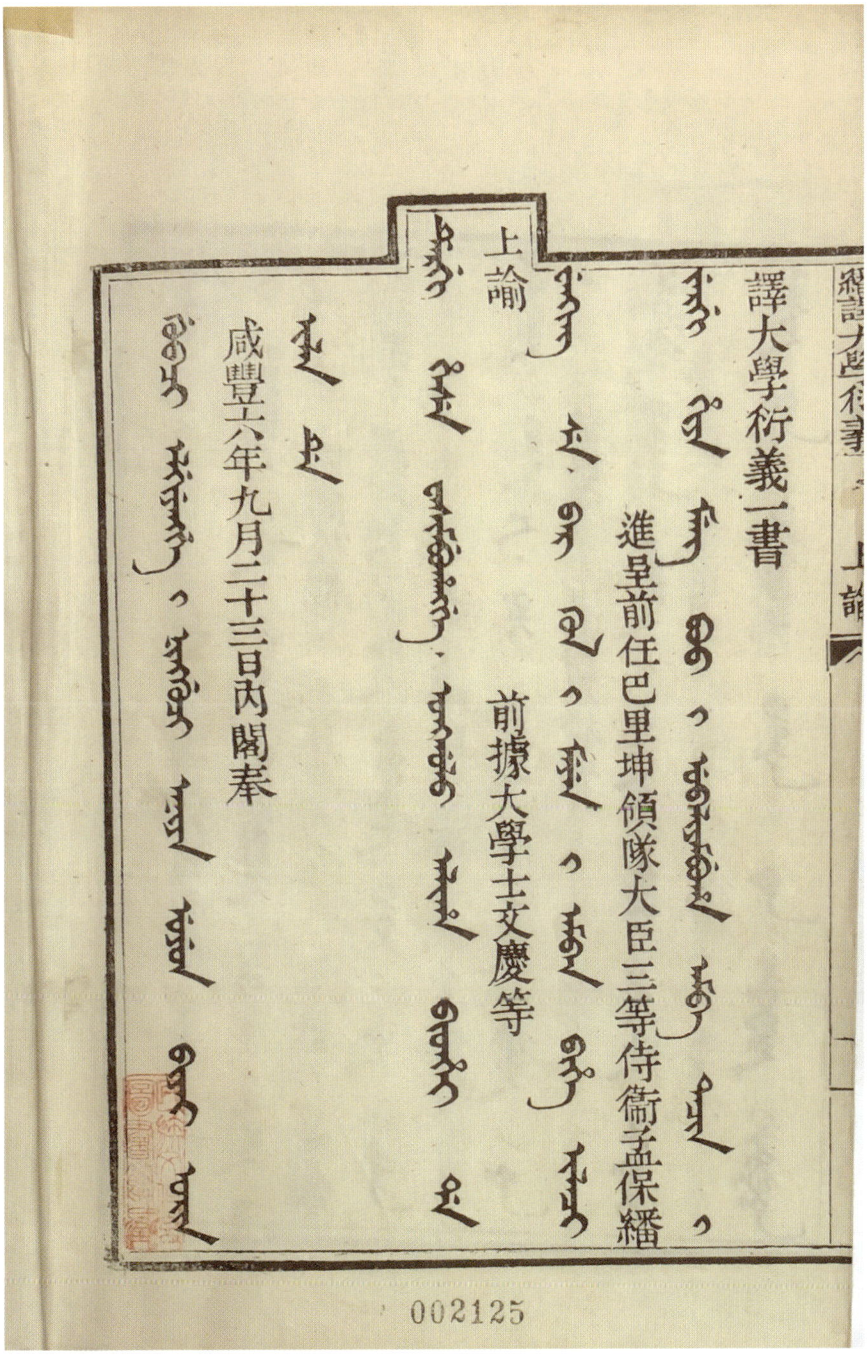

咸豐六年九月二十三日內閣奉

上諭

前據大學士文慶等

進呈前任巴里坤領隊大臣三等侍衛孟保繙

譯大學衍義一書

002125

《御制翻译大学衍义》卷前上谕

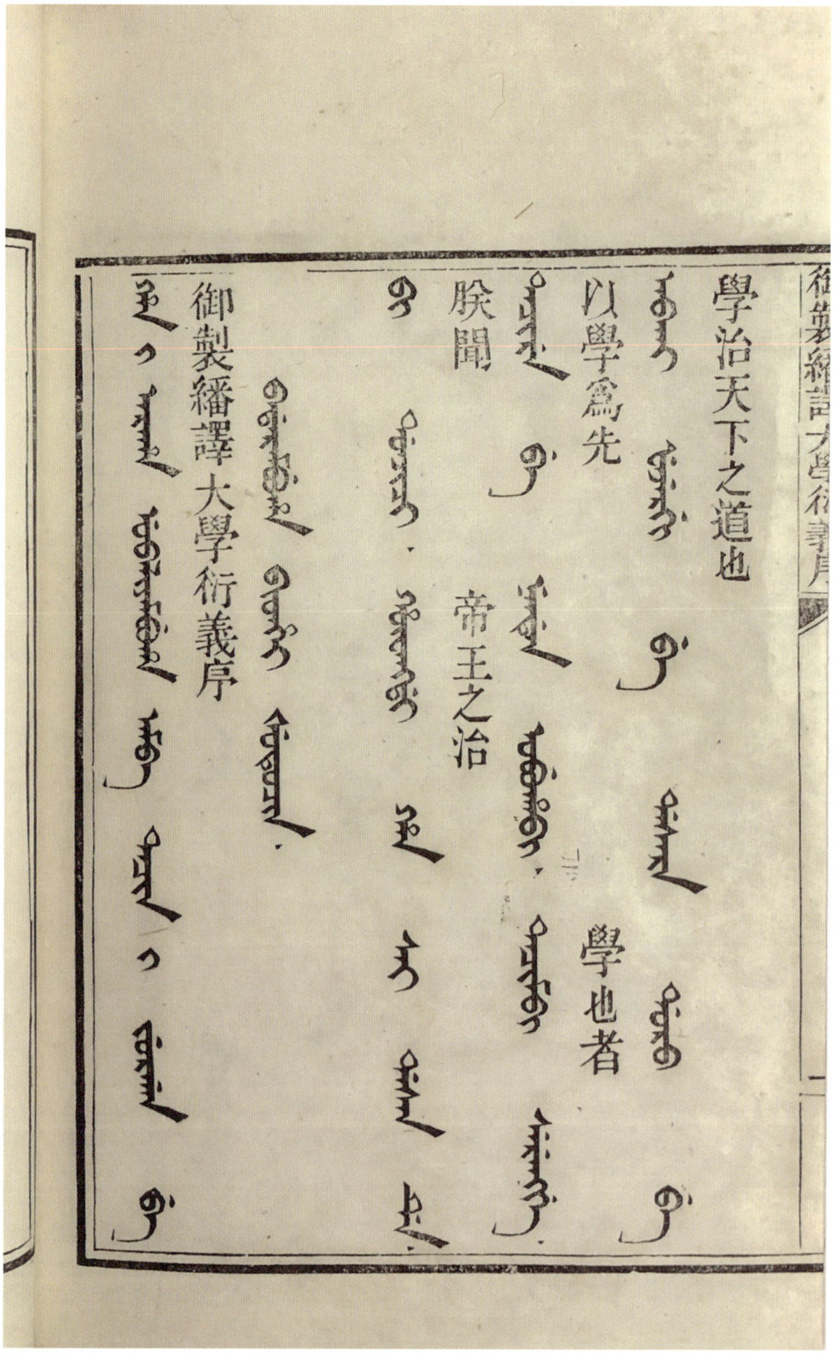


《御制翻译大学衍义》序

# 御制翻译书经（2种）

ᡥᠠᠨ ᡳ ᠠᡵᠠᡥᠠ ᡠᠪᠠᠯᡳᠶᠠᠮᠪᡠᡥᠠ ᡩᠠᠰᠠᠨ ᡳ ᠨᠣᠮᡠᠨ

## 一、清乾隆二十五年（1760）武英殿刻本

清高宗（弘历）敕译。

清乾隆二十五年（1760）武英殿刻本。汉文满文合璧。

线装。页面26.0厘米×16.1厘米，半叶版框18.8厘米×13.9厘米。四周双边。半叶14行，满文汉文交替各7行，行字数不等。白口，单鱼尾，版心有汉文书名、卷次、篇目、页码。

4册，1函，7卷，202叶。

纸张老化破损。

《尚书》是中国最古老的皇室文集，是中国第一部上古历史文件和部分追述古代事迹著作的汇编，它保存了商周特别是西周初期的一些重要史料。《尚书》相传为孔子编定。孔子晚年集中精力整理古代典籍，将上古时期的尧舜一直到春秋秦穆公时期的各种重要文献资料汇集在一起，经过认真编选，挑选出100篇，这就是百篇《尚书》的由来。

《尚书》，春秋战国时期书名为《书》，自西汉始称《尚书》。多数篇目是上古君王的文告和君臣的谈话记录，内容都与政史相关。西汉初存29篇，因用汉代通行的文字隶书抄写，称《今文尚书》。另有相传在汉武帝时从孔子住宅壁中发现的《古文尚书》和东晋梅赜所献的伪《古文尚书》。通行的《十三经注疏》本《尚书》，就是《今文尚书》和伪《古文尚书》的合编本。《尚书》所录，为虞、夏、商、周各代典、谟、训、诰、誓、命等文献《左传》等引《尚书》文字，分别称《虞书》《夏书》《商书》《周书》。2009年清华简中发现了部分早期版本的《尚书》。汉人传说先秦时《书》有100篇，其中《虞夏书》20篇、《商书》《周书》各40篇，每篇有序，题孔子所编。《史记·孔子世家》也说到孔子修《书》。但近代学者多以为《尚书》编定于战国或两汉时期。

清高宗皇帝弘历对文化事业特别重视。图书编撰方面的最大成就是亲自倡导并编成了大型文献丛书《四库全书》，包括《论语》《大学》《孟子》《中庸》《周易》《周礼》《礼记》《诗经》《孝经》《尚书》《春秋》等。清朝用满文翻译刊印了这些传统汉文典籍体现了文化上的交融，有效拓展了儒家文化的影响，促进了各民族在文化上的交往交流交融。

（其力格尔）

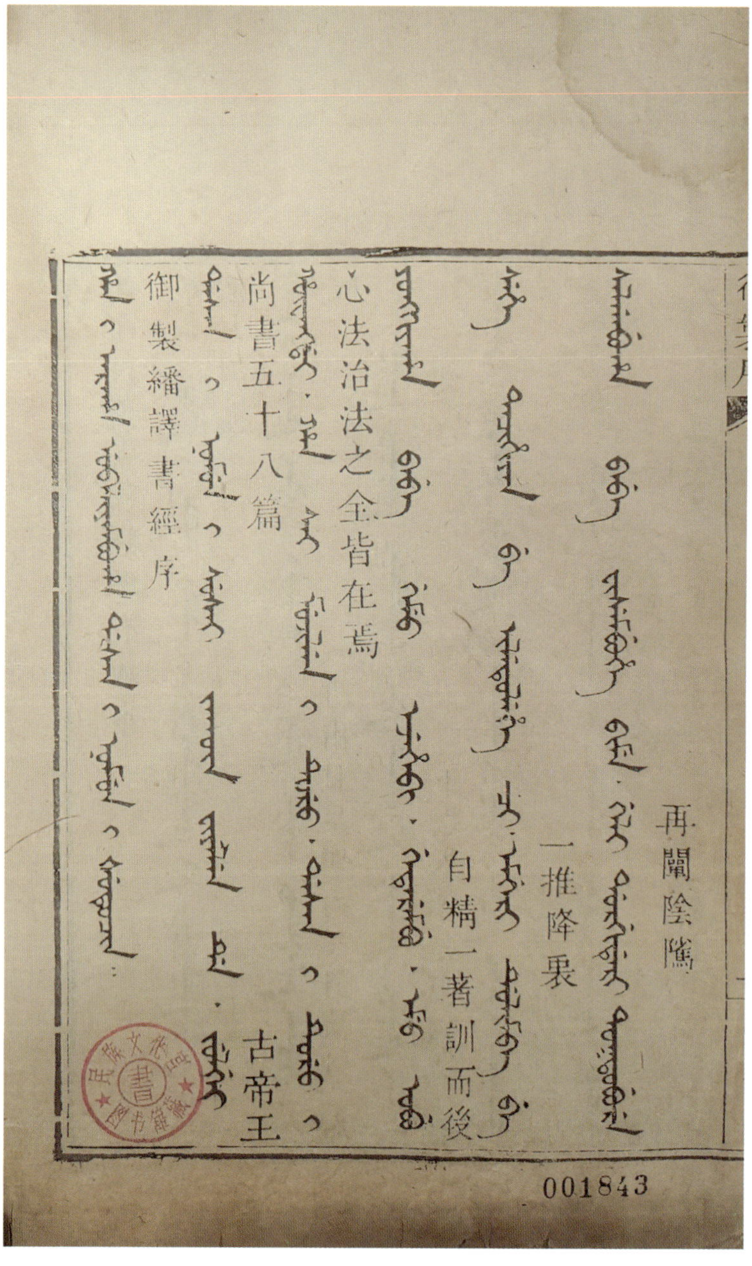


《御制翻译书经》序

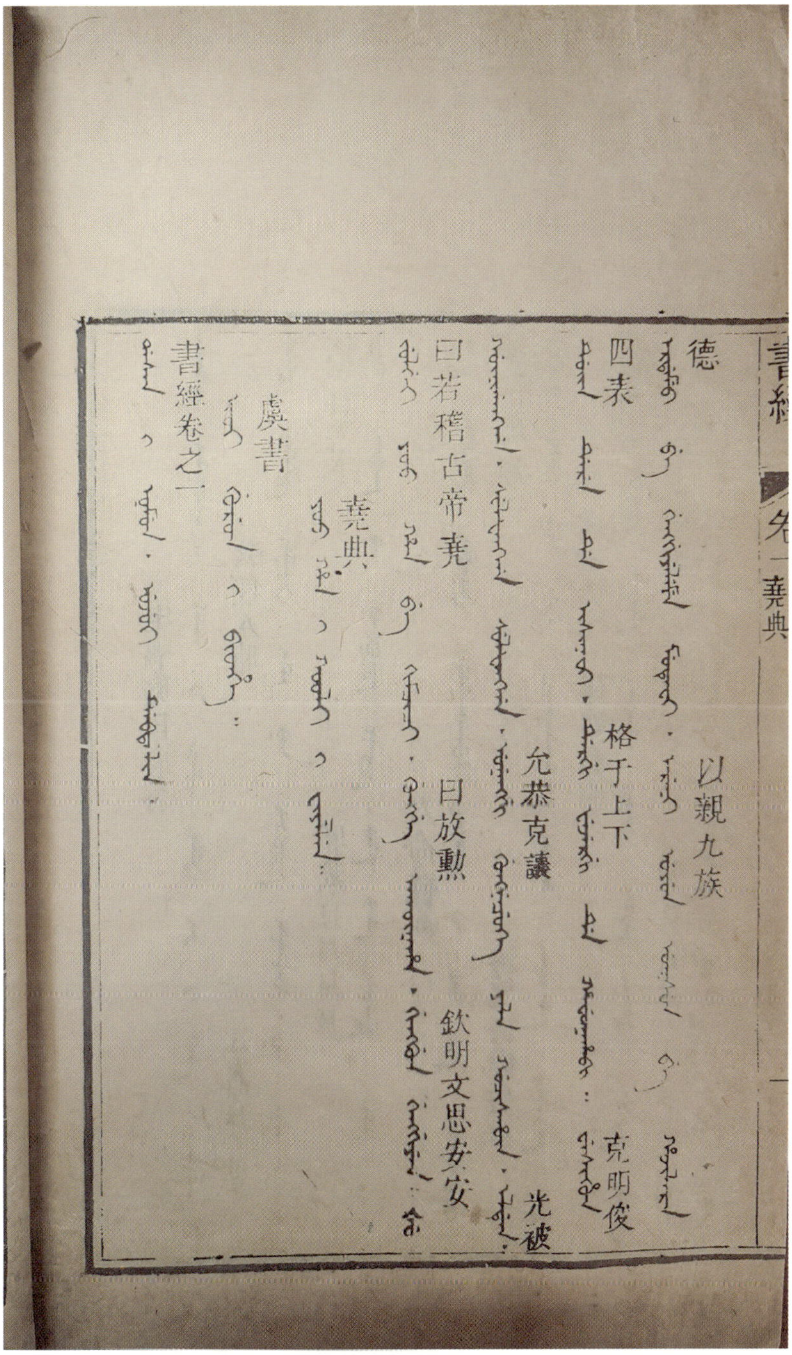
書經卷之一
虞書
堯典
曰若稽古帝堯
曰放勳
欽明文思安安
允恭克讓
光被
四表
格于上下
克明俊
德
以親九族
書經 卷一 堯典

《御制翻译书经》正文首页

## 二、清乾隆二十五年（1760）抄本

清乾隆二十五年（1760）抄本。汉文满文合璧。
线装。页面17.5厘米×12.6厘米，无版框。半叶12行，满文汉文交替各6行。
4册，1函，216叶。
保存完好。

内容同清乾隆二十五年（1760）武英殿刻本。

（其力格尔）

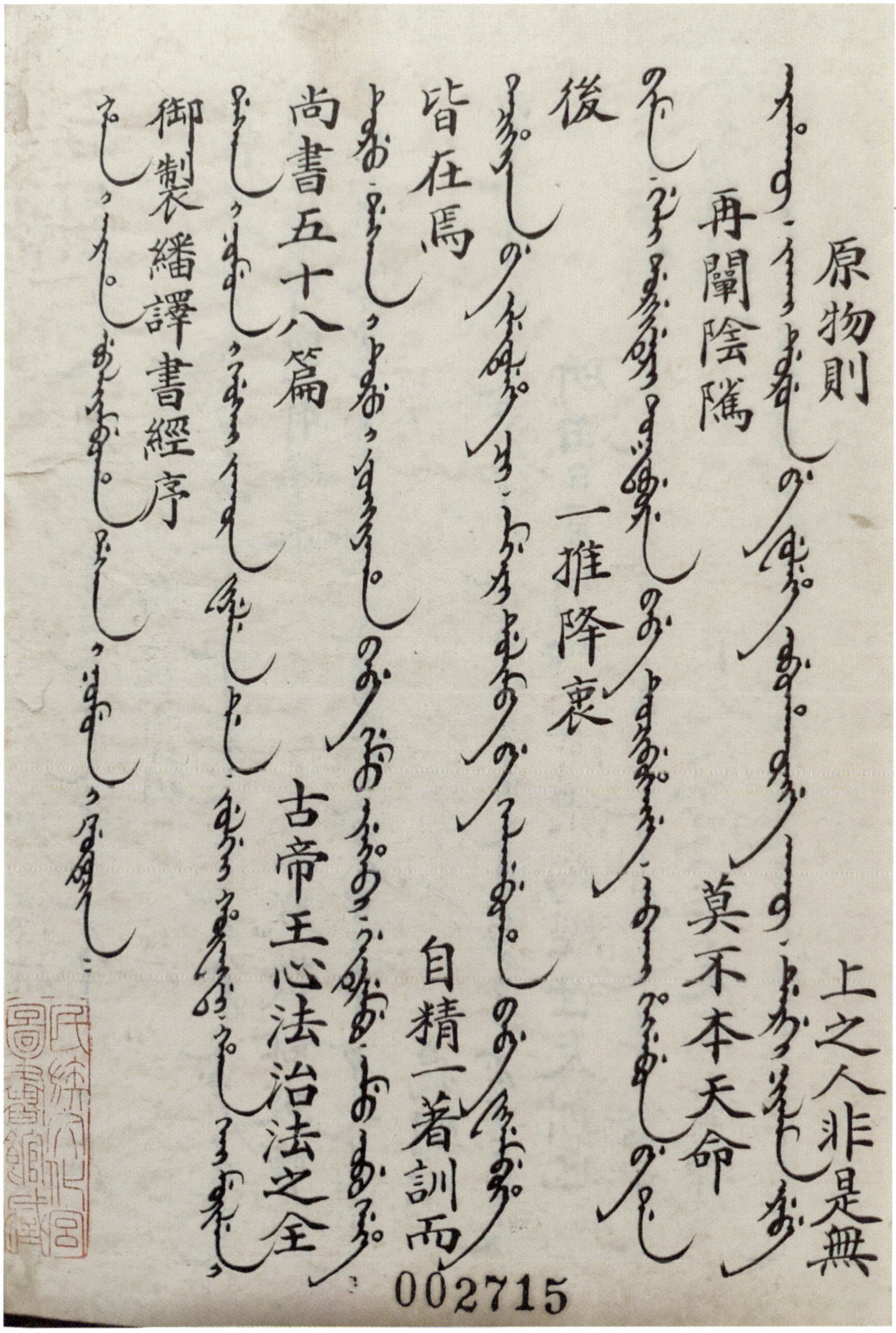

原物則
上之人非是無
再閵陰隲
莫不本天命
後
一推降衷
自精一着訓而
皆在焉
尚書五十八篇
古帝王心法治法之全
御製繙譯書經序
002715


《御制翻译书经》序

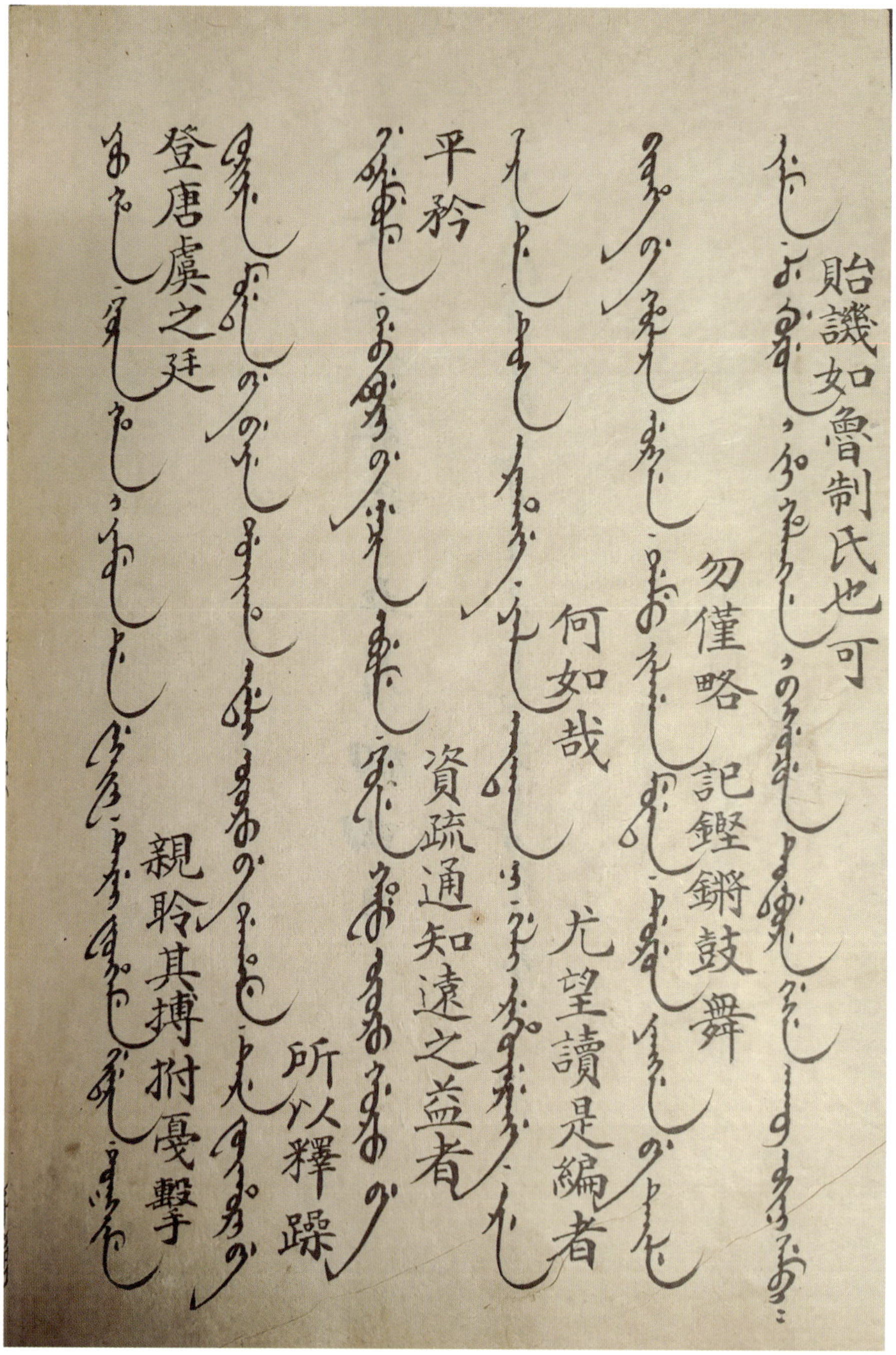
貽譏如魯制氏也可
勿僅略記鏗鏘鼓舞
何如哉
尤望讀是編者
平矜
資疏通知遠之益者
所以釋躁
登唐虞之廷
親聆其搏拊戛擊

《御制翻译书经》正文节选

# 御制翻译四书（2种）

ᡥᠠᠨ ᡳ ᠠᡵᠠᡥᠠ ᡠᠪᠠᠯᡳᠶᠠᠮᠪᡠᡥᠠ ᡩᡠᡳᠨ ᠪᡳᡨᡥᡝ

## 一、清乾隆二十年刻本

（宋）朱熹集注，清高宗（弘历）敕译，鄂尔泰厘定。

清乾隆二十年（1755）刻本。汉文满文合璧。

线装。页面24.0厘米×15.4厘米，半叶版框18.2厘米×13.4厘米。四周双边。半叶正文14行，汉文满文相间各7行。白口，单鱼尾，版心有汉文书名、堂号、页码。

6册，1函，6卷，487叶。

另存同版3部，其中1部缺《大学》篇、《孟子》1册。

四书五经是中国儒家经典书籍，四书五经是“四书”与“五经”的总和，四书是《论语》《孟子》《大学》和《中庸》的总称，又称四子书，五经指的则是《诗经》《尚书》《礼记》《周易》和《春秋》。

《大学》《中庸》原是《礼记》中的两篇，在唐代以前，并没有引起人们的特别重视。随着唐宋以来儒学的复兴，《大学》《中庸》经过唐代韩愈、李翱的表彰，宋代二程、朱熹的推崇，被赋予了新的意义，其地位逐渐提升，与《论语》《孟子》并列，合称“四书”。朱熹所著《四书章句集注》确立了“四书”的典型地位。“四书”成为宋明理学家创建、阐发自身思想的重要素材，对后世儒学的发展产生了深远影响。

此书是清乾隆二十年十二月十四日清高宗皇上命鄂尔泰厘定的书籍，含《大学》《中庸》1册、《论语》上下2册、《孟子》上下3册，《大学》《中庸》卷前有乾隆二十年（1755）十二月十四日的御制翻译四书序，版心有汉文书名。供诸位大臣们进行参考和翻译，句字清晰明了，意思通俗易懂，如果专心用功的学习必能产生其效果。

宋元以后，《大学》《中庸》成为学校官定教科书和科举考试必读书，对古代教育产生了极大的影响。

它蕴含了儒家思想的核心内容，是儒学认识论和方法论的集中体现。其在中华思想史上产生深远影响。读来，仍不失其深刻的教育意义和启迪价值，堪称是源远流长的文化精华。

（吾兰·吐尔汗）

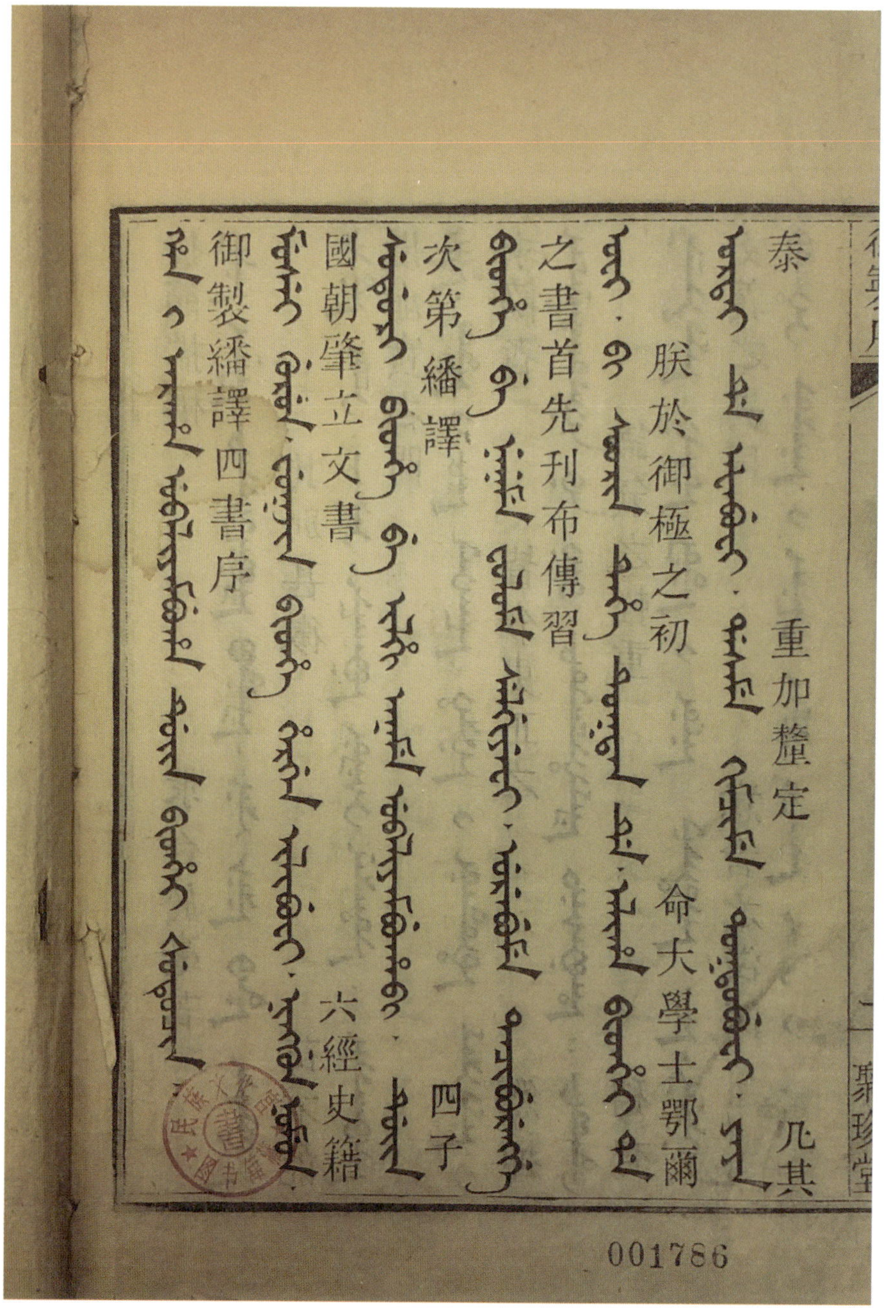
御製繙譯四書序
國朝肇立文書 六經史籍
次第繙譯 四子
之書首先刊布傳習
朕於御極之初 命大學士鄂爾
泰 重加釐定 凡其
001786

《御制翻译四书》序

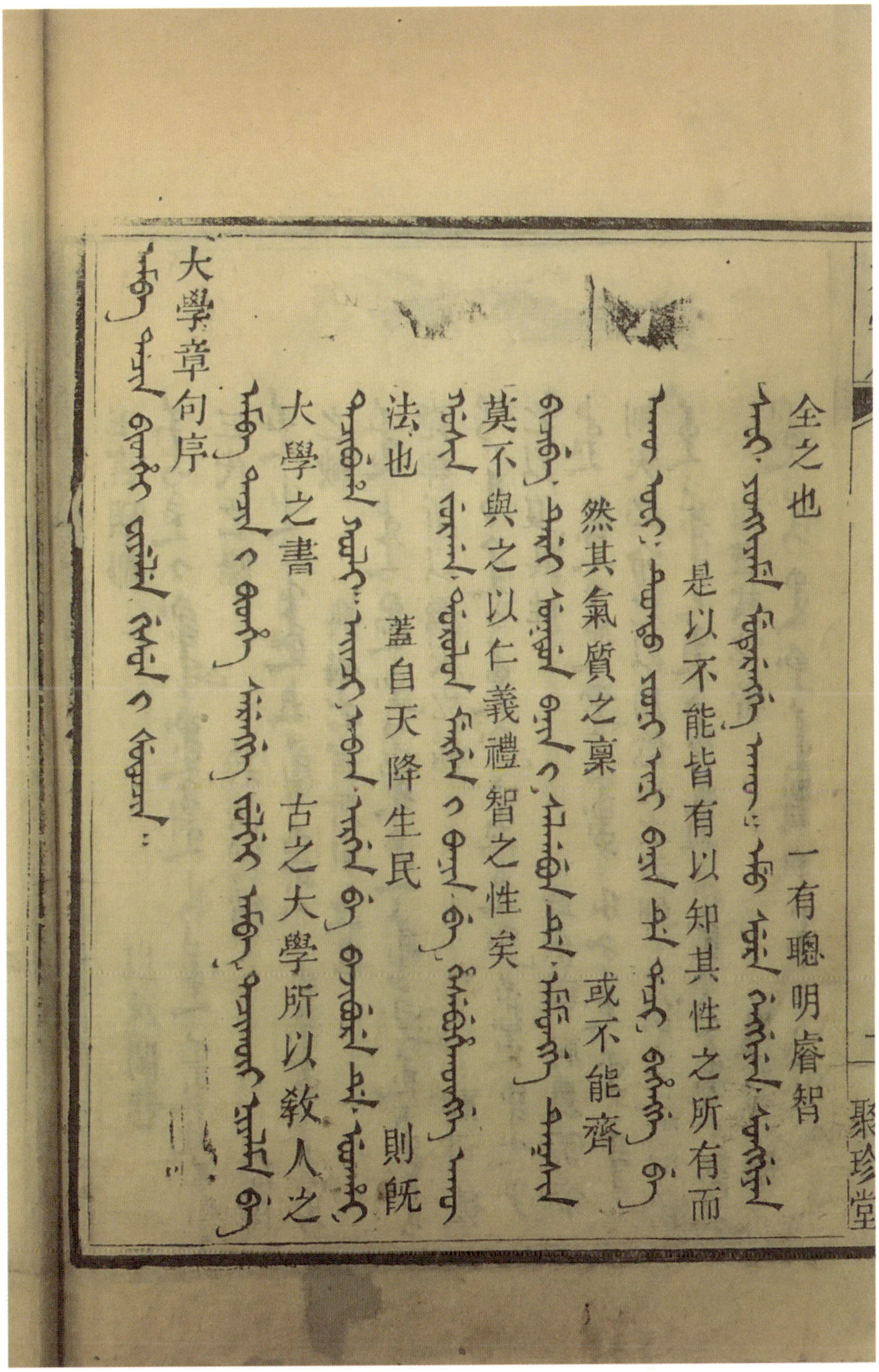
大學章句序
大學之書　古之大學所以教人之
法也　蓋自天降生民　則既
莫不與之以仁義禮智之性矣
然其氣質之稟　或不能齊
是以不能皆有以知其性之所有而
全之也　一有聰明睿智
聚珍堂

《御制翻译四书·大学》章句序

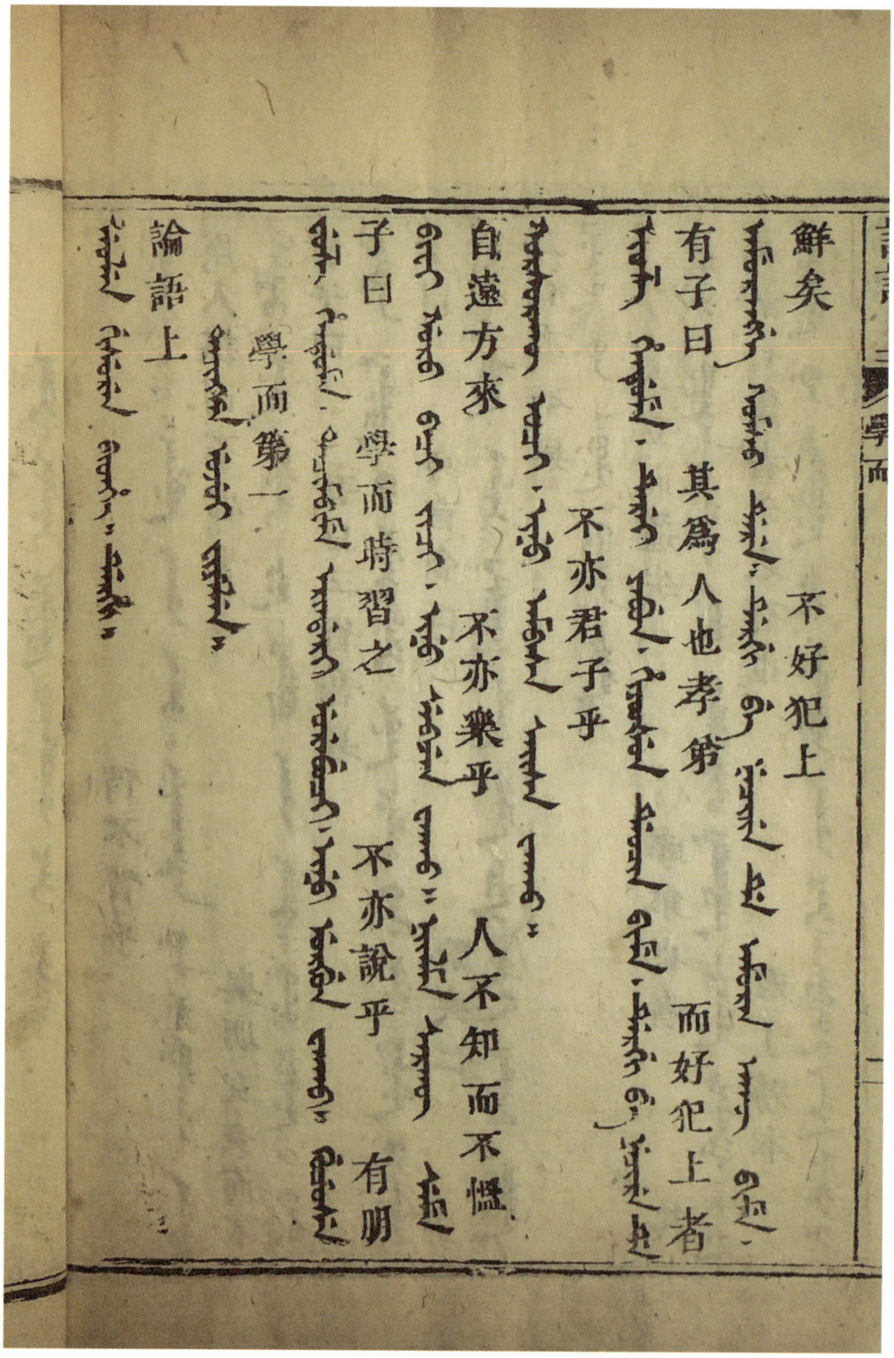
論語上
學而第一
子曰 學而時習之 不亦說乎 有朋
自遠方來 不亦樂乎 人不知而不慍
不亦君子乎
有子曰 其爲人也孝弟 而好犯上者
鮮矣 不好犯上

《御制翻译四书·论语》内页

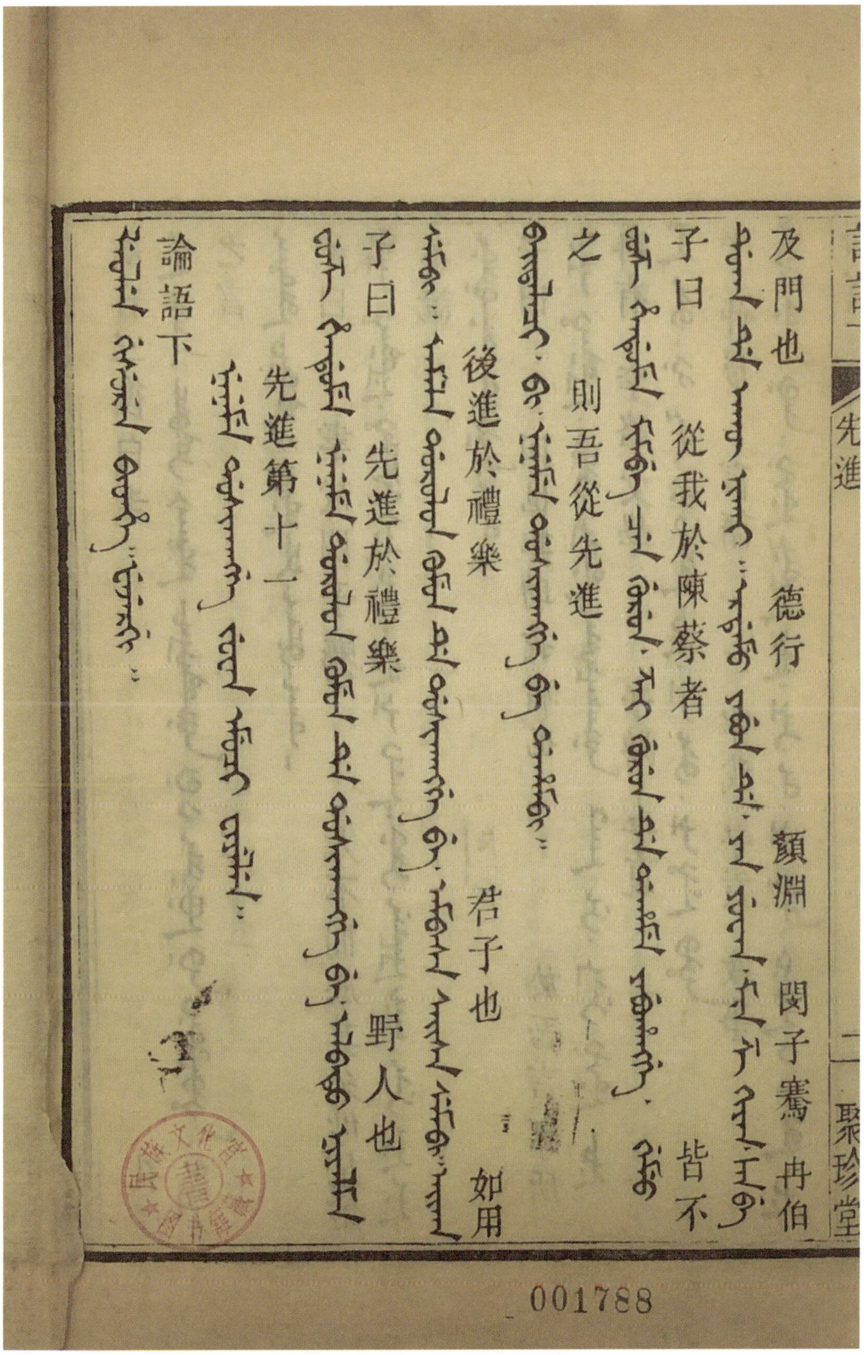
論語下

先進第十一

子曰　先進於禮樂　野人也

後進於禮樂　君子也　如用

之　則吾從先進

子曰　從我於陳蔡者　皆不

及門也　德行　顔淵　閔子騫　冉伯

論語　先進　二　聚珍堂



《御制翻译四书·论语》内页

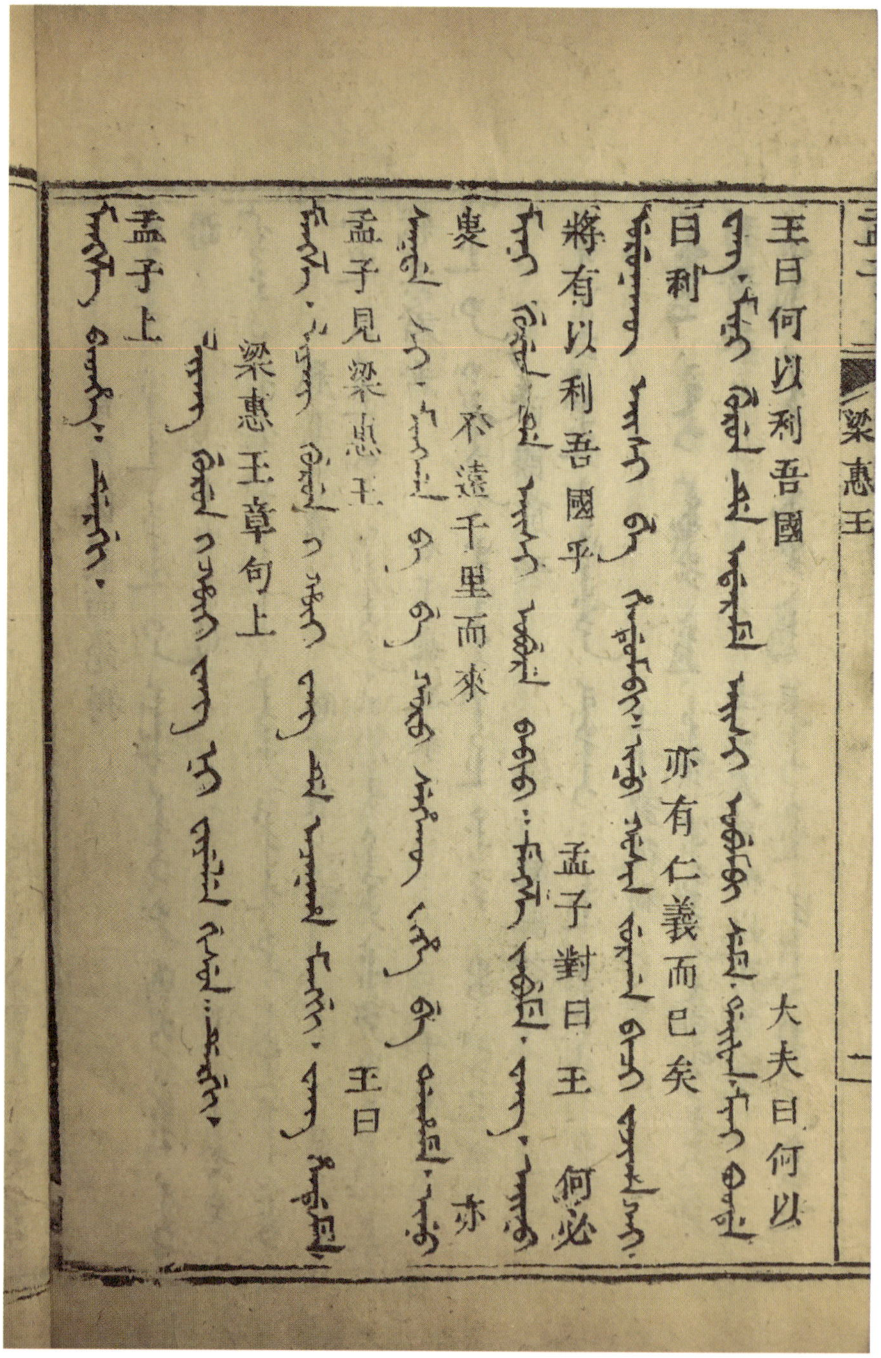
孟子上
梁惠王章句上
孟子見梁惠王　王曰
叟不遠千里而來　亦
將有以利吾國乎　孟子對曰王　何必
曰利　亦有仁義而已矣
王曰何以利吾國　大夫曰何以
孟子　梁惠王

《御制翻译四书·孟子》内页

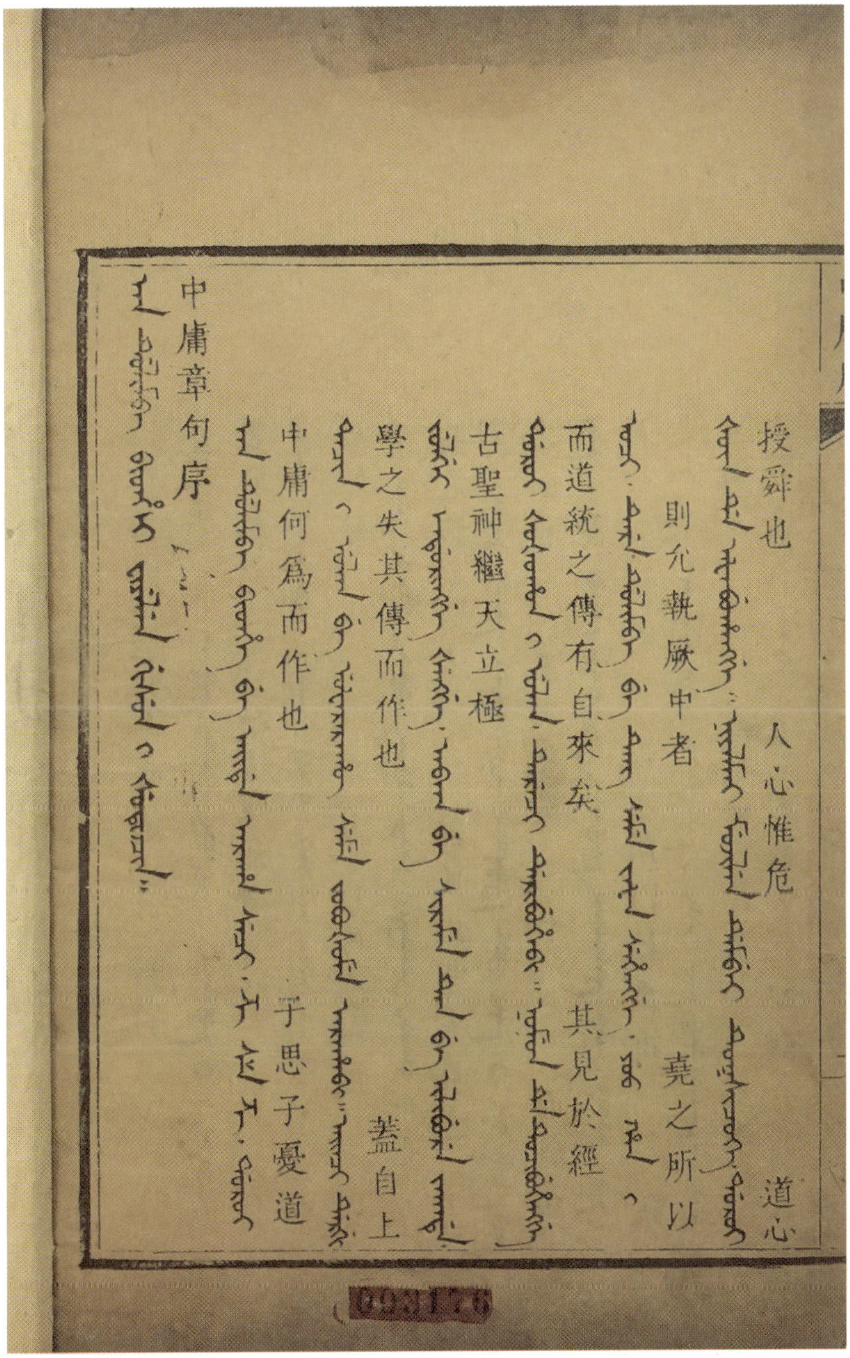
中庸章句序
中庸何爲而作也　子思子憂道
學之失其傳而作也　蓋自上
古聖神繼天立極
而道統之傳有自來矣　其見於經
則允執厥中者　堯之所以
授舜也　人心惟危　道心

《御制翻译四书·中庸》章句序

## 二、清光绪十六年刻本

（宋）朱熹集注，清高宗（弘历）敕译，鄂尔泰厘定。

清光绪十六年（1890）荆州驻防西城学道街积古斋徐楚善刻本。汉文满文合璧。

线装。页面25.8厘米×15.4厘米，半叶版框18.6厘米×14.0厘米，四周双边。半叶正文14行，汉文满文相间各7行。白口，单鱼尾，版心有汉文四书名、页码。

6册，1函，455叶。

此书为清朝光绪十六年（1890）御制翻译四书，含《大学》《中庸》1册、《论语》上下2册和《孟子》上下3册,《大学》《中庸》卷前有乾隆二十年（1755）十二月十四日的御制翻译四书序和重刊翻译四书序及重刊翻译四书后序，为荆州驻防西城学道街积古斋徐楚善刻本，版心有汉文四书名。

《四书》是公认的儒学经典，它并不是一本书，而是由《论语》《孟子》这两部书和《大学》《中庸》两篇文章合辑在一起的统称，由南宋大儒朱熹汇辑刊刻，从此广为流传，声名鹊起。

《四书》蕴含了儒家思想的核心内容，是儒学认识论和方法的集中体现，体现了儒家先哲的思想和智慧，同时详细地记录了中华民族思想文化发展史上最活跃时期的政治、军事、外交、文化等各方面的史实资料及影响中国文化几千年的孔孟重要哲学思想。即便在21世纪读来，仍不失其深刻的教育意义和启迪价值，堪称源远流长的民族文化精华。

儒家经典《四书》包含内容极其广泛、深刻，它在世界文化史、思想史上具有极高的地位，它是中国传统文化的重要组成部分，是儒家思想的核心载体，更是中国历史文化古籍中的宝典。历代科举选仕，试卷命题无他，必出自《四书》，足见其对为官从政之道、为人处世之道的重要程度。《四书》所载内容及哲学思想仍对我们现代人具有积极的意义和极强的参考价值。在社会规范、人际交流，社会文化等产生不可估量的影响，其影响播于海内外，福荫子孙万代。《四书》不断延续着中华文化的千古名篇，是人类文明的共同优秀文化遗产。该书对研究满族儒家学说思想有一定的参考价值。

（吾兰·吐尔汗）

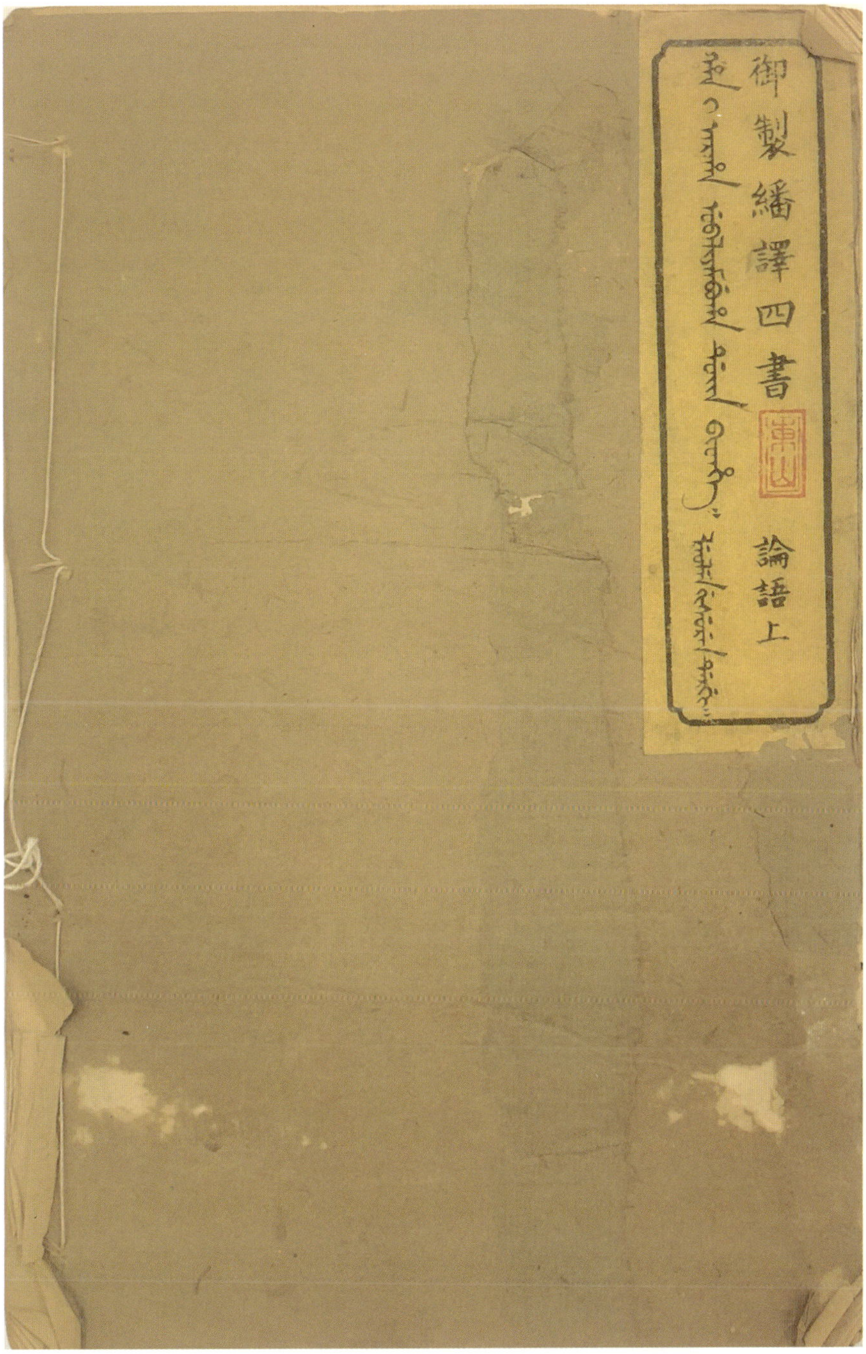


《御制翻译四书·论语》封面

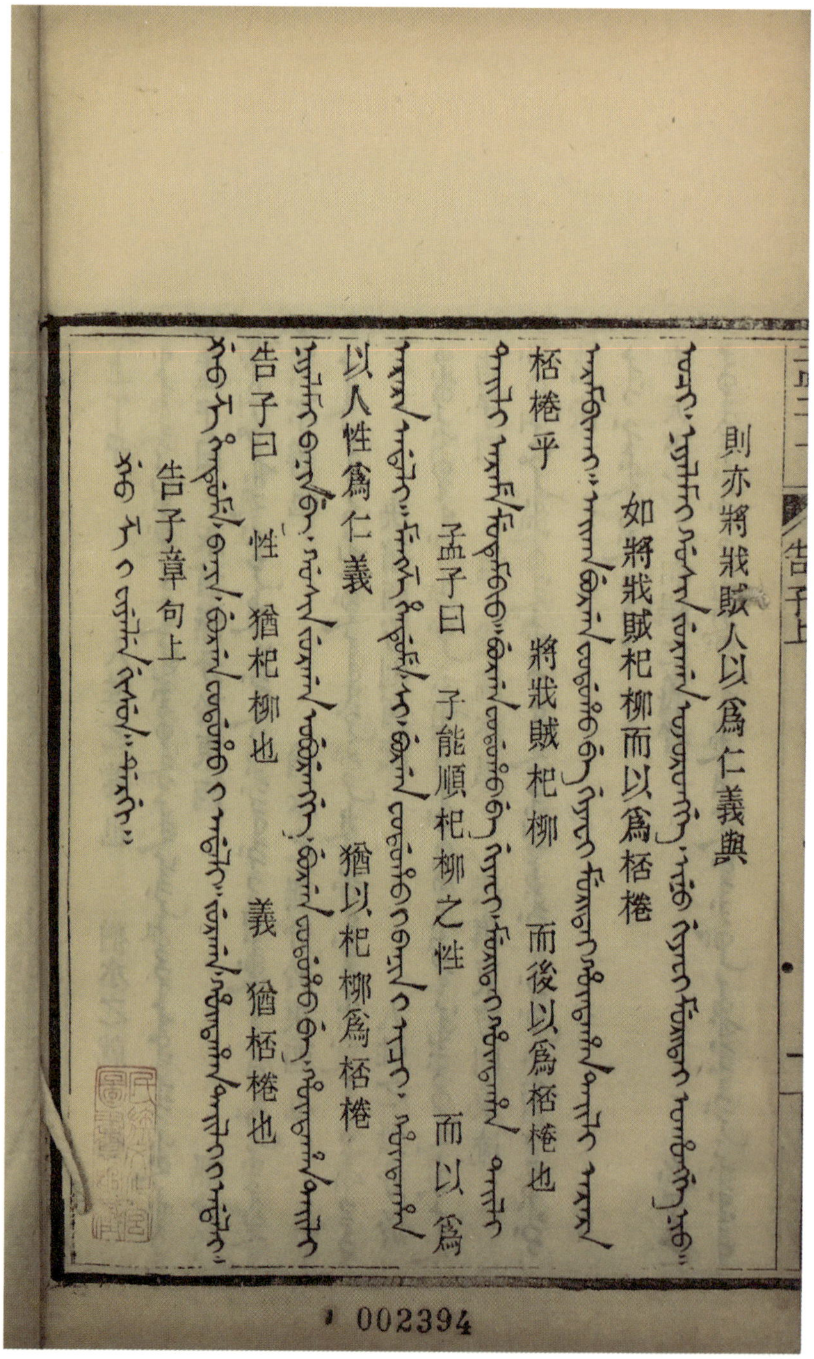
則亦將戕賊人以爲仁義與
如將戕賊杞柳而以爲桮棬
桮棬乎　將戕賊杞柳　而後以爲桮棬也
孟子曰　子能順杞柳之性　而以爲
以人性爲仁義　猶以杞柳爲桮棬
告子曰　性　猶杞柳也　義　猶桮棬也
告子章句上

《御制翻译四书·孟子》告子章句

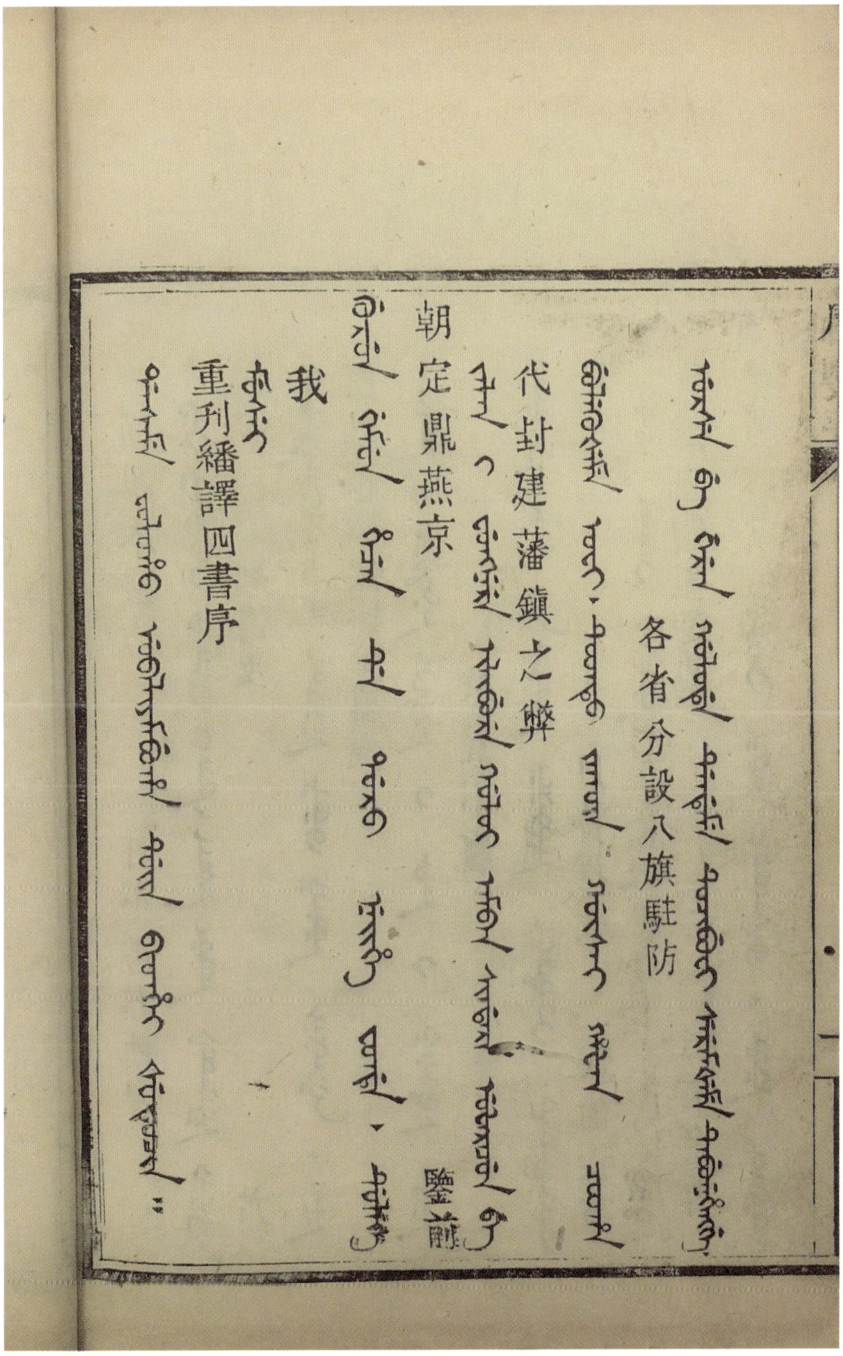


《御制翻译四书》序

## 御制翻译礼记

ᡥᠠᠨ ᡳ ᠠᡵᠠᡥᠠ ᠣᠪᠠᠯᡳᠶᠠᠮᠪᡠᡥᠠ ᡩᠣᡵᠣᠯᠣᠨ ᡳ ᠨᠣᠮᡠᠨ

清高宗（弘历）敕译。

清乾隆四十八年（1783）武英殿刻本。汉文满文合璧。

线装。页面25.8厘米×16.5厘米，半叶版框17.9厘米×13.2厘米。四周双边。半叶14行，满文汉文交替各7行。白口，单鱼尾，版心有汉文书名、卷次、篇目、页码。

12册，2函，30卷，889叶。

保存完好。

另藏同版1套，有修补。

《礼记》，是中国古代一部重要的典章制度选集，是儒学经典之一，所收文章是孔子的学生及战国时期儒学学者的作品。《礼记》四十九篇的文体大致可分为议论文、说明文、记叙文三种类型。议论文这一类包括《礼记》中的运用论说的表达方式，以阐述礼义、发挥儒家思想为旨归的篇章；说明文这一类包括《礼记》中以说明的表达方式记录各种礼制的篇章；记叙文：这一类包括《礼记》中主要以叙述的表达方式，记载有关“礼”的言行及事件的篇章。《礼记》全书以散文撰成，一些篇章饶具文学价值。有的用短小生动的故事阐明某一道理，有的气势磅礴、结构谨严，有的言简意赅、意味隽永，有的擅长心理描写和刻画，书中还收有大量富有哲理的格言、警句，精辟而深刻。《礼记》不仅是一部描写规章制度的书，也是一部关于仁义道德的教科书。《礼记》章法谨严，映带生姿，文辞婉转，前后呼应，语言整饬而多变，是“三礼”之一、“五经”之一、“十三经”之一。自东汉郑玄作“注”后,《礼记》地位日升，至唐代时尊为“经”，宋代以后，位居“三礼”之首。《礼记》中记载的古代文化史知识及思想学说，对儒家文化传承、当代文化教育和德性教养，及社会主义和谐社会建设有重要影响。

（其力格尔）

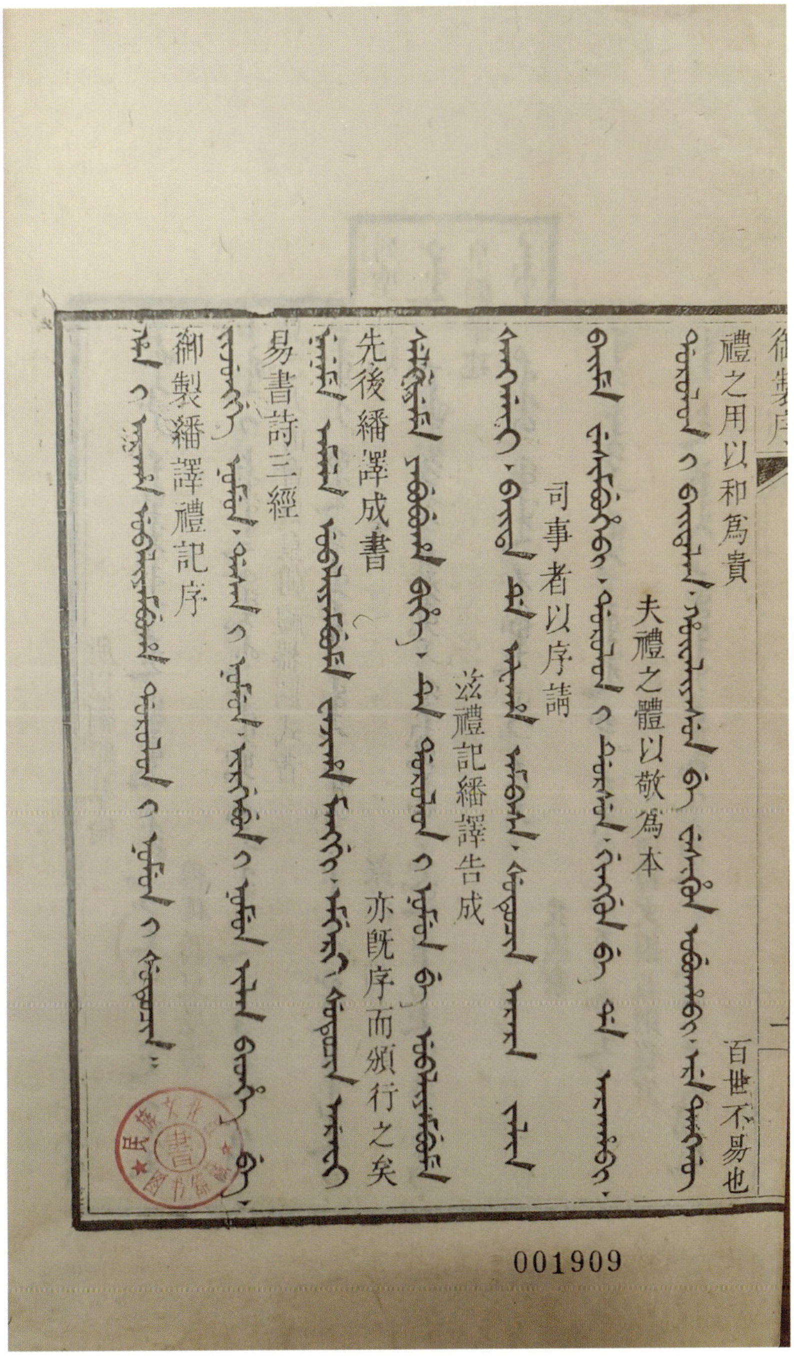
御製序
禮之用以和爲貴
百世不易也
夫禮之體以敬爲本
司事者以序請
茲禮記繙譯告成
亦既序而頒行之矣
先後繙譯成書
易書詩三經
御製繙譯禮記序
001909

《御制翻译礼记》序

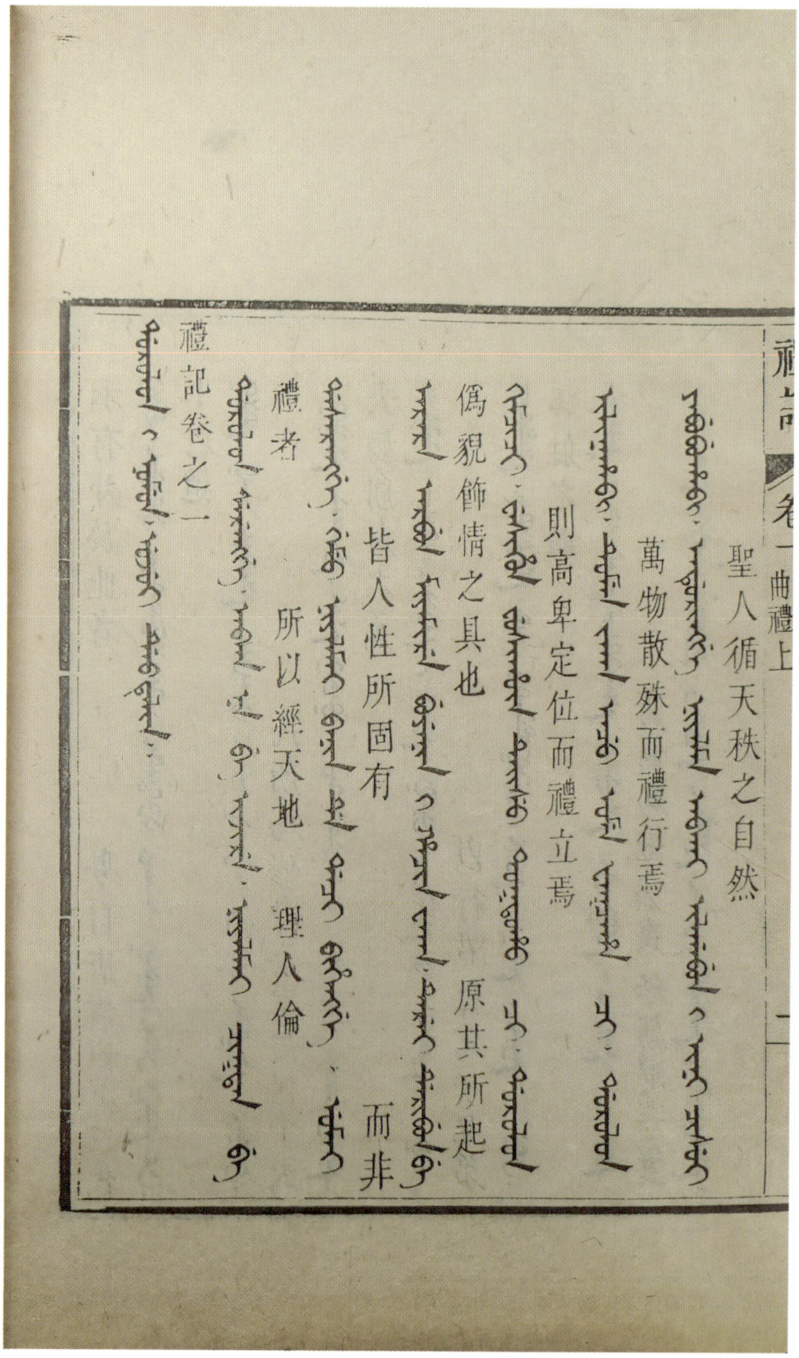

禮記 卷一 曲禮上

聖人循天秩之自然

萬物散殊而禮行焉

則高卑定位而禮立焉

僞貌飾情之具也 原其所起

皆人性所固有 而非

禮者 所以經天地 理人倫

禮記卷之一

《御制翻译礼记》首页

## 御制翻译诗经

ᡥᠠᠨ ᡳ ᠠᡵᠠᡥᠠ ᡠᠪᠠᠯᡳᠶᠠᠮᠪᡠᡥᠠ ᡳᡵᡤᡝᠪᡠᠨ ᡳ ᠨᠣᠮᡠᠨ

（宋）朱熹集注，清高宗（弘历）敕译。

清乾隆三十三年（1768）武英殿刻本。汉文满文合璧。

线装。页面27.1厘米×17.5厘米，半叶版框18.8厘米×13.9厘米。四周双边。半叶14行，满文汉文交替各7行，小字双行。白口，单鱼尾，版心有汉文书名、卷次、篇目、页码。

4册，1函，8卷，419叶。

有虫蛀，破损。

西周取代殷商，除了商纣暴虐无道，主要与其实行奴隶制经济制度有关。西周建立以后，为缓和生产关系与生产力的尖锐矛盾，缓和阶级斗争，变奴隶制为农奴制。西周较之殷商，由于经济制度的巨大变革，促使社会在精神文明方面产生飞跃性的进步，作为文学代表的《诗经》出现是时代进步的必然产物，而它反过来又促进了社会的文明进步。《诗经》约成书于春秋中期，起初叫做《诗》，孔子曾多次提及此称，如："《诗》三百，一言以蔽之，曰：'思无邪'"。"诵《诗》三百，授之以政，不达；使于四方，不能专对。虽多，亦奚以为？"司马迁记载的也是这一名称，如："《诗》三百篇，大抵贤圣发愤之所为作也。"因为后来传世的版本中共记载有311首，为了叙述方便，就称作"诗三百"。之所以改称《诗经》，是由于汉武帝以《诗》《书》《礼》《易》《春秋》为五经的缘故。

《诗经》，是中国古代诗歌的开端，最早的一部诗歌总集，收集了西周初年至春秋中叶（前11世纪至前6世纪）的诗歌，共311篇，其中6篇为笙诗，只有标题，没有内容，称为笙诗六篇（《南陔》《白华》《华黍》《由庚》《崇丘》《由仪》），反映了周初至周晚期约五百年间的社会面貌。诗经在内容上分为《风》《雅》《颂》三个部分。《风》是周代各地的歌谣；《雅》是周人的正声雅乐，又分《小雅》和《大雅》；《颂》是周王庭和贵族宗庙祭祀的乐歌，又分为《周颂》《鲁颂》和《商颂》。《诗经》内容丰富，反映了劳动与爱情、战争与徭役、压迫与反抗、风俗与婚姻、祭祖与宴会，甚至天象、地貌、动物、植物等方方面面，是周代社会生活的一面镜子。

朱熹，字符晦，又字仲晦，号晦庵，晚称晦翁，谥文，世称朱文公。宋朝著名的理学家、思想家、哲学家、教育家、诗人，闽学派的代表人物，儒学集大成者，世尊称为朱子。朱熹是唯一非孔子亲传弟子而享祀孔庙，位列大成殿十二哲者中。

（其力格尔）

《御制翻译诗经》封面

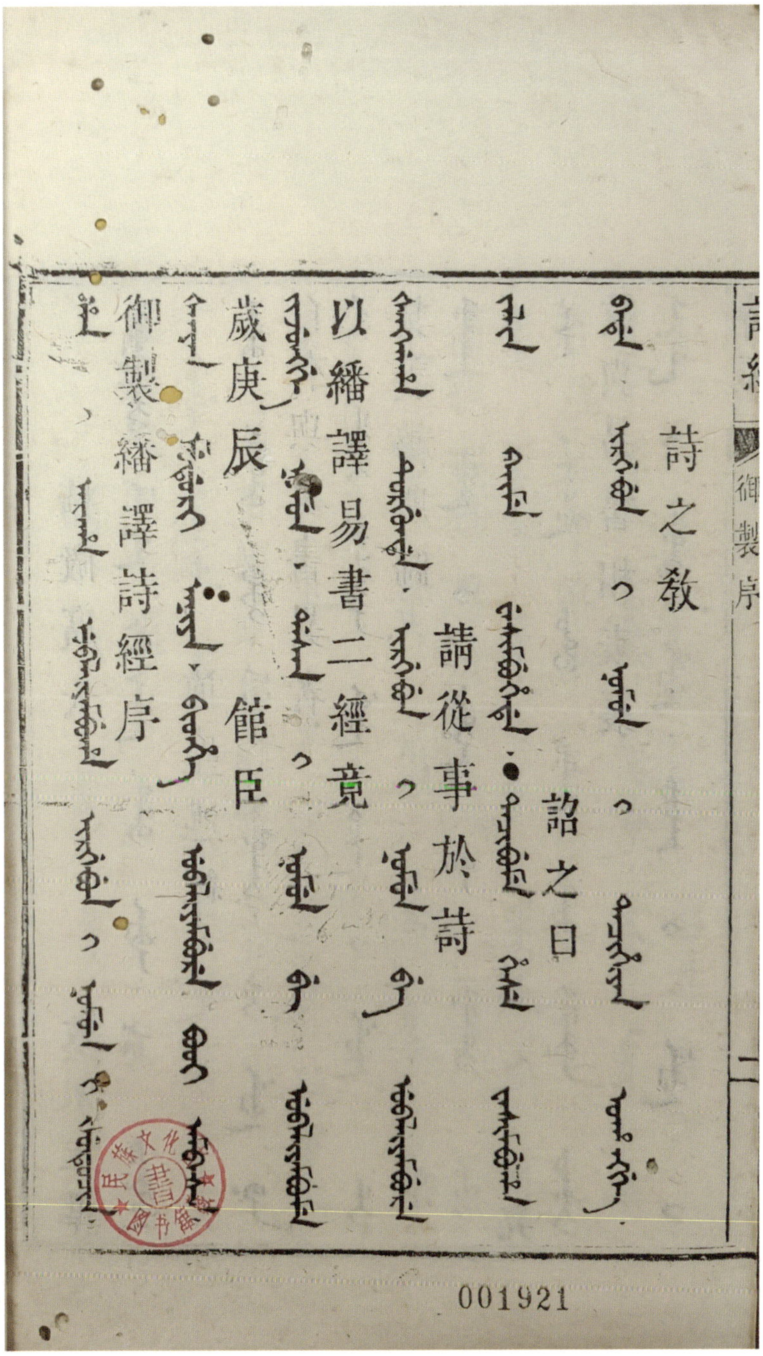


《御制翻译诗经》序

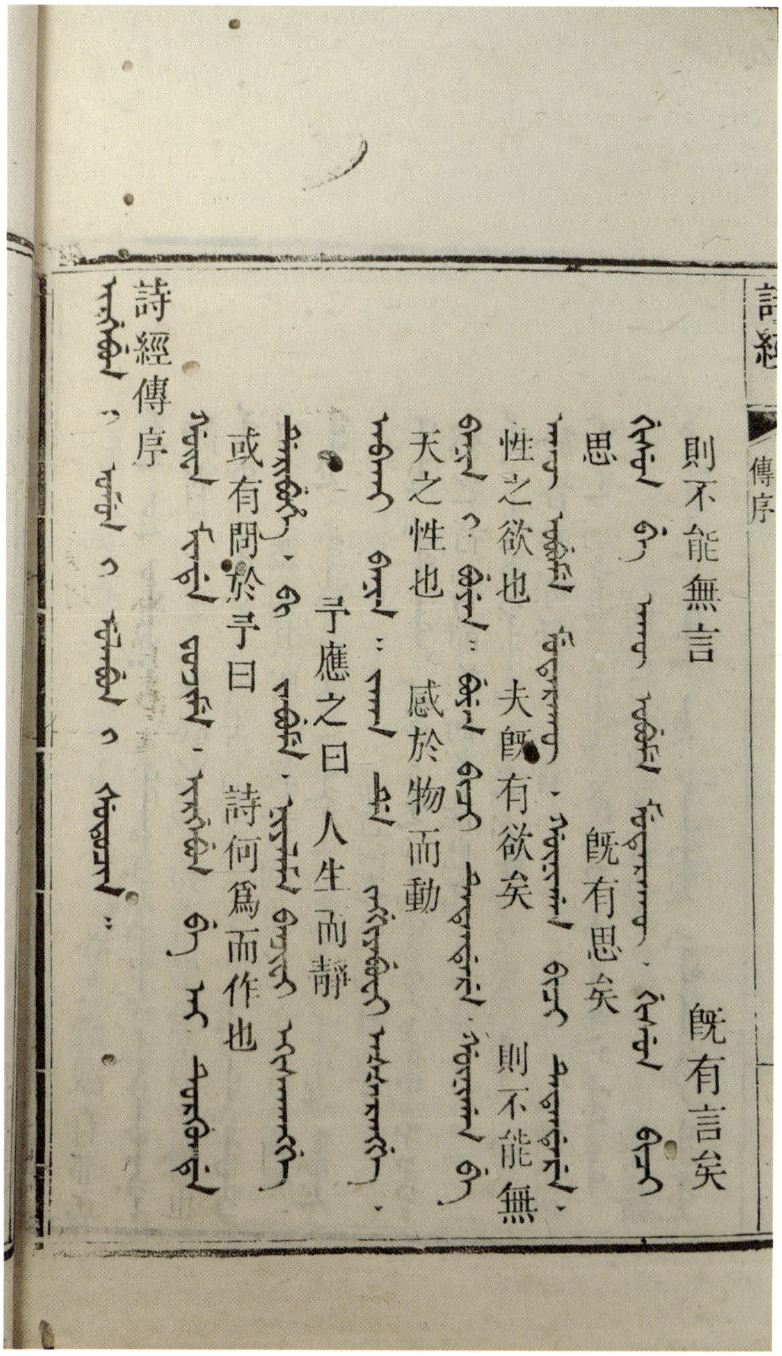
詩經傳序
或有問於予曰 詩何爲而作也
予應之曰 人生而靜
天之性也 感於物而動
性之欲也 夫旣有欲矣 則不能無
思 旣有思矣
則不能無言 旣有言矣
詩經
傳序

《御制翻译诗经》传序

## 御制翻译春秋

清高宗（弘历）敕译。

清乾隆四十九年（1784）武英殿刻本。汉文满文合璧。

线装。页面25.4厘米×16.7厘米，半叶版框17.8厘米×13.8厘米。四周双边。半叶14行，满文汉文交替各7行，小字双行。白口，单鱼尾，版心有汉文书名、卷次、篇目、页码。

48册，8函，64卷，2872叶。

保存完好。

鲁国史官把当时各国发生的重大事件，按年、季、月、日记录下来，一年分春、夏、秋、冬四季记录，简括起来就把这部编年史名为《春秋》。它的记事年代上起鲁隐公元年（前722），到鲁哀公二十七年（前494）为止，按照鲁国从隐公到哀公一共12个国君的顺序，记载了春秋时代254年间各诸侯国的政治、军事、外交和文化等方面的重要史实，内容涉及当时社会生活的各个方面。后来，儒家学者把《春秋》尊为“经”，列入“五经”当中，称为《春秋经》。孔子依据鲁国史官所编《春秋》加以整理修订，成为儒家经典之一。

清代是中国由古代转入近代的转型时期，清早期一方面少数民族政权既表现出对儒学的高度重视。清朝皇帝中对文化事业的重视和功绩当以弘历为最。图书编撰方面的最大成就是亲自倡导并编成了大型文献丛书《四库全书》，包括论语》《大学》《孟子》《中庸》《周易》《周礼》《礼记》《诗经》《孝经》《尚 书》《春秋》等。乾隆皇帝是清代“康乾盛世”的奠基者之一，在其统治期间一直致力于维护边疆稳定和国家统一，为统一的多民族国家的发展做出重要贡献。

（其力格尔）

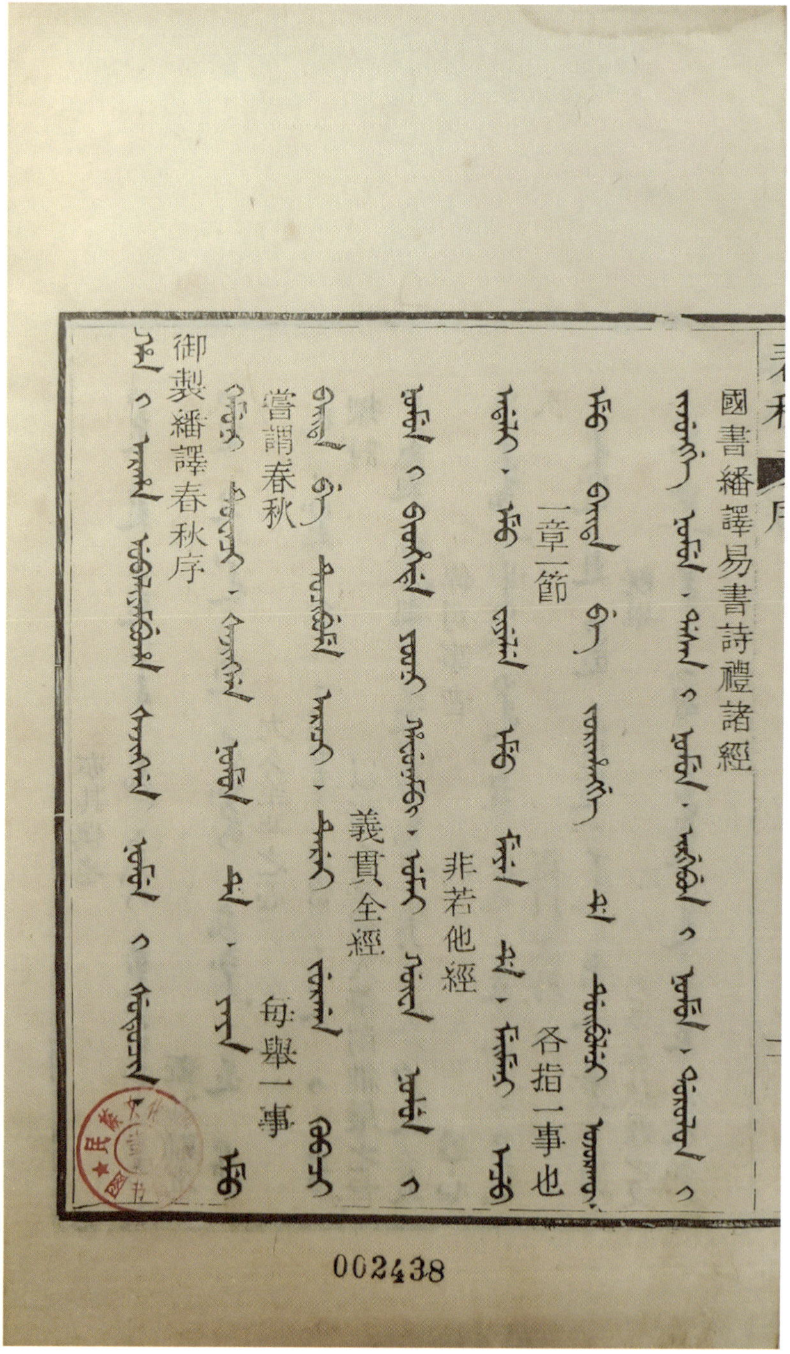


《御制翻译春秋》序

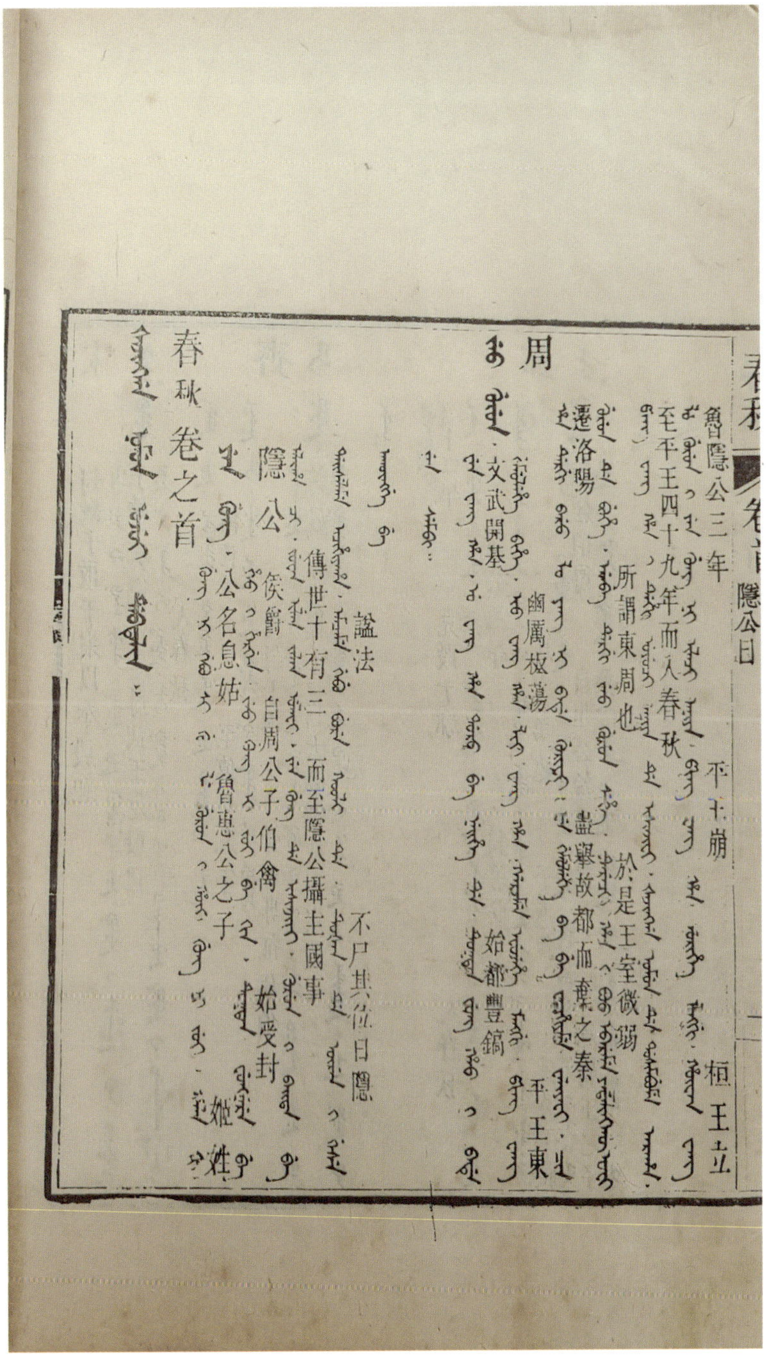
春秋卷首 隱公
魯隱公元年 平王崩 桓王立
至平王四十九年而入春秋
所謂東周也 於是王室微弱
遷洛陽 盡以故都而棄之秦 平王東
文武開基 幽厲板蕩 始都豐鎬
周
諡法 不尸其位曰隱
傳世十有三 而至隱公攝主國事
侯爵 自周公子伯禽 始受封
隱公
公名息姑 魯惠公之子 姬姓
春秋卷之首

《御制翻译春秋》卷首

# 衙署名目

编撰者不详。

清光绪十五年（1889）京都隆福寺聚珍堂刻本。汉文满文合璧。

线装。页面24.5厘米×15.6厘米，半叶版框18.5厘米×13.0厘米。四周双边。半叶上下满文汉文相间各9行。白口，单黑鱼尾，版心有汉文书名、类目名、页码、聚珍堂。

1册，1函，30叶。

保存基本完好。

该书封面为满文汉文书名，汉文居右，满文居左，下方有阳文钤印“依鎮额”一方。内封正面左右各列满汉书名，中间两列为小字满汉文“京都隆福寺东口内路南聚珍堂梓行”；背面印满汉文“光绪十五年三月新镌”，汉文居右，满文居左。正文前后无序跋。

清朝历代统治者均十分重视国家机构及其职官的满语称谓，并组织编修了诸如《御制清文鉴》《御制增订清文鉴》等多部规范满语文的辞书，以期巩固满语文作为“国语”“国文”的至高无上之地位。经过清朝统治者不断的规范化工作，尤其是乾隆朝推行的“钦定新清语”政策以来，满语满文在清中后期达到高度成熟的状态。光绪朝汉文满文合璧本《衙署名目》是清末为数不多的满汉对照辞书之一，被收入辞书《清语摘抄》。不仅反映了这一时期满语文高度成熟、规范的样态，同时也对清史研究尤其是清朝制度史发展的研究具有重要的参考价值。与成书于乾隆三十六年（1771）的《御制增订清文鉴》中相关类目的内容对比，《衙署名目》所收录的专业词条更加丰富，尤其是前者所未收的诸多关隘、地名等，对地方史志的研究亦大有裨益。

全书分为部院类、旗分佐领类、仓库名、京城门名、禁城门名、宫殿名、坛庙名、关隘名、州县名九大类。是一部专门收录清朝衙署名称的汉满合璧分类词典。词典每行两组汉满文词语条目，上为汉文词语，下列满文译词。正文末页另有墨色阴文钤印“玉森之印”、阳文钤印“松坪”各一方，关于印主人是否为本书著者，尚待有识者考证。

（曹娇林）

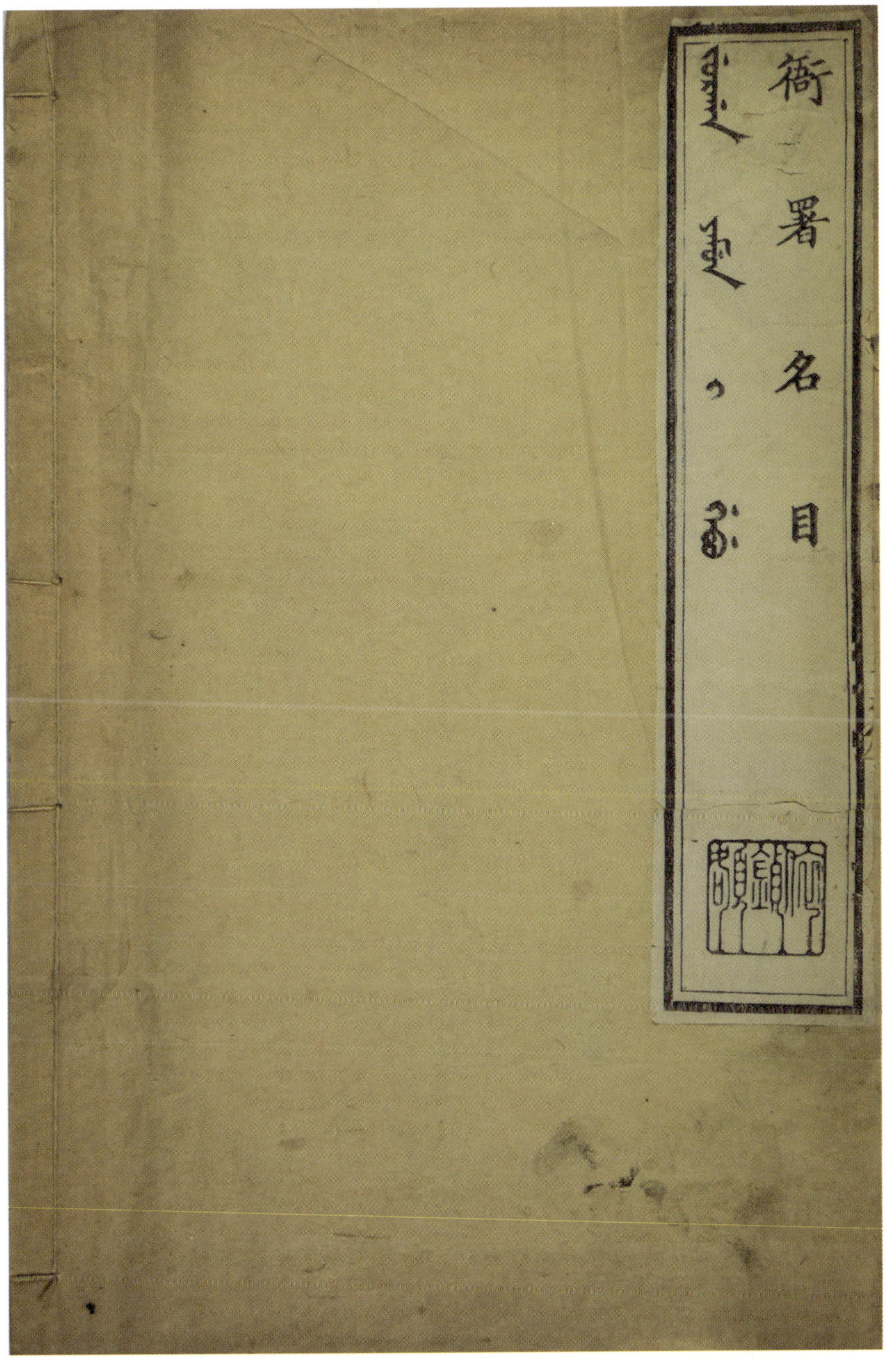

《衙署名目》封面

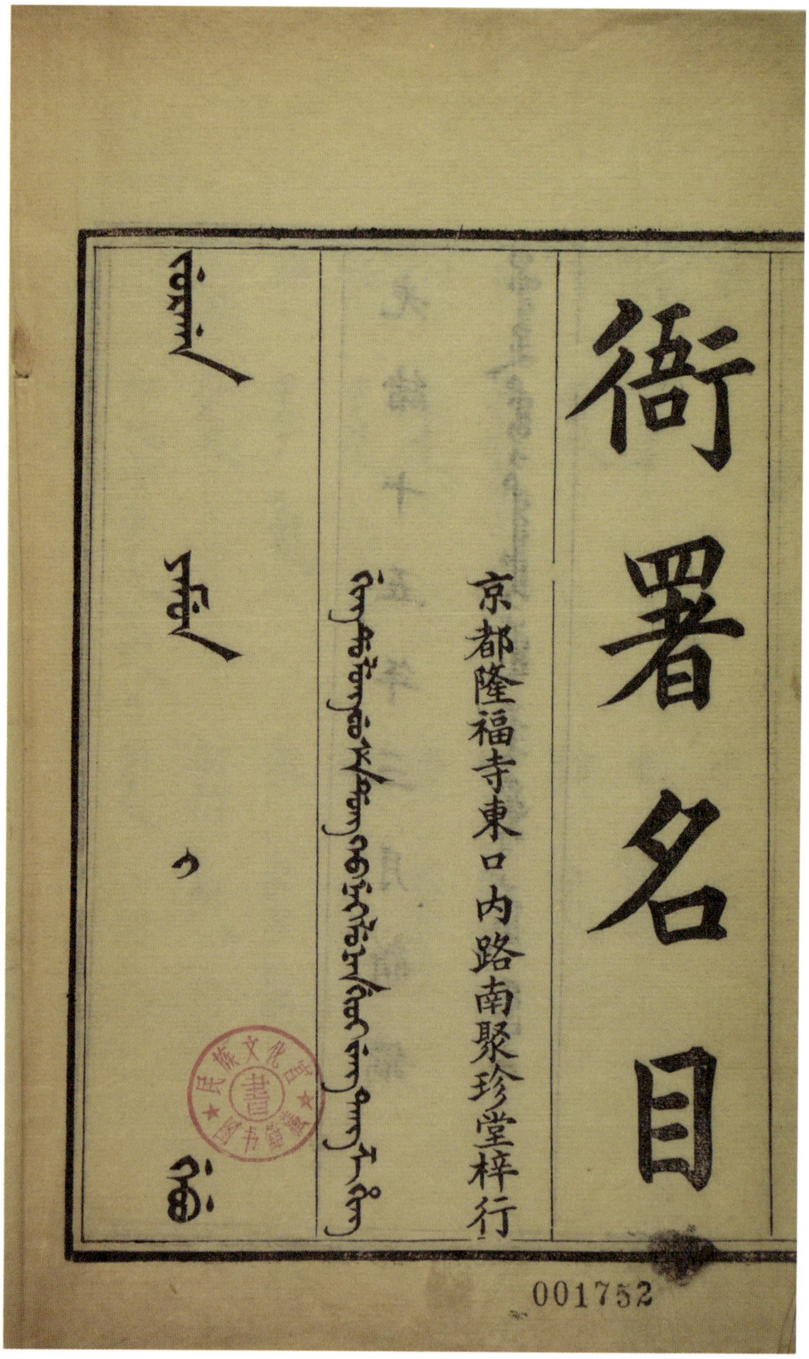


《銜署名目》内封

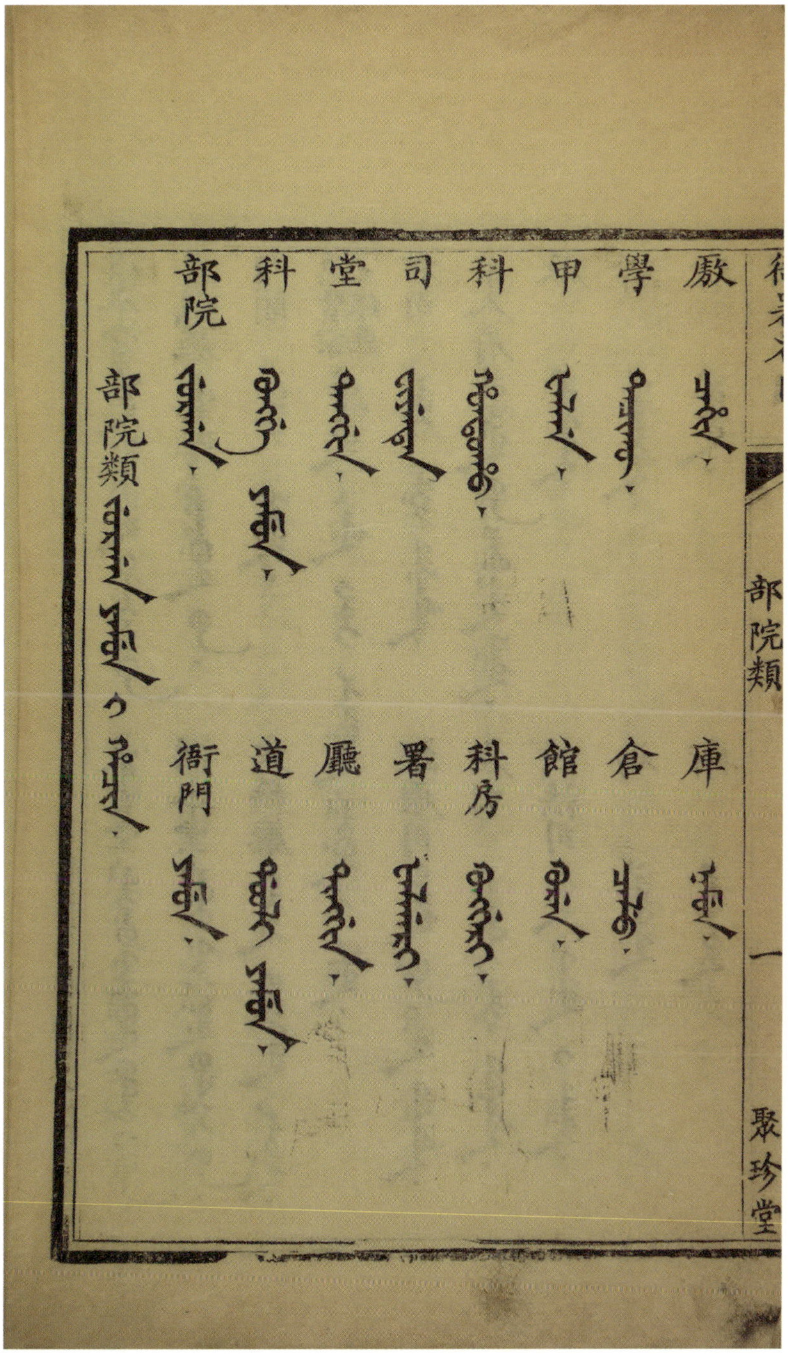

部院類　一　聚珍堂

廠　學　甲　科　司　堂　科　部院

庫　倉　館　科房　署　廳　道　衙門

部院類

《衙署名目》首卷卷端

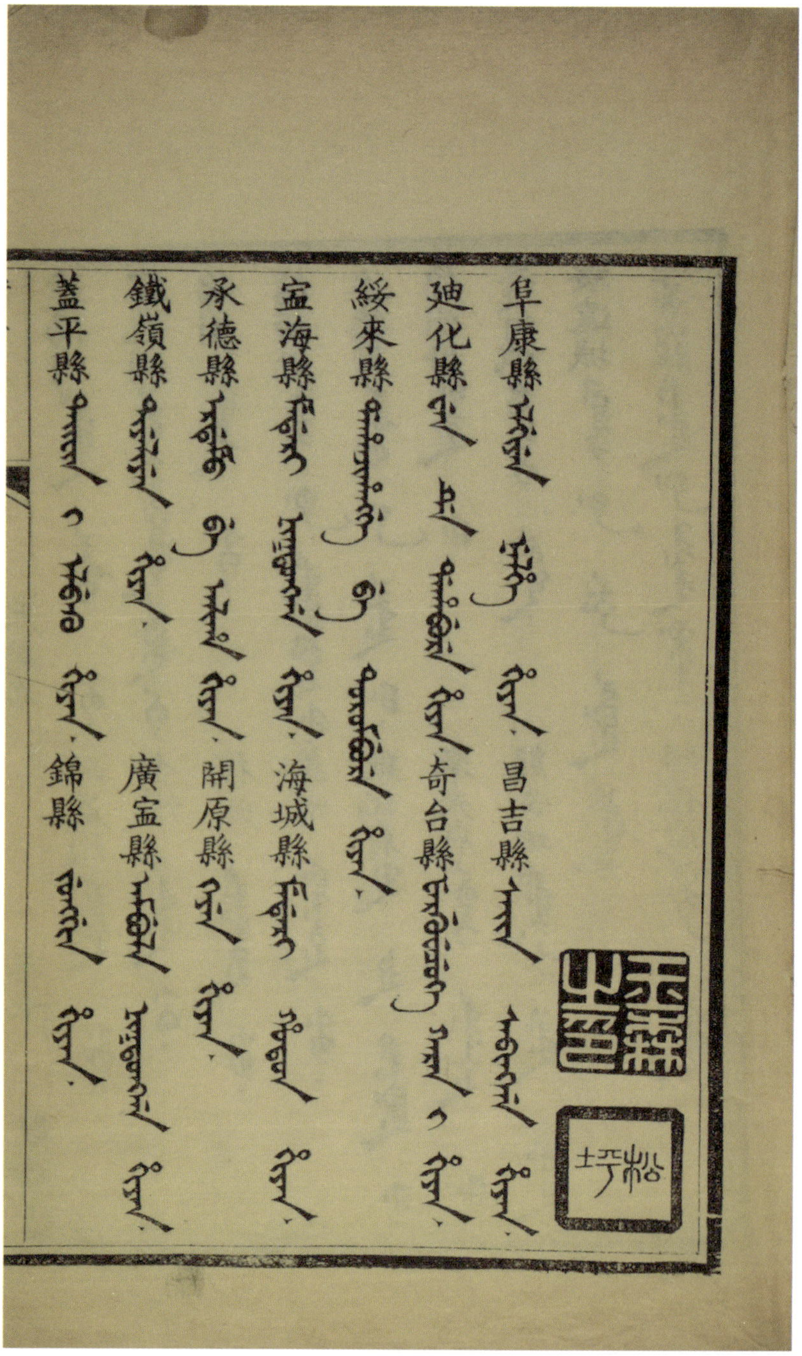
阜康縣 昌吉縣
廸化縣 奇台縣
綏來縣
寍海縣 海城縣
承德縣 開原縣
鐵嶺縣 廣寍縣
蓋平縣 錦縣

《衙署名目》卷末

## 满文话条

（清）富俊著，抄写者不详。

清抄本。汉文满文合璧。

线装。页面26.7厘米×16.7厘米。半叶9行，满文汉文交替，两行满文后随汉文译文一行，字数不等。

2册，1函，176叶。

此书为《清文指要》正文部分的精抄本。板式规整，字迹精细，字体秀美。无页码标记。《清文指要》包含《序》及《字音指要》《清文指要中》《清文指要下》三卷，附《续清文指要上》《续清文指要下》两卷。是作者根据老辈传说以及作者自身所学汇集语句供初学满语及喜好满语的人们参考，以便能灵活学习，随意运用。书中内容反映了当时的社会生活、饮食习惯、风土人情等，为八旗子弟学习满语会话提供方便。

富俊（1749—1834），字松岩，卓特氏，正黄旗蒙古人。乾嘉道三朝大臣，乾隆四十四年（1779）翻译进士。初授礼部主事，历官内府蒙古侍读学士、礼部侍郎、镶蓝旗蒙古副都统、镶白旗满洲副都统、兵部右侍郎、科布多参赞大臣、兵部左侍郎、叶尔羌办事大臣、乌里雅苏台参赞大臣、镶红旗汉军都统、吉林将军、理藩院尚书、大学士等职。谥“文诚”。著有《三合便览》《蒙文指要》《蒙古托忒汇集》等。

《清文指要》是清朝最早刊行的一部满汉对照双语教材和历史文献，是研究清代满语或汉语的重要语料。它不仅是清代学习满文的名著，而且至今仍然具有满语历史教科书的价值，同时也是清代满文读本会话类文献的重要代表。

（李香）

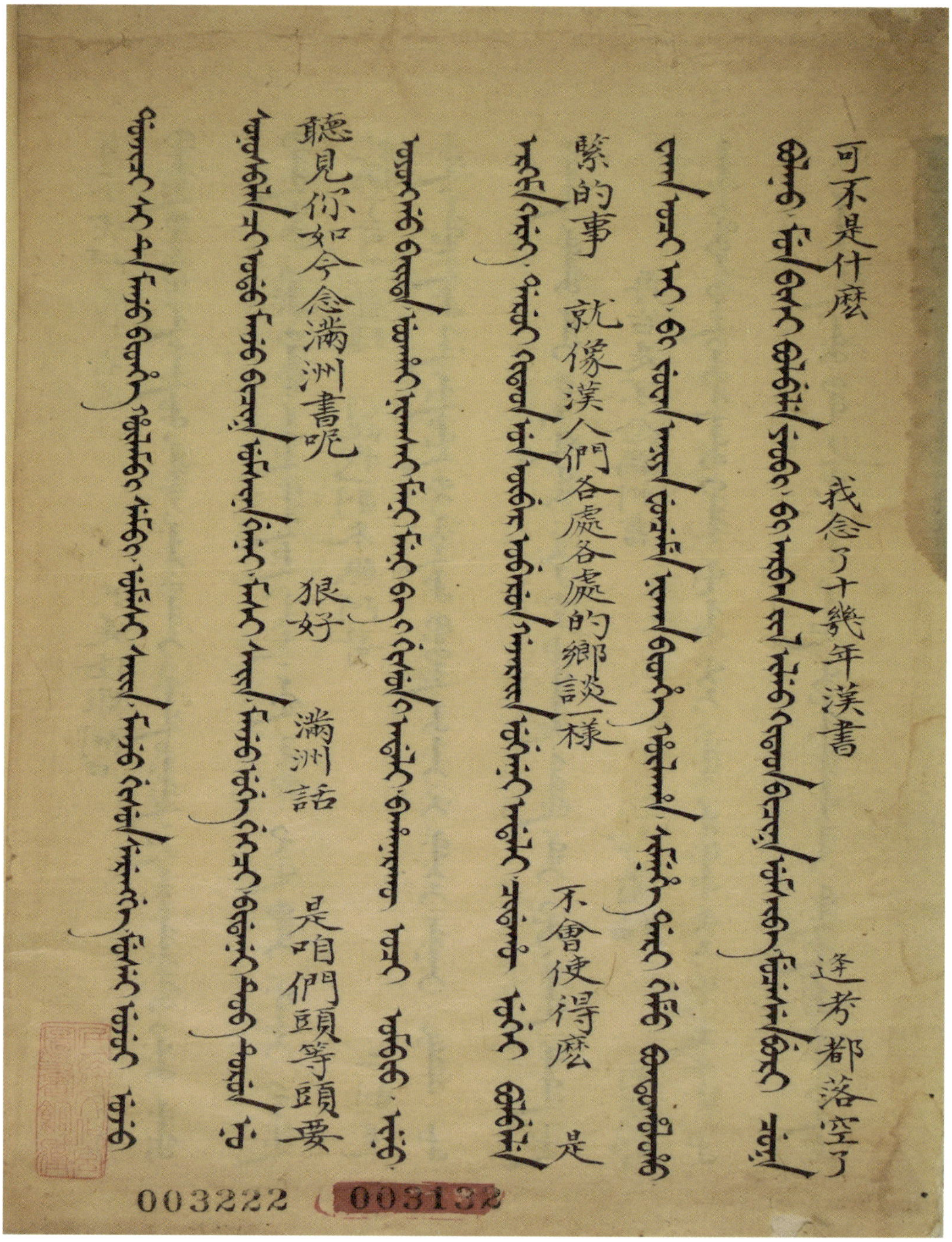
可不是什麽 我念了十幾年漢書 逢考都落空了
緊的事 就像漢人們各處各處的鄉談一様 不會使得麽 是
聽見你如今念滿洲書呢 狠好 滿洲話 是咱們頭等頭要
003222 003132

《满文话条》首页

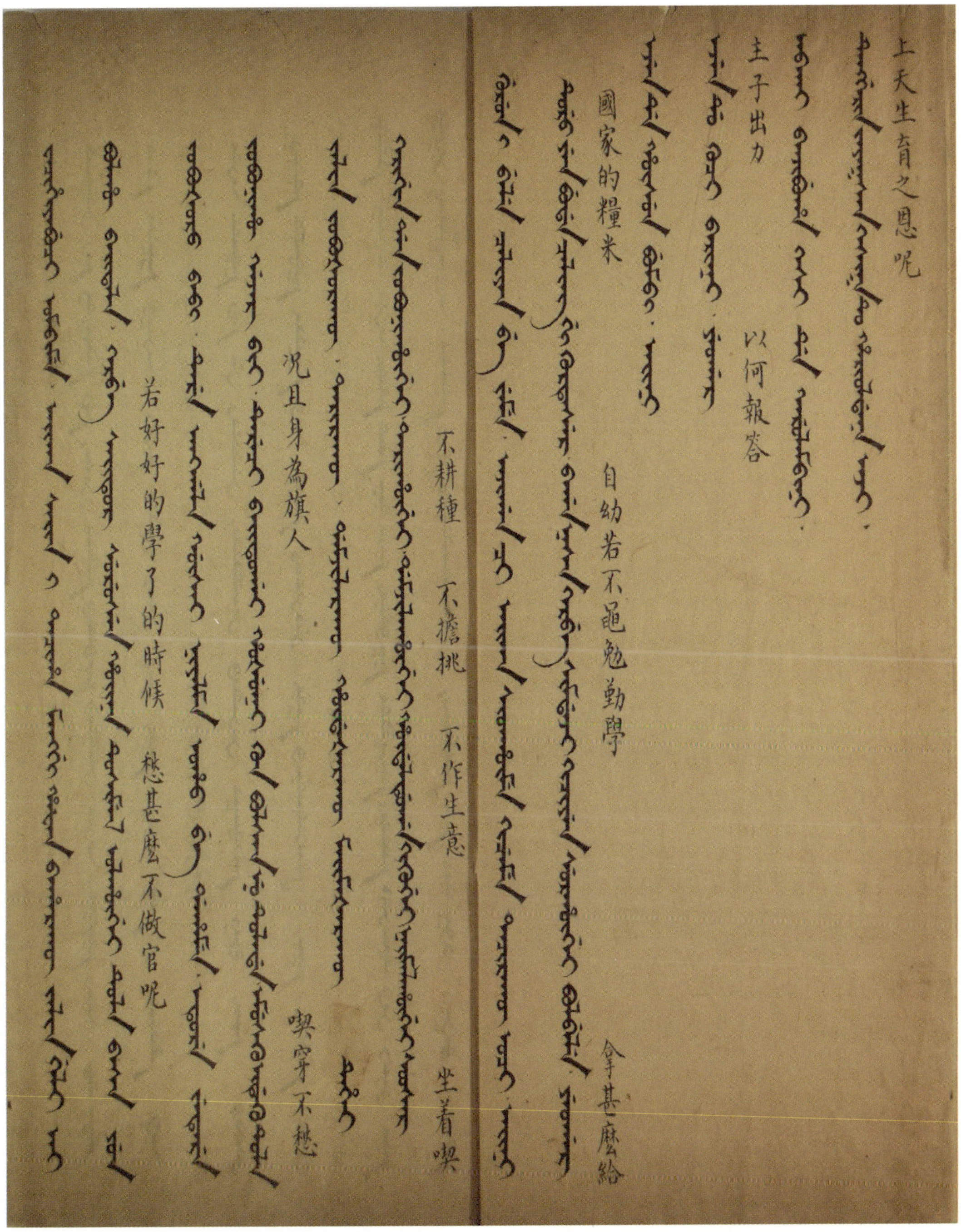
上天生育之恩呢
主子出力
以何報答
國家的糧米
自幼若不黽勉勤學
拿甚麼給
不耕種 不擔挑 不作生意
坐着喫
况且身為旗人
喫穿不愁
若好好的學了的時候
愁甚麼不做官呢

《满文话条》尾页

## 满汉西厢记

ᠮᠠᠨᠵᡠ ᠨᡳᡴᠠᠨ ᠰᡳ ᠰᡳᠶᠠᠩ ᠵᡳ ᠪᡳᡨᡥᡝ

《西厢记》，全名《崔莺莺待月西厢记》。翻译成满文，名为《满汉西厢记》。

（元）王实甫著，（清）和素译。

清康熙四十九年（1710）刻本。汉文满文合璧。

线装。页面23.7厘米×14.7厘米，半叶版框17.0厘米×12.2厘米。四周双边。半叶大字12行、小字24行不等，行字数不等。白口，单鱼尾，版心有汉文书名、满文书名、汉文页码。

4册，1函，4卷，177叶。

保存完好。纸易碎。

《西厢记》最早的来源是唐代元稹所著的传奇小说《莺莺传》，不过它是以金代董解元的《西厢记诸宫调》为基础改编而成的。它和《董西厢》在情节上相差无几，但在每个方面都进一步加工、发展和提高，使戏剧冲突更加激烈，人物性格也更为鲜明，特别在心理描写上，细致、精确，引人入胜。本书描写书生张生在寺庙中遇见崔相国之女崔莺莺，两人产生爱情，通过婢女红娘的帮助，历经坎坷，终于冲破封建礼教束缚而结合的故事。王实甫的杂剧《西厢记》有鲜明、深刻的反封建的主题。张生和崔莺莺的恋爱故事，已经不再停留在“才子佳人”的模式上，也没有把“夫贵妻荣”作为婚姻的理想。他们否定了封建社会传统的联姻方式，始终追求真挚的感情，爱情已被置于功名利禄之外。《西厢记》结尾处，在中国文学史上第一次正面地表达了“愿普天下有情人都成眷属”的美好愿望，表达了反对封建礼教、封建婚姻制度、封建等级制度的进步主张，鼓舞了青年男女为争取爱情自由、婚姻自主而抗争。

《西厢记》具有广泛持久的影响。自它问世以来，就得到戏剧家、评论家的高度赞赏。明人都穆说“北词以《西厢记》为首”（《南濠诗话》），王世贞称《西厢记》为北曲的压卷之作，王骥德认为杂剧南戏之中“法与词两善其极，唯实甫《西厢》可当之”，称为“千古绝技”（《曲律》）。明代著名思想家李贽在《焚书》中，对《西厢记》出神入化的艺术技巧发出由衷赞叹；清代戏曲家李渔更下了这样一个结论：“自由《西厢》而迄于今，四百余载，推《西厢》为填

词第一者，不知几千万。”（《闲情偶寄》）

《西厢记》不仅受到中国人民的喜爱，而且得到世界人民的欢迎。自19世纪末开始，《西厢记》就被翻译成拉丁文和英文，虽然是零折翻译，但毕竟开始走出国门走向世界。迄今为止，已经有英、法、德、意大利、俄、拉丁、印地、朝鲜等多种文字的译本在各国出版。可见，《西厢记》已经成为世界文学宝库中的一颗明珠，用一位日本汉学家的话说，它已“成为世界戏剧史上的伟大文学作品了”。

“碧云天，黄花地，西风紧，北雁南飞。晓来谁染霜林醉？总是离人泪……”谁不为这华彩的辞章而拍案叫绝？可见，王实甫的《西厢记》不仅是一部戏剧，它也是中国文学史上的一部不朽名著。

王实甫（1260—1336），名德信，河北省保定市定兴（今定兴县）人。元代著名杂剧作家，五本二十一折的《西厢记》大约写于元代元贞、大德（1295—1307）年间，不仅是他的代表作，而且是元代杂剧创作中最优秀的作品之一。

和素（1652—1718），字存斋、纯德，完颜氏，清康熙年间满洲人，隶属内务府镶黄旗。精通满文、汉文。累官至内阁侍读学士，御试清文第一，赐巴克什号，充皇子师傅，翻书房总裁，清代著名满文翻译家。和素一生译著较多，主要有《素书》《通鉴总论》《醒世要言》及《孝经》《左传》《琴谱合璧》（《太古遗音》）、《菜根谭》《西厢记》和《金瓶梅》等。

（吴贵飙）

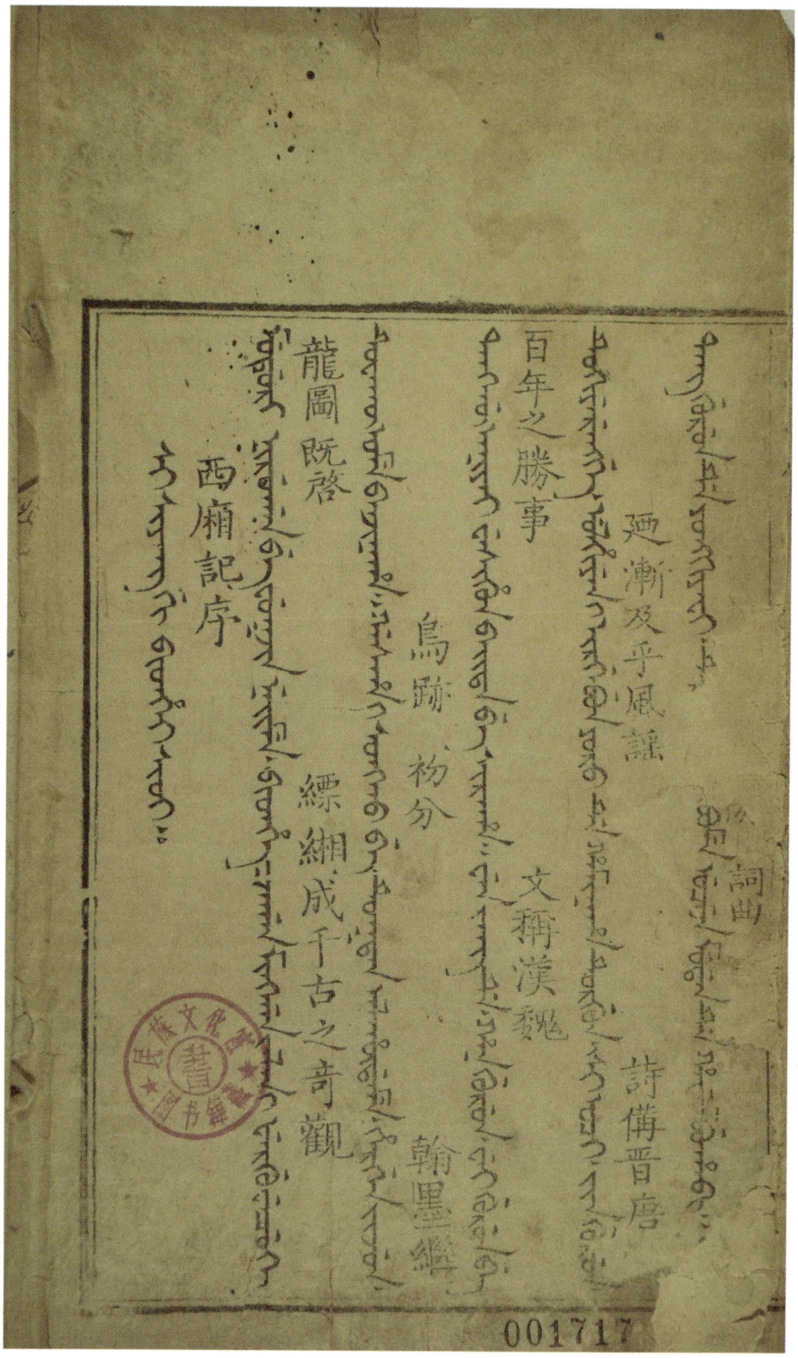


《满汉西厢记》第一册西厢记序第1叶

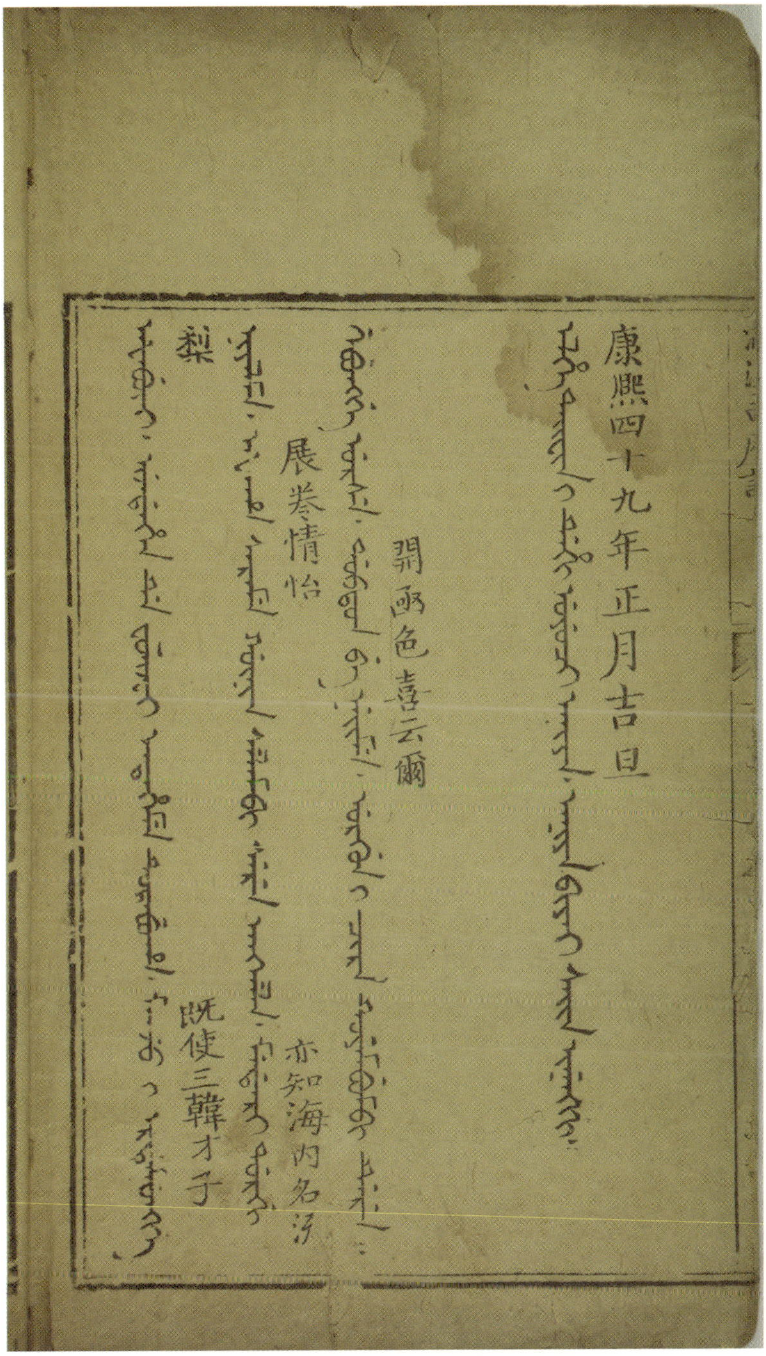


《满汉西厢记》第一册西厢记序第3叶

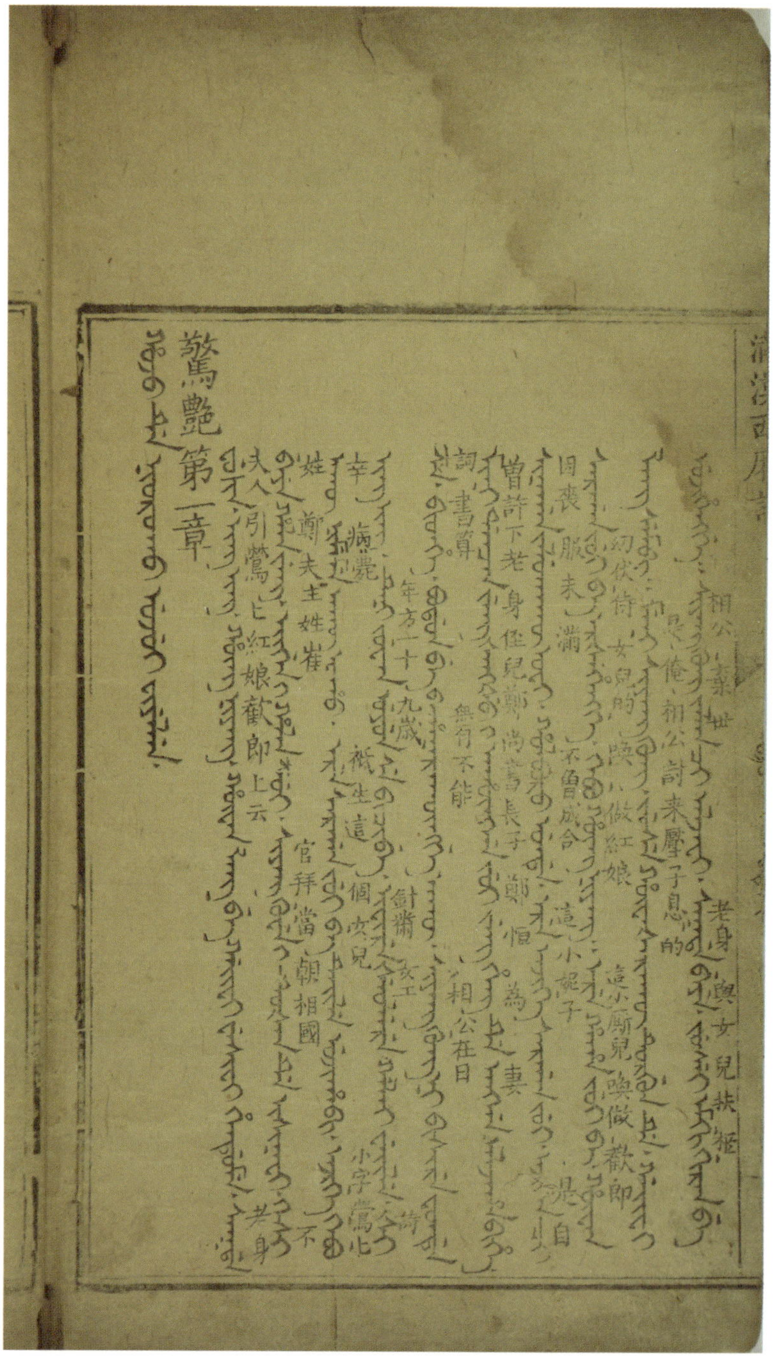

《满汉西厢记》第一册正文第1叶（正面）

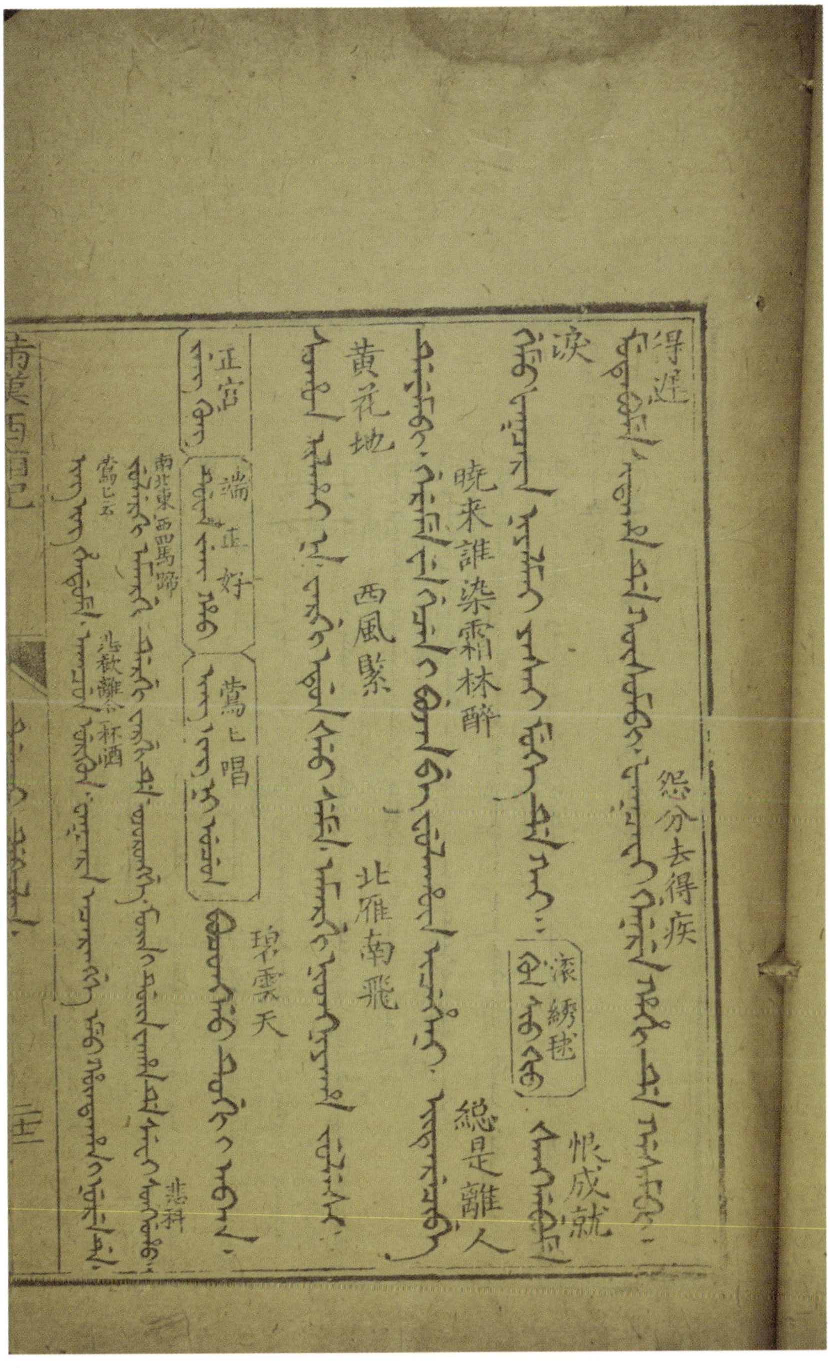

《满汉西厢记》第四册第22叶

## 满汉合璧三字经注解

（宋）王应麟撰，（清）王相注，（清）陶格译，（清）傅尔汉参订，（清）盛冠宝校阅。

清乾隆六十年（1795）京都隆福寺三槐堂刻本。汉文满文合璧。

线装。页面24.5厘米×15.5厘米，半叶版框18.8厘米×13.8厘米。四周单边。半叶8—10行不等，行字数不等。白口，单鱼尾，版心有汉文书名、卷次、页码。

2册，1函，2卷，72叶。

保存完好。

卷前有乾隆六十年正月翻译主事馨泰所作“满汉合璧三字经注解序”，称赞陶格以满汉两种文字对照的《三字经》译本“义类疏通，辞旨明达，使读者开卷了然，虽三尺童子无不心领神会”。

《三字经》是中国的传统启蒙教材，贯穿其中的主要是中国古代历史知识和儒家伦理道德思想，自宋朝以来已有700多年历史，以其丰富的知识内容、朗朗上口的韵语形式，历元、明、清三代而不衰，成为一部流传广泛、影响深远的幼学启蒙教材。全书共1000多字，三字一句的韵文极易成诵，可谓家喻户晓，脍炙人口。《满汉合璧三字经注解》为满、汉两种文字对照，左侧满文，右侧汉文，将汉语《三字经》逐字逐句译为满文。陶格在用满文翻译了《三字经》正文之后，又参照历代《三字经》的注释本，同样以满、汉两种文字对照的形式对《三字经》正文逐字逐句加以注解，在此过程中，不断引用孔子、孟子以及朱熹等人的话来解释《三字经》的“微言大义”，即主要说明《三字经》所包含的儒家伦理道德思想。

该书对研究清代满族、蒙古族、汉族等多民族文化交流史、清代教育制度等有重要的参考价值。

（龚文龙）

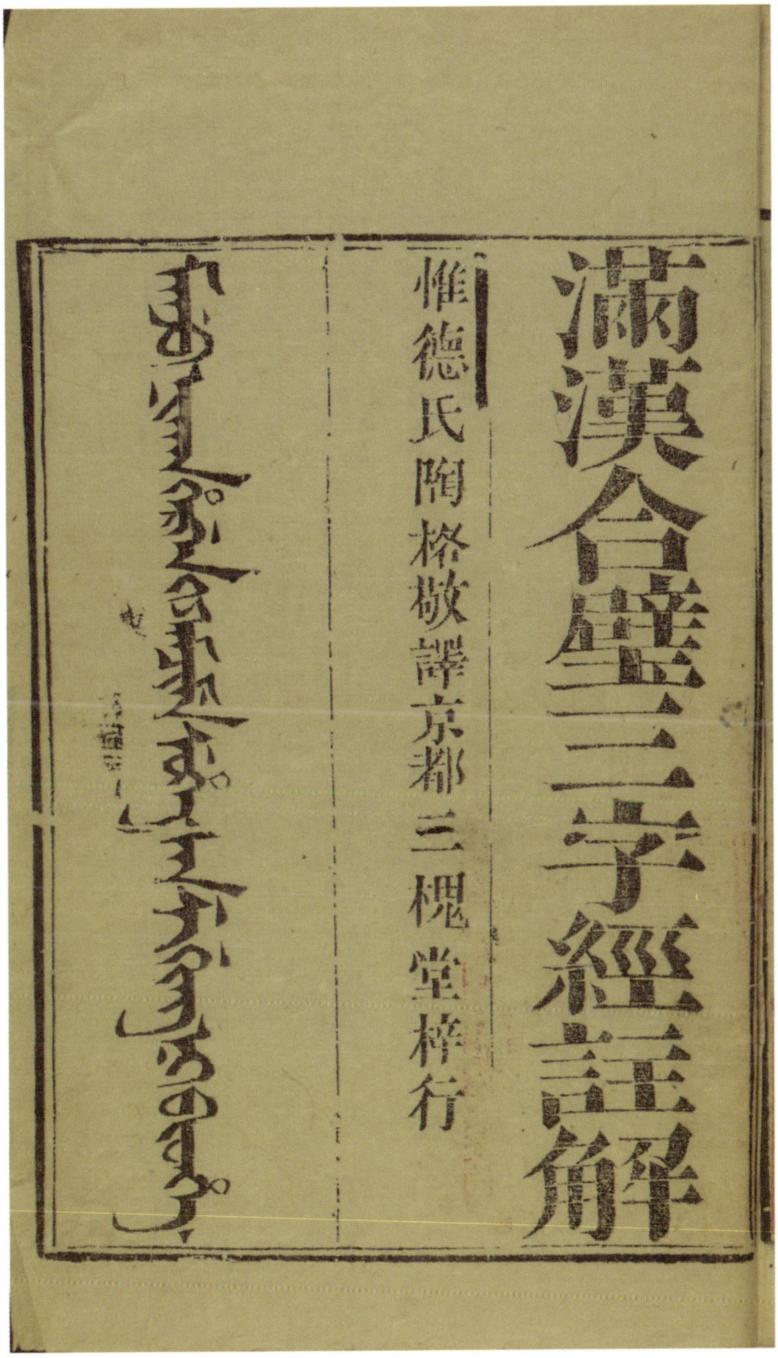
滿漢合璧三字經註解
惟德氏陶格敬譯　京都三槐堂梓行

《满汉合璧三字经注解》内页封面

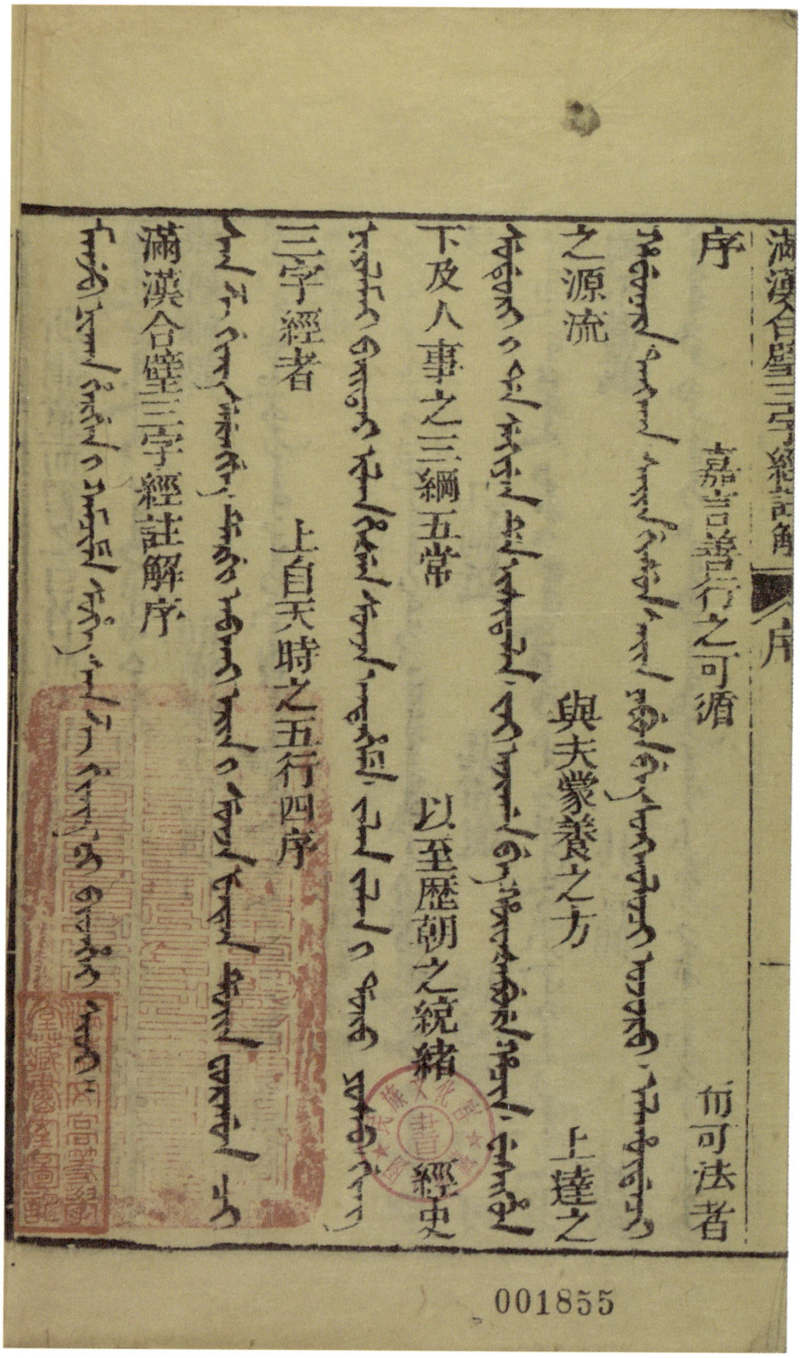
滿漢合璧三字經註解 序

序 嘉言善行之可循而可法者

之源流 與夫蒙養之方 上達之

下及人事之三綱五常 以至歷朝之統緒 經史

三字經者 上自天時之五行四序

滿漢合璧三字經註解序

001855

《满汉合璧三字经注解》序文首页

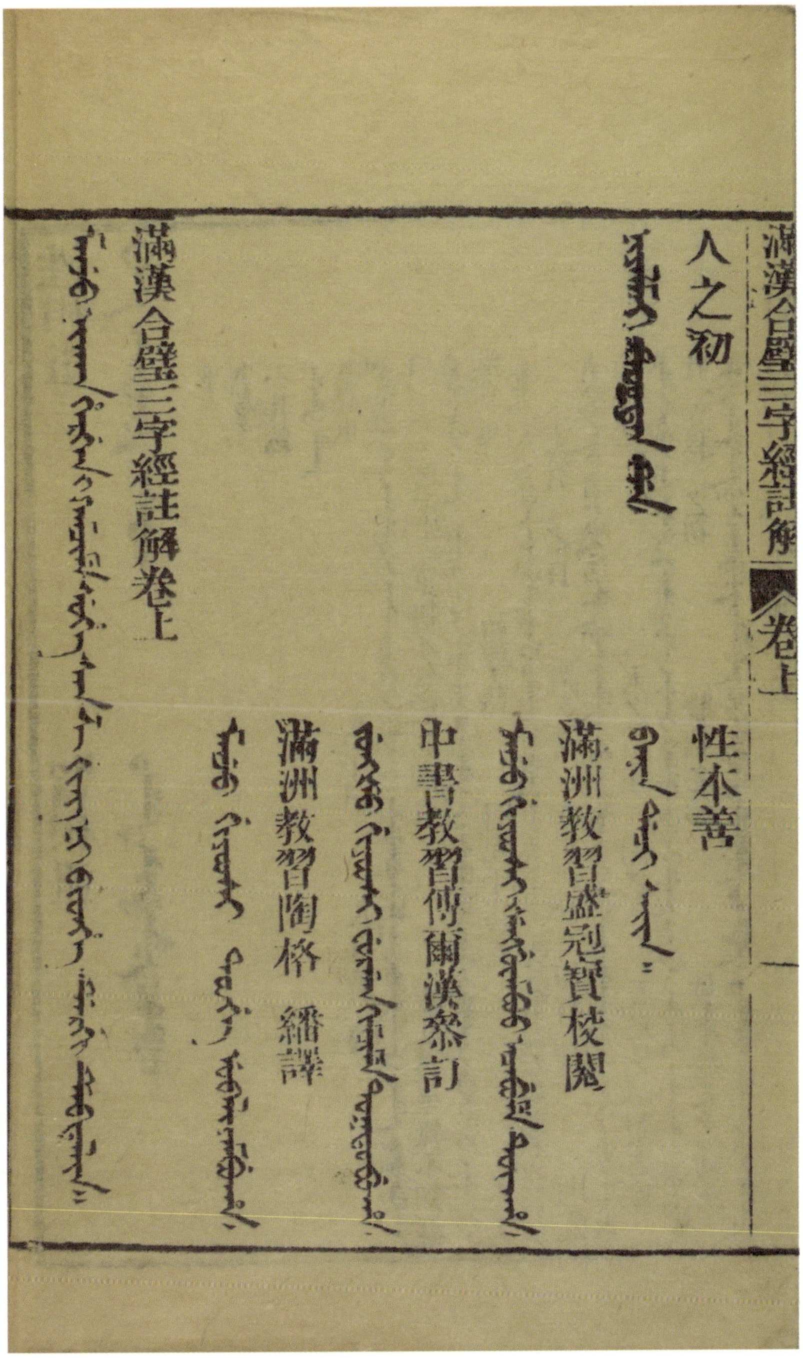


《满汉合璧三字经注解》正文首卷卷端

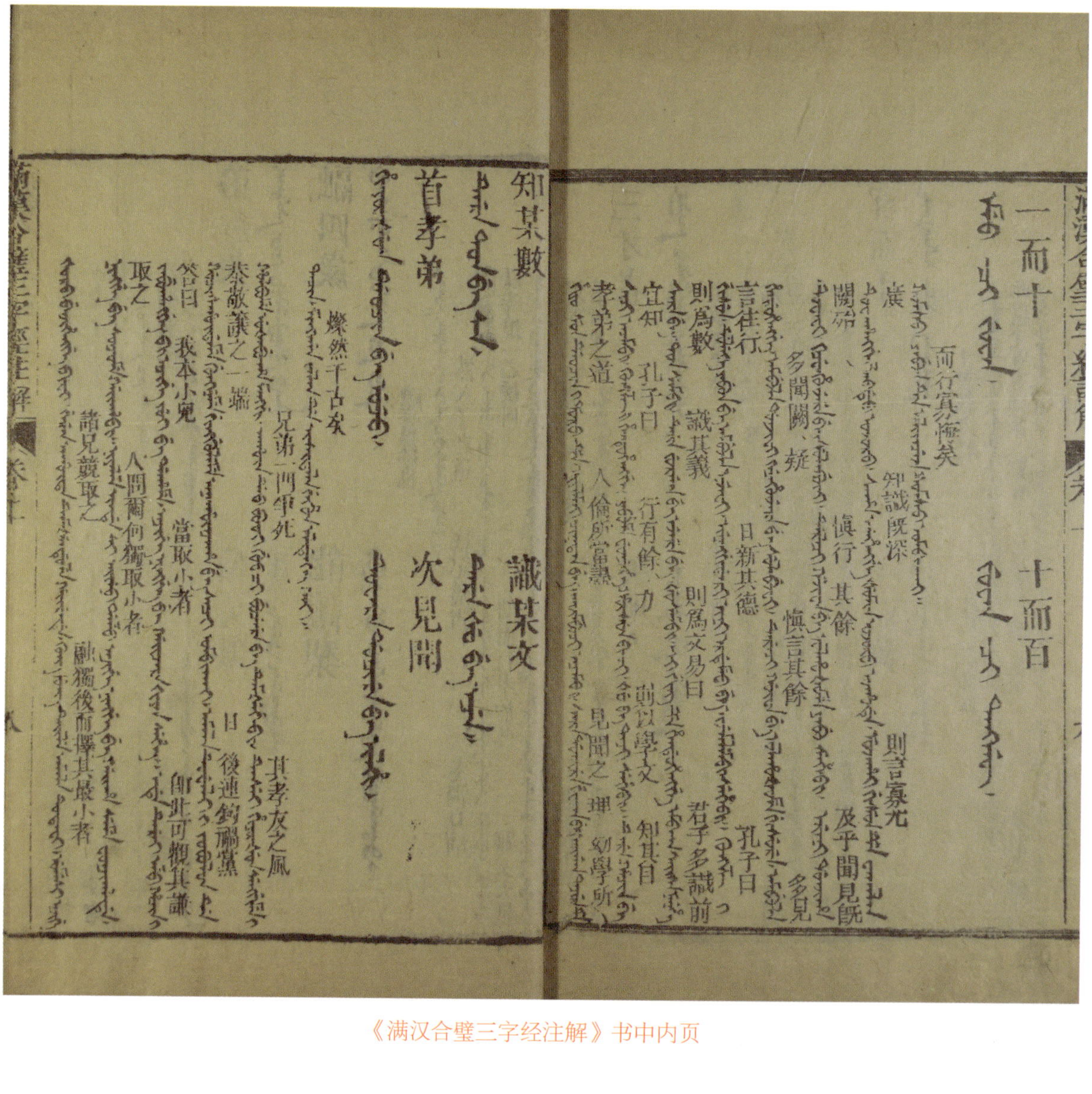

《满汉合璧三字经注解》书中内页

## 满汉字清文启蒙

## ᠮᠠᠨᠵᡠ ᠨᡳᡴᠠᠨ ᡥᡝᡵᡤᡝᠨ ᡳ ᠴᡳᠩ ᠸᡝᠨ ᡴᡳ ᠮᡝᠩ ᠪᡳᡨᡥᡝ

（清）舞格著。

清雍正八年（1730）京都隆福寺三槐堂刻本。满文汉文合璧。

线装。页面24.0厘米×15.5厘米，半叶版框20.5厘米×13.5厘米。四周双边。半叶12行。单鱼尾，版心有汉文题名、页码、分类、卷次号。

4册，1函，240叶。

保存完好。

《满汉字清文启蒙》，简称《清文启蒙》。此书为语音、词汇、语法合为一体的满文汉文对照辞书，卷一为满文语音、文字部分，包括“满洲十二字头单字联字指南”“切韵清字”“满洲外单字”“满洲外联字”“清字切韵法”“异施清字”“清书运笔先后”等内容，讲述满文字母、音节字及汉文切音字的正读、正写规则。卷二、四为词汇部分，卷二为“兼汉满洲套话”，是满汉文对照日常用语；卷四包括“清字辨似”“清语解似”等内容，解释了满文同音词、同义词、同形词等的细微区别。卷三为“清文助语虚字”，是语法部分，解释满文虚字的接续规则、语法意义等，包括格助词、动词时、式、态、体等形态变化以及连词、后置词、语气词、动名词、副词等。该书是清代成书最早、讲述最全面详细、例句最多的满文语法辞书，也是当时初学满文者入门的启蒙教科书。

（米吉提、阿依努尔·艾合麦提）

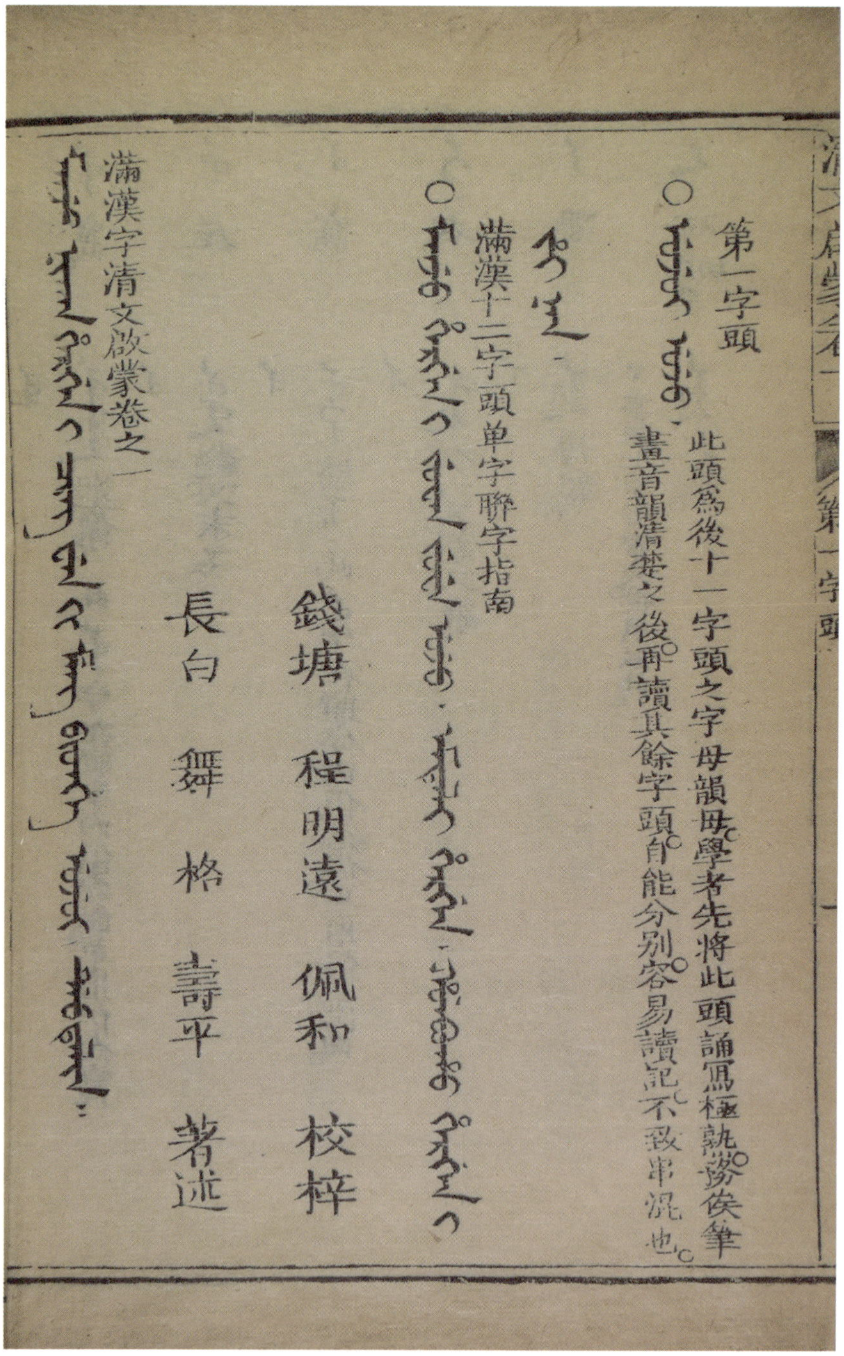
清文啓蒙卷一 第一字頭

第一字頭

此頭爲後十一字頭之字母韻母學者先將此頭誦爲極熟務俟筆畫音韻清楚之後再讀其餘字頭自能分別容易讀記不致串混也

滿漢十二字頭单字聯字指南

錢塘 程明遠 佩和 校梓

長白 舞格 壽平 著述

滿漢字清文啟蒙卷之一

《满汉字清文启蒙》序 第1页

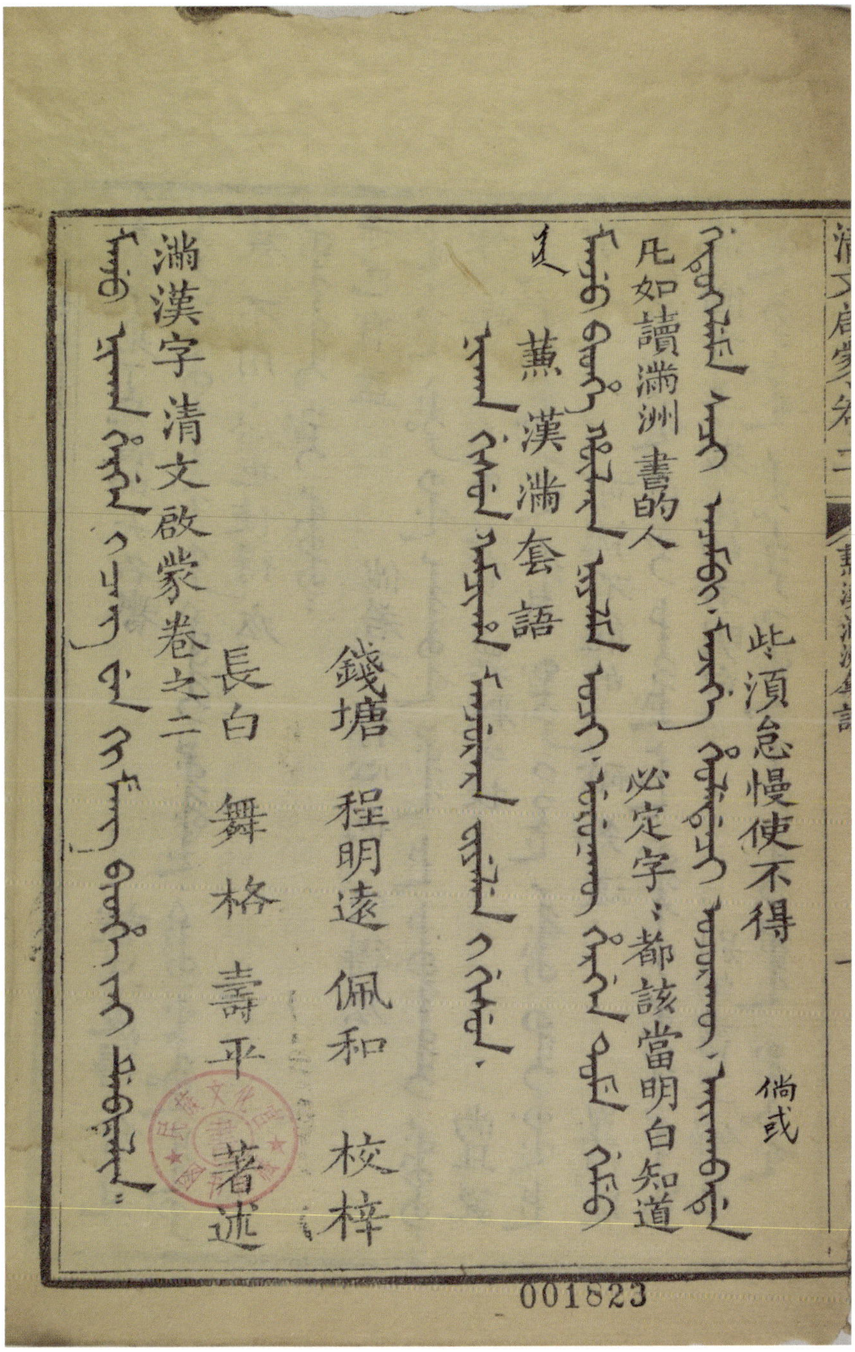
滿漢字清文啟蒙卷之二

長白　舞格壽平　著述

錢塘　程明遠佩和　校梓

兼漢滿套語

凡如讀滿洲書的人　必定字字都該當明白知道

此須怠慢使不得　倘或

001823

《满汉字清文启蒙》正文 第1页

# 满汉格言

编撰者不详。

清顺治年间刻本。汉文满文合璧。

线装。页面27.4厘米×17.0厘米，半叶版框21.0厘米×13.5厘米。四周双边。汉文满文相间各1行。白口，单鱼尾，版心有汉文书名、页码。

2册，1函，2卷，100页。

保存完好。

《满汉格言》是一部劝训警示格言汇总，用满汉文对照抄写，字迹工整，书写流畅，内容涉及修身、治道、做人、处事、为官等方面的格言，能给人以警示，具有很高的收藏价值。

其中，上册每页为两列三行，左边满文，右边为汉文，总共五十页三百字，短短三百字字字珠玑，内容简明扼要，教导人们为人要励精求治，修身行道，告诫懒惰，提防无谓的贪欲，戒除傲慢无礼，要懂得谦逊低调，勇于担起责任，在生活上节俭节约，工作上则廉洁自律、讲究诚信，以史为鉴，忠贞不渝，仁义礼让。下册为每页两列四行，左满文，右汉文，五十页约四百字。主要讲述做人要品德良好，拥有睿智的头脑，书卷更是万万不可丢弃，对待他人要懂得感恩，不得怨恨他人的过错，朋友则不可滥交，万事要三思而后行，不得诬陷他人，不得图一时的口舌之快，坚守自己的初心，不能摇摆不定。

一部中国史就是各民族共同创造灿烂文化的历史。形态各异、内涵丰富的少数民族文物从不同侧面呈现了各民族文化交流融合的历史状况，反映了中华民族共同体的形成过程以及中华文化多姿多彩的整体风貌。正是这些古籍文物方方面面使得各民族文化互融互鉴，是我们取之不尽、用之不竭的宝贵资源，对我们坚定文化自信，铸牢中华民族共同体意识有积极作用。对研究清代道德修养有参考价值。

（吾兰·吐尔汗）

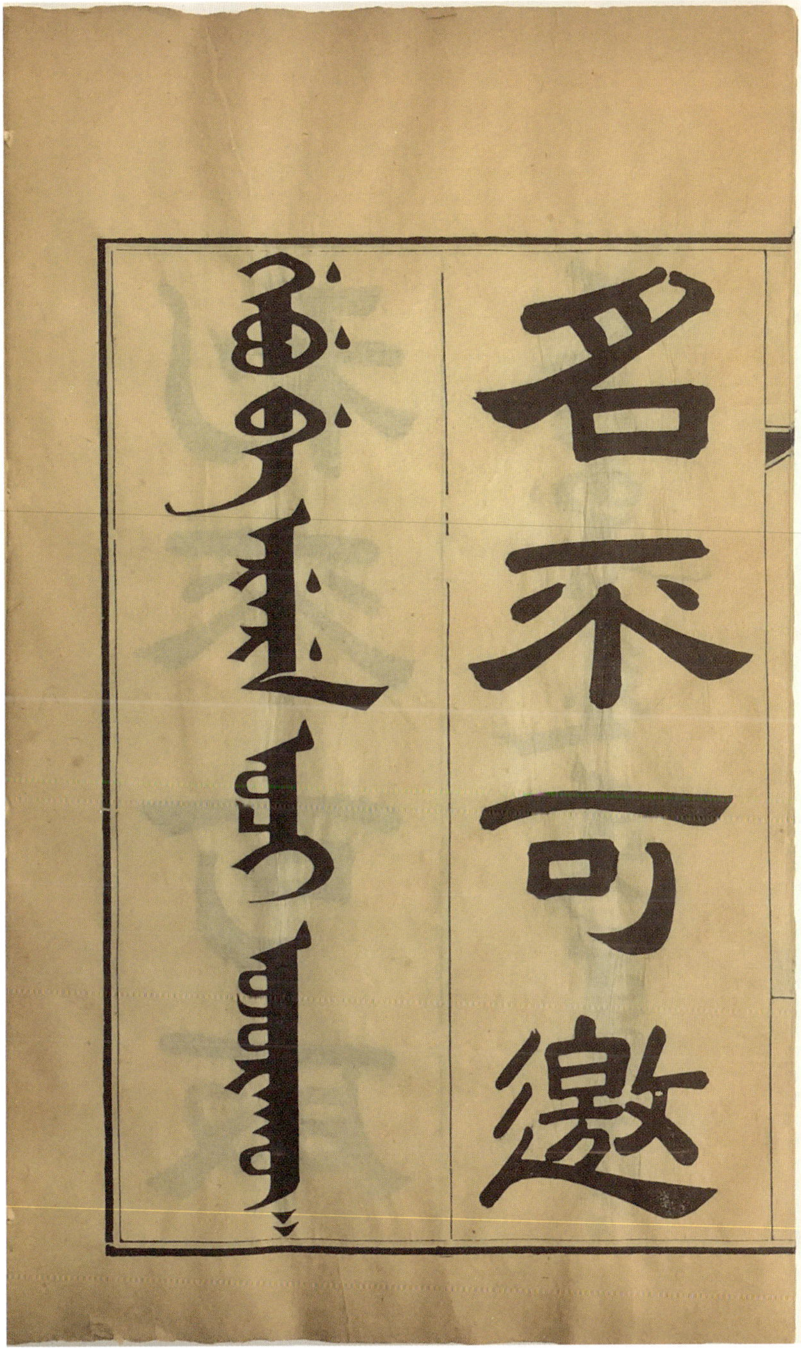


《满汉格言》上册内页

《满汉格言》下册内页

# 潘氏总论　孝经　素书

此书包括《潘氏总论》《孝经》《素书》。汉文满文合璧。

线装。页面24.5厘米×16.7厘米，半叶版框22.0厘米×15.8厘米，四周双边。白口，单鱼尾，版心有满文书名、页码。

3册，1函，3卷，112叶。

注：已修复。

**一、《潘氏总论》** 潘荣著，阿什坦译。版本年代不详，刻本。内容主要记录了潘氏家族的家谱，春秋时期，楚国大夫潘崇助楚穆王芈商臣继位有功，受封为太师，其后代子孙便以祖名为氏，称为潘氏。从此，潘氏在楚国成为有势力的家族，荆楚潘氏因此而来。潘氏一族其后裔子孙的足迹几乎遍布楚国各地，在古籍中所记载春秋时代的潘氏名人，几乎都是楚国的人物。今天江苏、浙江、河南等地，皆有数支潘氏的后裔。卷前有译者阿什坦的序。

著者潘荣，字伯诚，号节斋，读书人称其为节斋先生。因潘荣不做官，故在以政治人物记载为主的时代，名不见载于史册。潘荣最为人所知的是他的历史作品，尤其是那本《通鉴总论》。译者阿什坦（生年不详—1683），异名阿什坛、何锡谈，字金龙，又字海龙，满洲镶黄旗人。清朝初年政治人物、儒学者，专长翻译。

满族家谱档案主要收藏于满族家庭中，是指与满文或满汉形式编写的家谱或世系家谱，主要分布在满族的聚居地东北、新疆、内蒙古、北京等地方。清代满洲人热衷于纂修家谱，这些档案不仅记录着家族的承袭，兴迁于兴衰，还对村落形成、民族迁徙有重要的参考价值。

**二、《孝经》** 清世祖（福临）撰，清文宗（奕詝）敕译。清咸丰六年（1856）刻本。是论孝的儒家经典，收录了孔子与其学生曾子对话的形式论述，共18章，其大体可分为四个部分：一是侧重于讲义理源流的开宗、三才、感应三章；二是分别讲天子、诸侯、卿大夫、士、庶人基本孝道的五章；三是侧重讲以孝治国功能的孝治、圣治、事君三章；四是侧重讲行孝方法和孝教的纪孝行、五刑、广要道、广至德、诤谏、丧亲六章。《孝经》一方面，它曾程度不同地被历代君王用作维护自己统治的工具，另一方面，它又在创造相对稳定的社会，尤其是所谓和谐盛世中发挥过重要作用。对研究儒家学具有参考价值。

**三、《素书》** 黄石公撰，张商英注，达海译。康熙四十三年（1704）刻本。《素书》另名《钤经》，又名《玉钤经》，全书分为原始、正道、求人之志、本德、宗道、遵义、安礼等7章，132句、1360字，是一部类似“语录”体的书，书中语言精炼，字字珠玑，句句名言，流传甚广，影响深远，“素”的本意是白色生绢，含有“质朴”“根本”的意思，在这里指的是“简单的道理”。提到黄石公，不得不顺便在此给大家介绍介绍他。黄石公，曲阳人，春秋战国时期诸子百家的流派之一，与鬼谷子齐名。婴儿时被弃于黄山，谓之黄公。世人称黄石公“圯上老人”“下邳神人”，后被道教纳入神谱。皇甫谧《高士传》：黄石公者，下邳人也，遭秦乱，自隐姓名，时人莫知者。

《素书》包罗万象与《道德经》一样集合“道、德、仁、义、礼五者为一体”，其中阐述了宇宙万物运行的奥秘。后来道家也把它作为思想宗旨和万物运行的理数之书。

《素书》在中国谋略史上占据重要地位。此书对人性把握精准独到，对事物变化观察入微，对谋略点恰到好处。表达了对自然规律、人性、修身、立志、从政、谋略等各方面精深独到的见解。这些充满智慧的观点以格言形式表述出来，如能认真领会其内涵，用于修身，亦清心明志；用于治国，亦政令畅通；用于求仕，亦平步青云；用来经商，可以斗金；用在打仗，即百战百胜。逐字逐句都值得耐人寻味。

译者达海（1595—1632），觉尔察氏，赐号巴克什，满族翻译家，满洲正蓝旗人。努尔哈赤在位时令他翻译了《明会典》《素书》《三略》等史书。

（吾兰·吐尔汗）

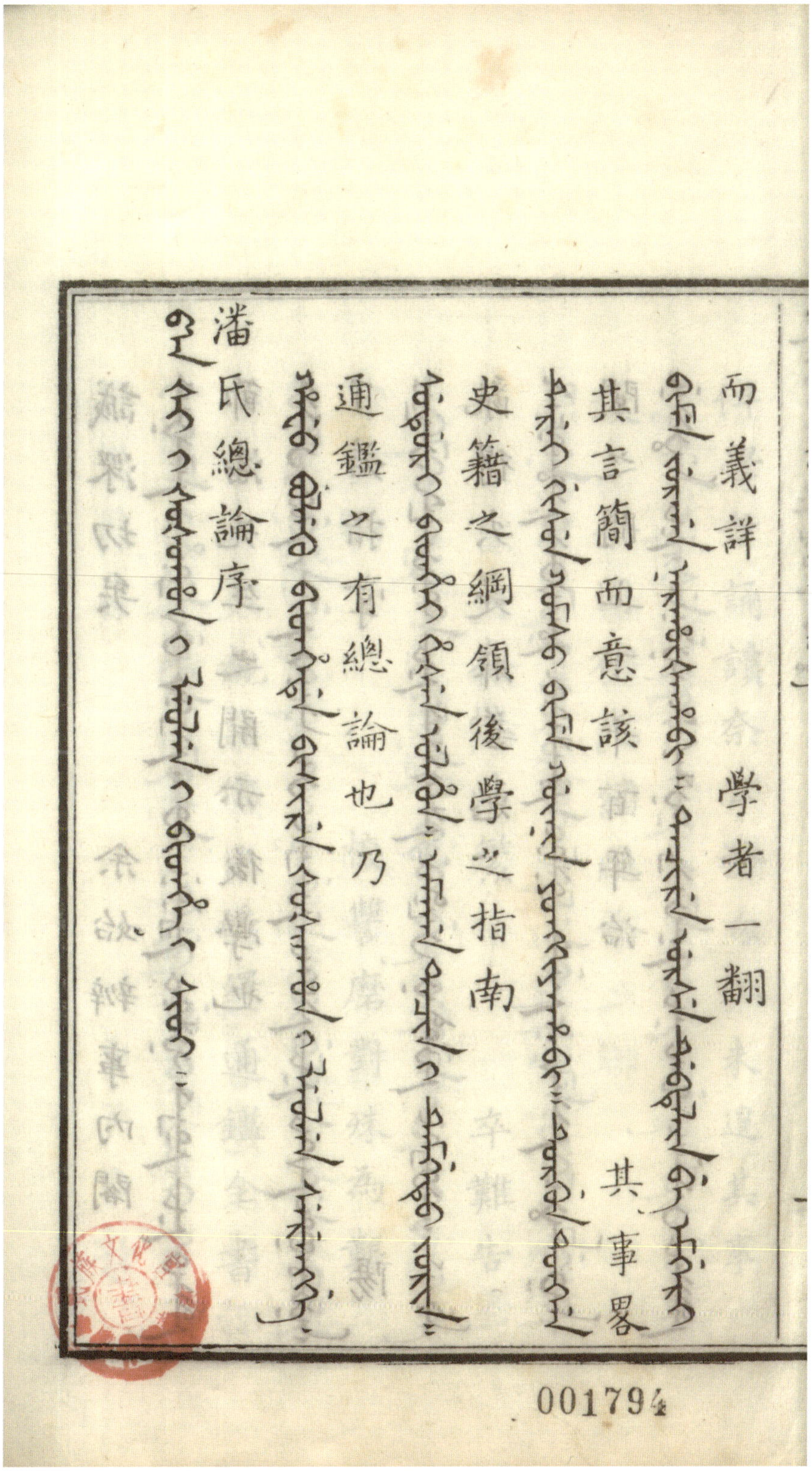


《潘氏总论》序

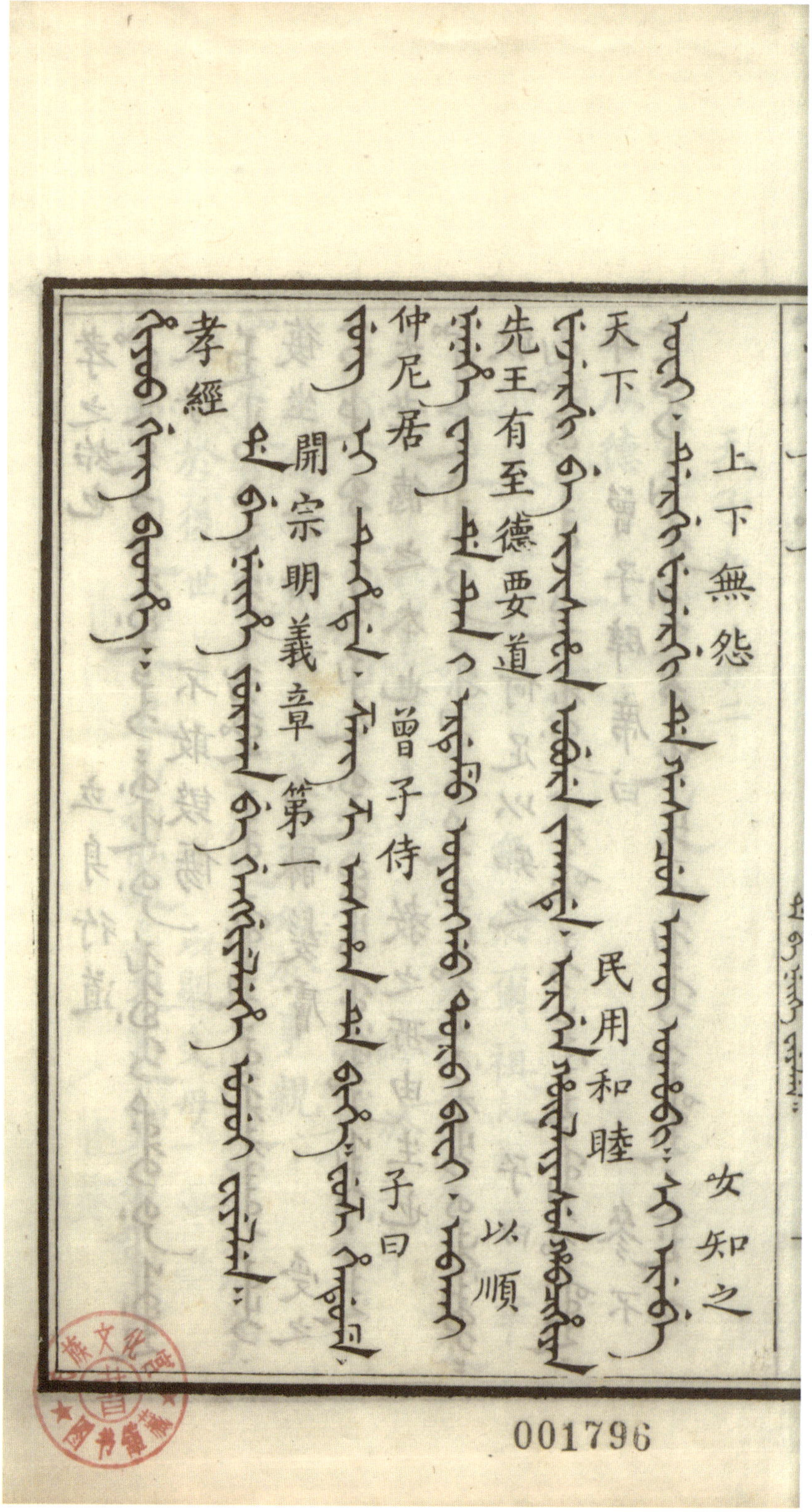
孝經
開宗明義章第一
仲尼居 曾子侍 子曰
先王有至德要道 以順
天下 民用和睦
上下無怨 女知之


《孝经》第1页正面

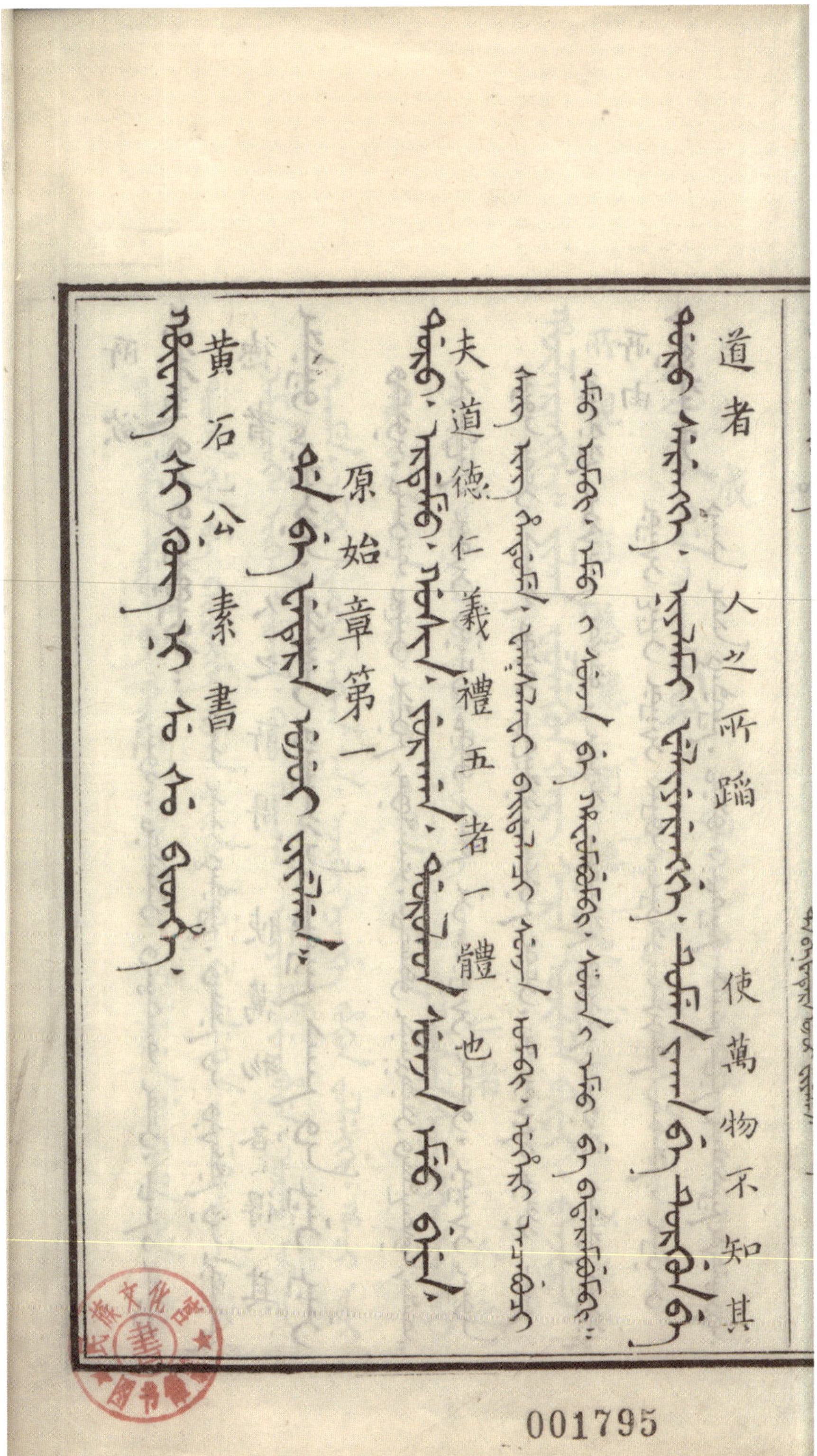



《素书》第1页正面

## 翻译小学

（宋）朱熹撰，（清）孟保译。

清咸丰元年（1851）刻本+抄本。汉文满文合璧。

线装。页面24.3厘米×17.0厘米，半叶版框约19.9厘米×14.0厘米。四周双边。每半叶10行，满文汉文对应各5行。单鱼尾，版心有汉文书名、卷次、页码。

6册，1函，374叶。

封面页有破损，内容保存完整。

《小学》是古代经典蒙学文献，其中蕴含了丰富的德育思想。《小学》分内外两篇，内篇包括立教、明伦、修身和稽古；外篇包括嘉言和善行。

此文献是满文翻译《小学》，即汉文满文合璧版，除第十卷为光绪七年补抄外其余均为刻本。全文满文在左、汉文在右。文献包含序、绪论、题辞、正文四部分，正文一共含有十二卷内容，分别是卷一：内篇—立教，卷二：内篇—明伦上，卷三：内篇—明伦下，卷四：内篇—修身，卷五：内篇—稽古上，卷六：内篇—稽古下，卷七：外篇嘉言—广立教，卷八：外篇嘉言—广明伦，卷九：外篇嘉言—广敬身，卷十：外篇嘉言—实立教，卷十一：外篇善行—实明伦，卷十二：外篇善行—实敬身。此版本的汉文满文合璧版较完整的翻译了《小学》全文。

朱熹（1130—1200），字符晦，又字仲晦，号晦庵，晚称晦翁，祖籍徽州府婺源县（今江西省婺源），生于南剑州尤溪（今属福建省尤溪县），中国南宋时期理学家、思想家、哲学家、教育家、诗人。翻译者孟保生猝年不详，字辅之，号定轩，汉军镇黄旗人，曾任驻藏大臣、理藩院右侍郎，刑部右侍郎等。

《小学》体现了朱熹对儿童德育教育的重视，是其教育思想的重要组成部分。汉文满文合璧《小学》是朱熹教育思想在各民族间传播的例证。

（高彩云）

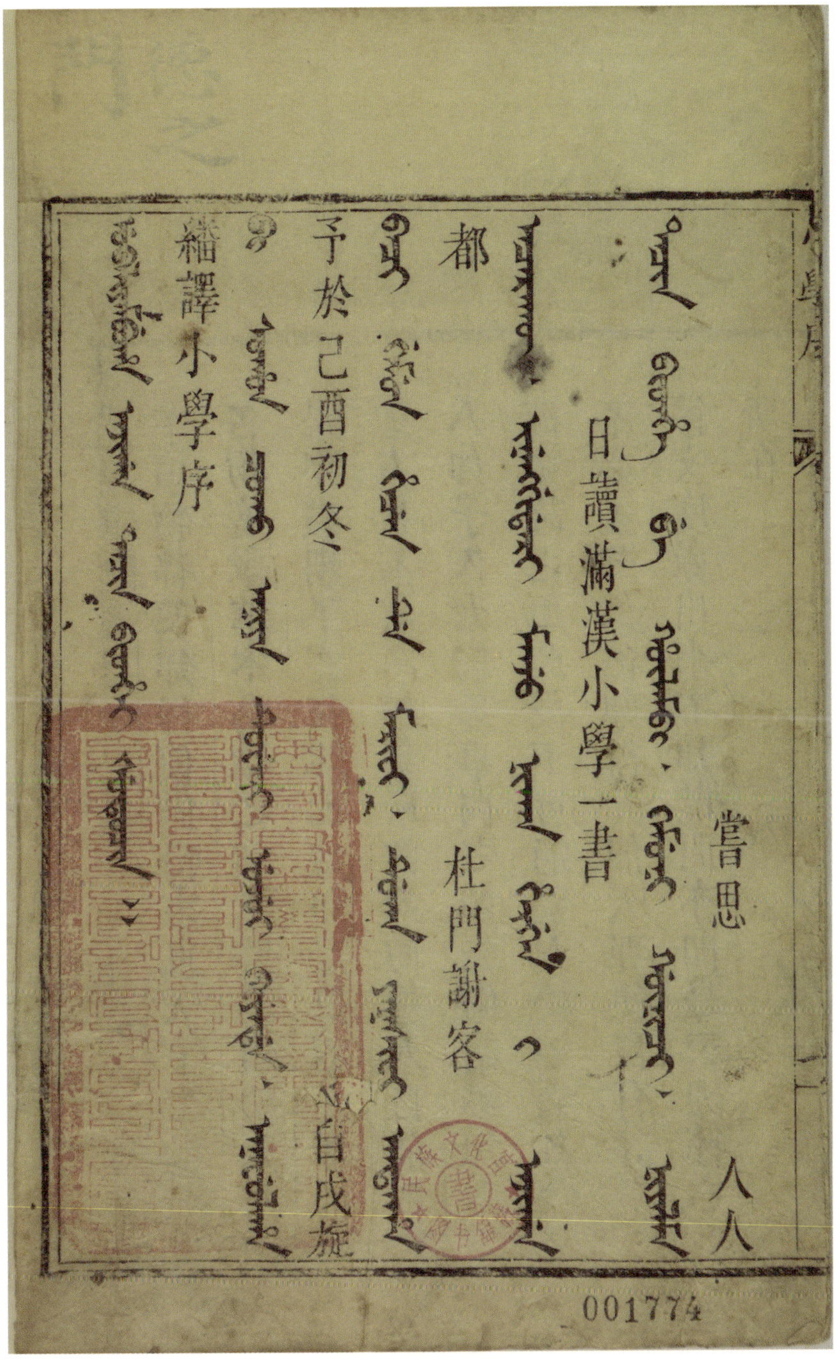
人人
嘗思
日讀滿漢小學一書
都
杜門謝客
予於己酉初冬
自戊旋
繙譯小學序
001774

《翻译小学》序首页

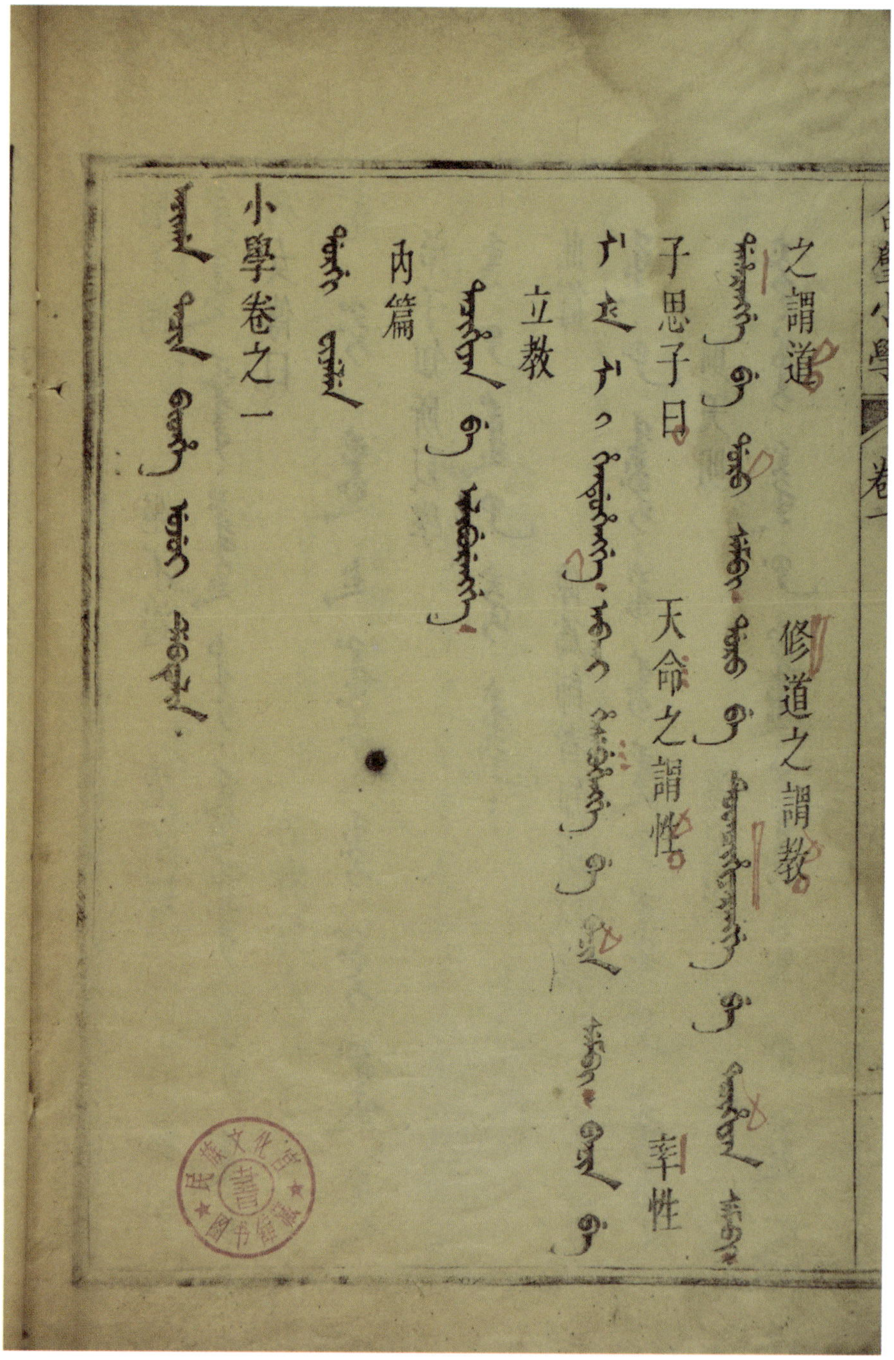

《翻译小学》卷一卷首

## 翻译古文

（清）孟保辑并翻译。

清咸丰元年（1851）刻本。汉文满文合璧。

线装。页面18.2厘米×13.0厘米，半叶版框14.5厘米×11.6厘米。四周双边。正文半叶10行，满文汉文相间各5行，行字数不等。白口，单鱼尾，版心有汉文书名、卷次、篇目、页码。

16册，4函，16卷，845叶。

保存完好。

此书主要有咸丰元年（1851）聚星堂刻本、文宝堂刻本和槐荫山房刻本等版本。汉文满文合璧《翻译古文》内容汇集了左传、国语、史记中的部分重要内容及清之前各个历史时期的诸多名人的文章。作者自序略云：“余闭门日读清书，恭阅《圣祖钦定翻译古文渊鉴》。煌煌乎洵清文之玉律，艺业之金科。兹将有关人心风化者，敬择数篇，并将文内应易新语，悉遵御制翻译经书，一体更正。”

孟保，汉军镶黄旗人，生卒年月不详。清道光、咸丰年间在朝为官，曾任驻藏大臣、理藩院右侍郎，刑部右侍郎等。另著有《西藏奏疏》等。孟保三在藏地，一次协理藏务，两次总理藏务。担任驻藏大臣期间，他为清王朝的边疆治理做出了贡献。其中最得称赞的功绩是清道光年间组织西藏官兵、僧侣、民众抗击道格拉族人（藏文文献中一般称作“森巴人”）的侵略活动。

满文译本《翻译古文》在忠实通顺的传达了汉文原文意义的前提下，呈现了满语自身的风格与特点。清代满文翻译书籍在研究清史方面有着不可替代的作用，同时在中外文化交流方面也产生了重大影响。

（李香）

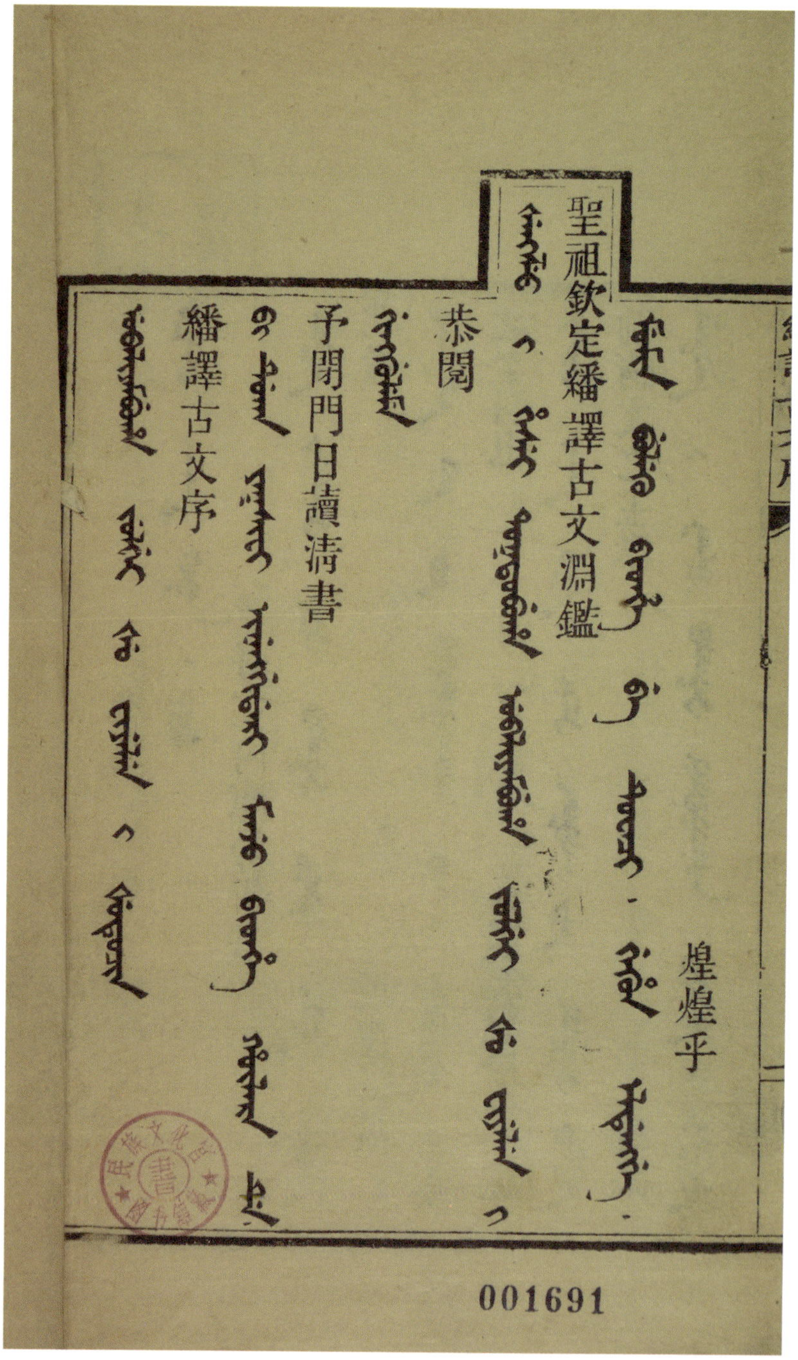
煌煌乎

聖祖欽定繙譯古文淵鑑

恭閱

予閉門日讀清書

繙譯古文序

001691

《翻译古文》序首页

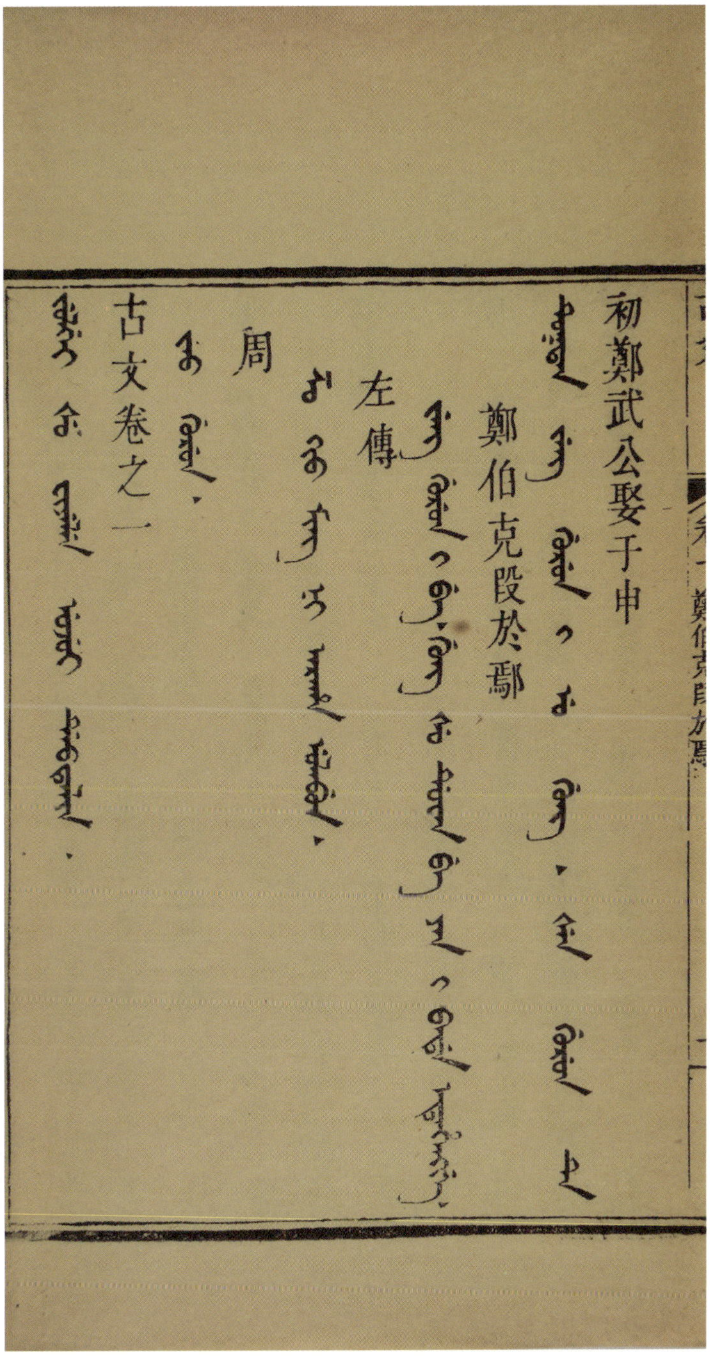
古文卷之一
周
左傳
鄭伯克段於鄢
初鄭武公娶于申

《翻译古文》卷一首页

## 翻译孙子兵法

（春秋）孙武撰，佚名译。

清道光二十六年（1846）京都隆福寺聚珍堂刻本。汉文满文合璧。

线装。页面27.4厘米×16.0厘米，半叶版框20.4厘米×14.2厘米。四周双边。正文半叶10行，满文汉文相间各5行，行字数不等。白口，单鱼尾，版心有汉文书名、卷次、页码。

4册，1函，4卷，85叶。

保存完好。

全书共13篇，包括始计、作战、谋攻、军形、兵势、虚实、军争、九变、行军、地形、九地、火攻、用间等内容。凡十三篇，每篇皆以“孙子曰”开头，按专题论说，有中心，有层次，逻辑严谨，语言简练，文风质朴，善用排比铺陈叙说，比喻生动具体。

《孙子兵法》是现存最早的兵书，诞生已有2500年历史，历来备受推崇。由于其诞生于战争频仍的春秋末年，又受到当时时代和历代战争实践的检验，从而成为我国最早的军事哲学著作，它在我国古代军事学术和战争实践中，都起过极其重要的指导作用，而且具有高度的文学价值和精湛的语言艺术，至今传诵不衰。《孙子兵法》不仅仅是一部军事著作，它更代表着炎黄子孙的智慧、思想、文化，是几千年华夏文明的结晶，是中华文明的智慧根基、源泉。

孙武，字长卿，春秋末期齐国人，从齐国流亡到吴国，辅助吴王经国治军，显名诸侯，被尊为“兵圣”。

该书对研究满族古代军事思想有参考价值。

（龚文龙）

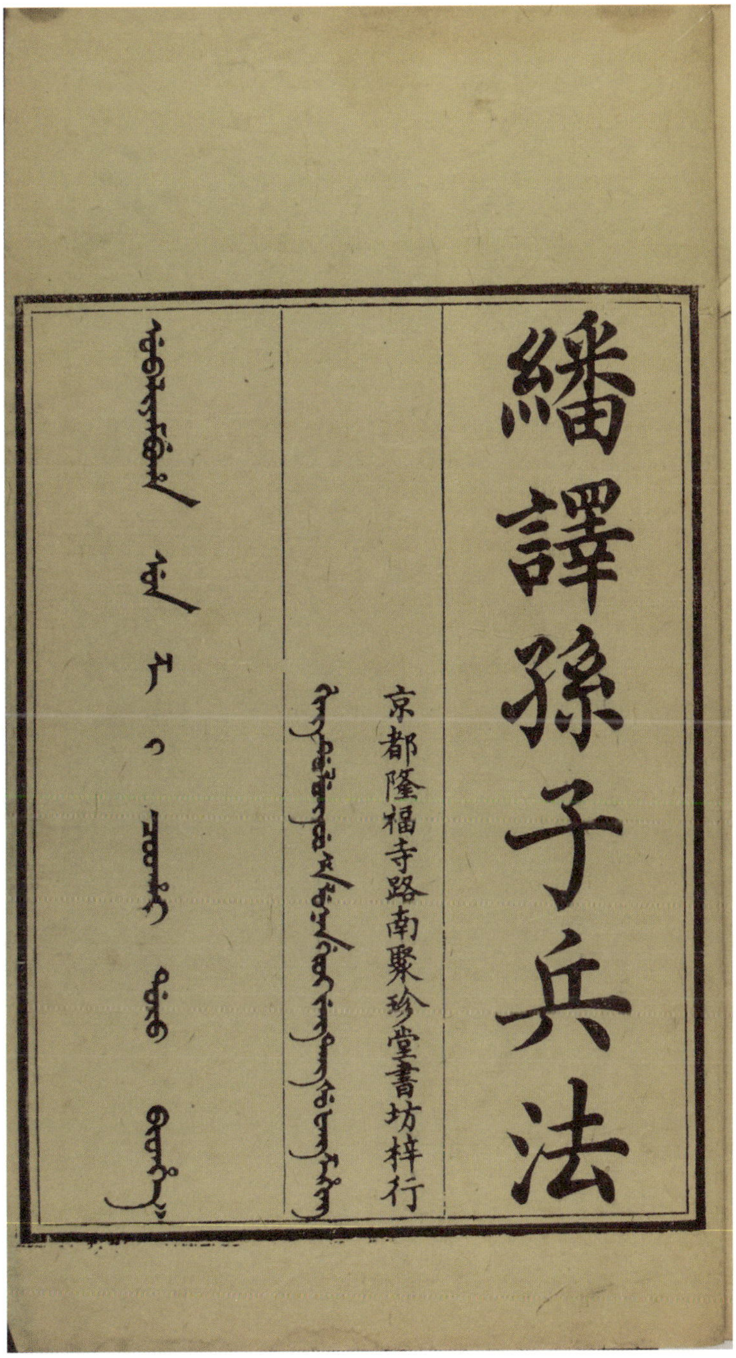


《翻译孙子兵法》内页封面

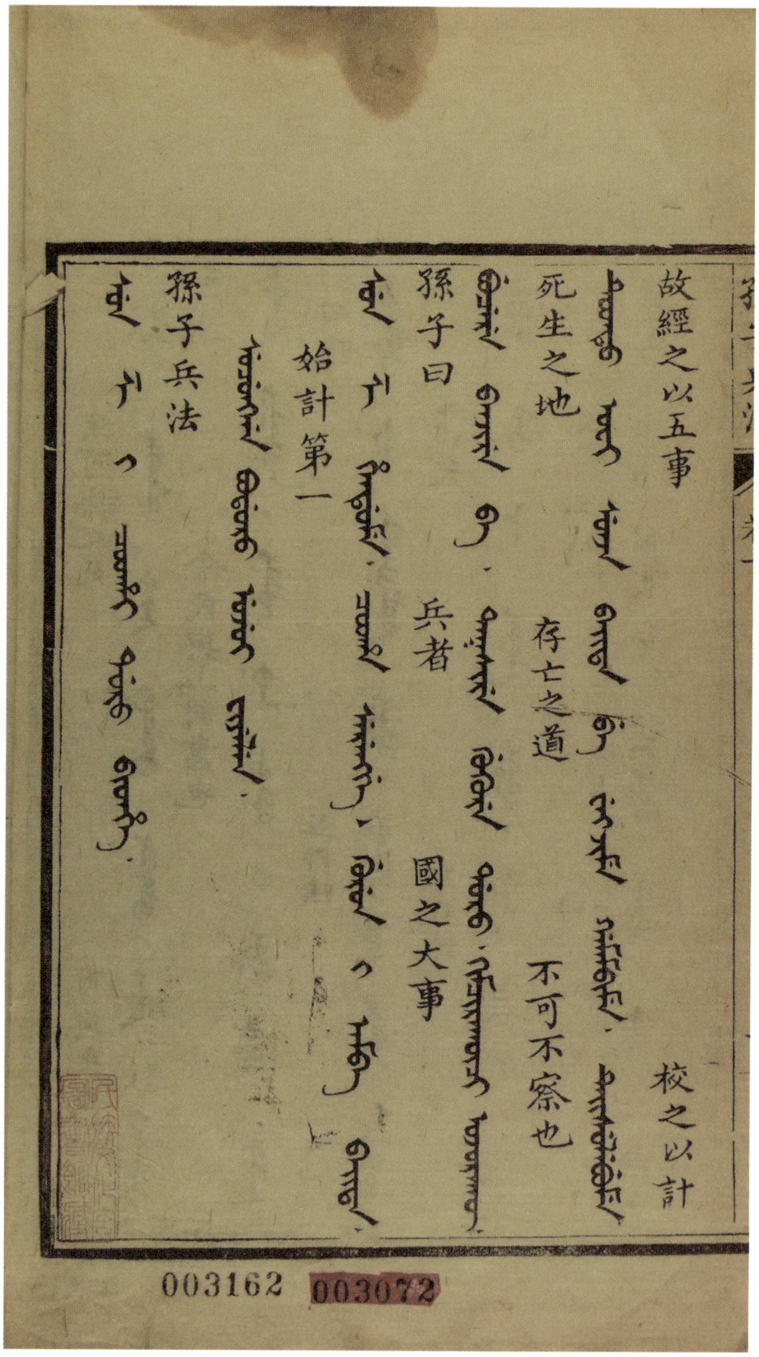
孫子兵法

始計第一

孫子曰 兵者 國之大事

死生之地 存亡之道 不可不察也

故經之以五事 校之以計



《翻译孙子兵法》正文首卷卷端

# 翻译孝经

ᡠᠪᠠᠯᡳᠶᠠᠮᠪᡠᡥᠠ ᡥᡳᠶᠣᠣᡧᡠᠩᡤᠠ ᠨᠣᠮᡠᠨ

清世祖（福临）撰，清文宗（奕詝）敕译。

清咸丰六年（1856）武英殿重刻本。汉文满文合璧。

线装。页面32.5厘米×21.5厘米，半叶版框20.9厘米×18.0厘米。四周双边，半叶10行，满文汉文对应各5行，行字数不等。白口，版心有汉文书名、页码。

1册，1函，38叶。

保存完好。

此书由春秋战国时期孔子所著，（清）佚名译。清咸丰六年（1856）刻本。该书有雍正五年十二月初三日的“御制翻译孝经序”及咸丰六年上谕“着武英殿刊刻清文汉字合璧成书，颁行中外”。以备士子讲习应考之用。译自汉文《孝经》。

本书主要内容分为十八章，从第一章到第十八章分别以孝为中心，为历代儒客尊崇，比较集中地阐述了儒家的伦理思想。它肯定“孝”是上天所定的规范，“夫孝，天之经也，地之义也，人之行也。”指出孝是诸德之本，认为“人之行，莫大于孝”，国君可以用孝治理国家，臣民能够用孝立身理家。《孝经》首次将孝与忠联系起来，认为“忠”是“孝”的发展和扩大，并把“孝”的社会作用推而广之，认为“孝悌之至”就能够“通于神明，光于四海，无所不通”。对实行“孝”的要求和方法也做了系统而详细的规定。

《孝经》它主张把“孝”贯穿于人的一切行为之中，“身体发肤，受之父母，不敢毁伤”，是孝之始；“立身行道，扬名于后世，以显父母”，是孝之终。它把维护宗法等级关系与为君主服务联系起来，认为“孝”要“始于事亲，中于事君，终于立身”。具体要求：“居则致其敬，养则致其乐，病则致其忧，丧则致其哀，祭则致其严。”

《孝经》是我国从古至今优秀的物质文化遗产，孔子先生的话语值得我们一一学习和钻研其中的含义，用一生去践行。对研究清代道德伦礼具备一定的参考价值。

（吾兰·吐尔汗）

《翻译孝经》封面

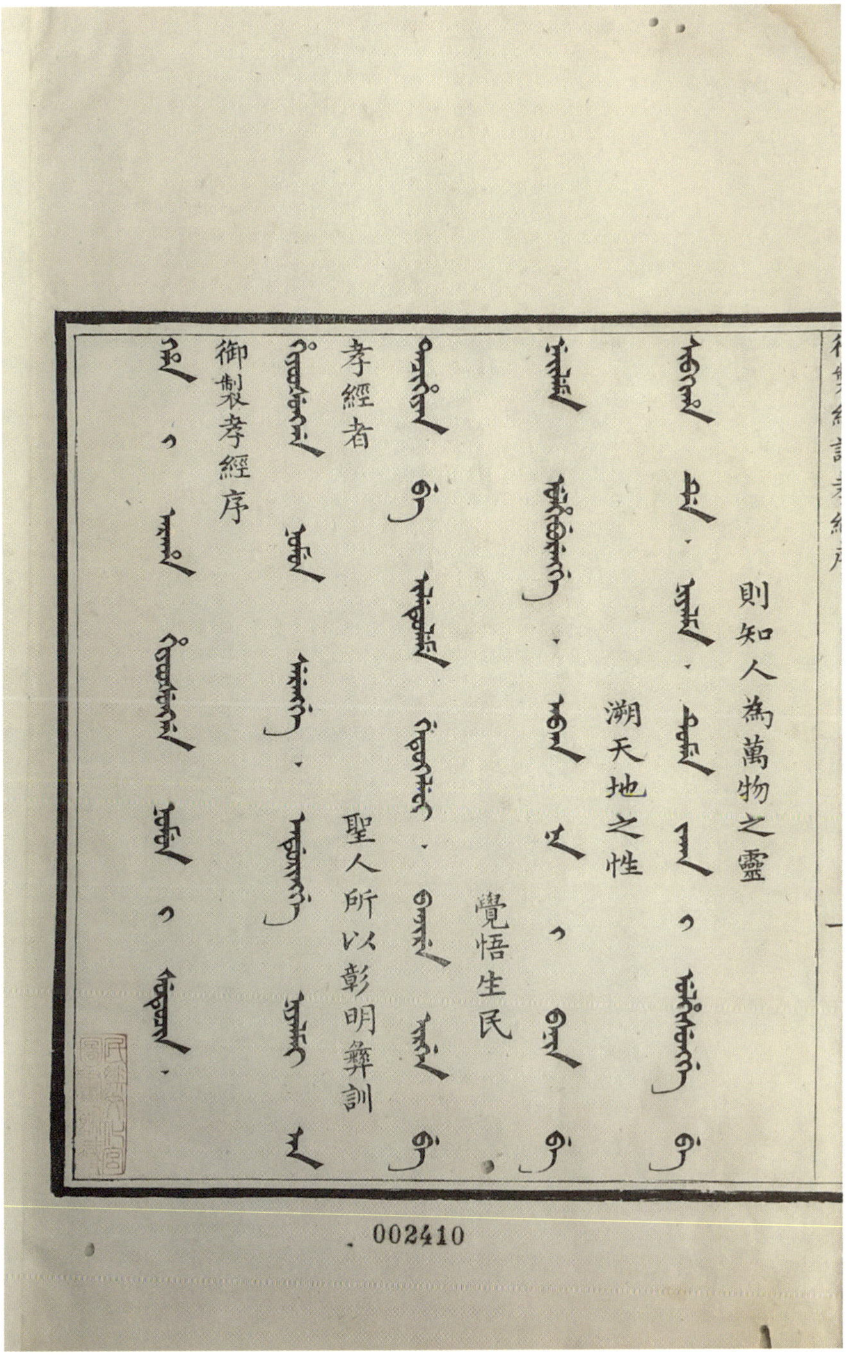


《翻译孝经》御制孝经序

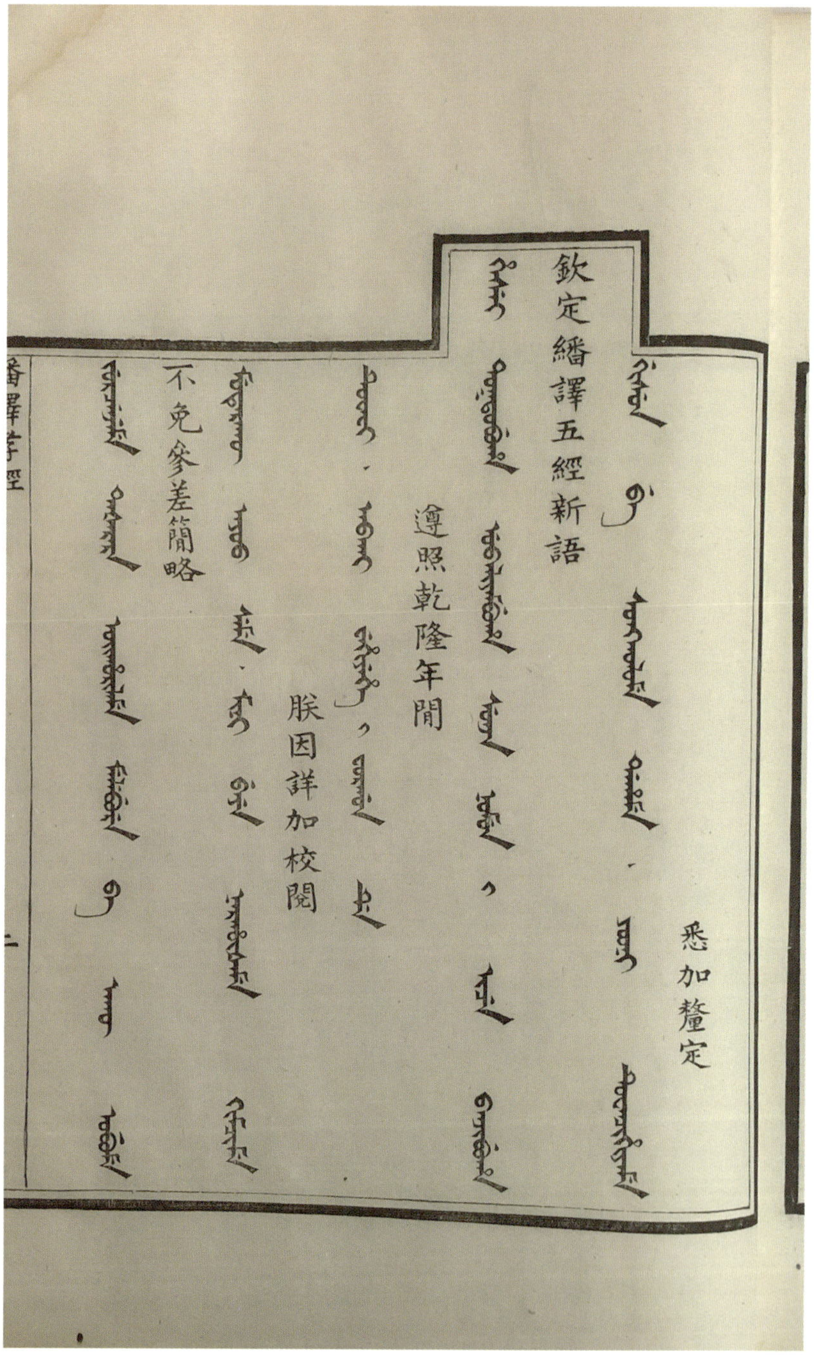


《翻译孝经》内页

## 翻译类编

（清）张家阿杭阿校，尼玛察冠景编，舒穆鲁有福对。

清乾隆十四年（1749）永魁斋刻本。汉文满文合璧。

线装。页面24.8厘米×15.3厘米，半叶版框18.3厘米×13.0厘米。四周双边。半叶9行，行字数不等。黑口，单鱼尾，版心有汉文书名、卷次、页码。

4册，1函，4卷，186叶。

三级破损。

题名页有“冠菊窗编”署名字样，“老二酉堂”椭圆章。正文前有清乾隆已巳年（1785）二月襄平周祖荣序。序文“国书体协阴阳，声通律吕，创古初未有之奇，合天地自然之韵”首先阐释了国书的博大精深，“探源问津者无不从事翻译，以期一得”翻译的必要，“非好学深思，心知其义，固难为浅见寡闻者道也”“冠君自髫龄肄业，迄今二十余载，寒窗攻苦，遍经风雨晦明，良友切磋，更尽搜罗考订经书所载，悉撷其华”进而引出冠景编书之辛苦、治学之严谨，“是编精金美玉，无不具备，而范围规矩，更可贯通，引而申之，触而长之，翻译之能事毕矣”最后给予本书极高的评价。凡例七条主要说明字词收录原则，分类的原则及考量，翻译的原则，成语翻译问题的说明等。另有目录，记录每卷的类目，每卷十一则，全书包括天文、地理、祭祀、刑罚、身体、人伦、衣食、草木等内容，共43类44则，收词约3000条，汉文在上，满文在下，可资满文翻译者参考。

本书为翻译用书，对研究清代满义语音文字学有参考价值。

（龚文龙）

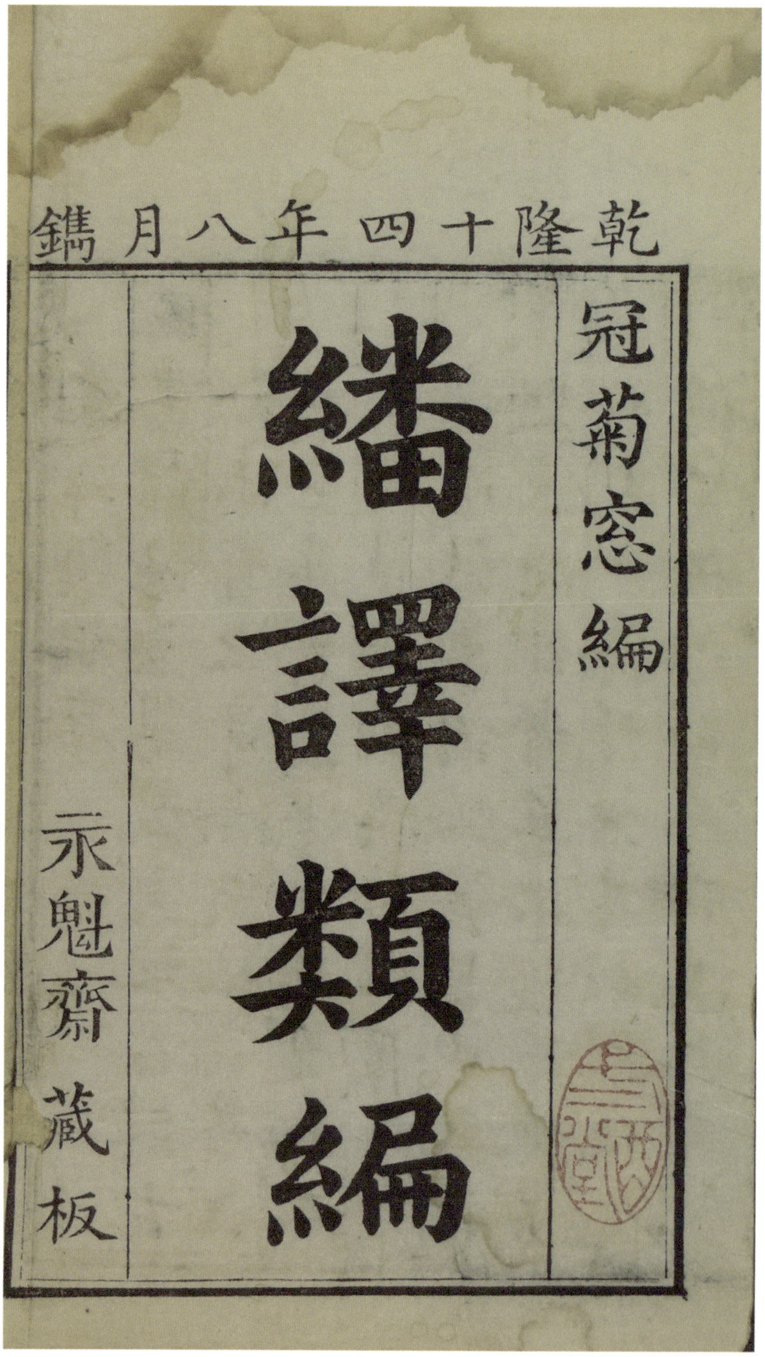


《翻译类编》内页封面

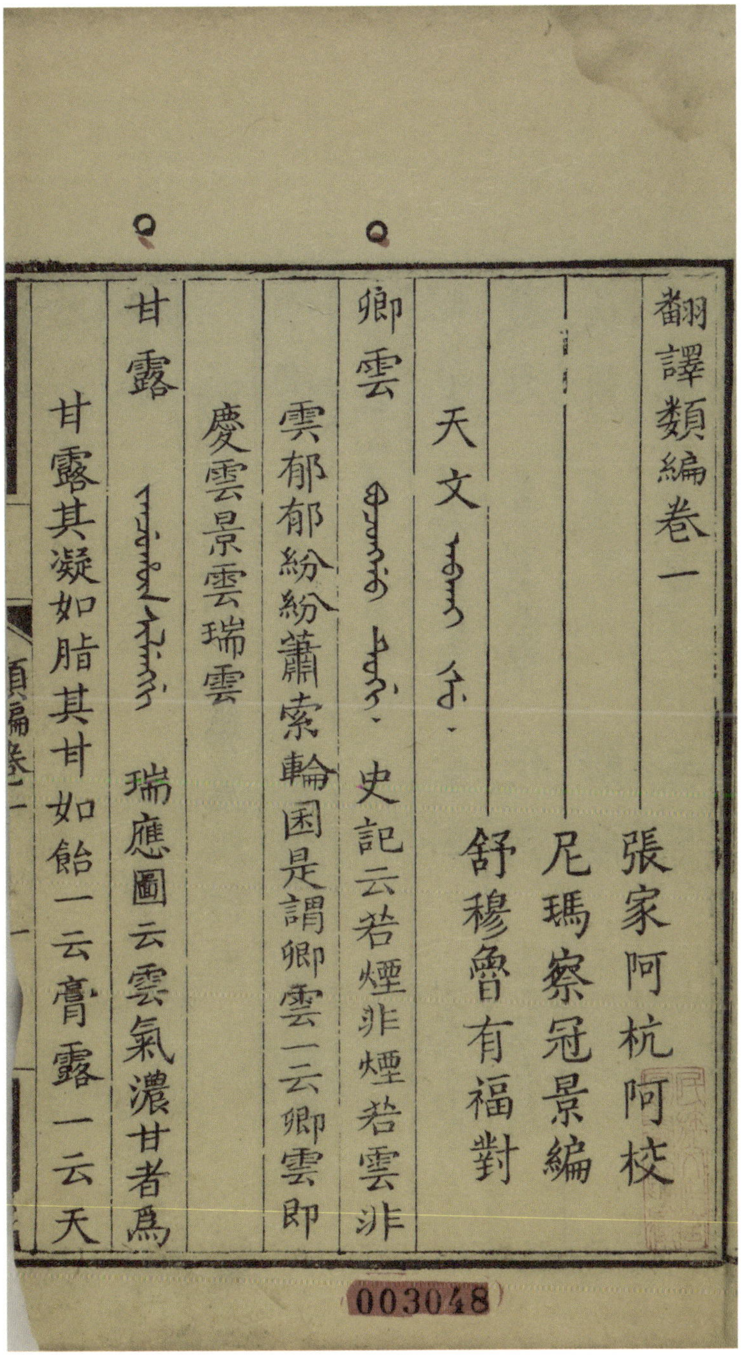
翻譯類編卷一
張家阿杭阿校
尼瑪察冠景編
舒穆魯有福對
天文
卿雲
史記云若煙非煙若雲非
雲郁郁紛紛蕭索輪囷是謂卿雲一云卿雲即
慶雲景雲瑞雲
甘露
瑞應圖云雲氣濃甘者爲
甘露其凝如脂其甘如飴一云膏露一云天


《翻译类编》正文首卷卷端

## 翻译醒世要言

（明）吕坤等著，（清）和素译，（清）孟保校订。

清同治六年（1867）武英殿刻本。汉文满文合璧。

线装。页面25.1厘米×16.7厘米，半叶版框18.6厘米×14.1厘米。四周双边。半叶10行，满文汉文对应各5行，满文在左、汉文在右。单鱼尾，版心有汉文书名，有汉文卷次和汉文页码。

4册，1函，102叶。

保存完好。

《醒世要言》为清康熙时期翻译名臣和素辑录、翻译。《醒世要言》收录明吕得胜《小儿语》《女小儿语》，其子吕坤《续小儿语》，张某《劝善歌》等作品而成的童蒙、教化等通俗读物合集，成书时为满语单语本，收入和素的翻译合集《七本头》之中。孟保读到了和素辑录、翻译的《醒世要言》后，孟保“将是书详加校证，逐句译以汉文，其文法字义，宜用新语者，均为更易，并将吕氏《好人歌》《宗约歌》翻译满文，附列于后”并同治六年（1867）请旨，获准由武英殿刊刻、颁行八旗各学。

此文献包含翻译醒世要言奏疏，正文，栗毓美的跋。正文部分包括：卷一和素辑语、四言小儿语、四言女小儿语、四言续小儿语，卷二六言，卷三杂言、劝善歌，卷四好人歌、宗约歌。

辑录翻译者和素（1652—1718），字存斋、纯德，完颜氏，清康熙年间满洲人，隶属内务府镶黄旗。累官至内阁侍读学士，御试清文第一，赐巴克什号，充皇子师傅，翻书房总裁，是清代著名满文翻译家。翻译者孟保生猝年不详，字辅之，号定轩，汉军镇黄旗人，曾任驻藏大臣、理藩院右侍郎，刑部右侍郎等。

《翻译醒世要言》是规范道德行为的启蒙读物，学术与心术并重，语言朴素但蕴含的道理精深，引人深思，内容涉及做人做事、生产生活等多个方面的道德规范，是研究清朝时期蒙学教育的重要参考文献。

（高彩云）

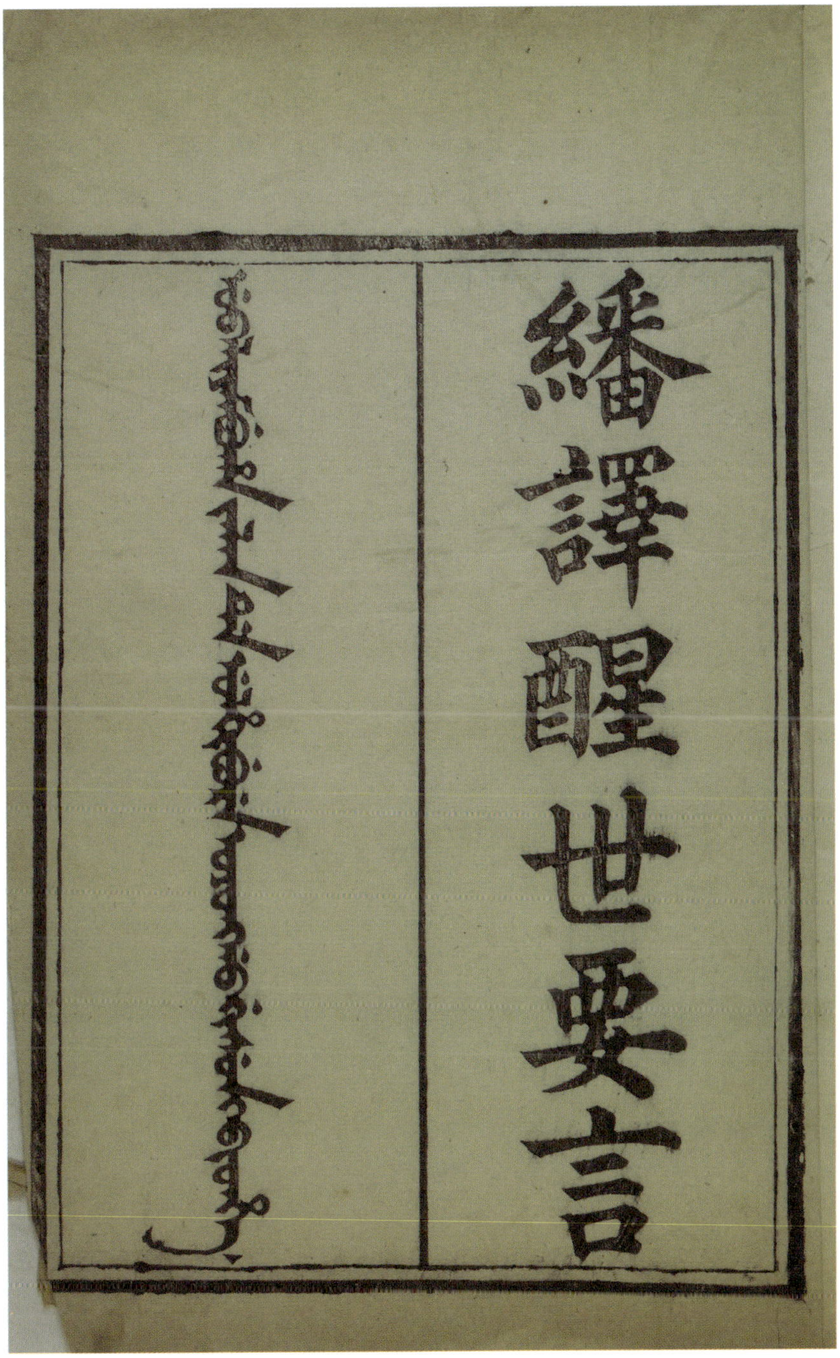


《翻译醒世要言》内封

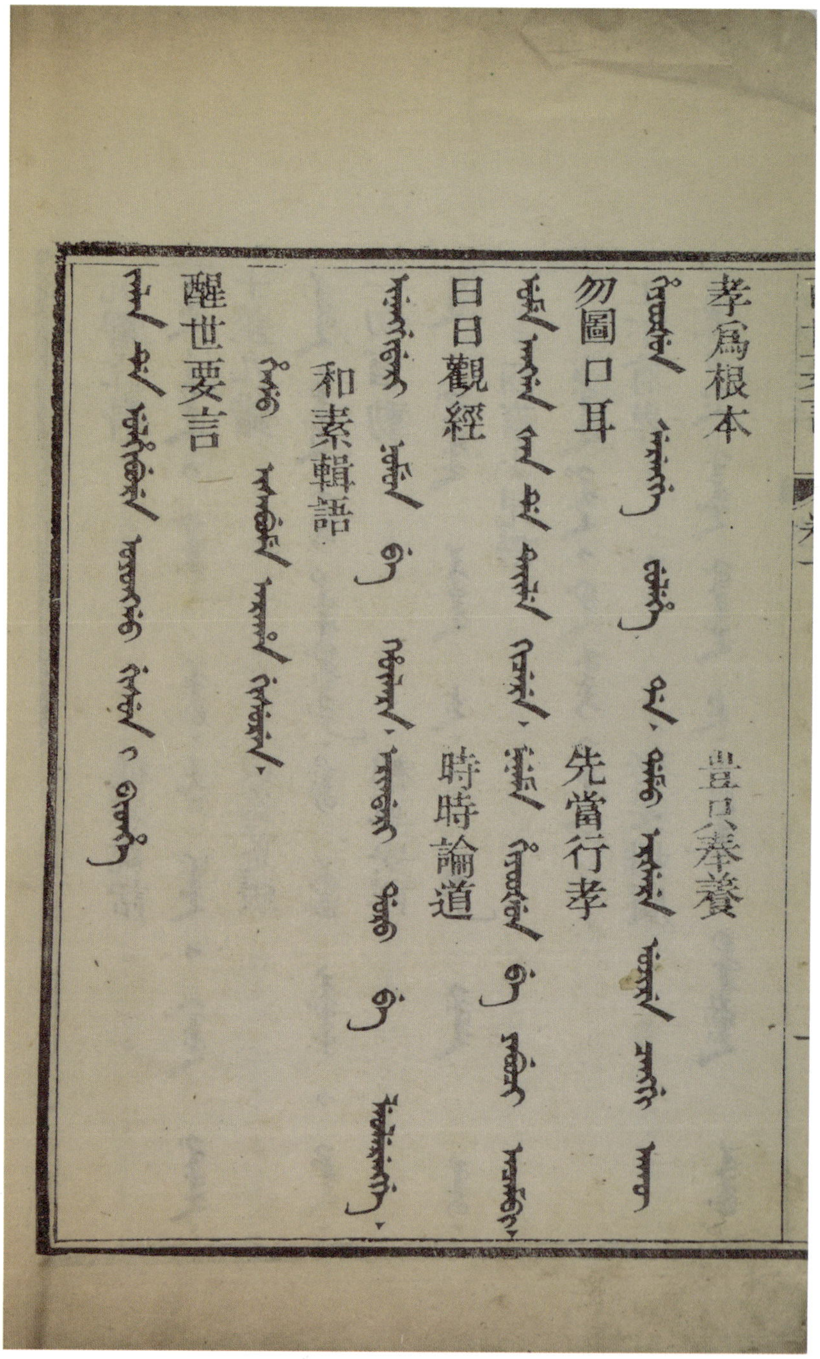
孝爲根本　豈只奉養
勿圖口耳　先當行孝
日日觀經　時時論道
和素輯語
醒世要言

《翻译醒世要言》第一卷卷首

# 4. 汉文回鹘文合璧古籍

## 高昌馆杂字

佚名著。
民国晒兰本。汉文回鹘文合璧。
线装。页面16.0厘米×11.0厘米，兰本版框10.2厘米×7.2厘米。
1册，1函，30叶。
保存完好。

《高昌馆杂字》是明永乐年间编写的一部汉文—回鹘文对照的分类词汇集，是迄今发现的回鹘文文献中最为重要的语言文字类文献，被称为最早的回鹘语—汉语词典。《高昌馆杂字》由高昌馆所编制，高昌馆是“四夷馆”中的一个馆，“四夷馆”开设于明永乐五年，是明代翻译边疆少数民族及邻国语言文字的机构。《高昌馆杂字》版本众多，各种版本共收录1002条常用词，包括天文门、地理门、时令门、花木门、鸟兽门、人物门、身体门、宫室门、器用门、衣服门、珍宝门、饮馔门、文史门、方物门、声色门、数目门、人事兼通用门等十七个门类及续增部分。

此版本收录人事门以忠孝仁义开篇，共38条；通用门以朝贡留块开篇，共108条；方物门以公私奢移开篇，共62条，全书所收词语208条。每一词条均有回鹘文、汉文译文和汉字注音。抄写格式为每半页4个单词，分上下两排，每个回鹘文单词及其对应汉字和标音从右至左分三行竖写。

《高昌馆杂字》的撰写说明了明朝时期新疆地区与内地在政治、经济等方面关系密切，是各民族文化交流的记录。

（高彩云）

《高昌馆杂字》内封

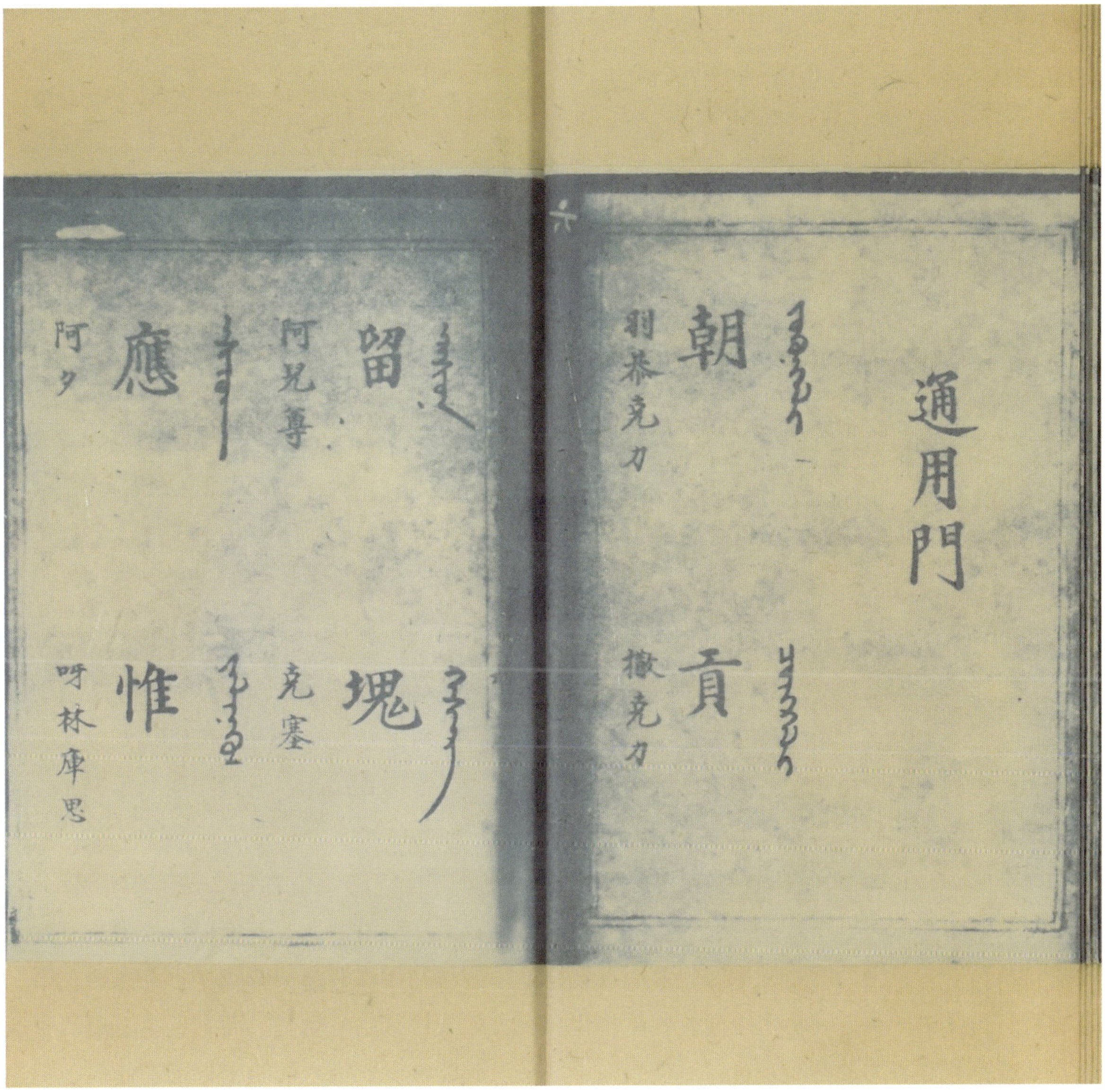


《高昌馆杂字》书中正文

# 高昌馆来文

佚名著。

民国晒兰本。汉文回鹘文合璧。

线装。页面16.0厘米×11.0厘米，兰本版框10.2厘米×7.2厘米。

1册，1函，32叶。

保存完好。

《高昌馆来文》又称《高昌馆课》，成书于明成化至嘉靖（1465—1566）年间。来文所记载的内容，基本上是这个历史时期哈密、吐鲁番等地呈给明朝中央政府的奏折和其他文书。《高昌馆来文》由高昌馆所编制，高昌馆是“四夷馆”中的一个馆，“四夷馆”开设于明永乐五年，是明代翻译边疆少数民族及邻国语言文字的机构。

此文献为汉文回鹘文对照，收录奏章、函件、公文文书15件，其中与哈密有关的8件，其余是与吐鲁番和守边官军有关的文书。具体内容如下：第一篇哈密地面差使臣把把格来京献阿鲁骨马及羚羊角；第二篇哈密地面差使臣把把格来京乞讨赏赐胸背通袖膝栩、青红布匹；第三篇总兵官行文书；第四篇哈密地面差使臣都督金事力伯颜答来京献骟马、西马；第五篇哈密地面差使臣都督金事力伯颜答来京乞讨赏赐织金缎子、磁碗磁碟；第六篇哈密地面差使臣把把亦速等来京献骗马、玉石、皮条等；第七篇哈密地面差使臣把把亦速来京乞赐衣服、银汤瓶、银壶等；第八篇吩咐守边官军书；第九篇火州王撒哈剌差头目罕完来京进贡，献马及玉石；第十篇火州地面差使臣罕完来京乞赐织金缎子、素青缎子及磁碟等；第十一篇哈密地面差使臣法虎儿丁来京献骗马、硇砂及皮条等；第十二篇哈密地面差使臣法虎儿丁乞赐衣服表里、金绣胸背、缎子、磁壶等；第十三篇土鲁番地面差使臣火只亦思麻因来京献金刚钻、皮条、眼镜等；第十四篇土鲁番地面差使臣火只亦思麻因来京乞讨赏赐；第十五篇速坛阿里麻王差使臣哈只马哈麻来京献西马、玉石。

《高昌馆来文》中对进贡和回赐物品有详细记录，进贡的物品主要有羚羊角、马匹、玉石、皮条、金刚钻、眼镜等；明朝回赐的物品有缎子、衣服表里、金银碗、瓷碗、磁碟、茶叶、药材等，说明了当时新疆地区与中央政府之间的隶属关系，体现了明代中央政府与新疆各地在政治、经济等方面的密切关系。

（高彩云）

《高昌馆来文》内封

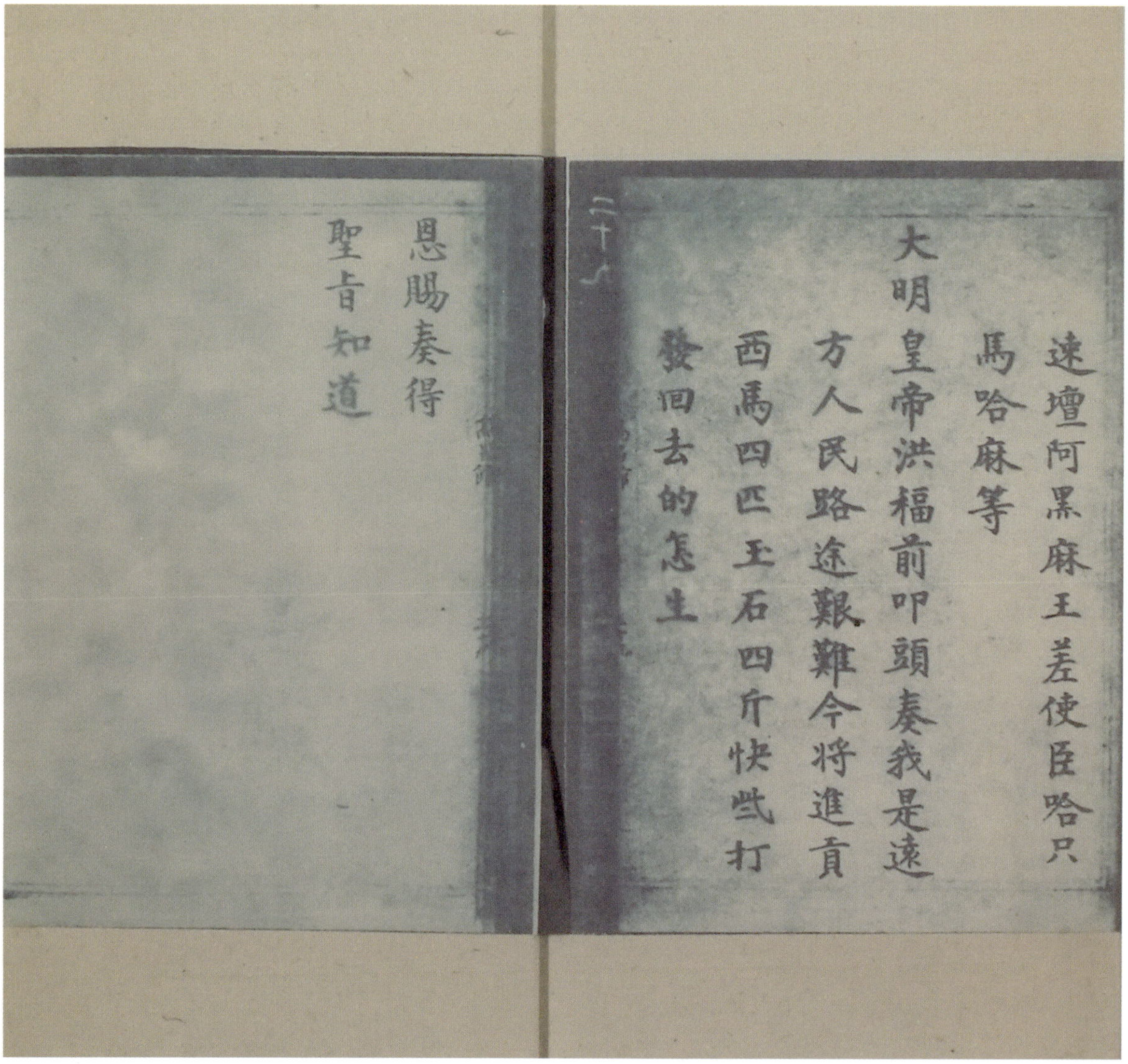
速壇阿黑麻王差使臣哈只
馬哈麻等
大明皇帝洪福前叩頭奏我是遠
方人民路途艱難今将進貢
西馬四匹玉石四斤快些打
發回去的怎生
恩賜奏得
聖旨知道

《高昌馆来文》书中正文

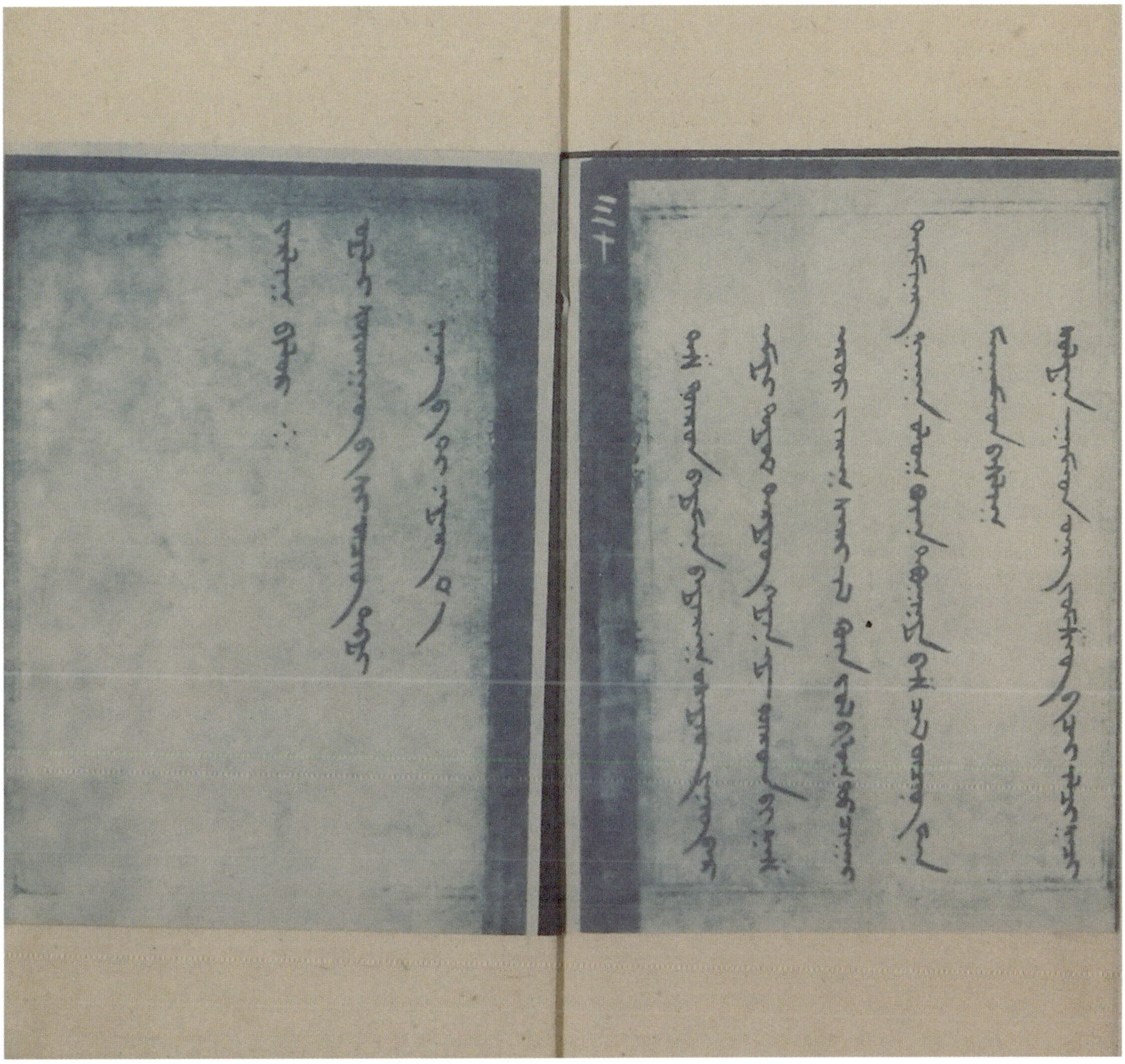


《高昌馆来文》书中正文

# 5. 藏文蒙古文合璧古籍

## 大悲观音成就法

ཐུགས་རྗེ་ཆེན་པོའི་སྒྲུབ་ཐབས་བཞུགས་སོ། །

ᠶᠡᠬᠡ ᠨᠢᠭᠦᠯᠡᠰᠦᠭᠴᠢ ᠶᠢᠨ ᠪᠦᠲᠦᠭᠡᠯ ᠣᠷᠣᠰᠢᠪᠠ

根敦嘉措编。

清中期刻本。藏文蒙古文合璧。

梵夹装。页面10.5厘米×40.0厘米，版框7.0厘米×35.0厘米。四周双边。正文每页4行，藏文蒙古文交替各2行。

1函，43叶。

基本保存完整。

成就法。阐述了大悲观世音菩萨成就法。若欲修习圣十一面大悲观音修法，于曼荼罗布绘八瓣莲华，脐红，诸瓣：东，蓝；南，黄；西，白；北，绿。四偶施以美彩。瓶前二水即受用之供养。之上置具相白瓶，尾端不坏之白绸，内贮净水约三分之二，加五香五药五宝五谷，以有果或有乳之树枝严口。从今不杀生，亦不取他财，不行非梵行，不说诸妄语众过所依止，酒者遍舍弃，不坐高广座，亦不非时食香蔓庄严者，歌舞等皆除，阿罗汉恒常，不作杀生等。此戒律清净陀罗尼咒由上师领诵三次共念二十一次。其上自身现为圣观自在，立相。身色洁白，具韶华年。普放光明，有十一面。诸面眼皆纤细，面含微笑。其上黑忿怒面，张口龇牙具忿怒纹。面具三眼，红黄卷发上竖，其顶上红寂静面，具足顶髻无饰梵行相，且有颈项。诵此心咒者，能得入菩萨解脱，四根本堕能清净，诸五无间罪亦能清净。一切疾病悉皆解脱，一切障盖身口意、一切恶行悉皆解脱此。圣大悲观音乃诸佛悲心所现，诸染过众生生以大悲力成就迅速。此文由第二世达赖喇嘛根敦嘉措所编。

根敦嘉措（1475—1542），藏传佛教格鲁派（俗称黄教）领袖，第二世达赖喇嘛。明后藏达纳人。十一岁入扎什伦布寺，次年从隆日嘉措受近事戒，取名根敦嘉措贝桑波。旋出家。

弘治七年（1494）往哲蚌寺，拜嘉祥列巴曲觉为师受比丘戒。后避居斡尔喀，来往前后藏宣传佛教。正德四年（1509）在塔布地区拉摩南错湖滨建却科杰寺。正德七年回扎什伦布寺任堪布，后又回哲蚌寺任赤巴，兼任色拉寺赤巴。旋在哲蚌寺西南建甘丹颇章，成为二至五世达赖喇嘛常住之地。寂后被追认为第二世达赖喇嘛。明嘉靖二十一年（1542）在哲蚌寺去世。

（其力格尔）

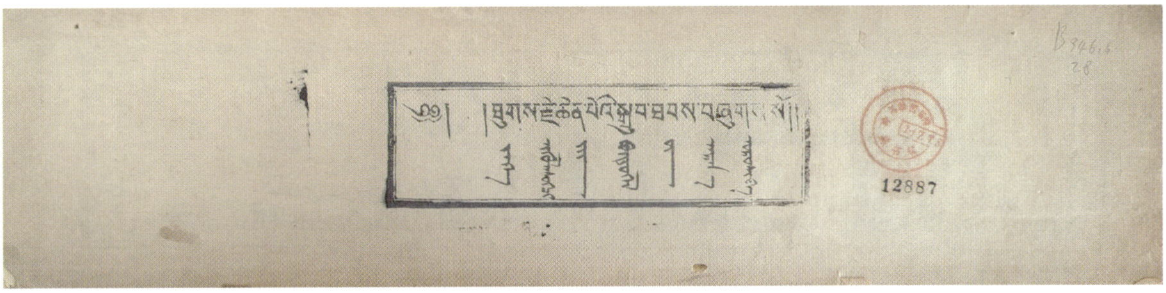

《大悲观音成就法》封面

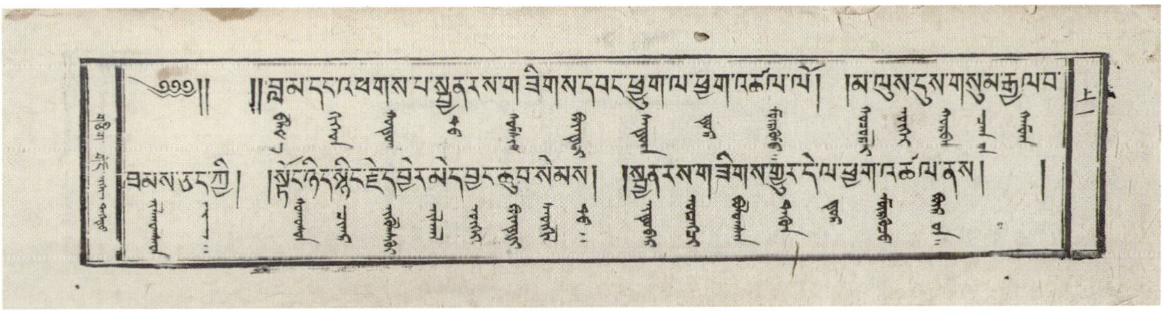

《大悲观音成就法》首叶上

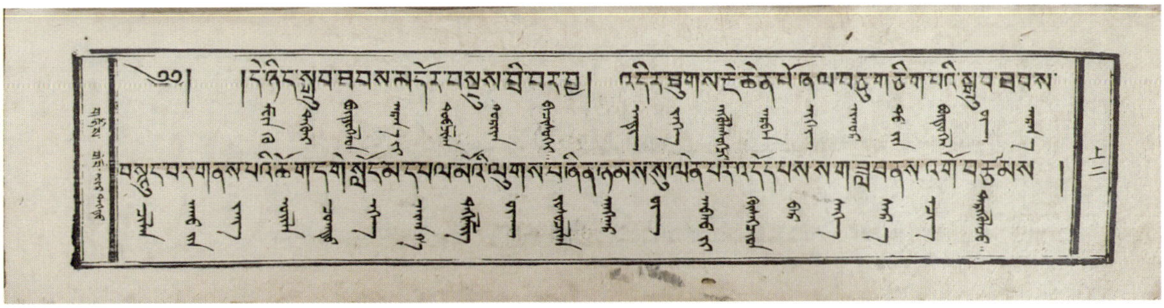

《大悲观音成就法》第2叶上

## 五明王祷祀供法羯磨无障碍金刚妙音

རྒྱལ་པོ་ཆེན་པོ་སྡེ་ལྔ་ལ་གསོལ་མཆོད་འབུལ་ཚུལ་འཕྲིན་ལས་འགག་མེད་རྡོ་རྗེའི་སྒྲ་དབྱངས་ཞེས་བྱ་བ་བཞུགས་སོ།།

阿旺罗桑嘉措著。

清刻本。藏文蒙古文合璧。

经折装。页面10.4厘米×32.5厘米，单叶版框10.4厘米×27.5厘米。左右单边。正文每页8行，藏文蒙古文交替各4行。

1函，39叶。

包括封面的前七叶有破损。

祭供。阐述了法王供奉五明王的祷祀供法。五大明王，又作五大尊、五忿怒、五部忿怒，即不动明王、降三世明王、军荼利明王、大威德明王与金刚夜叉明王。此五尊乃九识所变，系五佛为降伏内外魔障所变现之教令轮身。中央之不动明王为大日如来之教令轮身，可降伏一切诸魔。东方之降三世明王为阿閦如来之教令轮身，可降伏大自在天。南方之军荼利明王为宝生如来之教令轮身，可降伏五阴魔。西方之大威德明王为无量寿如来之教令轮身，可降伏人魔。北方之金刚夜叉明王为不空成就如来之教令轮身，可降伏地魔。若就内魔而言，不动头上之莲华表第九识，降三世之八臂表第八识，军荼利之遍身缠蛇表第七识，大威德之六面六臂表第六识。

阿旺罗桑嘉措（1617—1682），即五世达赖喇嘛。出生于西藏山南的琼结家族，是西藏古老而显赫的家族之一，也是历史上曾经雄踞一方的一个地方势力。五世达赖喇嘛所处时代，固始汗和格鲁派摄政者索南群培、达赖、班禅共同领导（四巨头）的和硕特汗国及其政府确立了格鲁派政治地位和经济地位（第巴管理财经及宗教事务），发展了与中央王朝的关系。五世达赖喇嘛作为和硕特汗国时期的格鲁派领袖，是这些重大历史事件的主导者之一，同时，他还致力于许多著名寺院的修建，如布达拉宫的修建，在藏药的制造，历史学、语言学、哲学、文学著作的编写，刻印经典等方面有着卓越的建树。他本人也在藏族文化史、宗教史、建筑史、医学史、艺术史等方面有高深的造诣，成为西藏历史上唯一在政治、宗教、学术等领域都取得非凡成就的一代宗师。

（其力格尔）

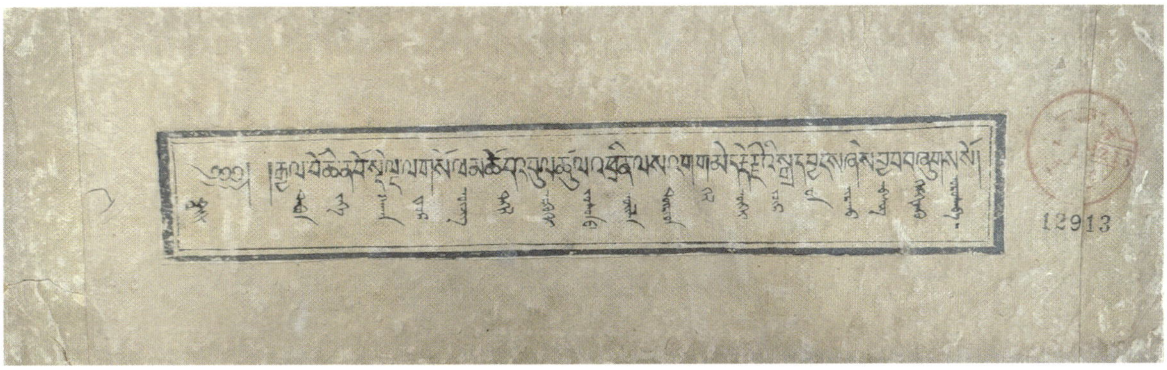


《五明王祷祀供法羯磨无障碍金刚妙音》封面

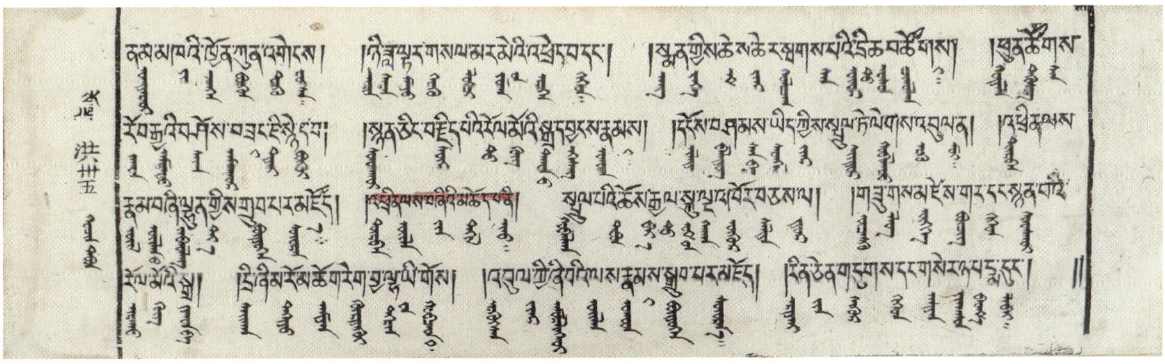

《五明王祷祀供法羯磨无障碍金刚妙音》第35叶

《五明王祷祀供法羯磨无障碍金刚妙音》第36叶

## 吉祥怖畏金刚十三尊修法大宝箧

བཅོམ་ལྡན་འདས་རྡོ་རྗེ་འཇིགས་བྱེད་ལྷ་བཅུ་གསུམ་མའི་སྒྲུབ་ཐབས་རིན་པོ་ཆེའི་ཟ་མ་ཏོག་ཅེས་བྱ་བ་བཞུགས་སོ།།

宗喀巴洛桑扎巴著。

清抄本。藏文蒙古文合璧。

梵夹装。页面7.5厘米×29.0厘米，版框7.5厘米×25.5厘米。左右双边。正文每页6行，藏文蒙古文相间各3行。

1函，171叶。

首页、尾页破损严重。

用藏文、蒙古文两种文字互译记录吉祥怖畏金刚十三尊修法经文，每页3行藏文经文对应3行蒙古文经文。

“怖畏”，梵语，恐惧害怕之意。依六十华严经卷三十四，未悟真理之众生有五种怖畏（恐怖）：（一）不活畏，生活不安，常积资财。（二）恶名畏，恐他人讥谤而名誉受损。（三）死畏，畏惧命之将终。（四）恶道畏，又作恶趣畏。恐惧堕入地狱、饿鬼等恶趣。（五）大众威德畏，又作怯众畏。无自信而怯于出现大众之前等。若远离此五怖畏，称为五离怖畏。

有学、无学之圣者，有小怖畏，而无大怖畏；佛则完全离怖畏。此外，虽有布施钱财之心，然担心布施后财物即将减少者，称为怖畏施，乃八施之一。大威德金刚，既怖畏金刚是格鲁派密宗所修本尊之一，因其能降服恶魔，故称大威，又有护善之功，故又称大德。梵名阎魔德迦，藏语为多吉久谢，意为怖畏金刚，汉译大威德明王。也叫阎曼德迦、怖畏金刚、牛头明王。曾降伏死神阎魔天，因此其名字的含义就是“死亡的征服者”。藏密认为是文殊菩萨的忿怒相，各派均修其法。

（阿如汗）

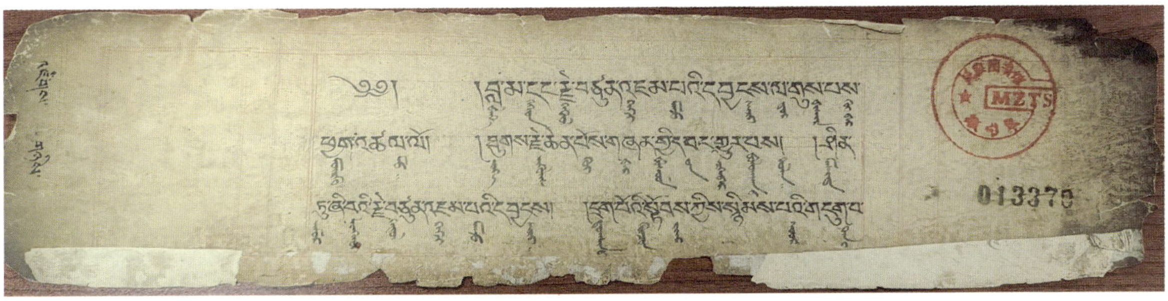

《吉祥怖畏金刚十三尊修法大宝箧》首页

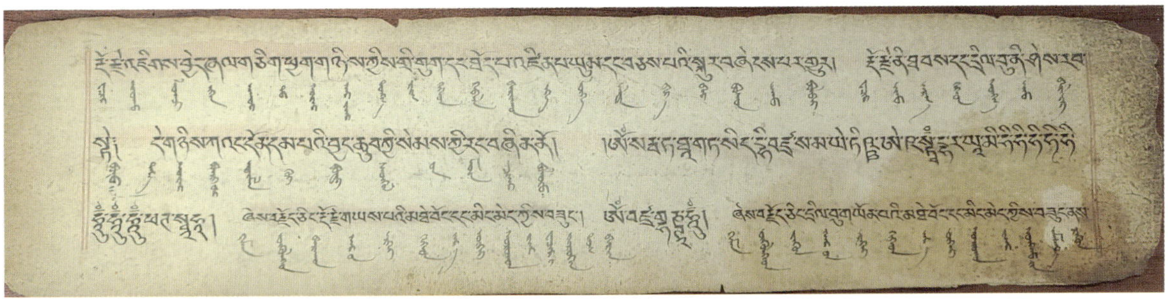

《吉祥怖畏金刚十三尊修法大宝箧》第3页

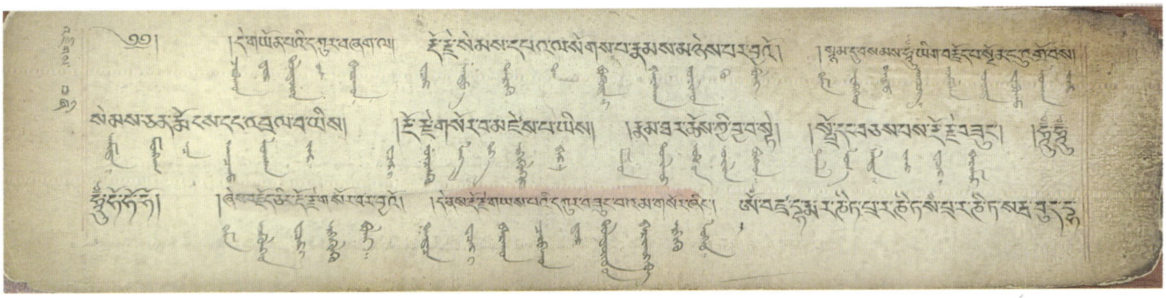

《吉祥怖畏金刚十三尊修法大宝箧》第4页

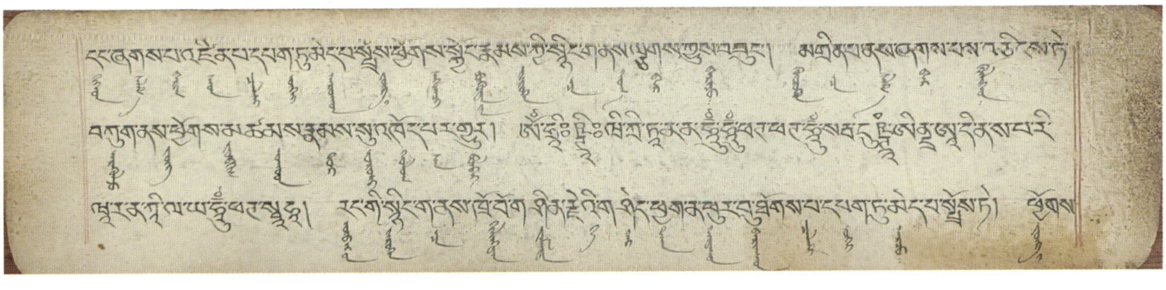

《吉祥怖畏金刚十三尊修法大宝箧》第11页

## 成就法集略悉地皆成

བསྙེན་ཡིག་དངོས་གྲུབ་རྒྱ་མཚོ་ཞེས་བྱ་བ་བཞུགས།

清抄本。藏文蒙古文合璧。

梵夹装。页面30.4厘米×8.5厘米，版框24.7厘米×8.5厘米。左右双边。正文每页6行，藏文蒙古文交替各3行。纸张厚实，为书写纸张，非印刷纸。

1函，76叶。

结尾部分残缺。

成就法。阐述了闭关修行成就重要事项。《成就法集略悉地皆成》也称《闭关静修仪轨·悉地海》。作者是二世章嘉·阿旺洛桑曲丹。此文分为两部分。第一部分为闭关修行主要内容和相关事项。根据佛经要求修行过程中严格遵守戒律，不得违背。如讲究传承。未得真传而传授他人者死后下地狱；修炼过程中不得吃肉喝酒；修炼环境保持干净；修炼时间仲秋至暮春最为适宜等。第二部分为《吉祥金刚不畏成就法》，分为三部分。分别是前行、实修和后记。首先需闭关祈福，断绝一切事物与人物交往。闭关期间忌有干扰，忌生烦恼，专心致志。择吉日，摆贡品。而后闭门专心结期修持法门，修禅、诵经、忏悔、发愿、回向等。

章嘉·阿旺洛桑曲丹（1642—1714），藏历第十一绕迥之水马年（1642年，明崇祯十五年）十一月初生于多麦宗喀附近之达秀村。父名张益华，母名洛萨塔姆措。二十岁即金牛年，赴拉萨又谒见五世达赖，从五世达赖学法，成为五世达赖的弟子，赐法名洛桑曲丹。前后在藏学习佛法二十二年。藏历第十二绕迥之木马年（1714年，康熙五十三年）五月二十五日在多伦诺尔圆寂。二世章嘉活佛的著作约有二百多种，其中主要代表作有《菩提道次第教授颂文. 遍智坦道》《菩提道次第导释笔录》《皈依导释与密集、上乐、怖畏三尊二次第验修法》《多杰羌. 阿旺洛桑曲丹传》《吉祥密集第一次第要义. 日之光》《脉风明点建立》《密宗道次第广论讲义》等。

（其力格尔）

《成就法集略悉地皆成》封面

《成就法集略悉地皆成》首页

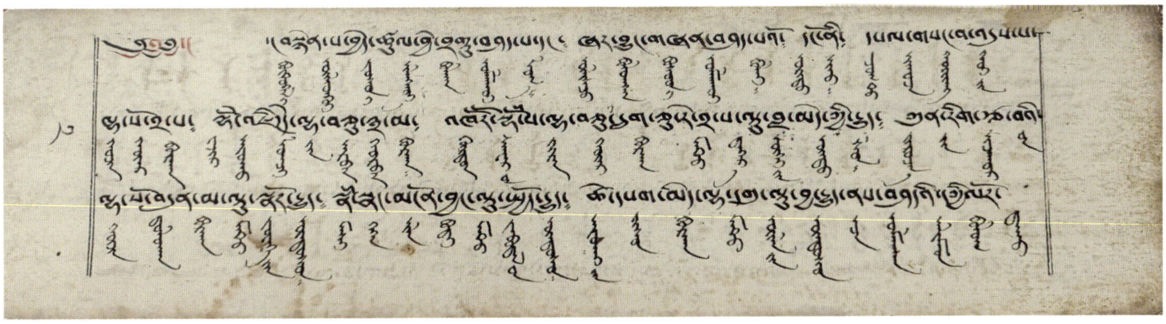

《成就法集略悉地皆成》第2页

## 如意宝鬘

ནོར་བུའི་ཕྲེང་བ་བཞུགས་སོ།།

ᠡᠷᠳᠡᠨᠢ ᠶᠢᠨ ᠡᠷᠢᠬᠡ ᠣᠷᠣᠰᠢᠪᠠ

清刻本。藏文蒙古文合璧。

梵夹装。页面8.0厘米×17.0厘米，版框6.0厘米×12.5厘米。四周双边。正文每页4行，藏文蒙古文交替各2行，每文有相应的王冠佛像图。朱印本。

1函，116叶。

保存完好。

《如意宝鬘》是一部赞颂陀罗尼汇集。共31种。分别为：1.薄伽梵释迦牟尼拜礼与陀罗尼；2.大持金刚赞颂陀罗尼；3.圣宗喀巴祈祷陀罗尼；4.薄伽梵阎曼德迦赞颂陀罗尼5.无量寿佛赞颂陀罗尼；6.白度母赞颂陀罗尼；7.顶髻尊胜佛母赞颂陀罗尼；8.药师佛赞颂陀罗尼；9.大日如来赞颂陀罗尼；10.马头明王赞颂陀罗尼；11.叶衣母赞颂陀罗尼；12.白伞盖赞颂陀罗尼；13.度母赞颂陀罗尼；14.坏相金刚赞颂陀罗尼；15.自在龙王赞颂陀罗尼；16.文殊师利赞颂陀罗尼；17.观音菩萨赞颂陀罗尼；18.金刚手赞颂陀罗尼；19.诸佛母赞颂陀罗尼；20.摩利支菩萨赞颂陀罗尼；21.迦楼罗赞颂陀罗尼；22.黑文殊师利赞颂陀罗尼；23.狮面佛母赞颂陀罗尼；24.大随求母赞颂陀罗尼25.秽迹忿怒明王赞颂陀罗尼；26.大黑天赞颂陀罗尼；27.阎罗王赞颂陀罗尼；28.吉祥天女赞颂陀罗尼；29.毗沙门赞颂陀罗尼；30.白瞻巴拉赞颂陀罗尼；31.财续佛母赞颂陀罗尼等。以上赞颂诸佛与菩萨。常念此赞颂陀罗尼于自己、于他人其功德利益广大无量。

（其力格尔）

《如意宝鬘》封面、首页

《如意宝鬘》下7、上8页

## 佛说净业障经

ལས་ཀྱི་སྒྲིབ་པ་ཐམས་ཅད་རྣམ་པར་སྦྱོང་བ་ཞེས་བྱ་བའི་གཟུངས་བཞུགས་སོ།།

又名《净除一切业障的陀罗尼咒》。

清刻本。藏文蒙古文合璧。

梵夹装。页面8.8厘米×24.0厘米，版框6.0厘米×17.5厘米。四周双边。正文每页6行。有蒙古文、藏文页码。

1函，18叶。

该经本咒功德，超度亡魂，乃其本愿，最能转定业生善道，每日三时念诵，能消除种种不祥凶事，若书此咒佩带身上，可免非时横死之难。如发菩提心念诵，则凡飞禽走兽，人非人等，于其耳根下经过，一闻咒音，不入三恶道；若为亡者念诵，每念一遍，称亡者名，为其回向，亡者罪重者，念十万遍，其人虽入地狱，定能拔除其苦，仗此功德，往生善道。又以清净砂土，或用白芝麻，白芥子或用清水，念咒加持，以此加持之土，造一小塔而为供养，再对塔前念诵本咒七天，生敬信心，虔诚发愿，则亡者七天以后，即能拔出五无间地狱之苦。如亡者在世曾发愿往生净土者，亦可仗此功德往生。又为亡者生在地狱，设法斋戒沐浴，更换新衣，禁吃葱蒜烟酒荤腥，向佛像或塔前，念三十万遍，能令亡者拔出地狱之苦，上生色界天顶，被超脱之亡者，并能于梦中相示，与之见面，围绕三匝，作礼而谢。又或书写此咒于钟铃螺钹等能出声音器上，或书此咒安放山巅，或于江河水中诵咒，或天雨时仰空诵咒，或于大风时仰空诵咒，或对火光及日月光中诵咒，或于大风沙时仰空诵咒，观想咒音所能及之地方，仗此功德，有罪众生，获蒙解脱。诵咒者所出声音，天龙八部闻之，均为清净法音。功德不可思议。

（阿如汗）

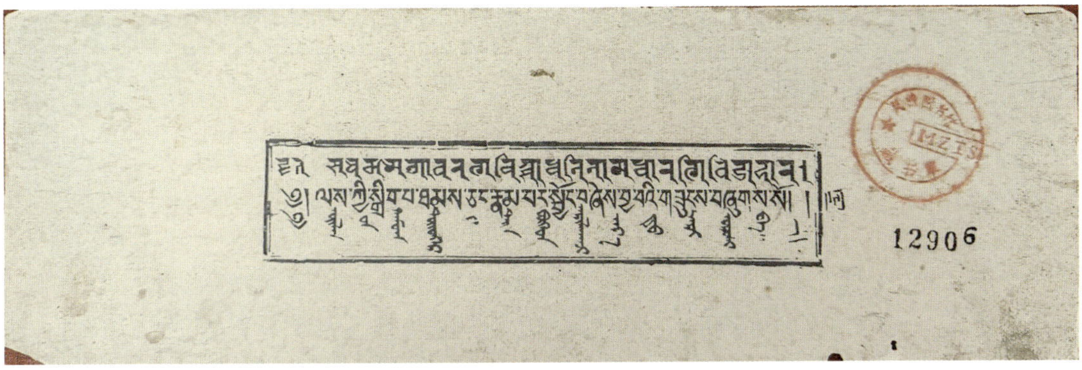
《佛说净业障经》封面

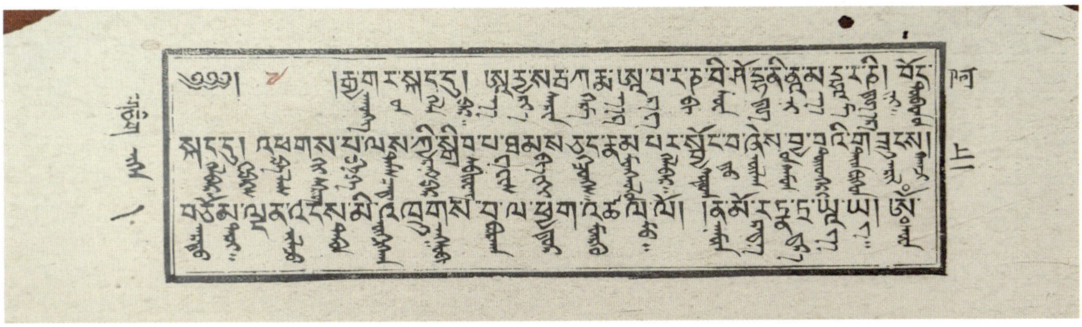
《佛说净业障经》第1页

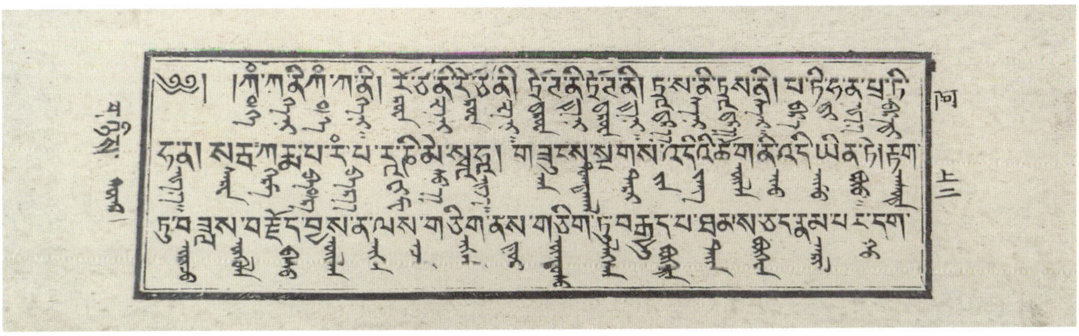
《佛说净业障经》第2页

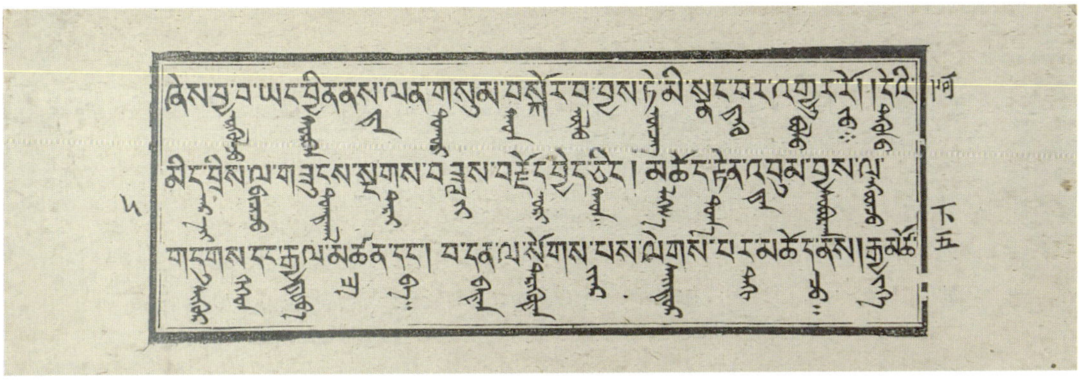
《佛说净业障经》第9页

## 明海

མིང་གི་རྒྱ་མཚོ།

ᠮᠡᠷᠭᠡᠳ ᠭᠠᠷᠬᠤ

卓然炯巴·贡噶嘉措编著。

清康熙年间刻本。藏文蒙古文合璧。

梵夹装。页面12.2厘米×60.1厘米，版框7.8厘米×52.7厘米。四周双边。正文每页4行，藏文蒙古文交替各2行，两边有佛像。版框左侧有藏文卷名、页码，右侧有汉文书名、卷数、页码。

1函，272叶。

《明海》全书共四卷，分别由《明海补遗说文大日光》（第一卷）、《词海》（第二卷）、《正字词海千日光》（第三卷）、《解梦明镜》（第四卷）等四个部分组成。缺第三卷。

清代，藏传佛教在蒙古地区的传播达到了顶峰。随着藏传佛教的广泛传播，藏文佛经的蒙古文翻译也达到高潮，据不完全统计，从康熙到乾隆年间，共有200余部佛经从藏文译成蒙古文。康熙五十九年（1717）开始的蒙古文《大藏经》"甘珠尔"部的重新整理刻印工程是在清廷的组织下进行的，因为"甘珠尔"的校勘和补充翻译需要译词的规范化，应此项工作的要求，同时为学习藏文，尤其是为学习藏文蒙古文互译的人们提供方便，卓然炯巴·贡噶嘉措于1718年编写了四卷本辞书《明海》。

卓然炯巴·贡噶嘉措（1655—？），生于西藏安多，藏族语言学家。曾在藏传佛教格鲁派六大寺院之色拉寺学习，精通声明学。1689年到乌兰察布盟乌拉特东公旗居住，进行大量的藏文创作和佛经翻译工作，由此以乌拉特·莫日根·然炯巴著称。1712—1714年，在喀尔喀咱雅班智达罗布桑普棱列的倡议下和他的弟子将藏文《咱雅班智达罗布桑普棱列自传·得道明鉴》译成蒙古文。1717—1718年，编著《明海》，并于清康熙晚期至雍正初期在北京刊刻。1722—1724年参与北京版藏文《丹珠尔》校勘、刊刻工作。

《明海》是应康熙版蒙古文《大藏经》"甘珠尔"的重新整理校勘和补译而产生的词典。该词典也是为学习藏文尤其是学习藏蒙互译的文人学者提供方便而编纂的，它是清代藏文蒙古文合璧词典中成书年代较早的一部，对清代蒙藏宗教文化的交流交融起到了桥梁的作用。

（海梅）

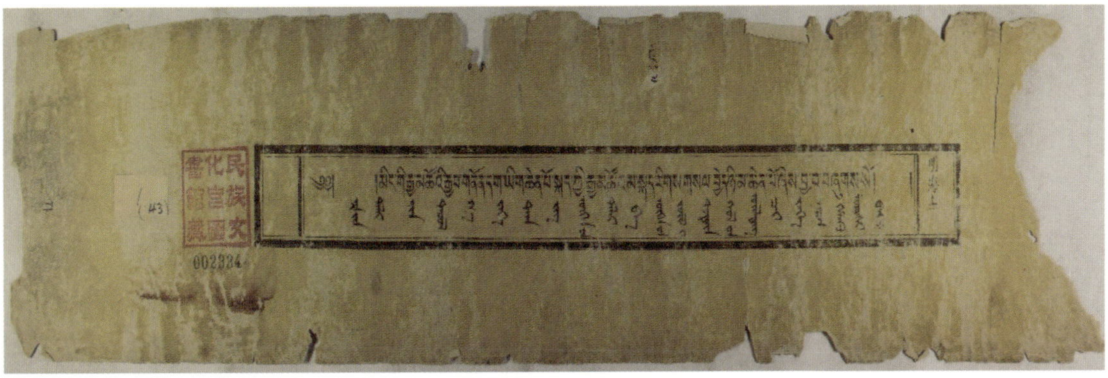

《明海》封面

《明海》第二卷第1叶上

《明海》第二卷第2叶上

## 往生北方香拔拉愿文

བྱང་ཤམྦྷ་ལར་སྐྱེ་བའི་སྨོན་ཚིག་བཞུགས་སོ།།

罗桑贝丹益西著。

清抄本。藏文蒙古文合璧。

梵夹装。页面8.4厘米×22.0厘米，无版框。正文每页4行，藏文蒙古文交替各2行。

1函，11叶。

纸张老化，基本保存完好。

《往生北方香拔拉愿文》是由具足三恩班禅一切智至尊洛桑贝丹耶益西祥贤所造之密封法。文中赞颂，北方名城噶拉巴，较帝释宫尤殊胜，妙宫十二由旬量，正四方形众宝严，九百俱胝卫星城，殊妙花苑胜天界，初佛坛城大小二，甫见得赐胜悉地，无价珍宝所制成，彼左右侧悦意海，十二中旬摩尼盒，人民富裕勤修法。在吉祥最胜上师尊庇佑下可获佛陀位。此愿文当与克珠杰上师瑜伽合诵。若与喜足天众颂合诵者，可在缘悲颂与吉祥三界颂之后诵此愿文，亦可在吉祥三界颂之后以此代替克珠仁波切祈请文。先前所作近摄乃克珠杰进入自身，故无差别。

六世班禅·罗桑贝丹益西（1738—1780），是西藏南木林县扎西则人，幼年时被认定为五世班禅的转世，1741年入扎什伦布寺坐床。1778年他通过章嘉国师若必多吉向乾隆皇帝表示愿意进京朝觐。1780年7月抵达承德避暑山庄，向乾隆皇帝祝贺七十大寿，并会见满汉和蒙古各部的王公贵族和信徒，特别是蒙古土尔扈特部从俄罗斯万里归来，其首领也到承德朝觐，成为中国历史上民族团结的一次盛会。他在北京染天花病逝后，清朝在黄寺为他建立“清净化城塔”，内藏他的衣冠经书等。雍和宫内也有许多六世班禅使用过的法器等。所以六世班禅与北京和承德地区的藏传佛教寺庙关系很多，故宫所藏的藏传佛教文物有不少也与他有关。

（其力格尔）

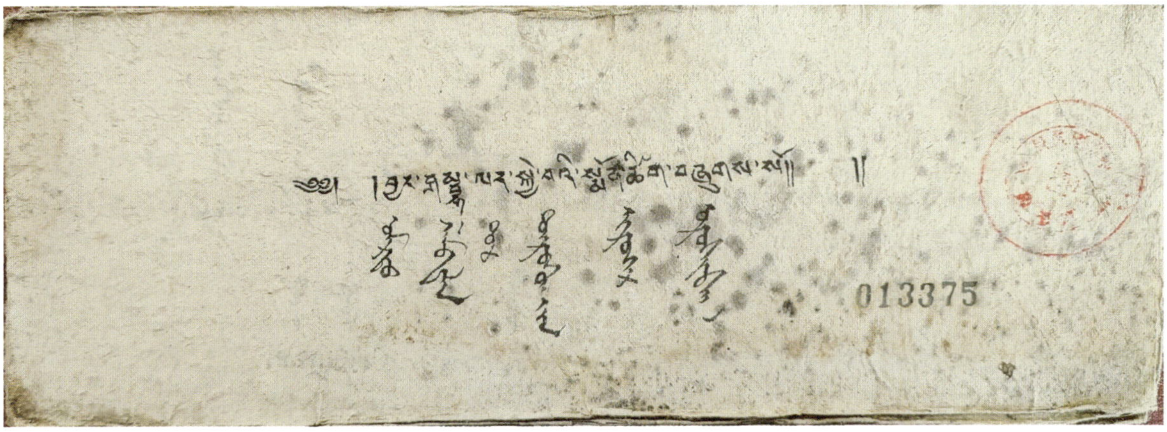

《往生北方香拔拉愿文》封面

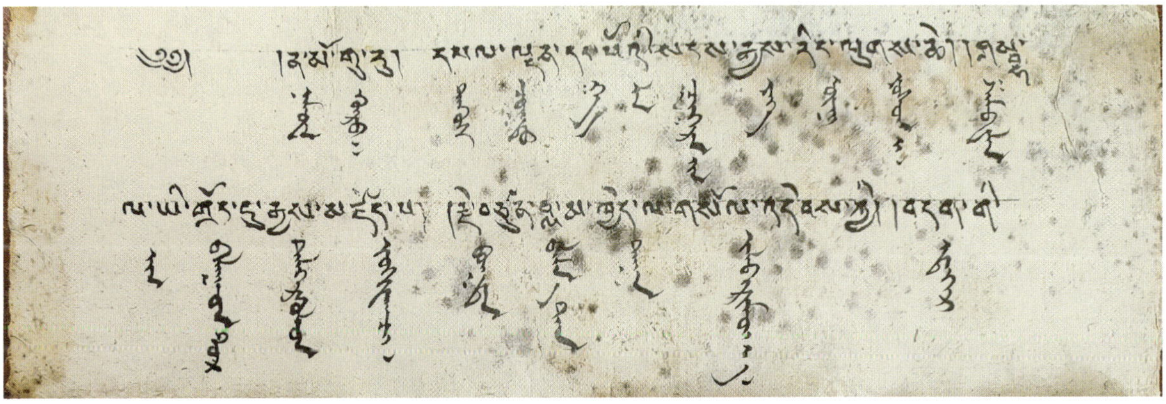

《往生北方香拔拉愿文》第1叶正面

《往生北方香拔拉愿文》第2叶正面

## 详解月光辞典

བརྡ་ཡིག་མིང་དོན་གསལ་བྱེད་ཟླ་བའི་འོད་སྣང་ཞེས་བྱ་བ་བཞུགས་སོ། །

阿旺丹德尔编著。

清道光十八年（1838）嵩祝寺刻本。藏文蒙古文合璧。

梵夹装。页面10.0厘米×52.2厘米，版框7.5厘米×49.0厘米。四周双边。正文每页4行，藏文蒙古文交替各2行。版框左侧有藏文页码，右侧有汉文“永”字样、汉文页码。

1函，139叶。

保存完好。

清代，藏传佛教在蒙古地区的传播达到了顶峰。随着藏传佛教的广泛传播，藏文佛经的蒙古文翻译也达到高潮。据不完全统计，从康熙到乾隆年间，共有200余部佛经从藏文译成蒙古文。此时不仅整理出版了17世纪初已经翻译了的《大藏经》“甘珠尔”（1720），同时也翻译出版了《大藏经》的另一部巨著“丹珠尔”（1742—1749）。为适应藏经蒙译事业的发展，很多学者和语言学家们编纂了不少翻译词典和名词术语词典。阿旺丹德尔编著的藏蒙合璧《详解月光辞典》就是其中的一部。

清代藏文、蒙古文对照词典。清释阿拉善拉让巴·阿旺丹德尔于道光十八年（1838）编著，同年秋天管旗章京纳木雅出资在北京刻印。据其跋文记载，因为衮布扎布编《易学藏文书》（1737）过于简略，所以编著者从大库伦刊刻发行的名为《Erikuikilbar》的详解词典中取一部分具有价值的词汇而编成该《详解月光辞典》。词典首行为藏文词汇，以三十个字母顺序排列，下行为对应的蒙古语词汇，收词约1万条。该藏文、蒙古文对照词典相比以往的同类词典，排编更科学，检索更方便，极大提高了利用效率。

阿旺丹德尔（1759—1840），于清乾隆二十一年（1759）出生于阿拉善和硕特旗东苏木巴彦淖尔公辉特氏一牧民家，幼年进阿拉善旗王府庙—延福寺当喇嘛，19岁时被送往西藏拉萨哲蚌寺深造，苦修24年，通达五部大论。1799年，拉萨三大寺举行的辩经大会上，获取格西拉让巴学位。1800年，从藏地回到故乡阿拉善左旗福因寺，开始了他传布经教和著述事业。一生用蒙藏两种文字著述40余部著作，为蒙藏文化发展事业献出了毕生的精力。清道光二十年（1840）圆寂于福因寺，享年82岁。

《详解月光词典》为适应清代蓬勃发展的藏经蒙译事业而产生的藏文、蒙古文合璧词典，它不仅解决了当时蒙古文佛经翻译时缺乏工具书的问题，而且对清代蒙藏宗教文化的交流交融起到了桥梁的作用。

（海梅）

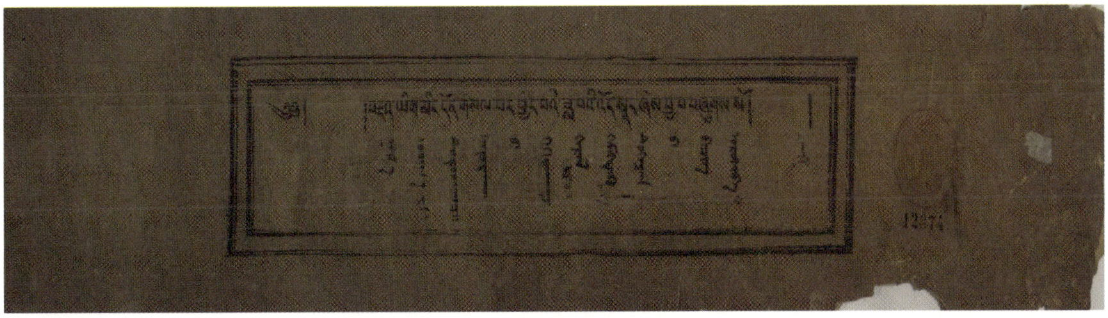

《详解月光辞典》封面

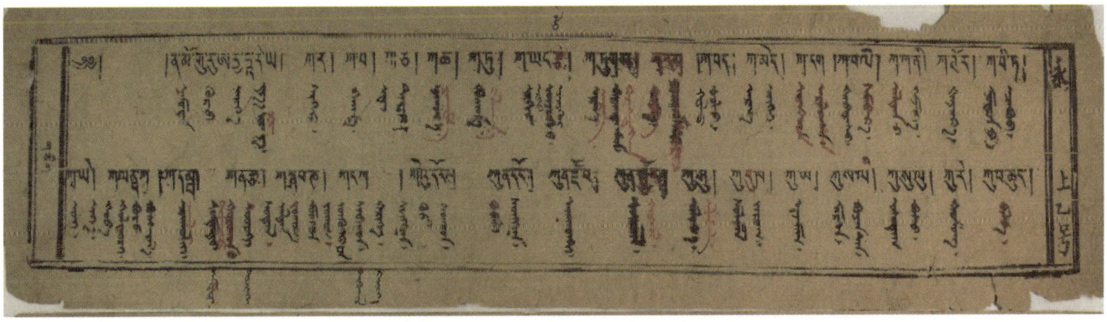

《详解月光辞典》正文第1叶上

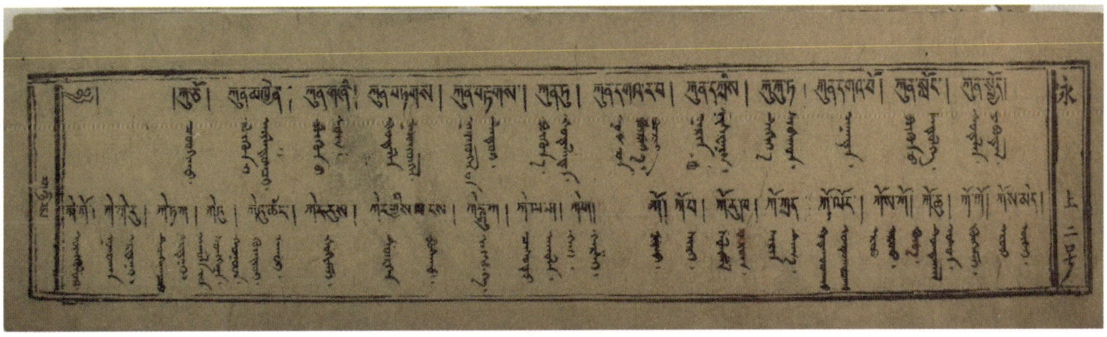

《详解月光辞典》正文第2叶上

## 政教箴言

ལུགས་གཉིས་བསླབ་བྱའི་རིམ་པ་ཐུ་ཤི་ལ་སྤྲིང་བ་བཞུགས་སོ།།

阿旺洛桑嘉措著。

清抄本。藏文蒙古文合壁。

梵夹装。页面51.3厘米×8.9厘米，无版框。正文每页6行，藏文、蒙古文交替各3行。

1函，283叶。

部分页面字迹模糊。

五世达赖喇嘛阿旺洛桑嘉措于第十饶迥火蛇年（1617）出生于西藏山南地区琼结之钦瓦达别，父亲琼结第巴，名堆都朗杰，母系阳卓浪卡子萨迦本钦阿兰之后裔，名衮噶拉刚。他自幼不爱嬉戏，循规蹈矩，举止温和，天资聪颖，心地善良，怜惜他人。6岁，时在水狗年（1662），第四世班禅洛桑却吉坚赞、桑甫林麦夏仲·恭却曲培于热振寺觉卧文殊金刚像前问卜，被确认为第四世达赖云丹嘉措之转世，于1682年圆寂于布达拉宫，享年66岁。

五世达赖喇嘛所处的时代，固始汗和格鲁派摄政者索南群培、达赖、班禅共同领导（四巨头）的和硕特汗国及其政府，确立了格鲁派政治地位和经济地位（第巴管理财经及宗教事务），发展了与中央王朝的关系，五世达赖喇嘛作为和硕特汗国时期的格鲁派宗教领袖，是这些重大历史事件的主导者之一，建立蒙藏联合政治统治格局，发展了与中央王朝的关系。正是在这种背景下完成此部《政教箴言》，用以规谏劝诫世人，要忌恶向善，传授开明慧、启心智的为人处世之道。

（阿如汗）

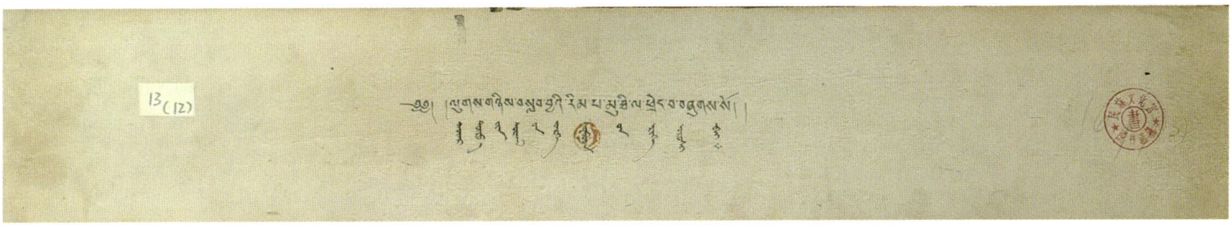

《政教箴言》封面

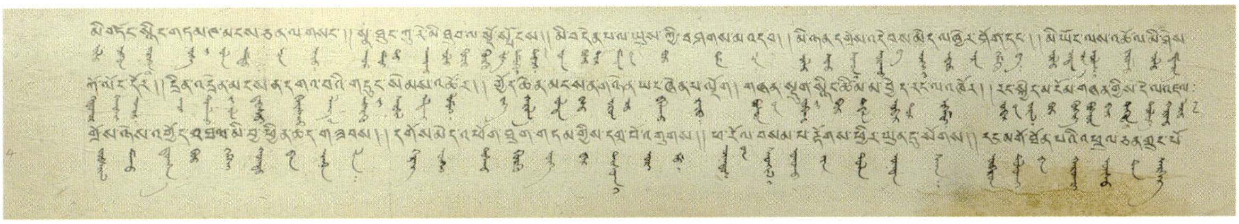

《政教箴言》第152叶

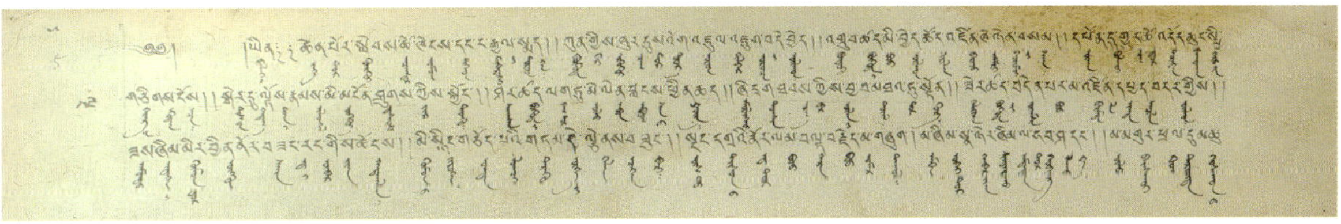

《政教箴言》第153叶

## 信奉宗喀巴功德经

རྗེ་རིན་པོ་ཆེ་ལ་བསྟེན་པའི་ཕན་ཡོན་བཞུགས།།

清刻本。藏文蒙古文合璧。

梵夹装。页面7.0厘米×15.8厘米，版框4.0厘米×11.8厘米。四周双边。正文每页2行，蒙古文藏文交替各1行。有汉文页码。

1函，37叶。

经书四边严重磨损。

宗喀巴（1357—1419）元末明初宗喀（今青海湟中）人，藏族。藏传佛教格鲁派（俗称黄教）创始人，本名罗桑扎巴。16岁进藏深造，住第瓦仅寺（在拉萨西南郊）。先后在前后藏各地投师求法，在噶当、萨迦诸大师指导下，系统学习近20年，同时为人讲经传教，提倡僧人应持守戒律，颇著声望。明永乐七年（1409）初，在帕竹地方政权及其属下贵族支持下，创大祈愿法会于拉萨，又在拉萨东北汪古尔山建立甘丹寺，正式创立格鲁派。

功德，功能福德的意思。有关功德的意思，很多经中对其的解释都有不同。如慧远《维摩义记》卷一记载："功德者，亦名福德，福谓福利，善能资润福利行人，故名为福。功谓功能，善有资润利益之功，故名为功。"吉藏《仁王般若经疏》卷上记载："功德者，施功名功，归己曰德，亦云忘功遗德故云功德。"《胜鬘宝窟》卷上记载："恶尽曰功，善满称德；又德者得也，修功所得，故名功德。"又因功德之深广喻为海，称"功德海"，其贵重如宝称"功德宝"，还有"功德藏""功德聚""功德庄严""功德林"等多种名称。

（阿如汗）

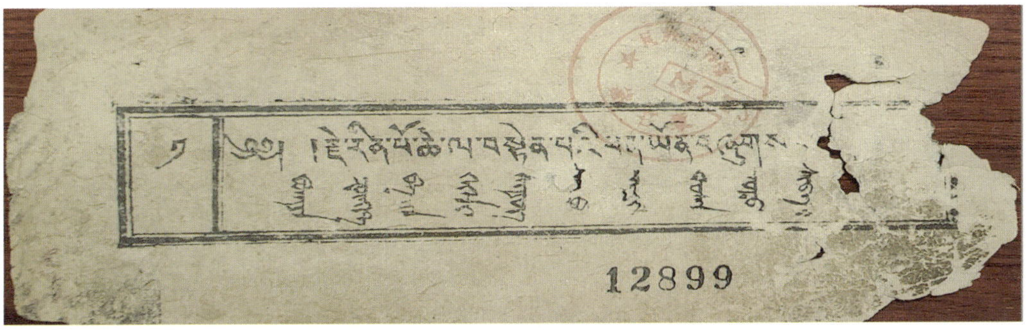

《信奉宗喀巴功德经》封面

《信奉宗喀巴功德经》第1叶上

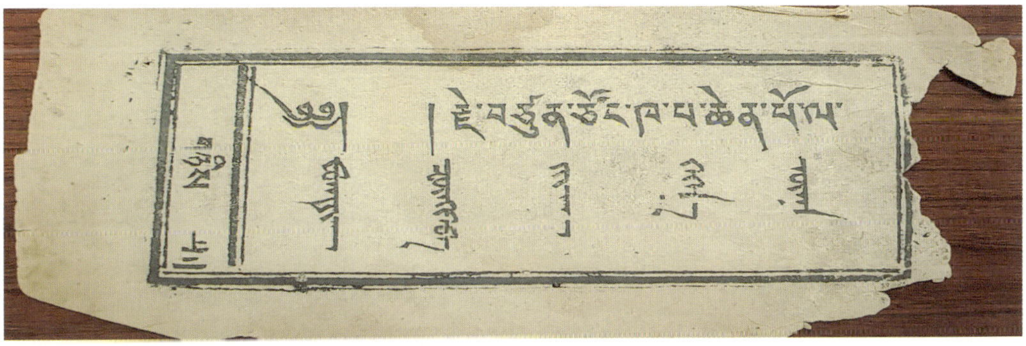

《信奉宗喀巴功德经》正文第2叶上

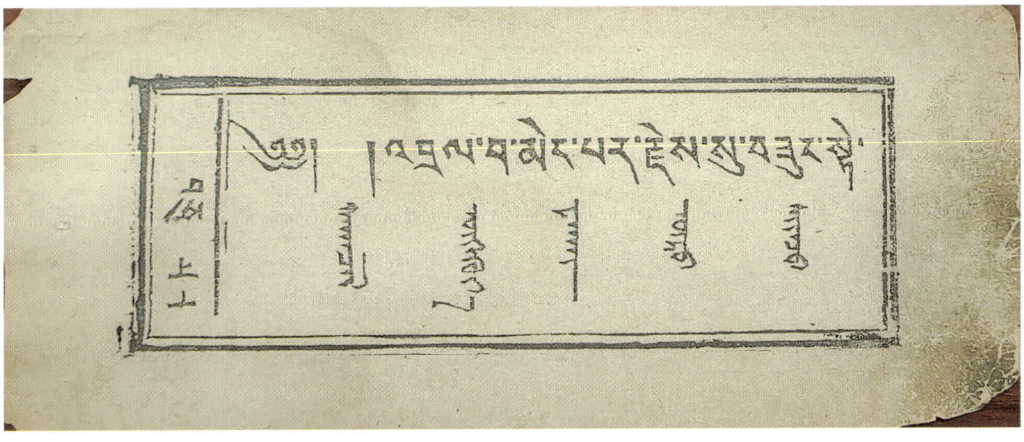

《信奉宗喀巴功德经》正文第8叶上

## 智慧之源

དག་ཡིག་མཁས་པའི་འབྱུང་གནས་ཞེས་བྱ་བ་བཞུགས་སོ།།

（清）章嘉呼图克图·若必多吉编纂，（清）衮布扎布等翻译。

清乾隆七年（1742）刻本。藏文蒙古文合璧。

梵夹装。页面11.0厘米×58.5厘米，版框7.5厘米×50.5厘米。四周双边。正文每页4行，蒙古文藏文交替各2行。版框左侧有藏文、蒙古文卷次、页码，右侧有汉文卷次、页码。

1函，11卷，722叶。

保存完好。

清代，藏传佛教在蒙古地区的传播达到了顶峰。随着藏传佛教的广泛传播，藏文佛经的蒙古文翻译也达到高潮。清康熙五十九年（1720）清朝中央政府组织整理校勘17世纪初（1602—1607）翻译成蒙古文的《大藏经》“甘珠尔”，并刻印发行。之后，乾隆六年（1741）皇帝旨令翻译《大藏经》“丹珠尔”部，并此项重大文化工程交给章嘉呼图克图·若必多吉。在着手翻译“丹珠尔”之前，章嘉呼图克图向皇帝奏称：“大蒙古之各个地方，语音大致相同，然而细微差异仍有不少，特别是翻译经籍之名词称为尚未厘订。诸译者各随其意，译名各异，多不统一，致使闻修者难以理解，贻害匪浅。应将经典中名词的译法统一汇集，刊布发行，以利翻译。”乾隆皇帝同意照办。于是开始编写名为《智慧之源》（又称《正字贤者之源》或《智慧之鉴》）的藏文、蒙古文两种文字对照的名词术语类词典。

清代藏文、蒙古文对照辞典。藏文由章嘉呼图克图·若必多吉（1717—1786）编纂，北京唐古特学校总教官衮布扎布、扎萨克喇嘛·锡拉布扎木素、隆福寺扎萨克喇嘛·丹津却德尔等人译为蒙古文。清乾隆六至七年间（1741—1742）编纂成书。各卷细分为般若、中观、上下对法（集论与俱舍论）、毗奈耶（律藏）、宗派、密咒、因明学、声韵学、工艺学、医学、训诂学类别。在词典的序言部分论述了翻译原则、翻译方法等问题，并提出了当时翻译学界的代表性理论问题和观点。卷首卷尾有释迦牟尼、弥勒佛、文殊、阿底峡、宗喀巴冠像和财神等附图。

编纂者章嘉呼图克图·若必多吉（1717—1786），藏传佛教格鲁派大活佛，第三世章嘉。甘肃凉州西莲花人，康熙五十九年（1720）被定为三世章嘉，雍正二年（1724）奉皇帝之命进京。成年之后，因精通汉满蒙藏等多种文字，其谙熟政教佛典，广弘佛法，雍正帝赐封其为“灌顶普善广慈大国师”。乾隆年间，掌管京城喇嘛印务处，多次代表朝廷处理蒙藏事务，指导宫内佛教活动、佛殿建设以及佛像制造等。他一生著作甚丰，主要有《钦定同文韵府上》《诸佛菩萨圣像赞》等，并主持将藏文《大藏经》“丹珠尔”译为蒙古文，将《大藏经》“甘珠尔”以及部分藏文、汉文论疏译为满文。乾隆五十一年（1786），在五台山圆寂。译者衮布扎布诞生于康熙时期西乌珠穆沁旗扎萨克和硕彻辰亲王索达尼之弟辅国公乌达喇家中。于1662年至1672年衮布扎布赴北京，从1723年至1735年任北京唐古特学校总教官、一等台吉、额驸等职位。是一位精通蒙、藏、满、汉四种语言的翻译家和学者。一生著有《恒河之流》《汉地佛教源流》等蒙藏文历史著作，并翻译了《造像量度经》《智慧之源》等多种作品。曾参与《大藏经》“丹珠尔”的蒙译工作和敕修汉文《龙藏》工作，卒年不详。

《智慧之源》所提出的翻译理论，对正确翻译佛经发挥了重要作用；它为后人留下了打开《甘珠尔》《丹珠尔》这两座宝库的一把钥匙，对蒙藏文化交流起到了桥梁的作用。以《智慧之源》为翻译标准而成书的蒙古文《大藏经》“丹珠尔”部，加强了清朝时期蒙藏两个民族与清王朝中央政府的关系，增强了各民族之间的理解与沟通，促进了统一多民族大国内部的政治、经济、文化的发展与繁荣。

（海梅）

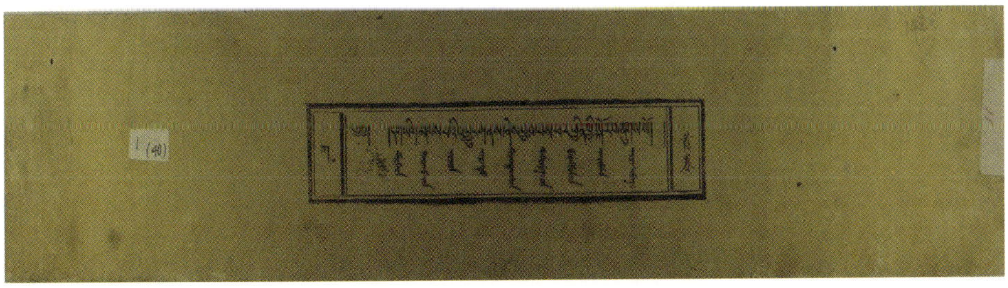

《智慧之源》第一卷封面

《智慧之源》第一卷第1叶上

## 集略

མདོ་རྒྱུད་བསྟན་བཅོས་དུ་མ་ལས་འབྱུང་བའི་ཆོས་ཀྱི་རྣམ་གྲངས་བཞུགས་སོ།།

莫日跟噶布楚托音译。

清抄本。藏文蒙古文合璧。

梵夹装。页面9.5厘米×36.0厘米。无版框。正文每页4行，藏文蒙古文交替各2行。

1函，79叶。

纸张破损，首尾残缺。

经义解说。解析阐述成佛之道。包括了佛教中的六根（眼耳鼻舌身意）六尘（色声香味触法）六识（眼识、耳识、鼻识、舌识、身识、意识）十八界，五蕴（色蕴、受蕴、想蕴、行蕴、识蕴），四大部洲（南瞻部洲，东胜神洲，西牛贺洲和北俱芦洲），七微尘（微尘、金尘、水尘、兔毛尘、羊毛尘、牛毛尘、隙游尘等），无色与三有，五无间罪（杀母、杀父、杀阿罗汉、破法轮僧、出佛身血）与近五无间罪（杀害比丘沙弥、污比丘尼、毁佛像、毁佛塔、毁坏佛堂），佛教三法门（空、无相、无愿），五恶见（身见、边见、见取见、邪见、戒禁取见），佛教的五眼六通（天眼、肉眼、法眼、慧眼、佛眼；天眼通、天耳通、他心通、宿命通、神足通、漏尽通等），六般若（实相般若，境界般若，文字般若，方便般若，眷属般若，观照般若等），佛教十行位（欢喜行、饶益行、无瞋恨行、无尽行、离痴乱行、善现行、无着行、尊重行、善法行、真实行等），佛教七德（长寿功德、无病功德、色功德、缘分功德、种功德、财势功德、智慧功德等），七圣财（信、戒、惭、愧、闻、施、慧等）、六随念（佛随念、法随念、僧随念、戒随念、舍随念、天随念等）三十二相八十种好，佛教四魔（烦恼魔、蕴魔、死魔、天子魔），佛法六因（能作因、俱有因、同类因、相应因、遍行因、异熟因等）四缘（因缘、等无间缘、所缘缘、增上缘）等。

（其力格尔）

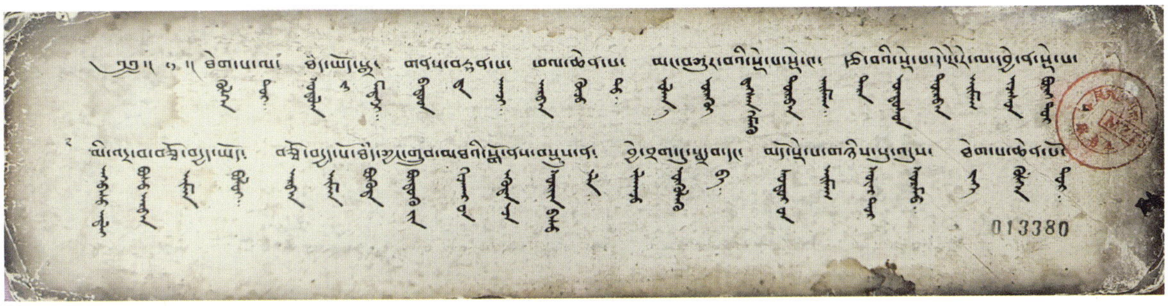

《集略》正文第1叶

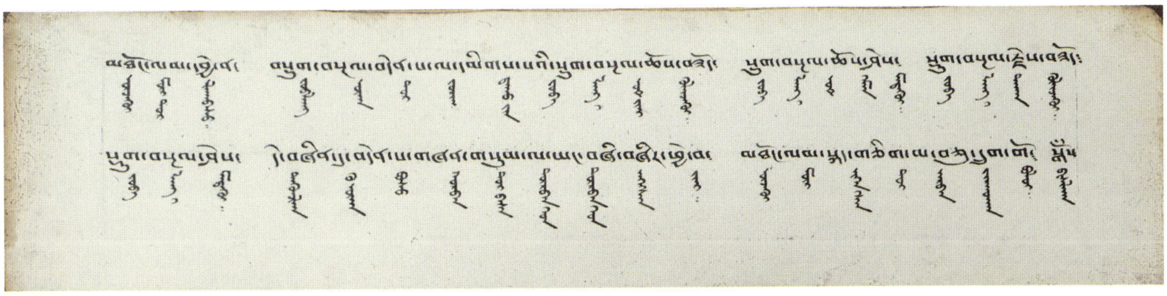

《集略》正文第2叶

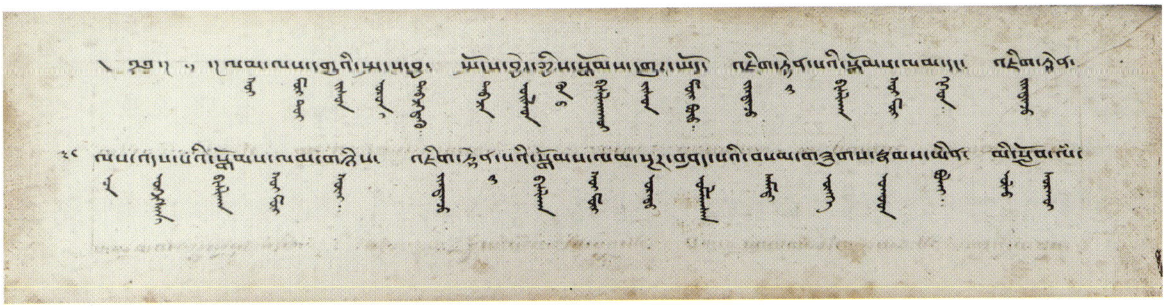

《集略》正文第3叶

## 善语宝藏

ལེགས་པར་བཤད་པ་རིན་པོ་ཆེའི་གཏེར་ཞེས་བྱ་བའི་བསྟན་བཅོས་བཞུགས་སོ།།

ᠰᠠᠶᠢᠨ ᠦᠭᠡᠲᠦ ᠡᠷᠳᠡᠨᠢ ᠶᠢᠨ ᠰᠠᠩ ᠨᠡᠷᠡᠲᠦ ᠱᠠᠰᠲᠢᠷ ᠣᠷᠣᠰᠢᠪᠠ

萨迦班智达·贡噶坚赞编，罗桑丹毕坚赞蒙译。

清抄本。藏文蒙古文合璧。

梵夹装。页面9.0厘米×43.2厘米。无版框。正文每页6行，藏文蒙古文交替各3行。

1函，62叶。

书边有磨损，第17、41、62页缺损，结尾缺损。

1247年，蒙古阔端宗王在甘肃凉州会晤西藏萨迦派首领萨迦班智达·贡噶坚赞，阔端皈依佛法，萨迦班智达·贡噶坚赞也发出了著名的《致蕃人书》，从而开创了蒙藏关系的新纪元，自“凉州会盟”起，藏传佛教在蒙古地区经历了两次传播高潮。第一次是从13世纪中叶至1368年元朝灭亡，主要在朝廷内部或上层贵族统治阶级传播；第二次是从16世纪后半叶到清朝晚期，超出朝廷或蒙古王公贵族的范围广泛传播至广大蒙古民众当中。蒙藏政治文化关系以藏传佛教在蒙古地区的传播兴衰为标志，经历了同样的历程。元朝时期，由于萨迦班智达·贡噶坚赞、八思巴为首的萨迦教派在元朝宫廷中的显赫地位，萨迦班智达·贡噶坚赞之代表作《善语宝藏》被翻译成蒙古文，之后随着藏传佛教在蒙古地区的全面传播先后被译成蒙古文，出现了多种译本。

又称《萨迦格言》，藏族诗人萨迦班智达·贡噶坚赞之作。被翻译成蒙古文之后，在蒙古地区以《善语宝藏》（或《善说宝藏》《善书宝藏》《苏布喜地》《苏布悉地》）的名字广泛流传。是一部哲理格言诗集，分9章，共收457首格言诗。章名依次为：辨识学者，辨识高士，辨识愚人，辨识多士，辨识恶行，辨识本质，辨识悖谬、辨识事业、辨识佛法。作者以佛家身份观察、评论各种社会现象，用极为丰富的比喻，深入浅出、精炼准确地阐明了修身、齐家、为人处世，乃至治国平天下的道理。《善语宝藏》从元代开始被反复译成为蒙古文，据学者研究，其最早的蒙古文译本出现于13世纪末或14世纪初，之后又有几种译本以八思巴文、回鹘式蒙古文、托忒蒙古文印行传世。其中，此件罗桑丹毕坚赞译本是在蒙古地区流传广泛，影响深刻的译本之一。

作者萨迦班智达·贡噶坚赞（1182—1251）是元代藏传佛教高僧、学者、诗人，萨迦教派第四祖。萨迦班智达·贡噶坚赞1182年生于后藏萨迦地区的萨迦旺族，最初在其伯父扎巴坚赞座前出家，开始系统接受萨迦派寺院教育。后又广拜名师，全面学习经律论三藏，修戒定慧三学，最终成为佛学造诣精深的一代宗师，被人们尊称"班智达"。萨迦班智达·贡噶坚赞一生著述甚丰，其代表作《善语宝藏》开创藏族格言诗先例。1251年，在凉州圆寂，享年70岁。蒙古文译者罗桑丹毕坚赞（1717—1766）是清代乌拉特西公旗墨尔根庙第三世活佛，故尊称为墨尔根葛根，是蒙古族著名高僧、文学家和翻译家。罗桑丹毕坚赞1717年生于内蒙古原乌兰察布盟乌拉特中旗一个贵族家庭，1721年被选定为乌拉特西公旗墨尔根庙第三世转世活佛。在本庙苦读经书，精通了五明、五部大论等多方面的学问，并熟练掌握了蒙、藏、梵、汉等多种语言。学成之后，讲经说法、著书立说为为蒙古族传统文化的发展和蒙藏文化的交流做出了重要贡献。用蒙古文撰写了大量诗歌和箴言诗，编写过很多有影响的语言、历史方面的著作，还翻译了大量的藏文佛教典籍。1766年圆寂，享年49岁。

藏族文学对蒙古文学的影响是以佛教在蒙古地区的传播和渗透为标志的。从13世纪中叶至元朝末年的首次传播时期，被翻译或传入蒙古地区的藏族文学经典并不多，只是由于萨迦教派在元朝宫廷中的显赫地位，萨迦班智达·贡噶坚赞之代表作《善语宝藏》被密宗大师索南戈拉翻译成了蒙古文，成为早期的译本。随着藏传佛教在蒙古地区的全面渗透，即16世纪后半叶到清朝晚期的第二次传播时期，蒙古文学与藏族文学已经到了水乳交融的境地，就《善语宝藏》来说，又出现了咱雅班智达·南喀嘉措、墨尔根葛根·罗桑丹毕坚赞、察哈尔格西·罗桑楚臣、丹津却达尔、诺木图因仁钦等人的多个蒙译本。萨迦班智达·贡噶坚赞的藏文文学作品《善语宝藏》的蒙古文翻译历史以及所产生的多种不同译本，折射出了历史上的蒙藏政治、宗教、文化、文学的交流史。

（海梅）

《善语宝藏》封面

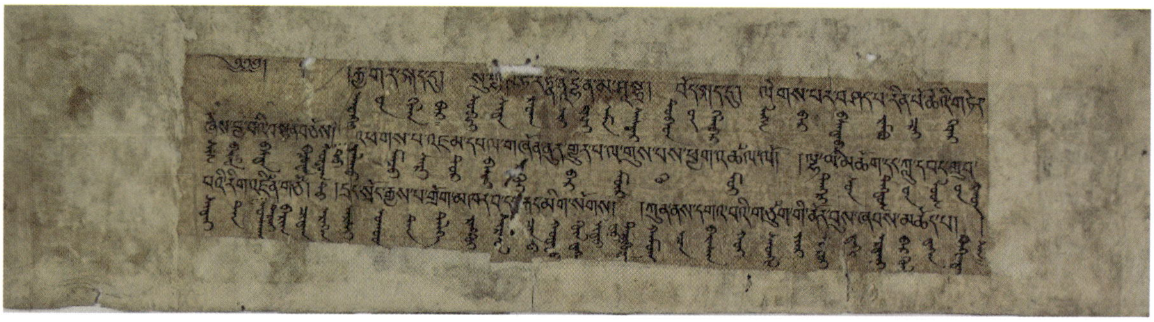

《善语宝藏》正文第1叶上

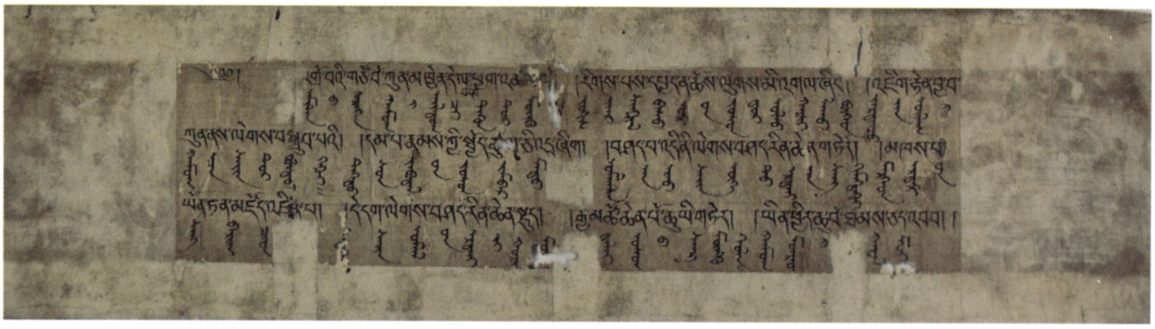

《善语宝藏》正文第2叶上

# 6. 蒙古文满文合璧古籍

## 名贤集

清抄本。蒙古文满文合璧。

线装。页面25.0厘米×20.8厘米。正文每页12行，蒙古文满文交替各6行。

1册，70叶。

尾页残缺。

《名贤集》是南宋以来流传于民间的一种通俗读物，里面收集了一些格言、诗句、谚语等。其中有些内容属封建说教，有些还渗透了佛、道两教的因果报应等思想。无确切作者，但从文中内容看极有可能是南宋以后的儒家学者根据历代名人和贤士的名言警句，以及长期流传于民间的格言、谚语编纂的。它不可能出自一人之手，很可能是多人或几代人的共同创作。此文取材大部分来自社会民间，较多地反映了当时社会与民众的人生经验和心理愿望，其中有不少关于修身，治家、人际交往等方面的观念与规范，至今仍有借鉴意义。

《名贤集》以四言、五言、六言、七言组成，易诵易记，读之朗朗上口，其间集有不少成语、格言，是古代流传很广的启蒙读物。从积极和消极两方面对社会都有影响，从中可以看出当时的人对世态炎凉的认识及相应采取的对策。此书在民间广为流传，因此版本较多，文字往往多有不同。

（阿如汗）

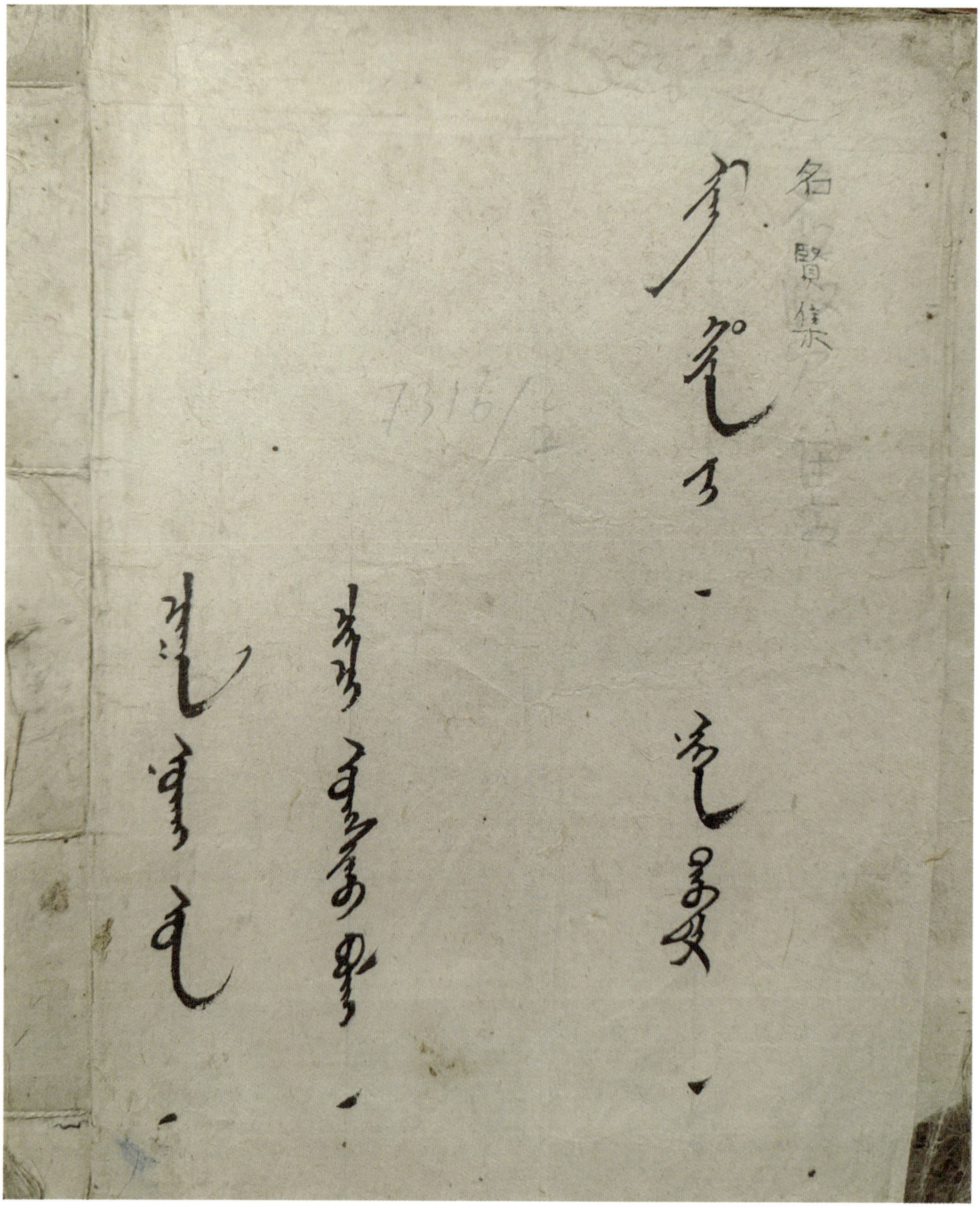

《名贤集》封面

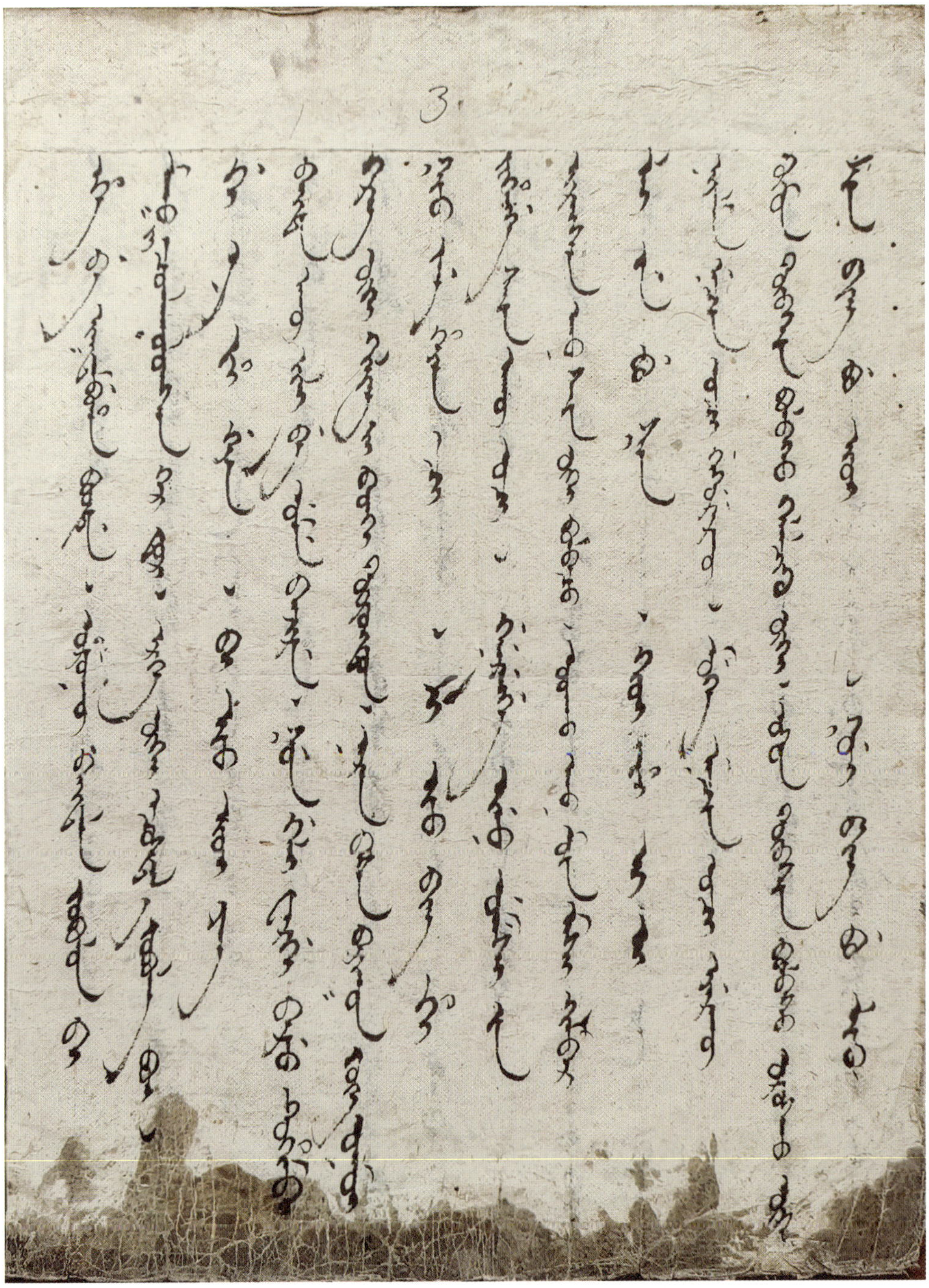

《名贤集》第2页

国家民委铸牢中华民族共同体意识
古籍整理出版书系

第二部分

# 三种文字合璧古籍

## 三合圣谕广训

清世宗（胤禛）撰。

清同治十三年（1874）护国隆福寺庙内书摊萧姓存版重刻本。汉文满文蒙古文合璧。

线装。页面27.8厘米×17.8厘米，半叶版框21.5厘米×15.5厘米。四周双边。正文半叶9行，汉文满文蒙古文相间各3行，行字不等。单鱼尾，版心有汉文书名、页码。

4册，1函，267叶。

有残损，内容保存完整。

另存同版1套。

《圣谕广训》为雍正二年（1724）刊刻的官修典籍，由康熙《圣谕十六条》与雍正《广训》两个部分组成，雍正依照康熙所颁行的《圣谕十六条》逐条释义，又于各条之下申明己意，撰成《圣谕广训》一书。故《圣谕广训》既是雍正对康熙《圣谕十六条》的继承与发展，又是雍正教化思想之所在。圣谕是明清两代帝王为教化民众、和睦社会所颁布的训诫，是国家层面在顶层设计上传播道德规范的重要内容和载体。雍正为广泛传播《圣谕广训》下令“颁发直省督抚学臣，转行该地方文武各官及教职衙门，晓谕军民生童人等，通行讲读，谕令各州县大乡大村于人居稠密处设立讲约所，每月朔望，齐集乡之耆老、里长及读书之人，宣讲《圣谕广训》”。从日常生活到科举甚至官场，雍正年间，县试、府试、院试、岁试必须默写《圣谕广训》中的一条；嘉庆后，岁试、科试也均要默写。

《三合圣谕广训》是三种文字合璧古籍，翻阅方式与现代翻阅相似，从左往右翻，顺序依次是满文、蒙古文、汉文三个文种相互对照。文献由序言和正文组成，正文内容含敦孝弟以重人伦、笃宗族以昭雍睦、和乡党以息争讼、明礼让以厚风俗、隆学校以端士习、黜异端以崇正学、训子弟以禁非为、重农桑以足衣食、尚节俭以惜财用、务本业以定民志、讲法律以儆愚顽、息诬告以全良善、诫窝逃以免株连、完钱粮以省催科、联保甲以弭盗贼、解仇忿以重身命等“圣谕十六条”，涉及家庭、社会、教育、生计、秩序等多个方面。

爱新觉罗·胤禛（1678—1735），年号雍正，庙号世宗，清朝第五位皇帝（1722—1735年在位）。

（高彩云）

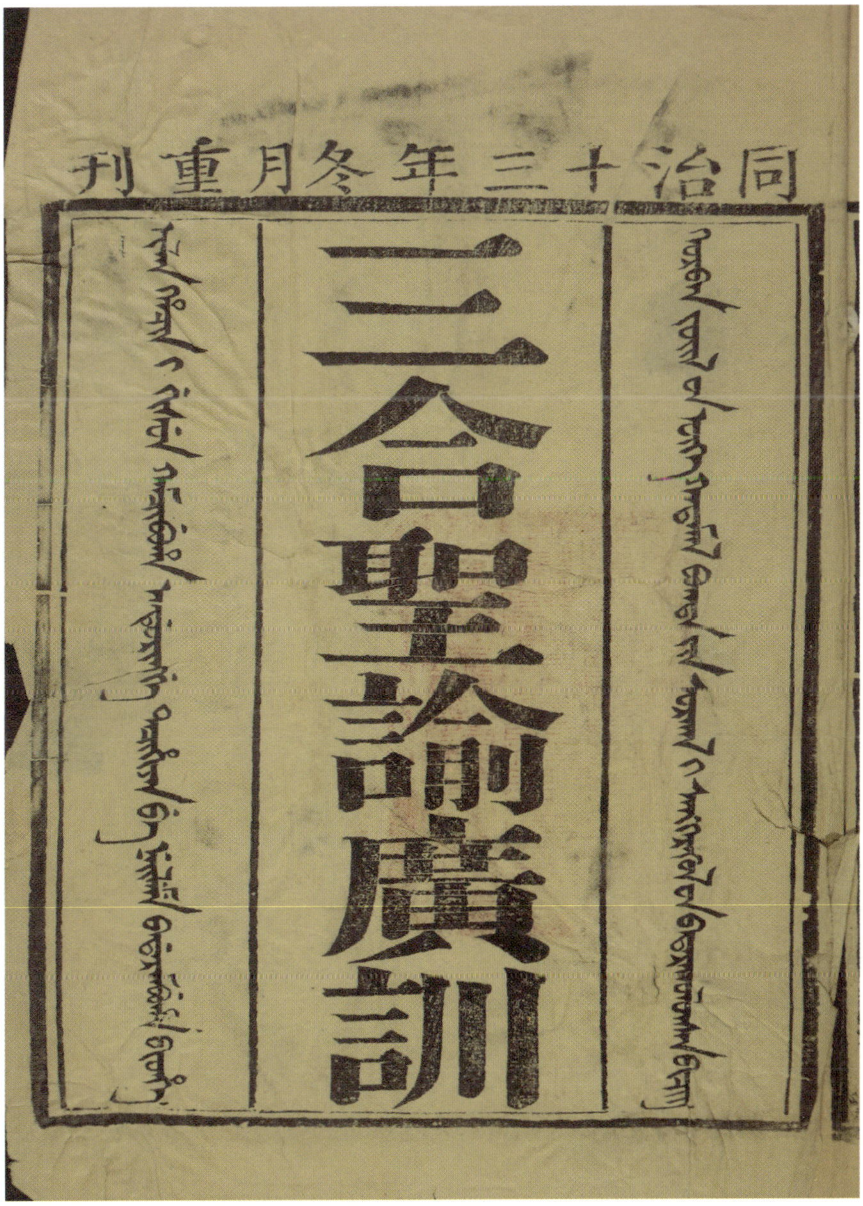


《三合圣谕广训》内封

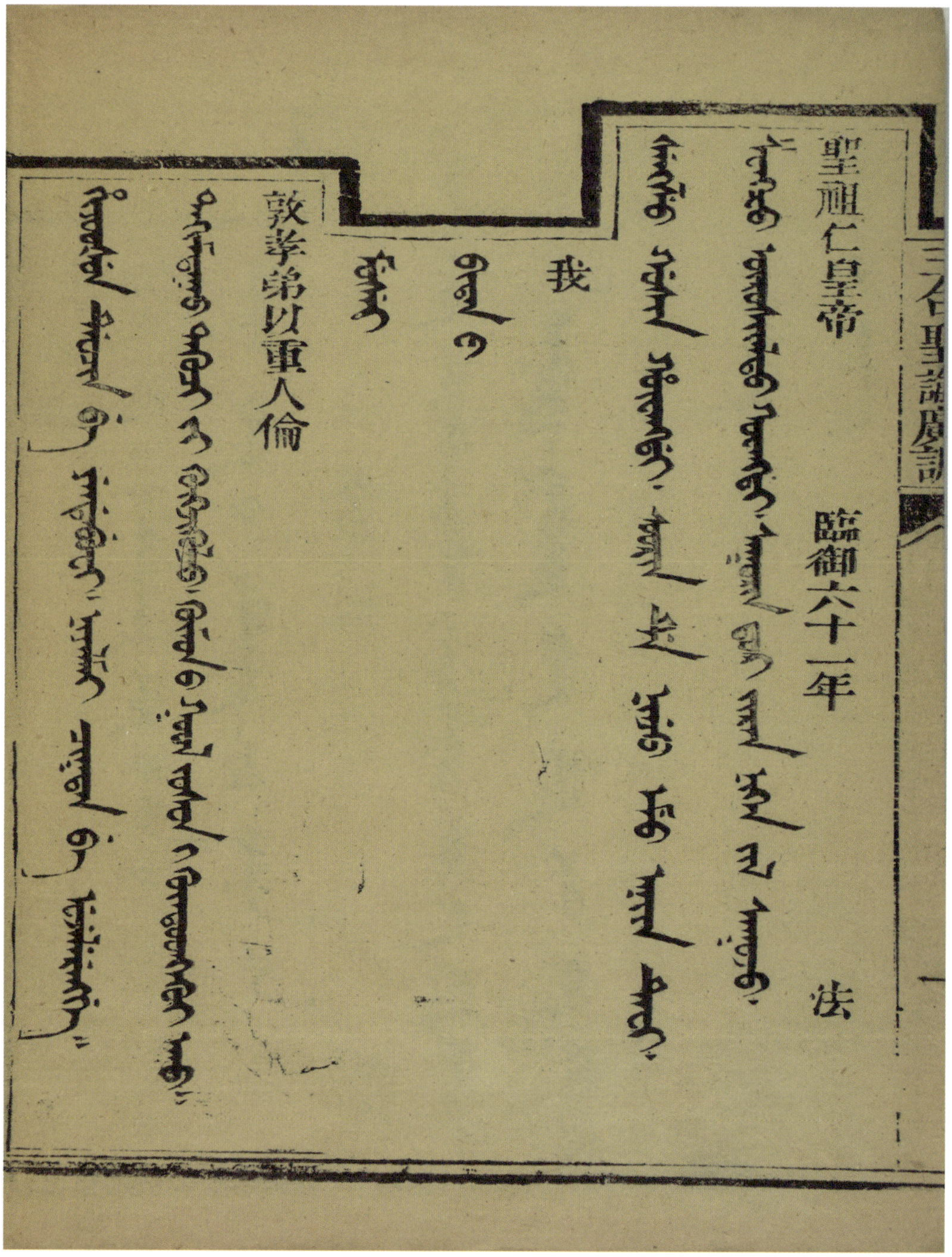
三合聖諭廣訓

聖祖仁皇帝 臨御六十一年 法

我

敦孝弟以重人倫

《三合圣谕广训》卷首首页

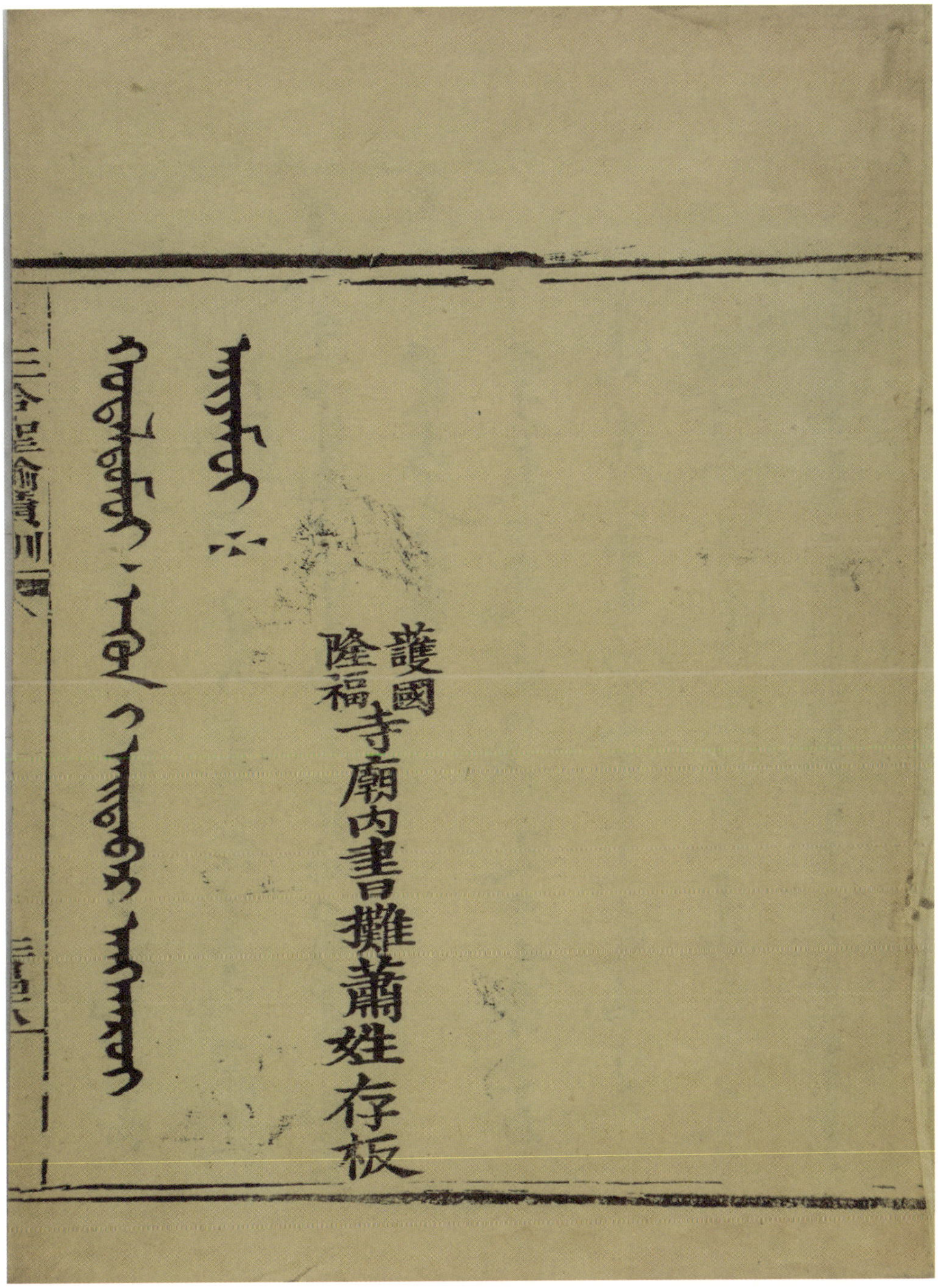


《三合圣谕广训》书尾

## 三合名贤集

佚名辑，佚名译。

清刻本。汉文蒙古文满文合璧。

线装。页面26.4厘米×15.5厘米，半叶版框17.1厘米×13.7厘米。四周双边。正文半叶6行，汉文满文蒙古文相间隔各2行，行字数4—7不等。白口，双鱼尾，版心有页码。

2册，1函，88叶。

保存基本完好。

《名贤集》是我国古代对儿童进行伦理道德教育的蒙学教材之一，具体作者不详，从内容上分析，是南宋以后儒家学者撰辑。它汇集了孔、孟以来历代名人贤士的嘉言善行，以及民间流传的为人处事、待人接物、治学修德等方面的格言谚语，其中不乏洞察世事、启人心智之句。如“人无远虑，必有近忧”，让人凡事应从长计议；“良言一句三冬暖，恶语伤人六月寒”，劝人言语之间要相互尊重；而“贫居闹市无人问，富在深山有远亲”则道尽了人间的世态炎凉。当然，由于受时代的局限，《名贤集》中也有许多消极内容，如：“有钱便使用，死后一场空”等。全书以四言、五言、六言、七言组成，易诵易记，读之朗朗上口，是古代流传很广的启蒙读物。版本较多，文字往往多有不同。《三合名贤集》收录174句，其中四言42句，五言68句，六言15句，七言49句。

该书对研究清代满、蒙古、汉等多民族文化交流史、清朝教育制度有一定参考价值。

（龚文龙）

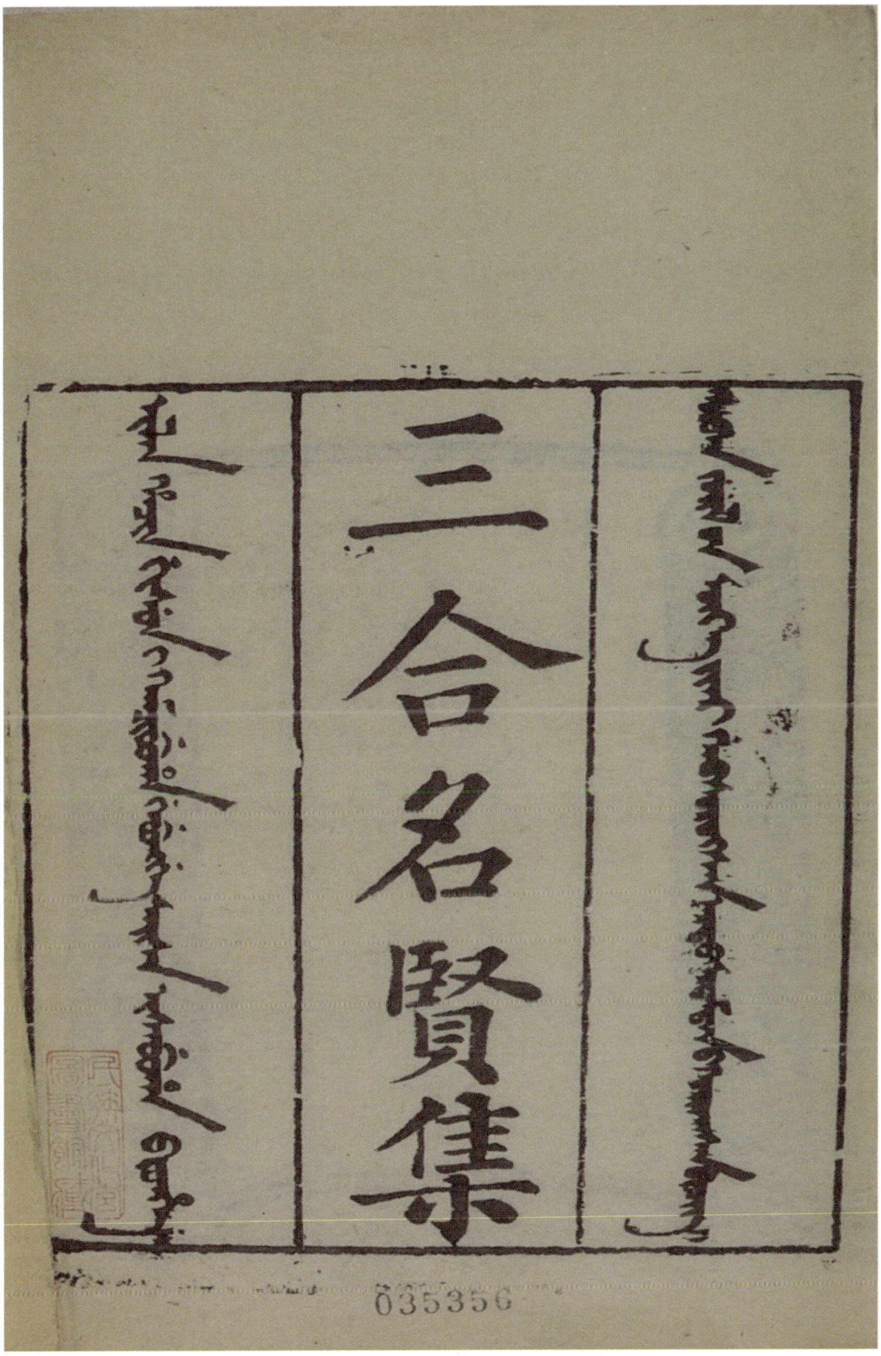


《三合名贤集》内页封面

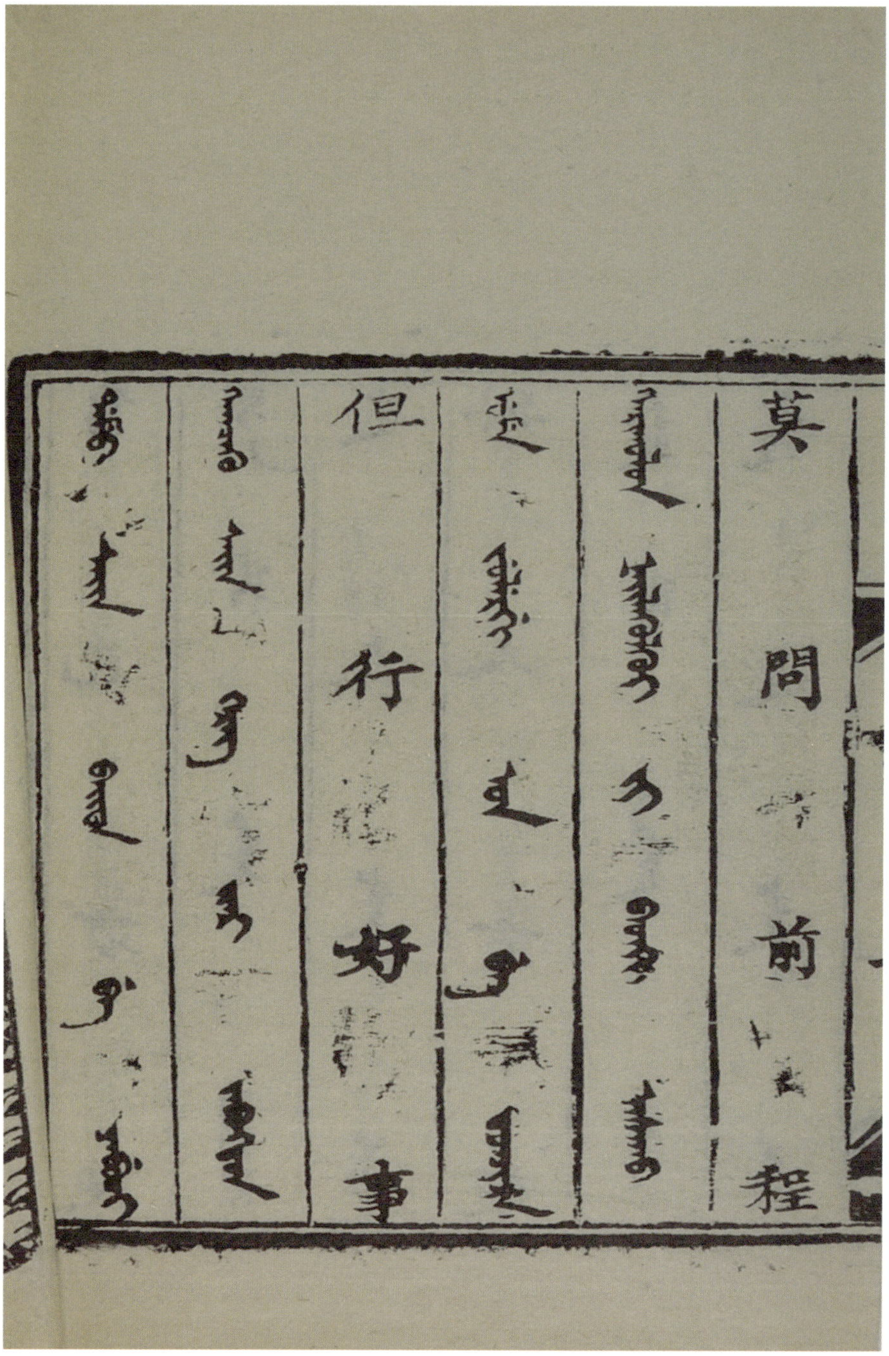
莫問前程
但行好事

《三合名贤集》正文首卷卷端

# 三合便览（2种）

## 一、清乾隆五十七年（1792）刻本

（清）敬斋公辑，（清）富俊补编。

清乾隆五十七年（1792）刻本。汉文蒙古文满文合璧。

线装。页面27.8厘米×17.5厘米，半叶版框20.0厘米×15.5厘米。四周双边。正文半叶8行，行字数不等。白口，双鱼尾，版心处有汉文书名、页码。

12册，2函，12卷，1408叶。

三级破损。

另存同版1部。

该书初由敬斋公撰写而成，后其子富俊依例增补，广其卷帙，并作序于卷首。

全书内容分三部分：卷一为第一部分，包括“满文十二字头”“清文指要”“蒙文指要”等内容，简要介绍了满、蒙古两种文字的正字法和语音、语法，并对其中一些虚字的用法举例说明；卷二至卷十为第二部分，是为按十二字头编排之满汉蒙古文对照词汇集，也是该书的主体，正文每门首字为满文词语，下列汉文译文与蒙古文译文，最下列有由满文字母转写的蒙古译文词语；卷十一至卷十二为第三部分，是为增补成分，其正文词语编排体例与主体一致。全书共收录20144条词语，以生产、生活用语为主，主要是名词、动词、形容词等。此书在蒙古语音、语法、词汇等方面受满文影响很深。该书是关于满语、汉语和蒙古语语言学的重要文献。因其便于研习上述三种语言，有清一代，颇受赞誉，流传广泛，影响甚巨。该书对研究满文、汉文、蒙古文发展史也有一定参考价值。

敬斋公，讳明福，正黄旗蒙古人，清乾隆十三年（1748）考取翻译进士，二十五年（1760）管理杀虎口驿务，二十八年（1763）至三十五年（1770）先后出任广德州、六安州知州，其

后署理颍州知府。官居中流，未曾显赫，故史书鲜有记载。其生卒年不详，但乾隆四十五年（1780）时已故。他早年即谙熟蒙古语和满洲语，为日后编纂《三合便览》奠定了坚实的基础。富俊（1749—1834），字松岩，卓特氏，正黄旗蒙古人，翻译进士，清嘉庆八年（1803）出任吉林将军，诏勘吉林荒地开垦，被誉为吉林“称贤将军”。嘉庆帝称“富俊向于公事好固执己见”。谥“文诚”。

（龚文龙）

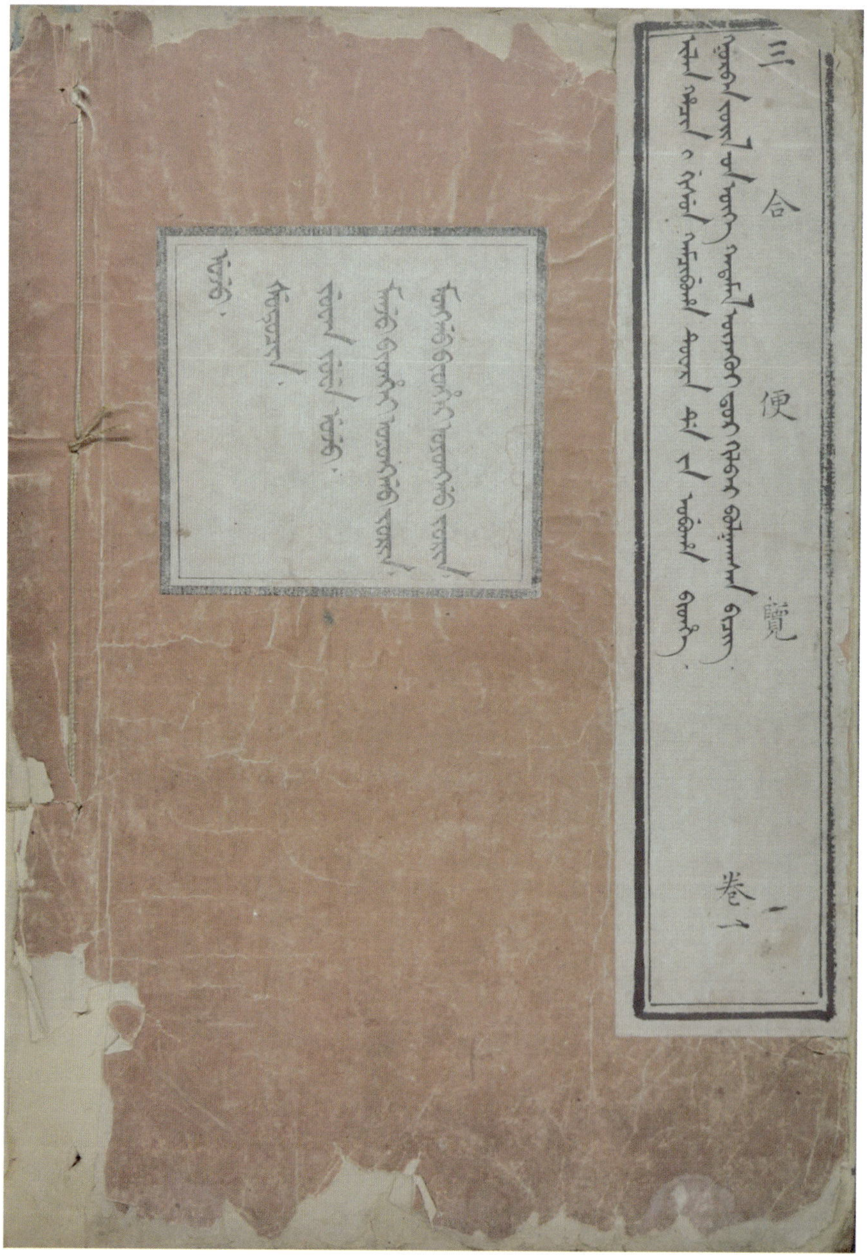


《三合便览》封面题签

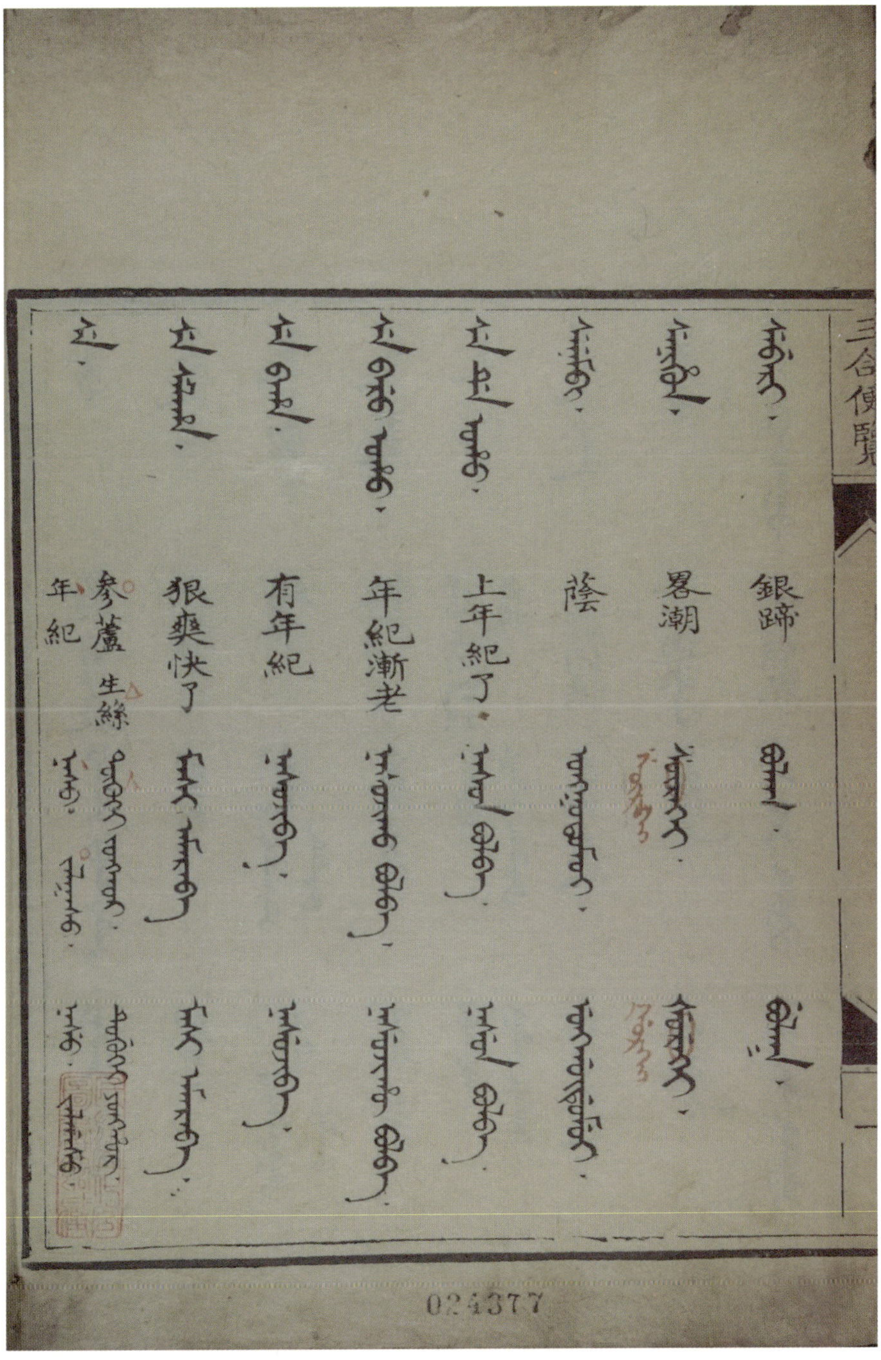


《三合便览》正文首卷卷端

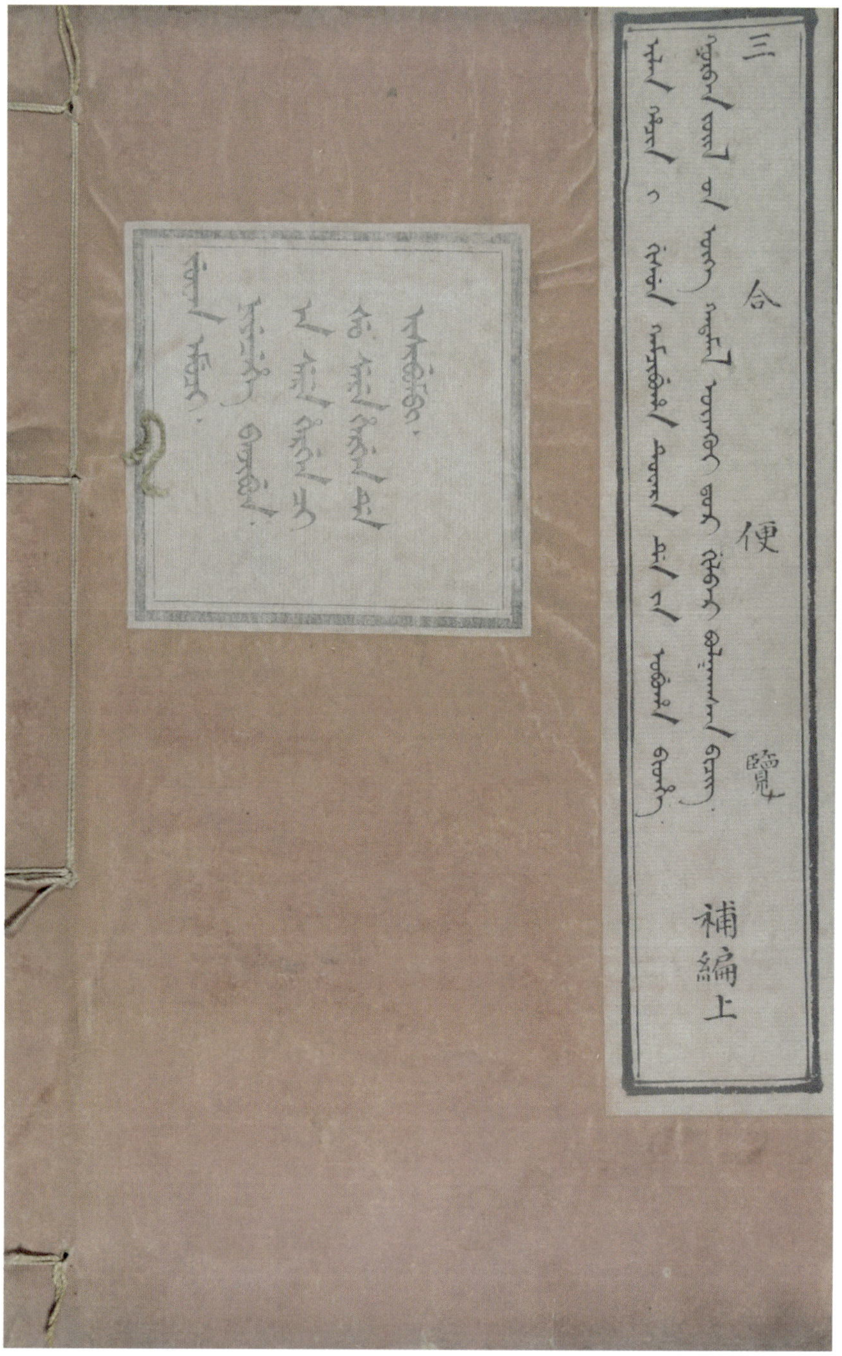


《三合便览》补编封面

## 二、清刻本

（清）敬斋公辑，（清）富俊补编。

清刻本。汉文满文蒙古文合璧。

线装。页面25.0厘米×17.4厘米，半叶版框19.8厘米×15.7厘米。四周双边。正文半叶8行，行字数不等。白口，双鱼尾，版心有汉文书名、页码。

12册，2函，12卷，1393叶。

保持基本完好。

该书板式粗糙、墨色不匀，疑是清乾隆五十七年（1792）刻本的复刻本。另存两部，版框尺寸基本一致，页面尺寸不同，分别为27.5厘米×17.4厘米和26.0厘米×17.4厘米。

内容同清乾隆五十七年（1792）刻本。

（龚文龙）

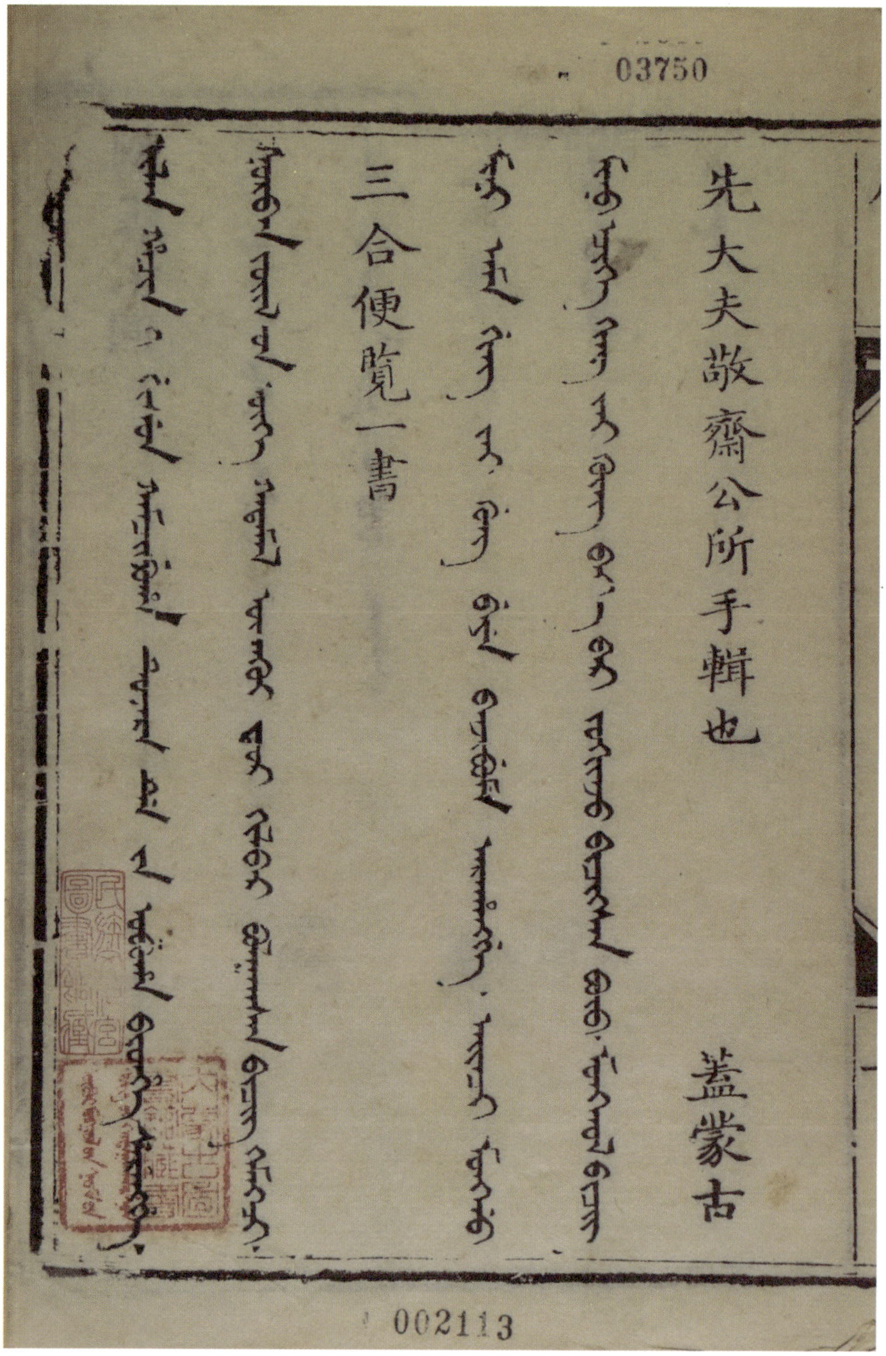
先大夫敬齋公所手輯也　蓋蒙古
三合便覧一書

《三合便览》序文首页

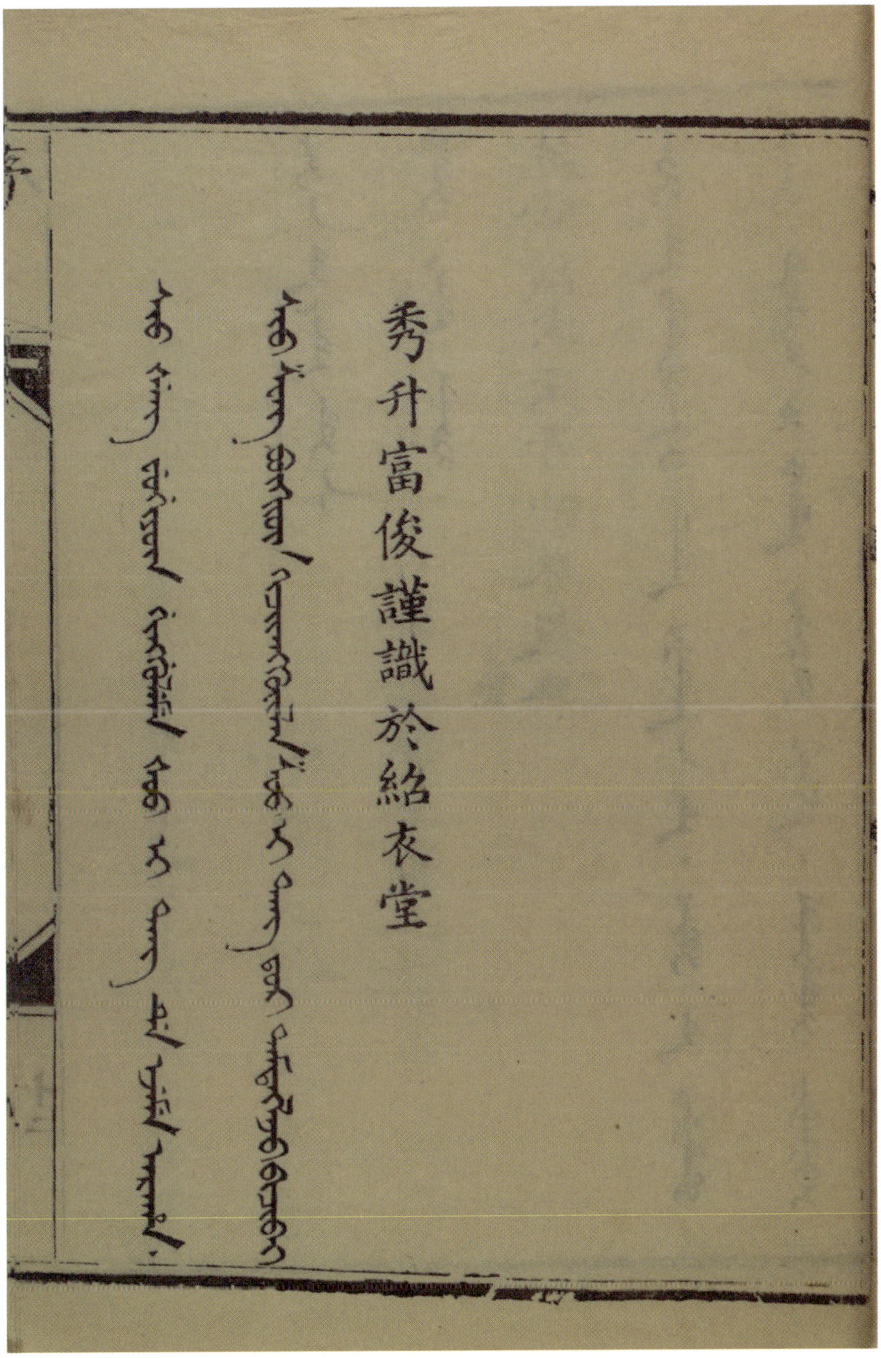
秀升富俊謹識於紹衣堂

《三合便览》序文末页

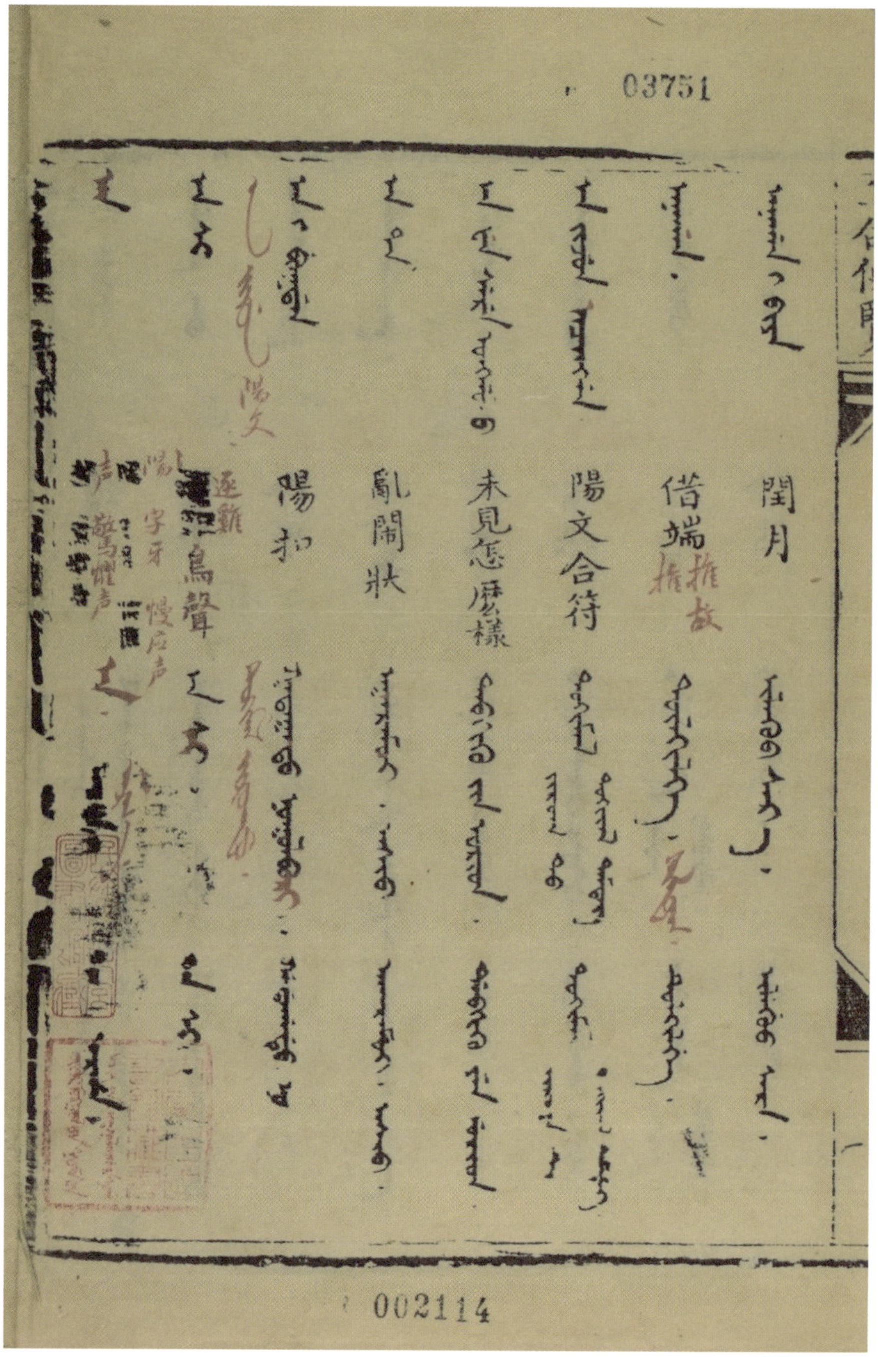


《三合便览》正文

## 三合语录

（清）智信编撰满文，（清）巴林德勒克修订蒙古文。

清刻本。汉文满文蒙古文合璧。

线装。页面28.4厘米×17.4厘米，半叶版框22.6厘米×15.2厘米。四周单边。正文半叶9行，汉文满文蒙古文相间各3行，行字数不等。白口，双鱼尾，版心有汉文页码。满、蒙古、汉三语对照，蒙古语部分是以蒙古语口语形式记录且以满文字母转写而成。

4册，1函，311叶。

三级破损。缺页。

正文前有清道光九年（1829）序："乾隆年间，曾有智公讳信者，特编清语百条，言浅而明，意贯而该，以教旗人，迅为便捷""因照智公百条清语，译出蒙文质之，御前行走正红旗满洲副都统巴林辅国公额驸德勒克，条条按蒙古土语改正""吾辈均系蒙古旗人，不敢漠视，遂将前书满洲蒙古话条，赘以汉语，三合缮写成编"。由序文可知，清乾隆年间智信编撰满文，巴林德勒克翻译至蒙古语口语，其后增加了汉语翻译，形成了如今的《三合语录》等信息。

《三合语录》是在道光十年（1830）刊行的一部满、蒙古、汉对照的三语教科书，同时用作翻译词典。全书由4册组成，第1册遗失封面，第2—4册的封面上写有"三合语录亨""三合语录利""三合语录贞"字样。根据《易经》卦辞，推测第一册封面为"三合语录元"。从其内容来看，主要记录了满八旗子弟的日常会话，涉及满语学习的重要性、翻译科举考试、过度饮酒的危害、朋友间的友谊、家庭的重要性，婚丧嫁娶、骑马射箭等，以此从各个方面揭示了当时满八旗子弟的日常生活。同时反映了当时交谈双方的情感情态、不同的谈话语气和言语行为等，具有很强的人际互动性和情境性。

该书对研究满族、蒙古族语言文字学有参考价值。

（龚文龙）

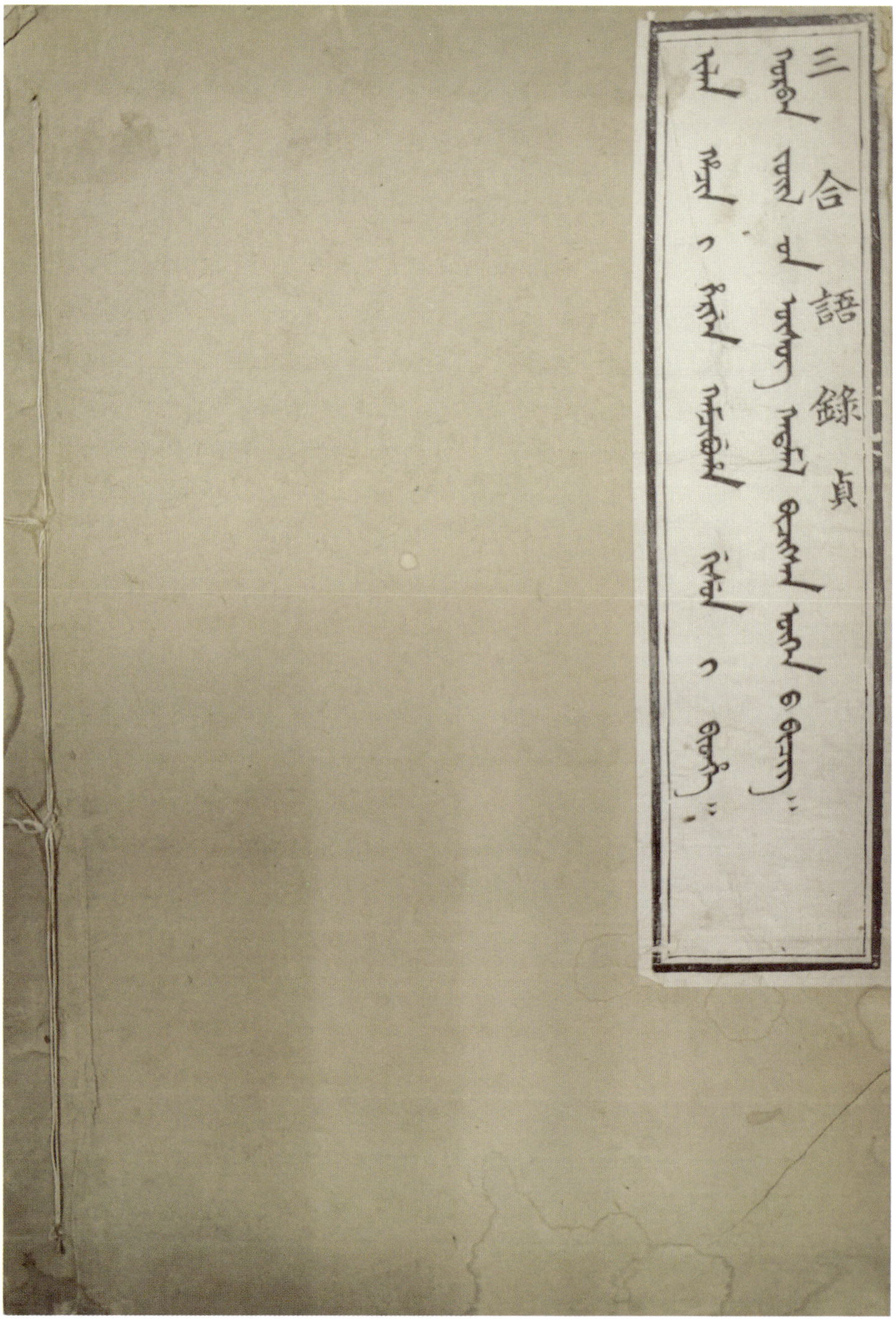


《三合语录》第四册封面题签

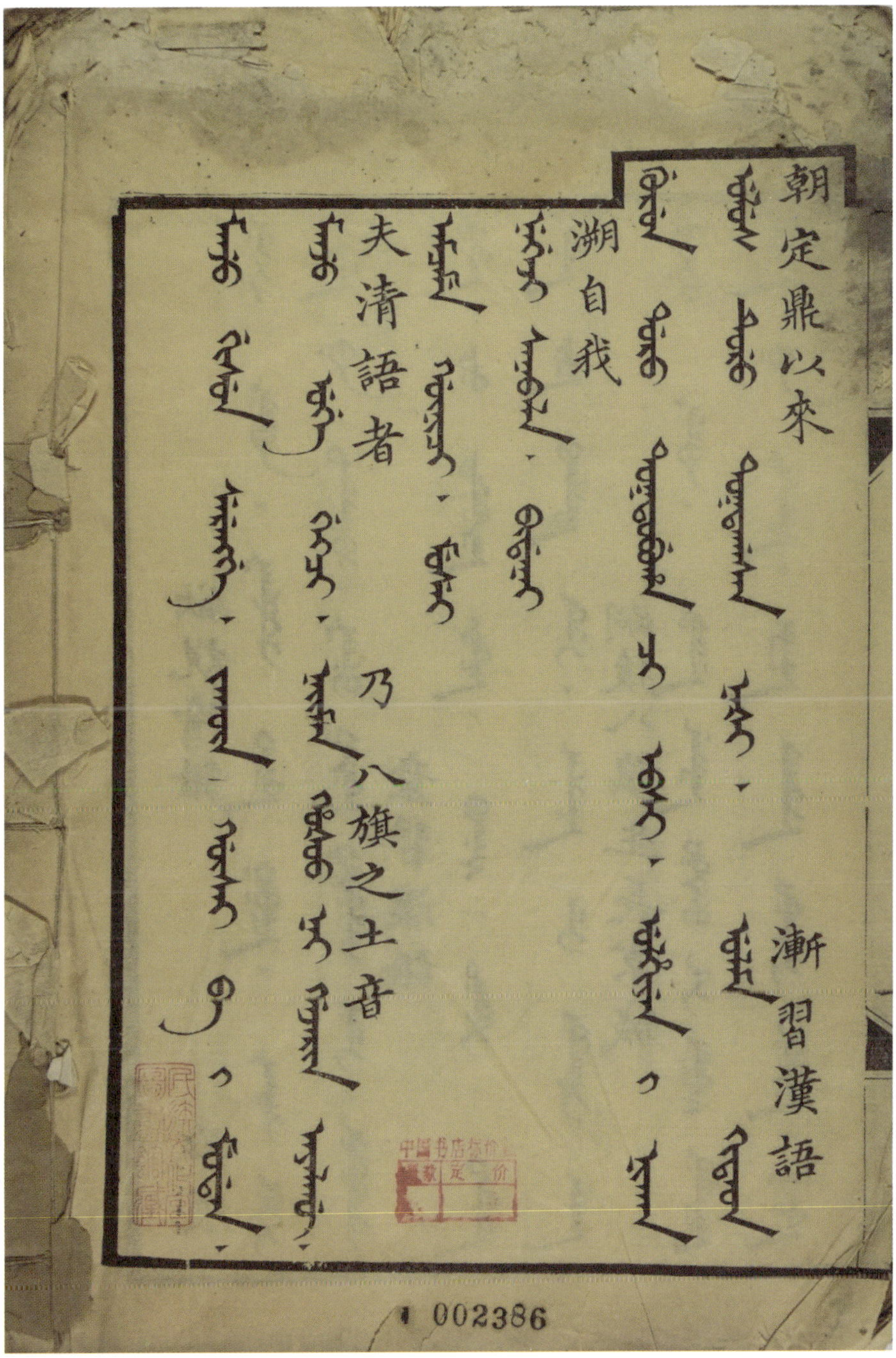
溯自我
朝定鼎以來
漸習漢語
夫清語者
乃八旗之土音
002386

《三合语录》序文首页

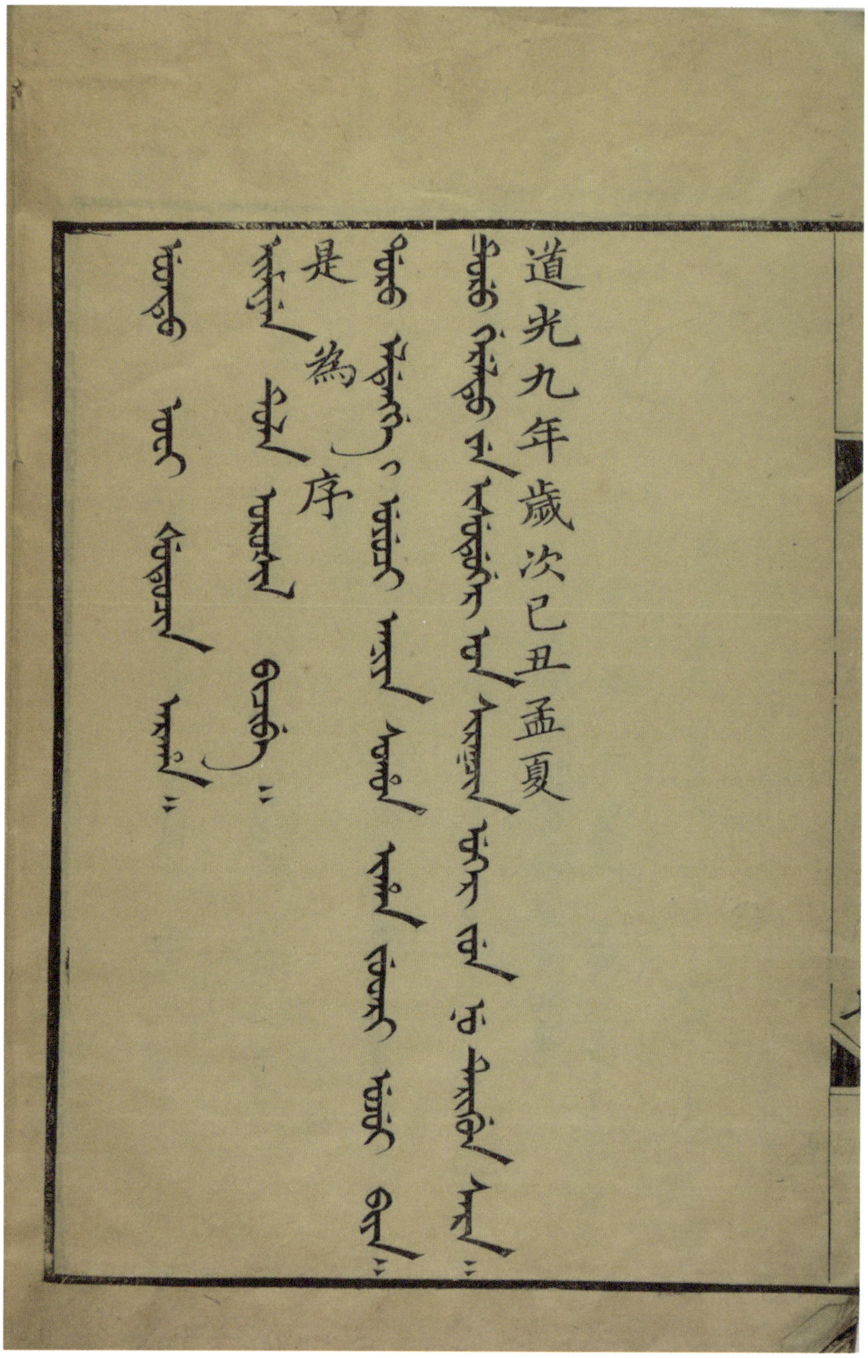

道光九年歲次已丑孟夏

是為序

《三合语录》序文末页

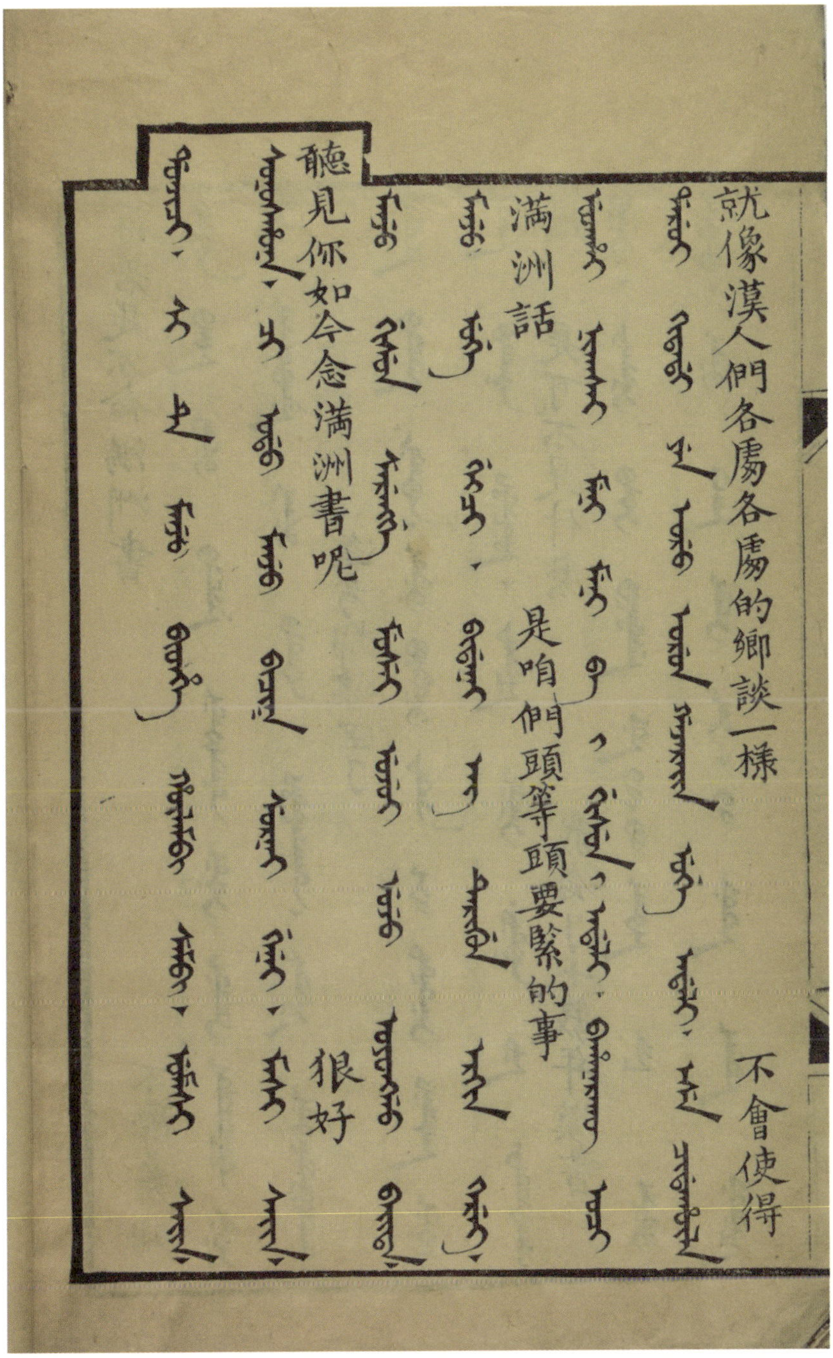
不會使得
就像漢人們各處各處的鄉談一樣
滿洲話
是咱們頭等頭要緊的事
聽見你如今念滿洲書呢
狠好

《三合语录》正文首页

# 孟子

（宋）朱熹集注。

版本年代不详，刻本。汉文满文蒙古文合璧。

线装。页面27.7厘米×20.0厘米，半叶版框24.0厘米×18.3厘米。四周单边。正文半叶9行，汉文蒙古文满文相间各3行，行字数不等。白口，单鱼尾，版心有汉文篇目、页码。

14册，2函，2卷，705叶。

该书是对《孟子》的汉文满文蒙古文互译。总共有2函，第一函有6册，含《梁惠王》上、下卷;《公孙丑》上、下卷;《滕文公》上、下卷。第二函有8册，含《离娄》上、下卷;《万章》上、下卷;《告子》上、下卷;《尽心》上、下卷。

《孟子》一书是孟子的言论汇编，由孟子及其弟子共同编写而成，记录了孟子的语言、政治观点（仁政、王霸之辨、民本、格君心之非，民贵君轻）和政治行动，属儒家经典著作。在南宋时朱熹将把《孟子》与《论语》,《大学》,《中庸》合在一起称“四书”。自从宋、元、明、清以来，都把它当作家传户诵的书。

这部《孟子》的每册第一页有内蒙古图书馆藏书印章和民族文化宫图书馆藏书印章。主要记述了孟子的言谈，包括“以民为本”“实行仁政”的治国之道，同时也谈及君王、臣子应有的行为道德、准则和处理对外关系的谋略。对研究满族儒家学说思想有参考价值。

（吾兰·吐尔汗）

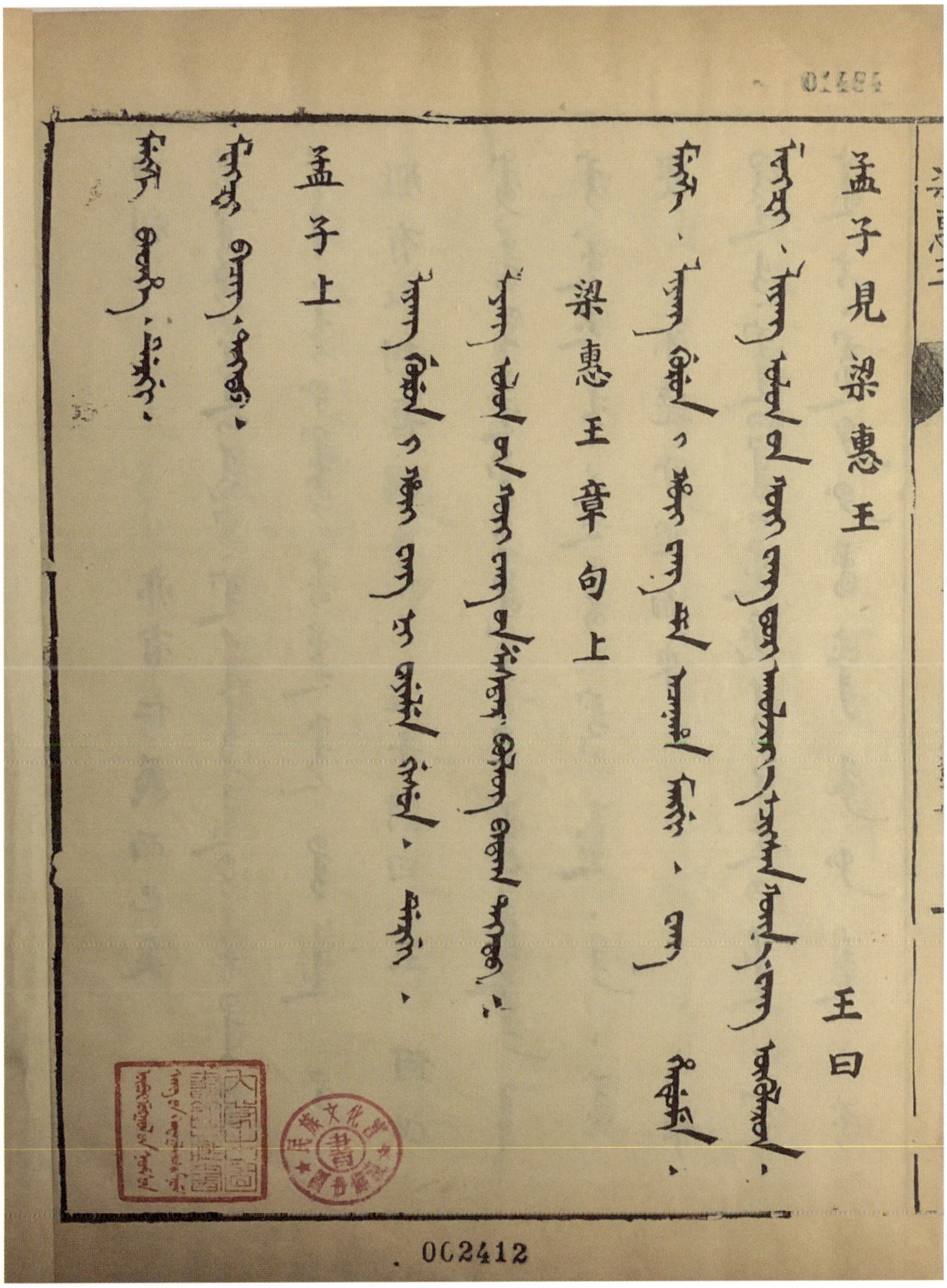


《孟子》第1页

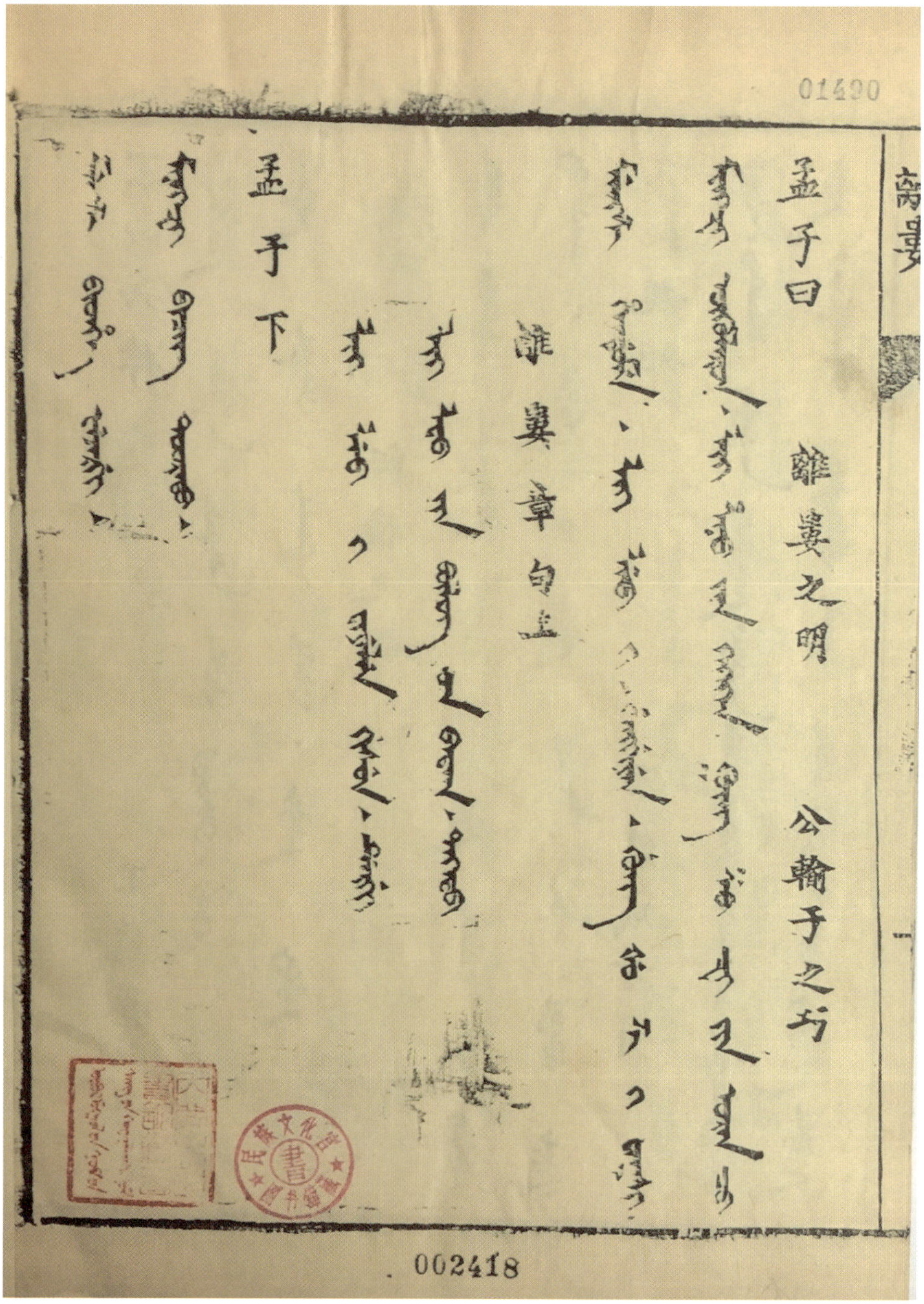


《孟子》内页

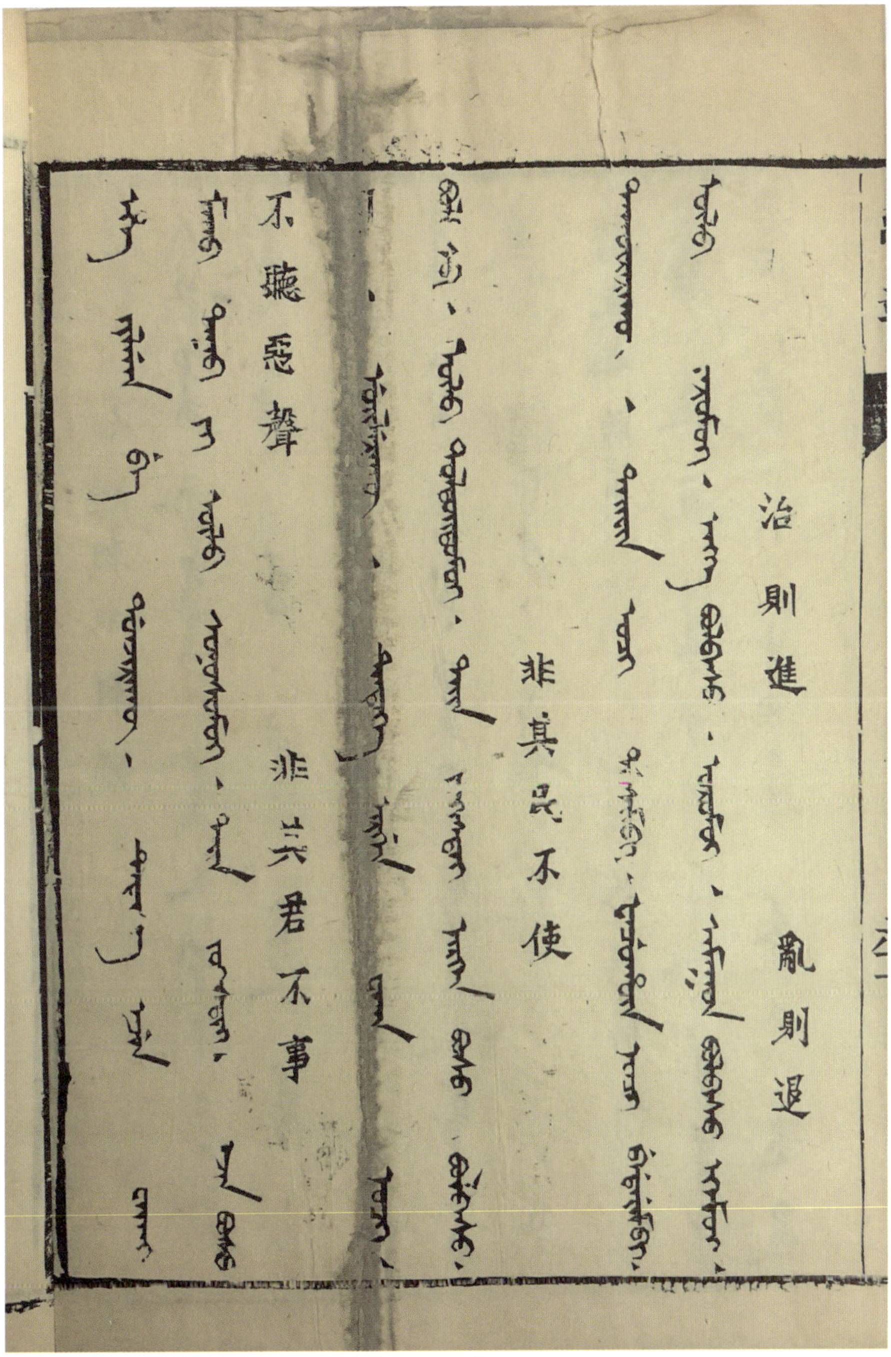


《孟子》内页

## 御制满洲蒙古汉字三合切音清文鉴

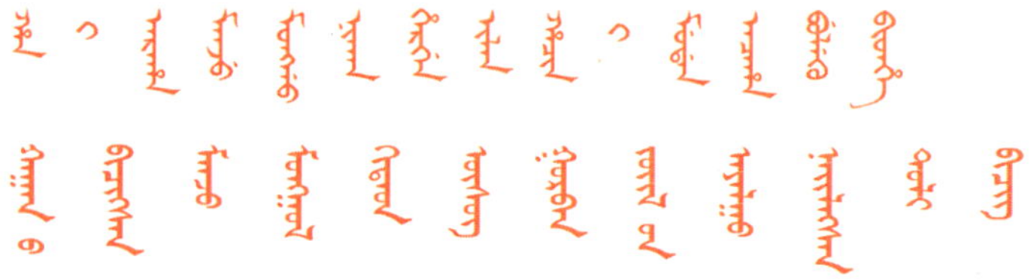

（清）阿桂等编纂。

清乾隆四十五年（1780）刻本。满文蒙古文汉文合璧。

线装。页面31.0厘米×20.2厘米，半页版框21.2厘米×17.0厘米。四周双边。正文半叶行数不等，行字数不等。白口，版心有满文书名、卷次/汉文类名、页码。

32册，4函，2210叶。

保存完好。

清朝是满族建立的统一的多民族国家。满文、汉文作为清朝政府认可的行政语言，早在清朝初年以合璧的形式出现在官方文书中。除了满文、汉文以外，蒙古文在整个清代扮演者重要的角色，它不仅是蒙古地区通行的两个官方文字（满文和蒙古文）之一，而且还是清廷沟通与治理西藏和回疆的中介语言。所以有清一代，重要的敕诰、碑刻也以三体合璧的形式呈现。在这种多语文政治文化背景下，有清一代产生了汉文满文合璧、满蒙合璧、满蒙汉合璧辞书。尤其是到乾隆年间清朝灭准噶尔汗国，实现“一统无外”政治大局。为了更进一步促进团结统一蒙古的大业，乾隆皇帝特命阿桂等以汉文满文合璧标音词典——《御制增订清文鉴》为蓝本，又增加蒙古文，编成了满蒙汉合璧表音词典——《御制满洲蒙古汉字三合切音清文鉴》。

该书是清代第一部满文蒙古文汉文合璧标音词典，是以《御制增订清文鉴》体例为蓝本编成，于乾隆四十五年（1780）成书。卷前附两篇序文、汉文凡例、满文“编纂者职名表”、满蒙汉合璧总目等。两篇序文分别是乾隆四十五年（1780）满蒙汉文《御制满洲蒙古汉字三合切音清文鉴序》和乾隆三十六年（1771）满汉文《御制增订清文鉴序》。词典正文每半页四组满蒙汉文对照词语条目。一组满蒙汉对照词语共包括三种文字对译词及其三种文字互注切音字、对音字等十一项。全文分类编排，共三十六部，其下分天文、时令、地舆、君、政、礼仪等二百八十八类。全书共收13000余组满蒙汉藏文对照词语条目。

阿桂（1717—1797），清朝满洲正白旗人，章佳氏，字广庭，号云严，清朝名将，大学士阿克敦之子。乾隆三年（1738）中举人，自乾隆四年至二十七年（1739—1762）相继迁授兵部主事、员外郎、郎中、内府侍读学士、内府学士、参赞大臣、副都统、都统、工部侍郎、内大臣、工部尚书、议政处行走、军机大臣等要职。晚年曾多次受到皇帝的赏赐。嘉庆二年（1797）阿桂逝世，享年81岁。

《御制满洲蒙古汉字三合切音清文鉴》是清代第一部满蒙汉合璧标音词典，也是第一部皇帝敕修的满蒙汉合璧词典。该词典为巩固“满汉联合”“满蒙联盟”的清朝民族政策，以及各民族文化的传播与交流提供了有效的保障。为满足各民族相互交流的需要而产生的该部词典，促进了清代各民族文化的交流交融。

（海梅）

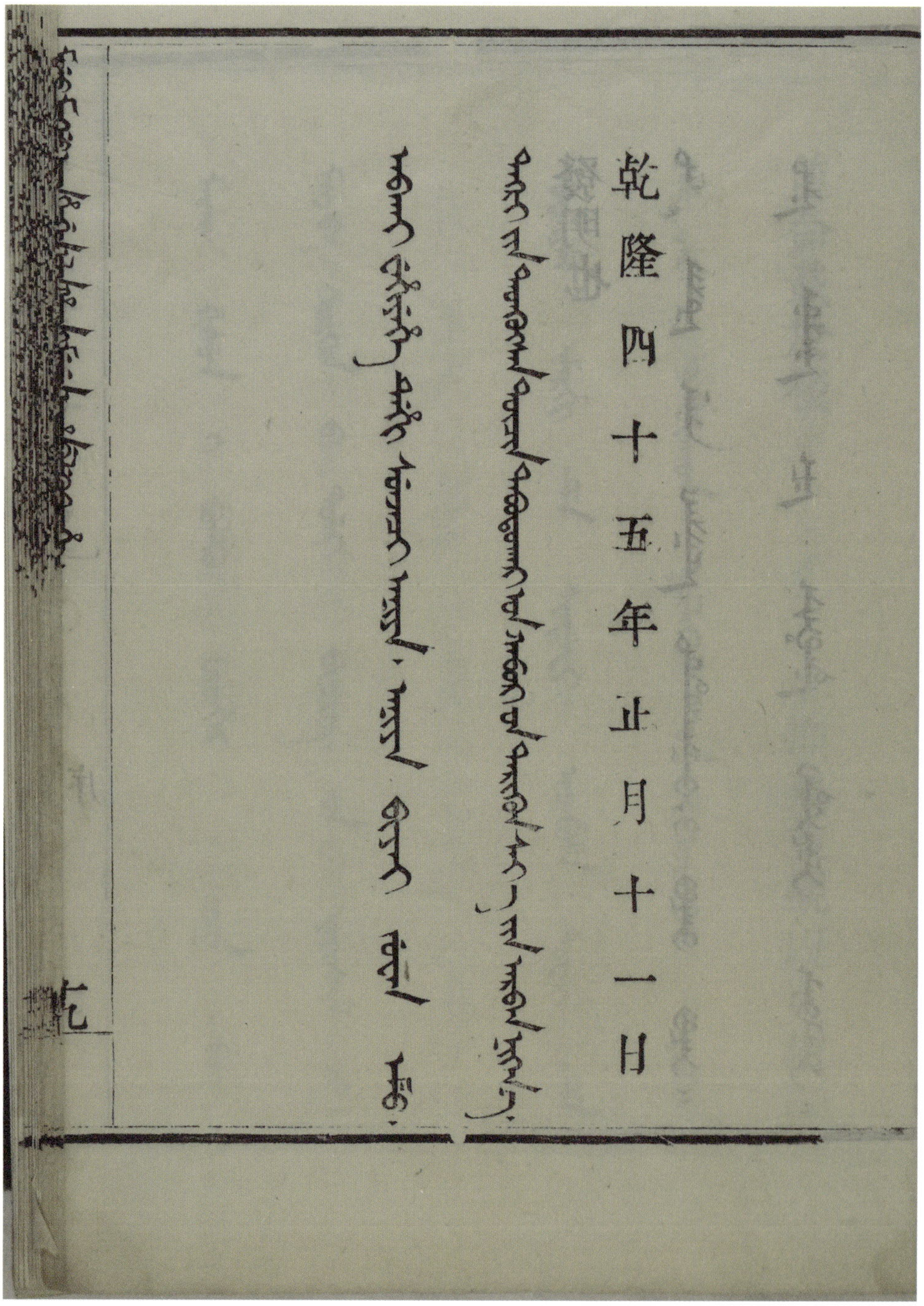
乾隆四十五年正月十一日

《御制满洲蒙古汉字三合切音清文鉴》第一册第一篇序文

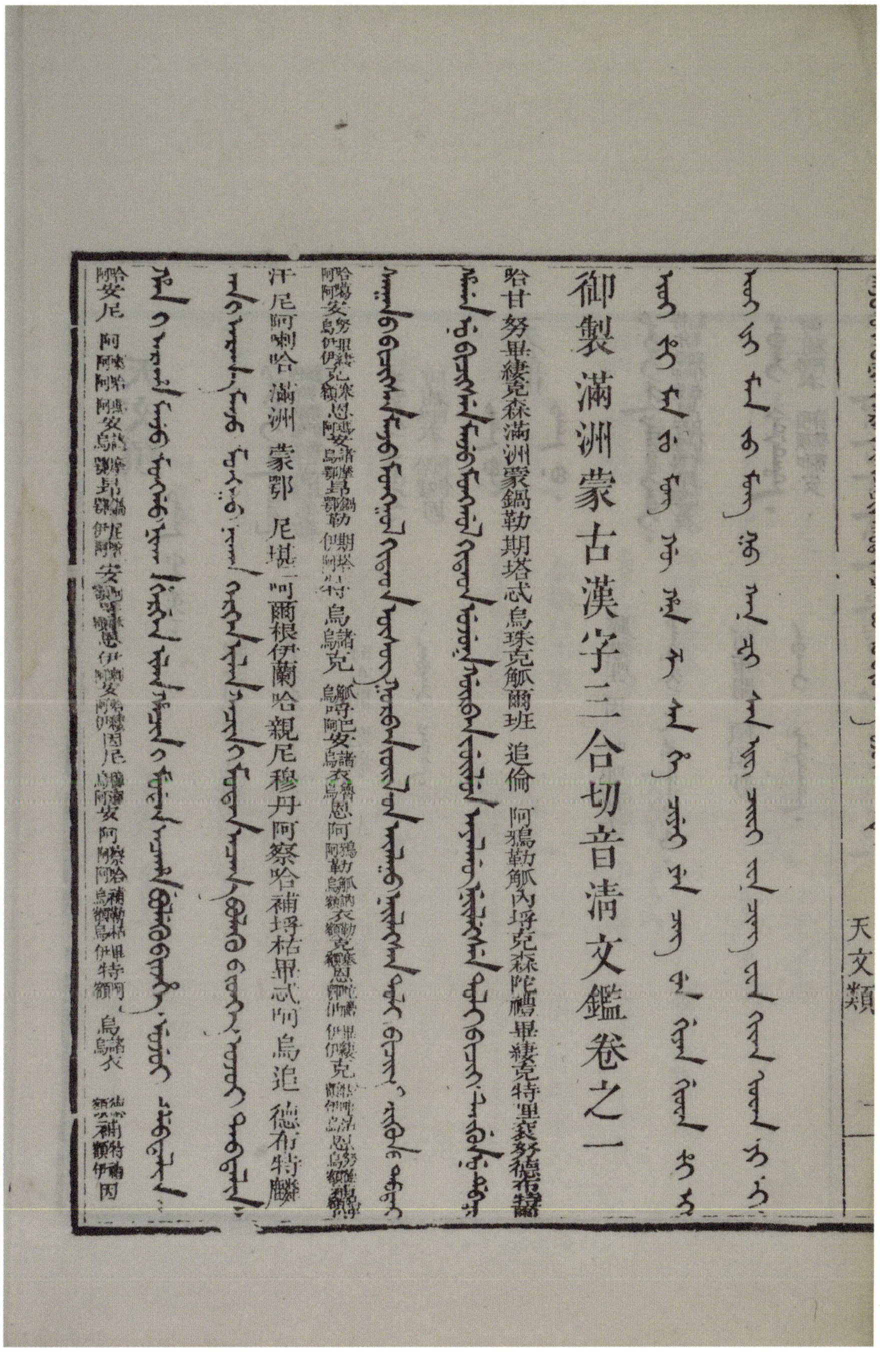
御製滿洲蒙古漢字三合切音清文鑑卷之一

天文類

《御制满洲蒙古汉字三合切音清文鉴》第一卷第1页

## 御制翻译三合四书

（宋）朱熹集注，清高宗（弘历）敕译，鄂尔泰厘定。

清乾隆二十年（1755）刻本。汉文满文蒙古文合璧。

线装。页面28.0厘米×19.8厘米，半叶版框22.5厘米×18.0厘米。四周单边。正文半叶9行，汉文蒙古文满文相间各3行，行字数不等。白口，单鱼尾，版心有汉文四书名、页码。

20册，2函，1177叶。

此书为2函（上下两函）。上函10册中包括:《论语》上下册,《梁惠王》上下册、《尽心》上下册、《大学》1册,《中庸》1册,《衛灵》1册、《雍言第六》1册。下函10册中包括《公孙丑》上下册、《滕文公》上下册、《离娄》上下册、《告子》上下册及《万章》上下册。

孟子，名轲，字子舆（约公元前372—公元前289），邹国（今山东邹城东南）人。战国时期哲学家、思想家、政治家、教育家，是孔子之后、荀子之前的儒家学派的代表人物，与孔子并称“孔孟”。孟子宣扬“仁政”，最早提出“民贵君轻”思想，被韩愈列为先秦儒家继承孔子“道统”的人物，元朝追封为“亚圣”。

《孟子》一书是孟子的言论汇编，由孟子及其弟子共同编写而成，记录了孟子的语言、政治观点（仁政、王霸之辨、民本、格君心之非，民贵君轻）和政治行动，属儒家经典著作。南宋时朱熹将《孟子》与《论语》《大学》《中庸》合在一起称“四书”。自从宋、元、明、清以来，都把它当作家传户诵的书。《孟子》是四书中篇幅最大的部头最重的一本，有三万五千多字，一直到清末,“四书”一直是科举必考内容。

《孟子》有七篇十四卷传世:《梁惠王》上、下卷;《公孙丑》上、下卷;《滕文公》上、下卷;《离娄》上、下卷;《万章》上、下卷;《告子》上、下卷;《尽心》上、下卷，这些书籍都在各方面对研究清末教育制度提供了重大参考价值，是我国有优秀的物质文化遗产。

（吾兰·吐尔汗）

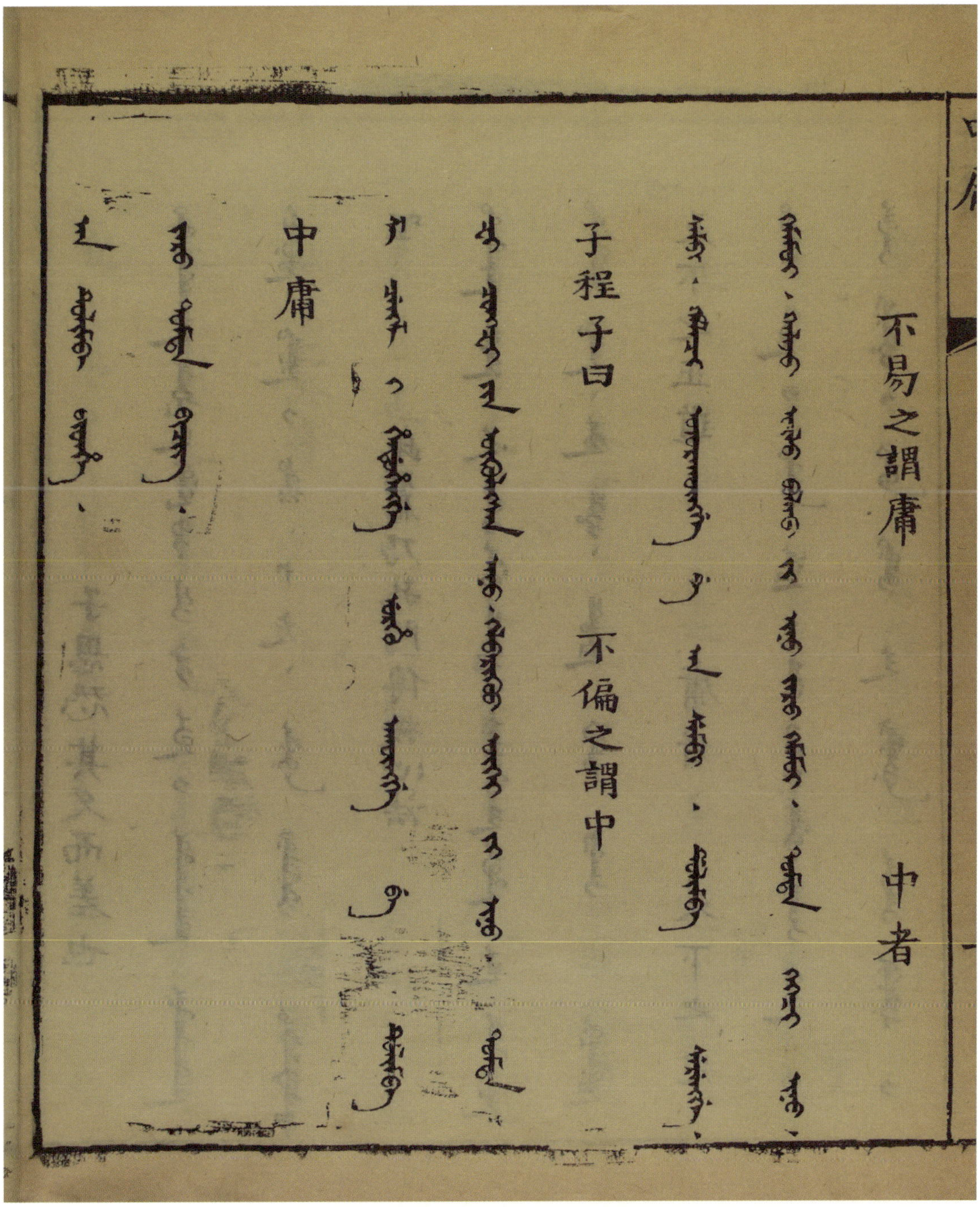
不易之謂庸　中者
子程子曰　不偏之謂中
中庸

《御制翻译三合四书·中庸》章句序

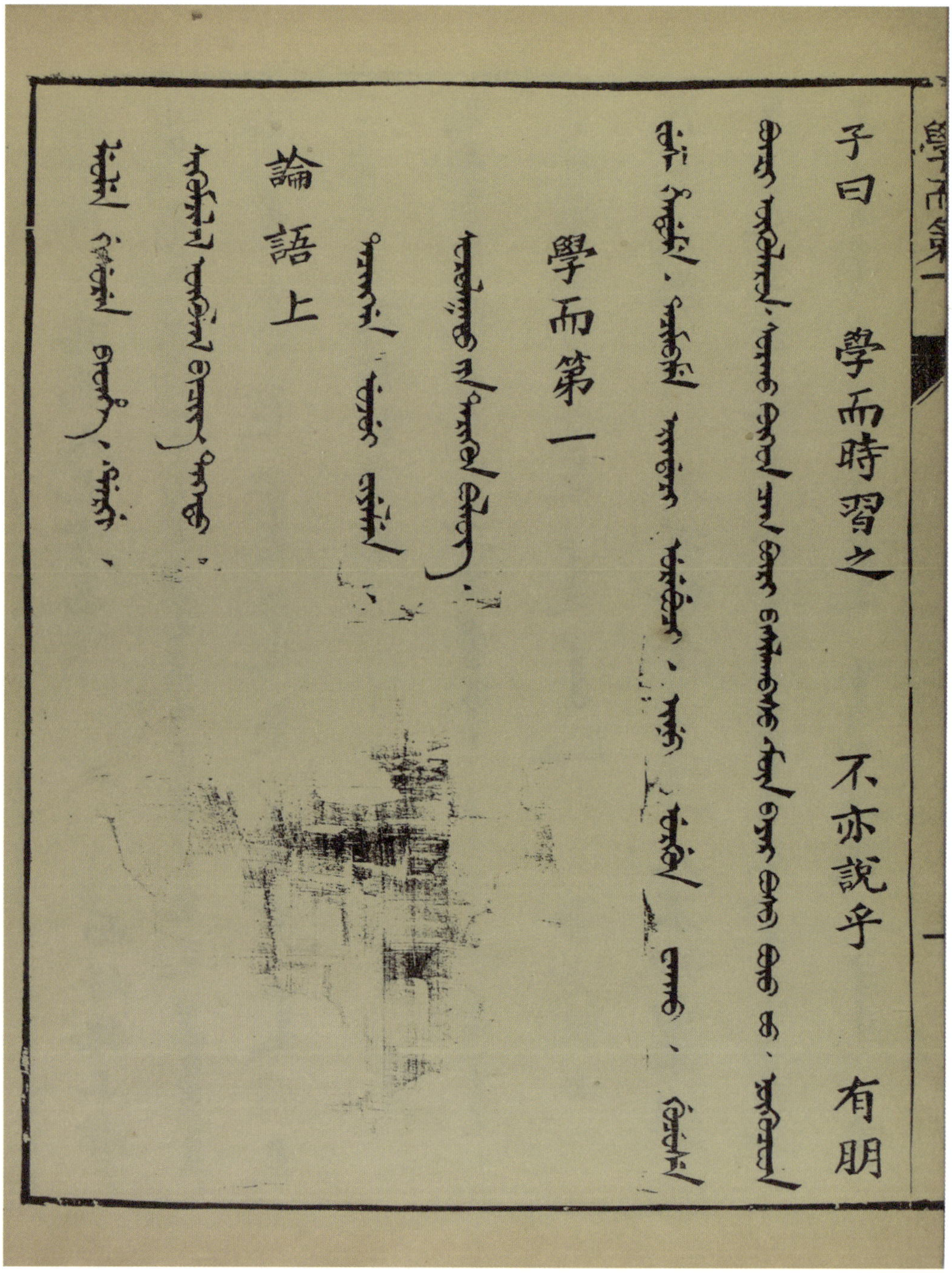

學而第一

子曰 學而時習之 不亦說乎 有朋

學而第一

論語上

《御制翻译三合四书·论语》内页

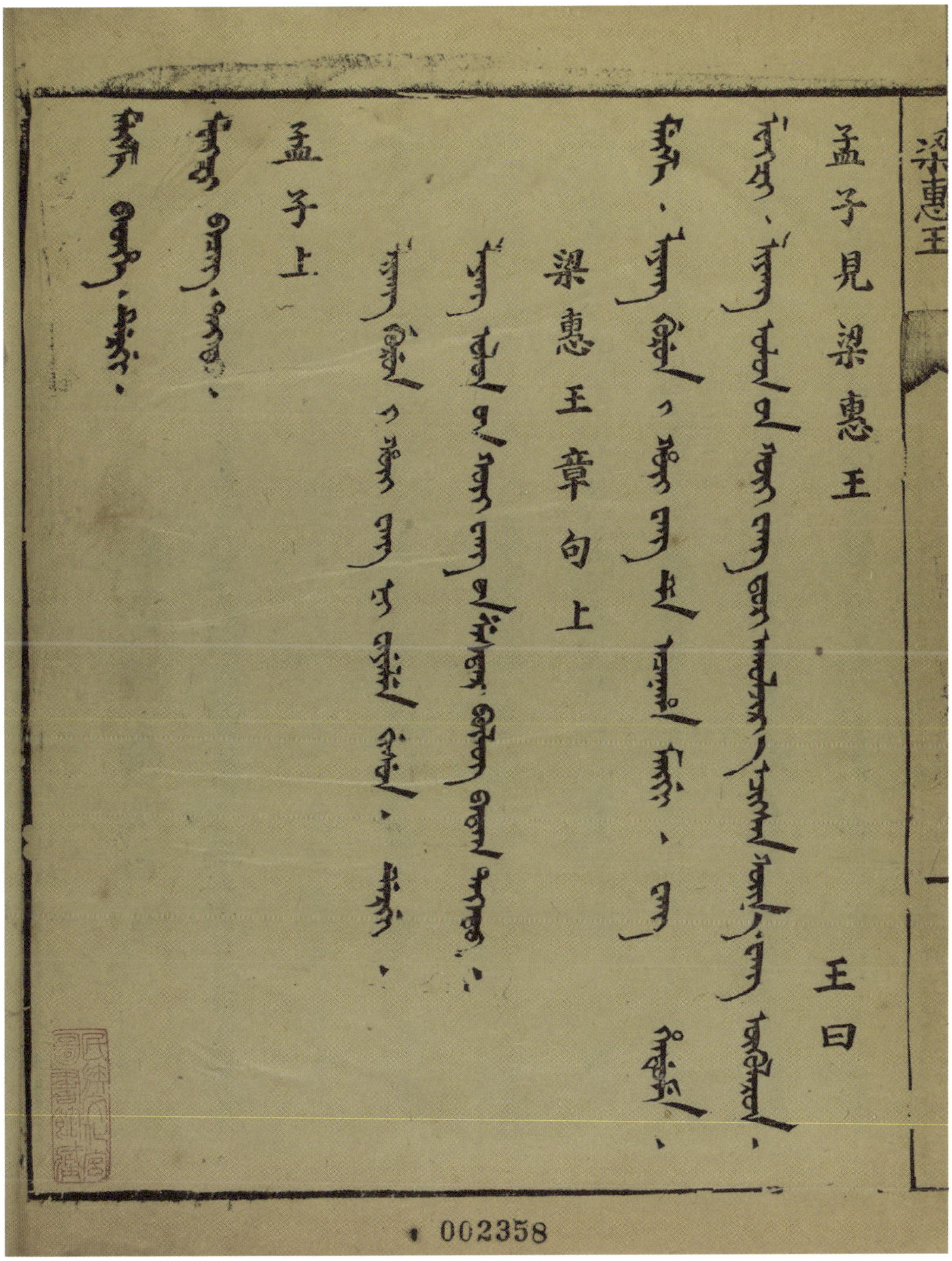
梁惠王

孟子見梁惠王　王曰

梁惠王章句上

孟子上

002358

《御制翻译三合四书·孟子》内页

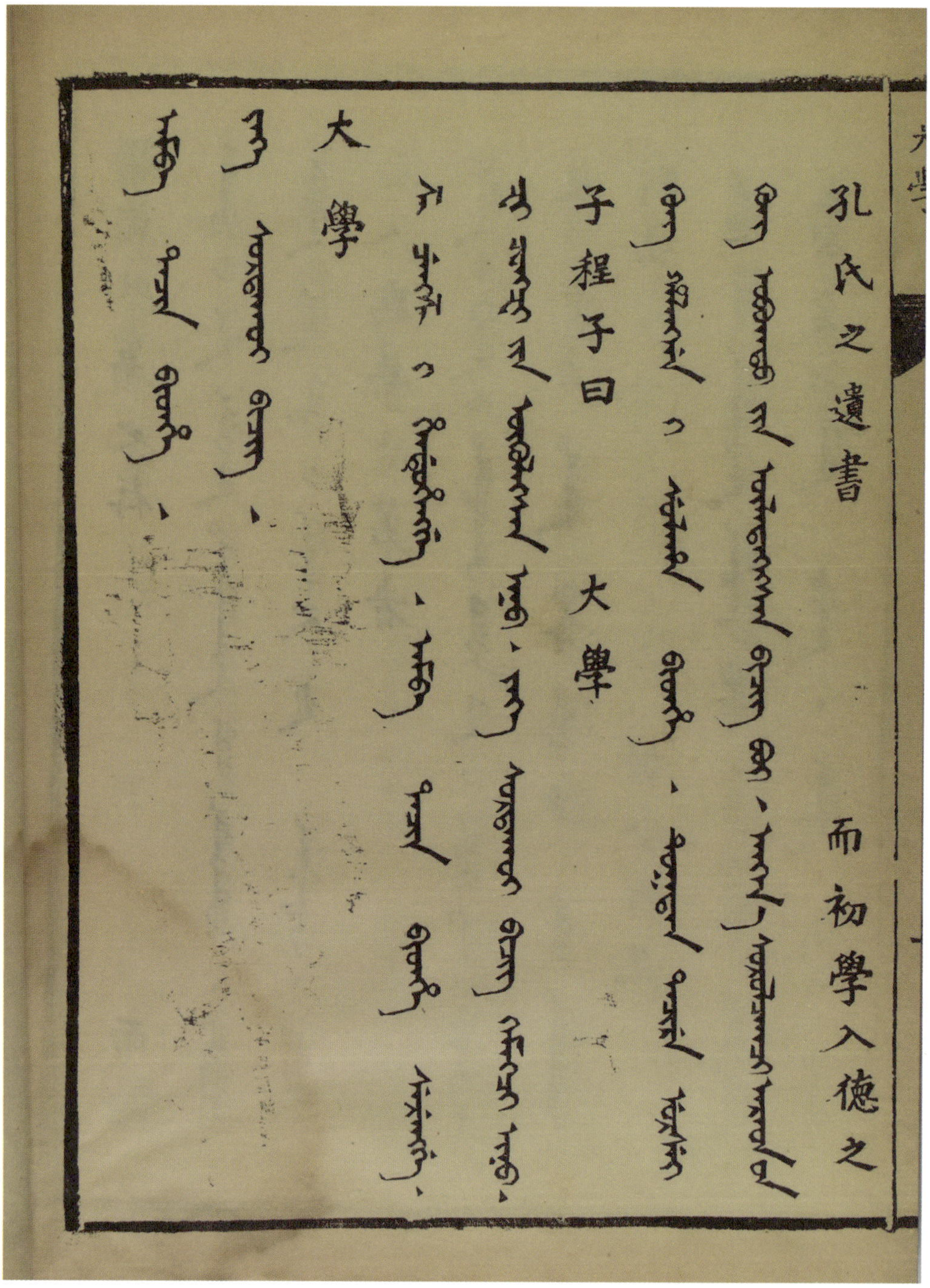
子程子曰 大學
孔氏之遺書 而初學入德之
大學

《御制翻译三合四书·大学》第1页

## 蒙文汇书

又名《蒙汉满文对译单语词汇》，又名《钦定蒙文汇书》。

理藩院编。

清光绪十七年（1891）刻本。汉文蒙古文满文合璧。

线装。页面33.9厘米×21.4厘米，半叶版框26.0厘米×18.9厘米。四周双边。正文半叶8行，每行为蒙古文、汉文、满文对照，行字数不等。单鱼尾，版心有汉文题名、页码（分类）、卷次号。

17册，4函，16卷，1620叶。

保存完好。

该书是一部蒙古文、汉文、满文三体合璧词典。卷前附咸丰元年赛尚阿撰满文、蒙古文、汉文三体合璧“自序”，正文每页首行为蒙古文词语，下列汉文译词，最下列满文译词，若是多义词，其下列若干个汉文译词和满文译词。该词典收录以生产、生活用语为主的综合性词语等，全文按满文字母音韵顺序编排。该书虽成书晚，但词汇量丰富，词语较规范，并广为流传，对蒙译满文带来了方便。还为抢救保留满蒙语言文化起了巨大的促进作用，也成了后学蒙古文者的津梁。全书大概收18924余组蒙古文、汉文、满文对照词语条目。

理藩院是清代特设管理边疆事务之机构，掌理蒙古、西藏等事务的官署。清末改为理藩部，民国以后改名蒙藏事务局，后又改名蒙藏委员会。

（米吉提、阿依努尔·艾合麦提）

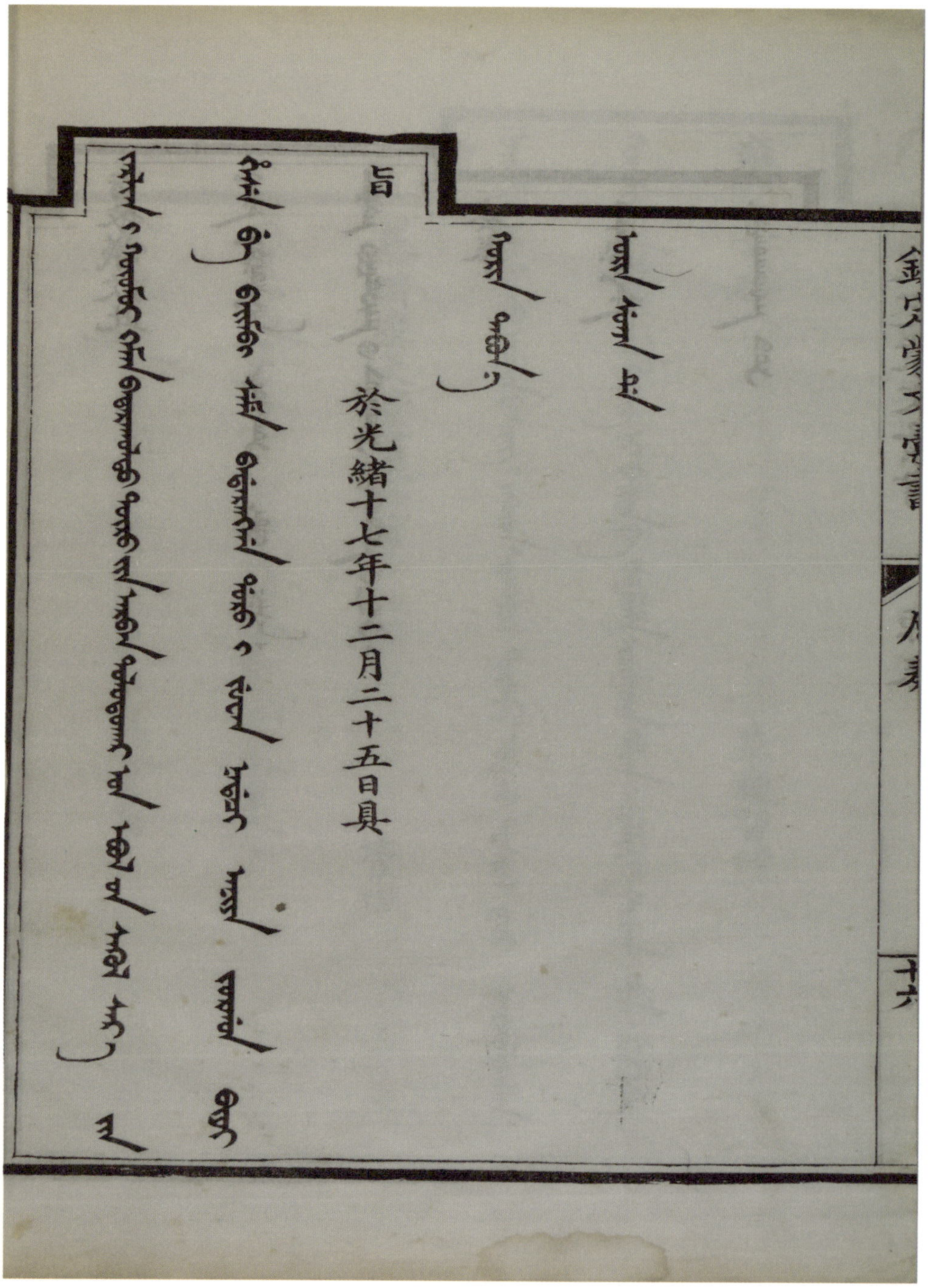
旨
於光緒十七年十二月二十五日具

《蒙文汇书》序第16页

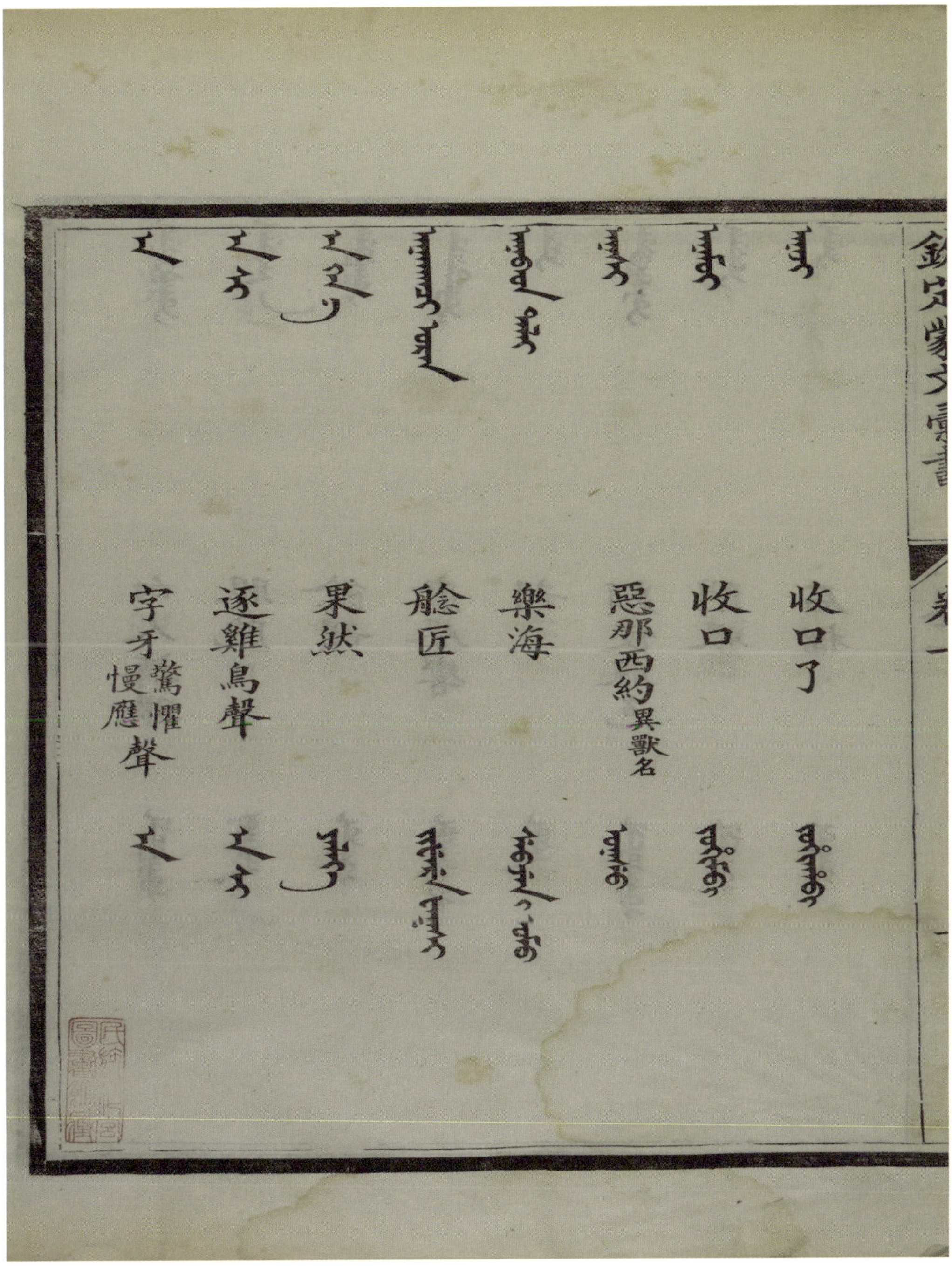


《蒙文汇书》卷一第1页

## 蒙文指要

赛尚阿编辑。

清道光二十八年（1848）刻本。汉文满文蒙古文合璧。

线装。页面29.2厘米×18.0厘米，半叶版框20.1厘米×15.8厘米。四周双边。白口，双鱼尾，版心有汉文卷次、页码。

4册，1函，4卷，312叶。

保存较好。

另藏同版2部。

清朝是满族建立的统一的多民族国家。满文、汉文作为清朝政府认可的行政语言，早在清朝初年以合璧的形式出现在官方文书中。除了满文、汉文以外，蒙古文在整个清代扮演者重要的角色，它不仅是蒙古地区通行的两个官方文字（满文和蒙古文）之一，而且还是清廷沟通与治理西藏和回疆的中介语言。所以有清一代，重要的敕诰、碑刻也以满汉蒙三体合璧的形式呈现。这种多语文政治文化背景下，清代产生了很多汉文满文合璧、满文蒙古文合璧、汉文满文蒙古文合璧辞书。例如，早期成书的汉文满文合璧《大清全书》《满汉同文全书》《清文汇书》，满文蒙古文合璧《清文合蒙古鉴》，汉文满文蒙古文合璧《三合便览》等。还有以汉文满文蒙古文合璧《三合便览》编纂体例为蓝本编纂的《蒙古托忒汇集》《蒙文晰义》《蒙文法程》《蒙文汇书》等合璧词典。其中，景煇在嘉庆年间编的满文蒙古文合璧《蒙文晰义》《蒙文法程》两部词典，尚未刊行，编著者与世长辞，后其子赛尚阿在此两部词典的基础上编纂了《蒙文指要》。

《蒙文指要》是集词典、语法为一体的翻译教学参考书，内容由“蒙文晰义”“蒙文法程”“便览正讹”“便览补遗”等四个部分组成。其中，“蒙文晰义”和“蒙文法程”是编辑者赛尚阿在其父亲景辉于嘉庆年间编成的满蒙合璧音序词典的基础上增加汉文部分，并增订其他词语条目而辑成的满蒙汉三体合璧词典。“蒙文晰义”是《蒙文指要》的第一卷和第二卷，收1500余组满蒙汉对照词语条目。“蒙文法程”是《蒙文指要》第三卷，所收词以“ala”为词根，其下接续各种动词后缀和其他附加成分而成的词语、语句等，也叫“ala篇”，共收150余组满蒙汉对照词语条目；“便览正讹”和“览补遗”为编辑者赛尚阿考订、补正《三合便览》而成的。《三合便览》是乾隆四十五年（1780）刊印的满蒙汉三体合璧音序词典，赛尚阿为了修改、考证、补充《三合便览》中的错别字和误译词，编辑“便览正讹”和“览补遗”。“便览正讹”是《蒙文指要》的第四卷指上半部分，其中纠正了290余条《三合便览》的讹误词。“便览补遗”是《蒙文指要》的第四卷之下半部分，补充了800余条《三合便览》未收词语。《蒙文指要》是一部小型词典，该词典既是满蒙汉文翻译词典，又包括满、蒙古文语音、语法等内容，还对《三合便览》进行修改补充。该词典对清代满和蒙古文语音、语法、词汇研究可供重要资料，对词典编纂学方面也具有重要参考价值。

赛尚阿（1797—1875），字鹤汀，姓阿鲁特氏，蒙古正蓝旗人。他自幼学习满蒙汉文，于嘉庆二十一年（1816）中翻译举人，从此受到道光、咸丰二帝的重用，自道光三年（1823）至咸丰十一年（1861）间历任军机章京、内府学士、伺郎、尚书、都统、军机大臣、文化殿大学士、理藩院尚书、钦差大臣等要职。一生编写过《清文指要》《蒙文汇书》等多部重要的满蒙汉语言学作品。

《蒙文指要》的编写是为人们学习满语、蒙古语及汉语提供教科书式的简单易懂的参考文献。满、蒙、汉语词汇和语言方面相比较的综合性学习材料以及研究满、蒙古文的重要材料。在清代多民族文化交流中起到了桥梁的作用，也是清代多民族文化交流互鉴的历史见证。

（海梅）

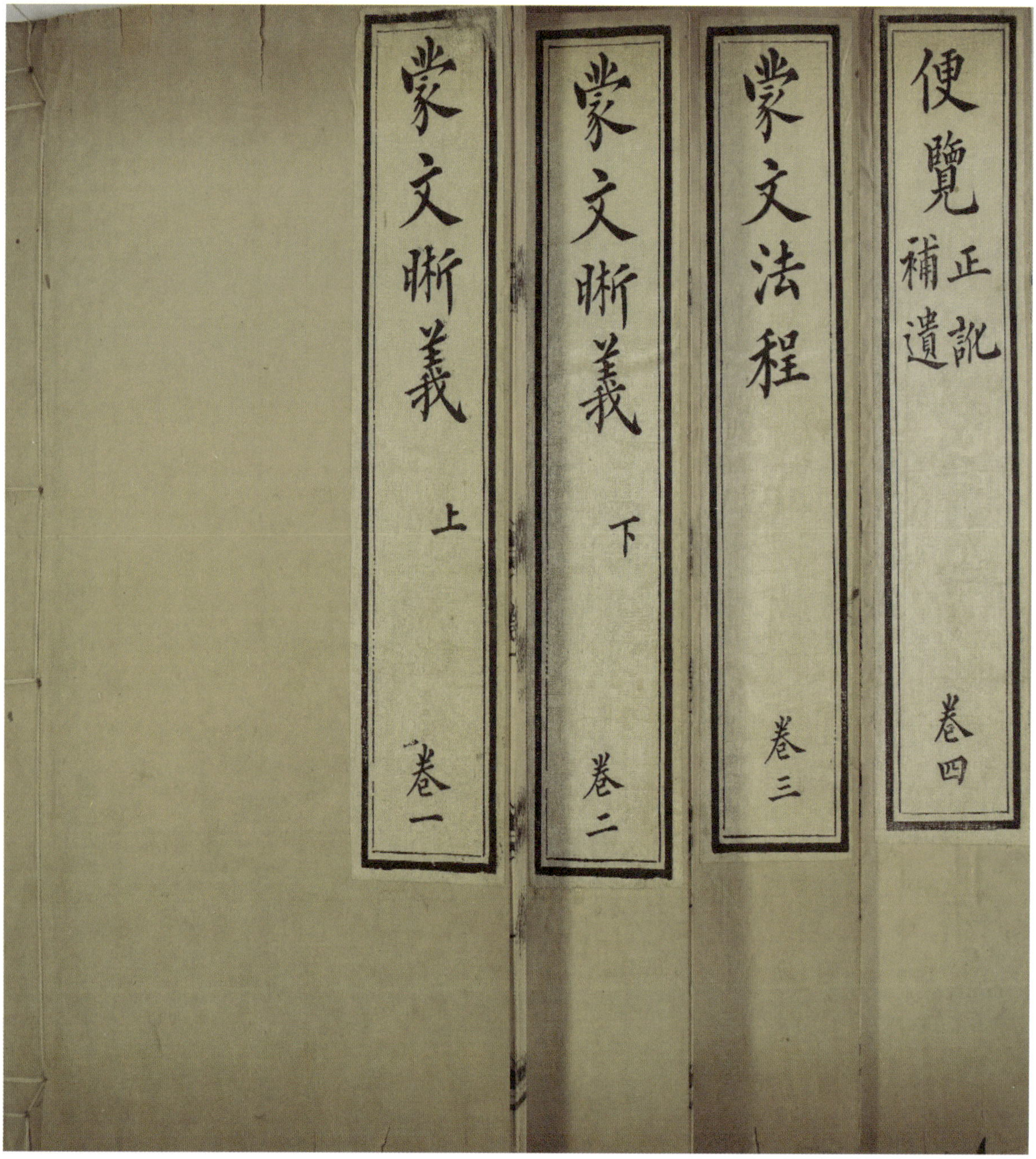


《蒙文指要》封面

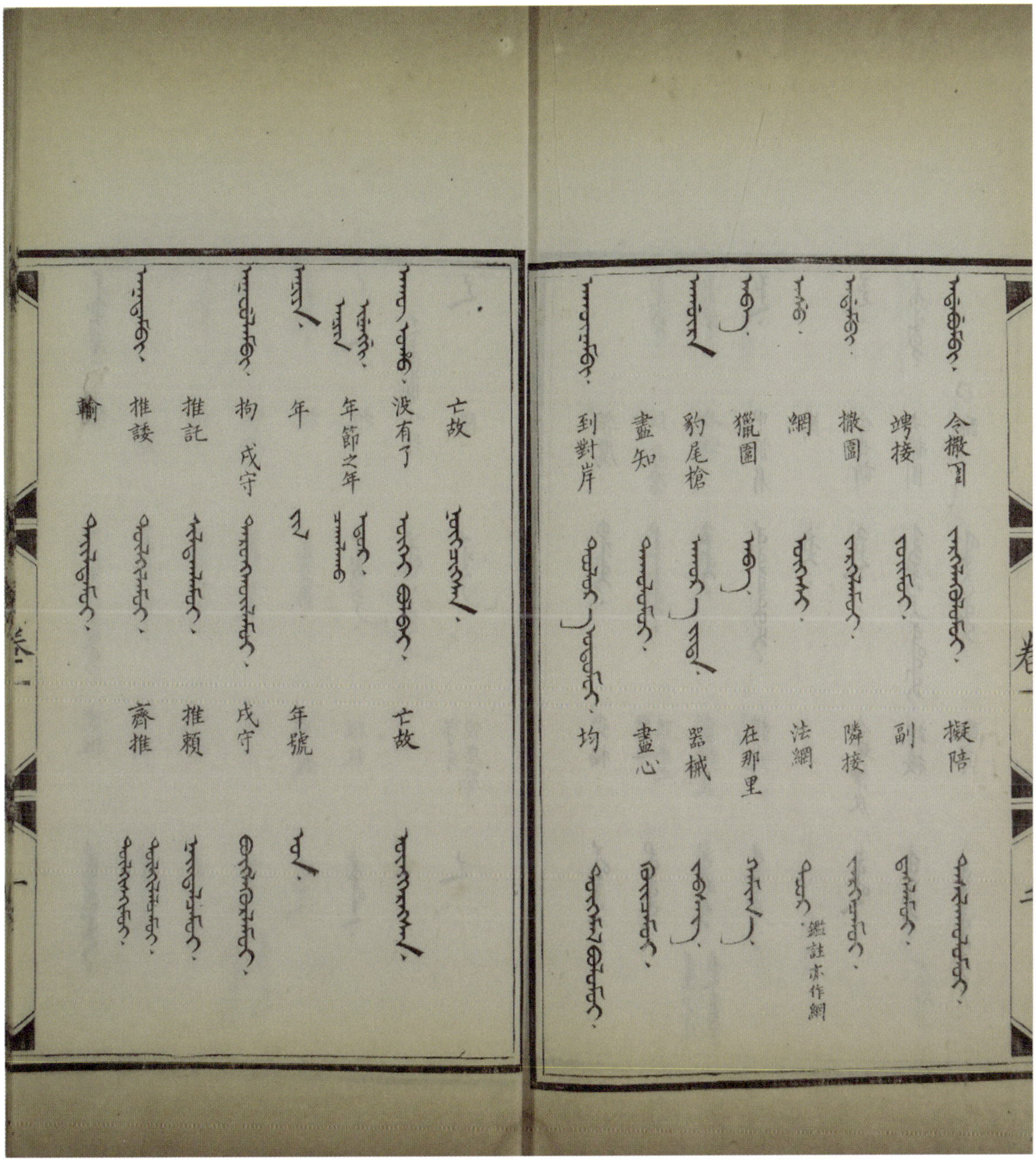
令撤了
擬陪
甥接
副
撤圍
隣接
網
法網
獵圍
在那里
豹尾槍
器械
盡知
盡心
到對岸
均
亡故
亡故
没有了
年節之年
年
年號
拘
戍守
戍守
推託
推賴
推諉
齊推
輸

《蒙文指要》第一卷正文第1—2页

## 蒙文总汇

（清）李鋐校。

民国二年（1913）北京正蒙印书局石印本。汉文蒙古文满文合璧。

线装。页面19.9厘米×12.8厘米，半叶版框15.9厘米×10.8厘米。四周双边。正文半叶9行，每行为蒙古文、汉文、满文对照，行字数不等。单鱼尾，版心有汉文页码、卷次号。

12册，1函，1043叶。

保存完好。另存同版本2部。

《蒙文总汇》是一部汉文、蒙古文、满文对照词典，又名《蒙汉满文三合》。卷首附温州知府昭甫裕彰撰汉文、满文、蒙古文三体文“蒙文总汇序”，序曰：“其门类繁多，体制详备，于行文对译之法。”正文每页首行为蒙古文词语，下列汉文译词，有些汉文译词下标注汉文小字注解，最下列满文译词。该词典收录综合性词语，其中名词、动词、形容词等居多，也有一些成语、短语等，全文按蒙古文字元音韵顺序编排。全书大概收录18396余组蒙古文、汉文、满文对照词语条目。此书是一部词汇量丰富、考订精确的满文、蒙古文、汉文翻译之最重要的工具书之一，对后来的词典编工纂工作有较大影响。

李鋐，固什人，喇嘛。

（米吉提、阿依努尔·艾合麦提）

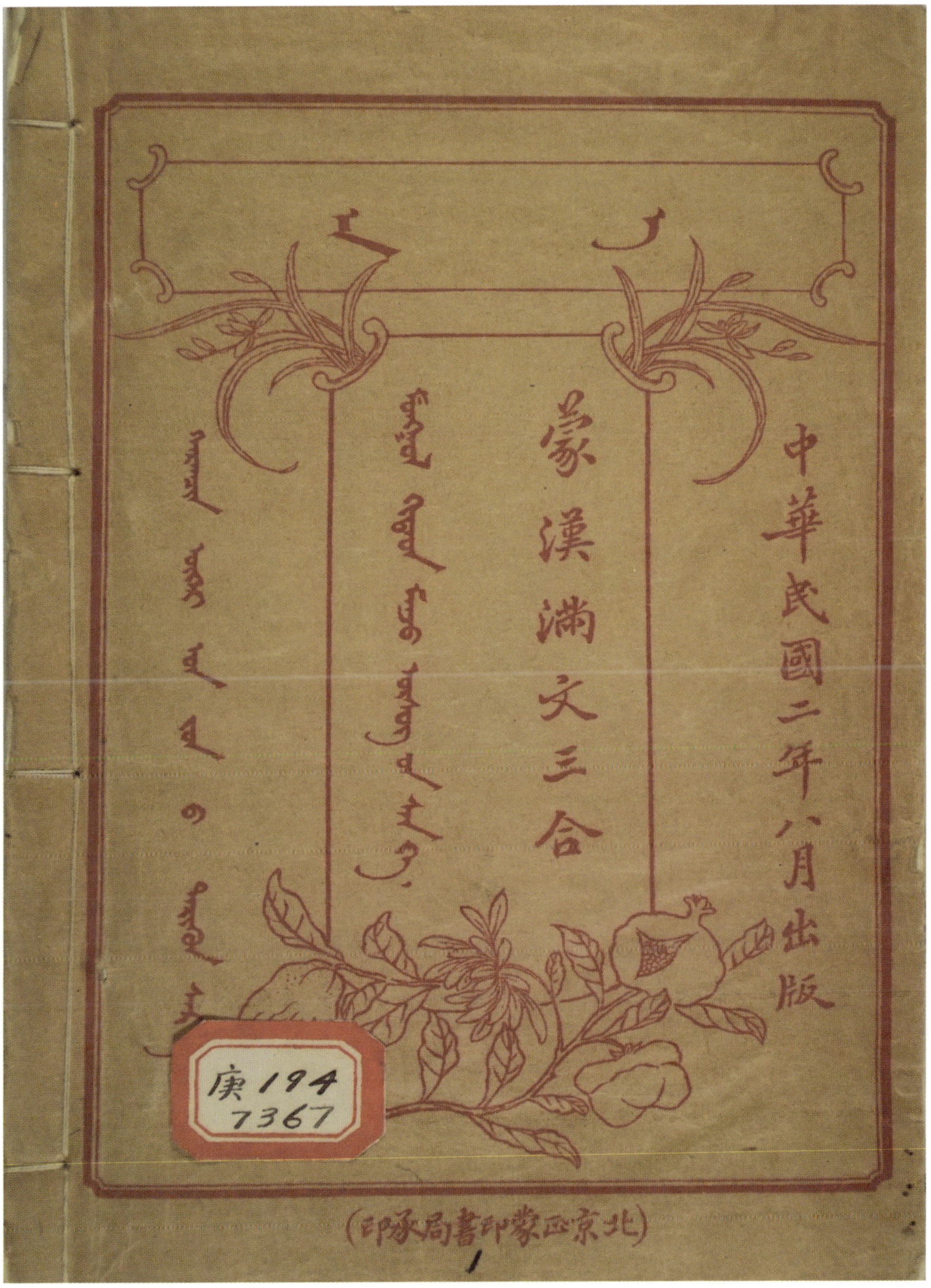


《蒙文总汇》封面

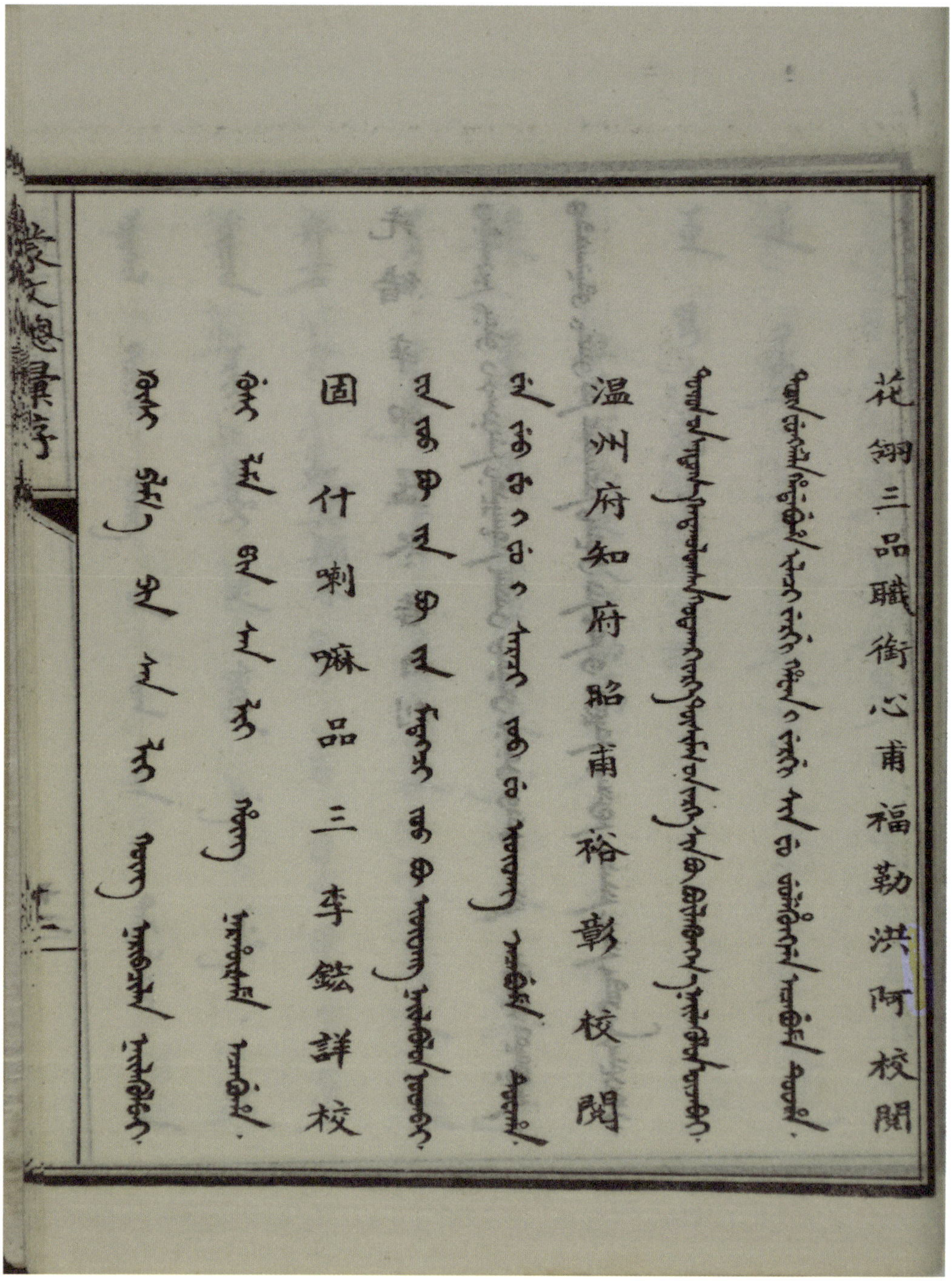
花翎三品職銜心甫福勒洪阿校閱

溫州府知府貽甫裕彰校閱

固什喇嘛品三李鋐詳校

蒙文總彙序 十二

《蒙文总汇》序第12页

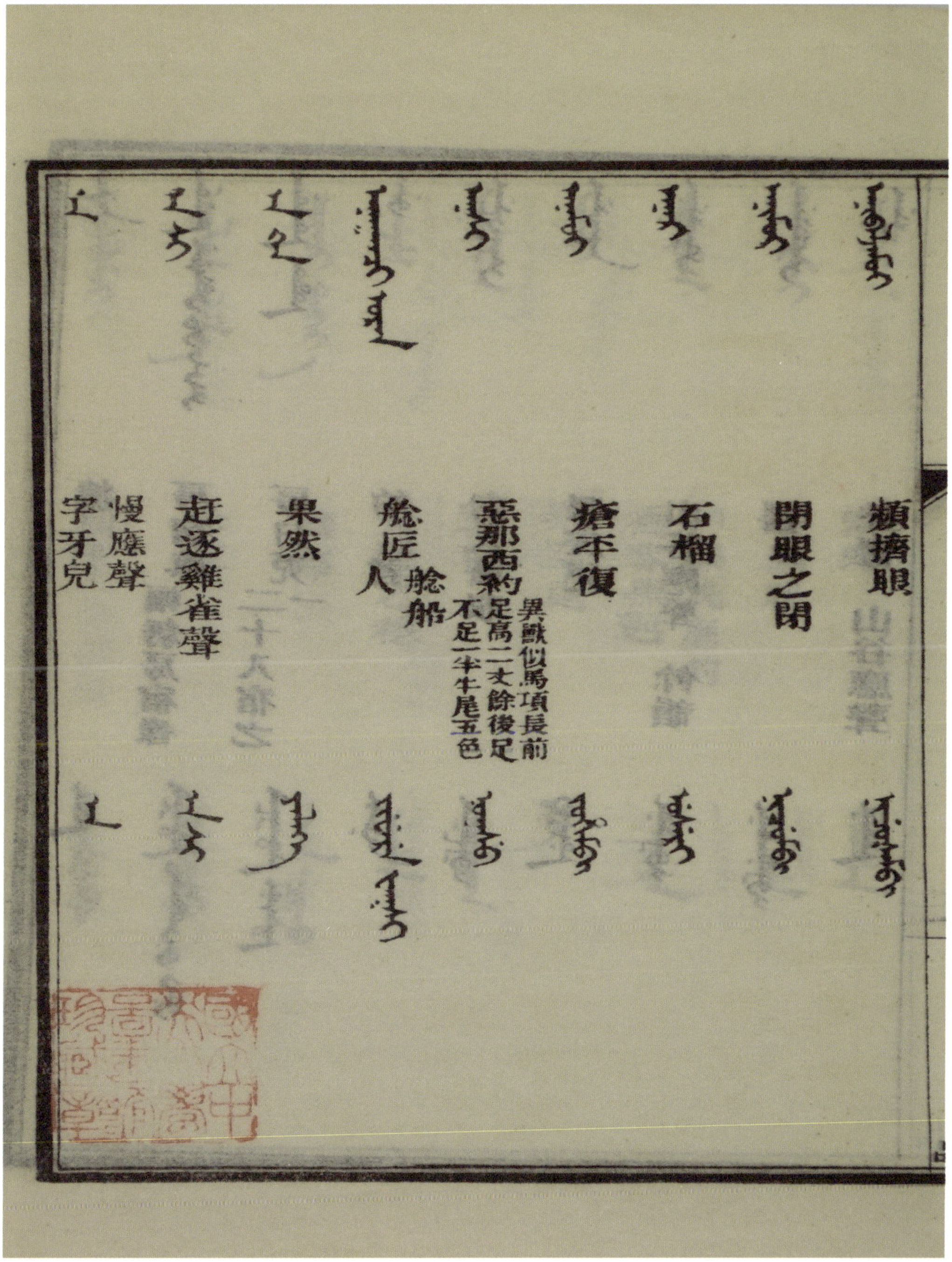
頻擠眼
閉眼之閉
石榴
瘡平復
惡那西豹 異獸似馬項長前足高二丈餘後足不足一半牛尾五色
艙匠人
艙船
果然
赶逐雞雀聲
慢應聲
字牙兒

《蒙文总汇》正文第1页

## 满蒙合璧三字经注解

（宋）王应麟撰，（清）王相注释，（清）陶格译文满文，（清）崧巌富俊辑，（清）英俊缙、乌尔棍扎布校正，（清）福谦详校。

清道光十二年（1832）京都隆福寺三槐堂刻本。汉文满文蒙古文合璧。

线装。页面27.0厘米×17.厘米，半叶版框21.4厘米×14.5厘米。四周单边。正文半叶9行，蒙古文汉文满文相间各3行，行字数不等。白口，双鱼尾，版心有汉文卷次、页码。

4册，1函，2卷，309叶。

保存完好。

卷前有清道光十二年（1832）崧巌富俊所撰序文：“因思《三字经》为童蒙必读之书，于公余之暇，日偕二三友人，取陶公（陶格）之满洲文翻译蒙古文，斟酌研究，逾二三寒暑，方始成编。”从序文可知，该书内容上以《满蒙合璧三字经注解》为其翻译的底本。形式上也仿照后者，采用满文、蒙古文、汉文三种文字对照的形式将《三字经》正文及注解译为蒙古文。

《三字经》是中国的传统启蒙教材，贯穿其中的主要是中国古代历史知识和儒家伦理道德思想，自宋朝以来已有700多年历史，以其丰富的知识内容、朗朗上口的韵语形式，历元、明、清三代而不衰，成为一部流传广泛、影响深远的幼学启蒙教材。全书共1000多字，三字一句的韵文极易成诵，可谓家喻户晓，脍炙人口。《满蒙合璧三字经注解》是满文、蒙古文、汉文三种文字刻印的“三字经”对照读本。满文在先，其次为蒙古文，最后是汉文，读此书可兼学满文、蒙古文、汉文和三字经。

该书对研究清代满族、蒙古族、汉族等多民族文化交流史、清朝教育制度有重要参考价值。

（龚文龙）

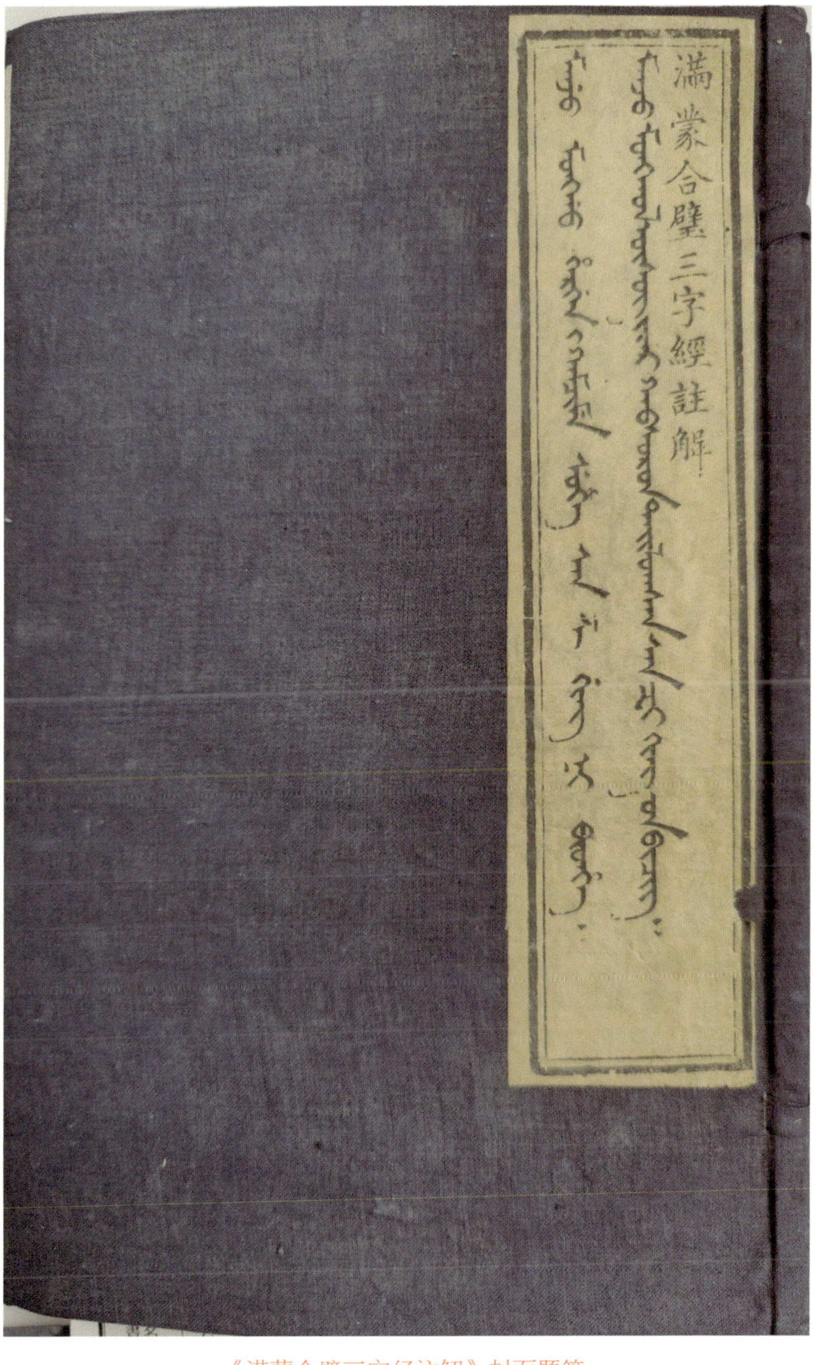


《满蒙合璧三字经注解》封面题签

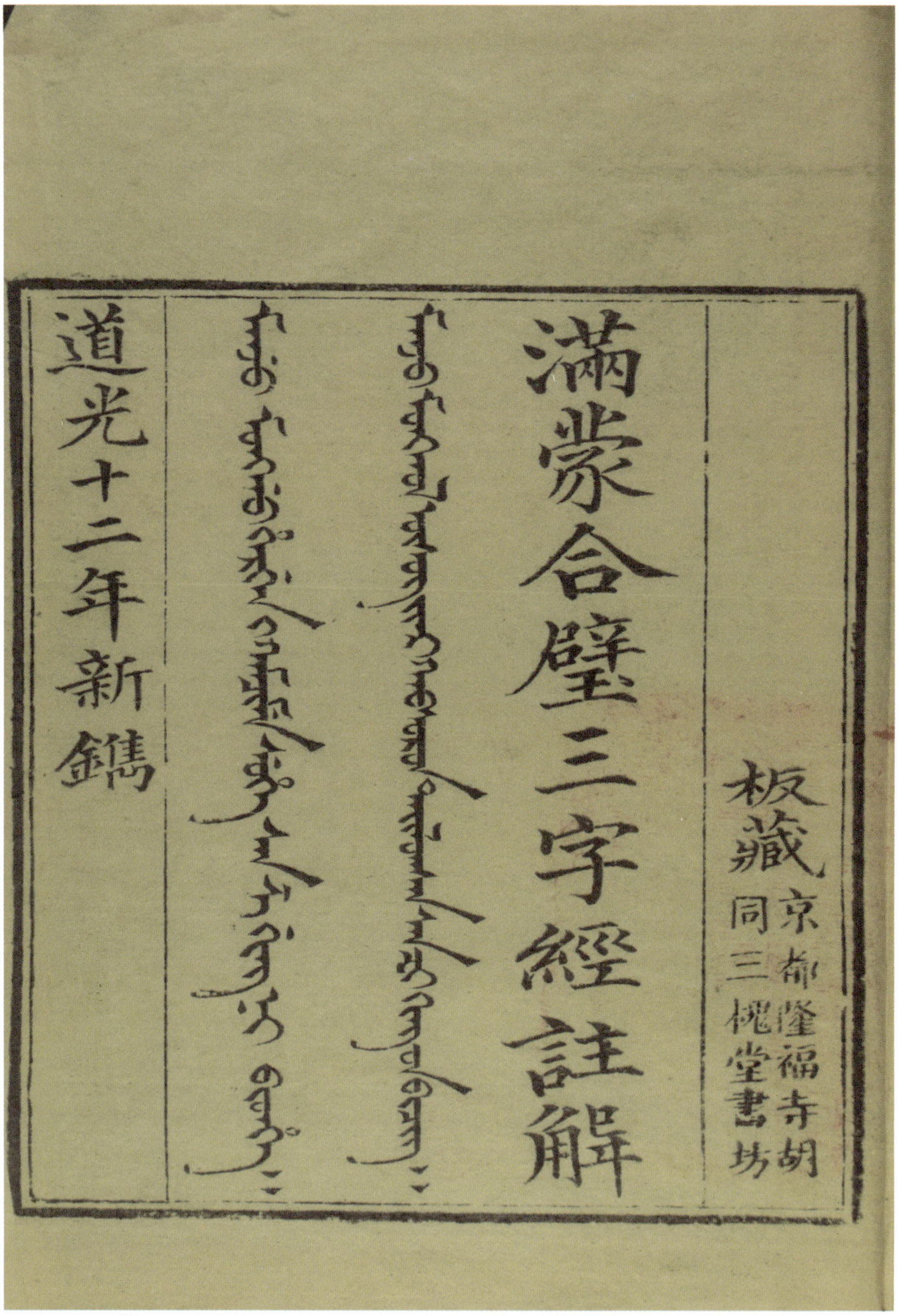


《满蒙合璧三字经注解》内页封面

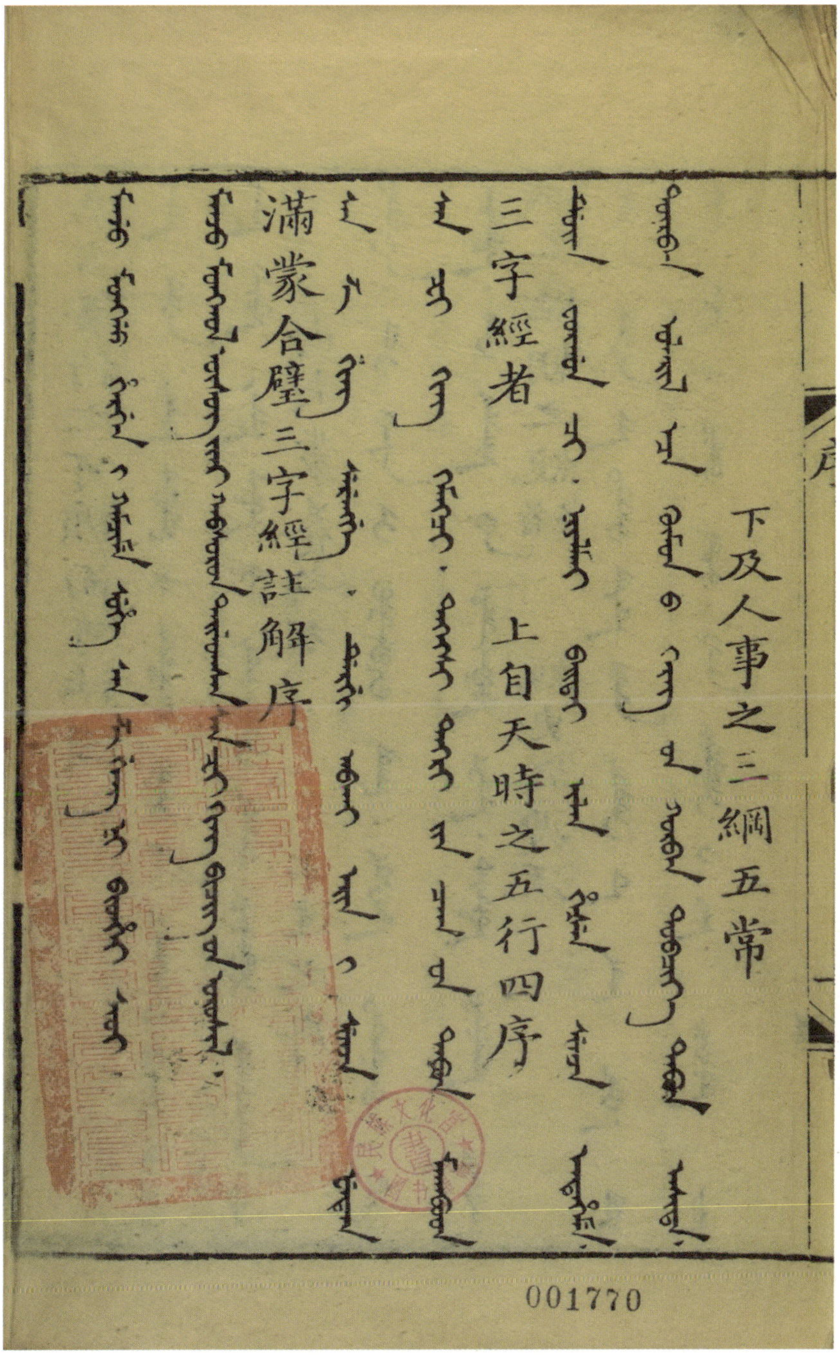
滿蒙合璧三字經註解序
三字經者
上自天時之五行四序
下及人事之三綱五常


《满蒙合璧三字经注解》序文首页

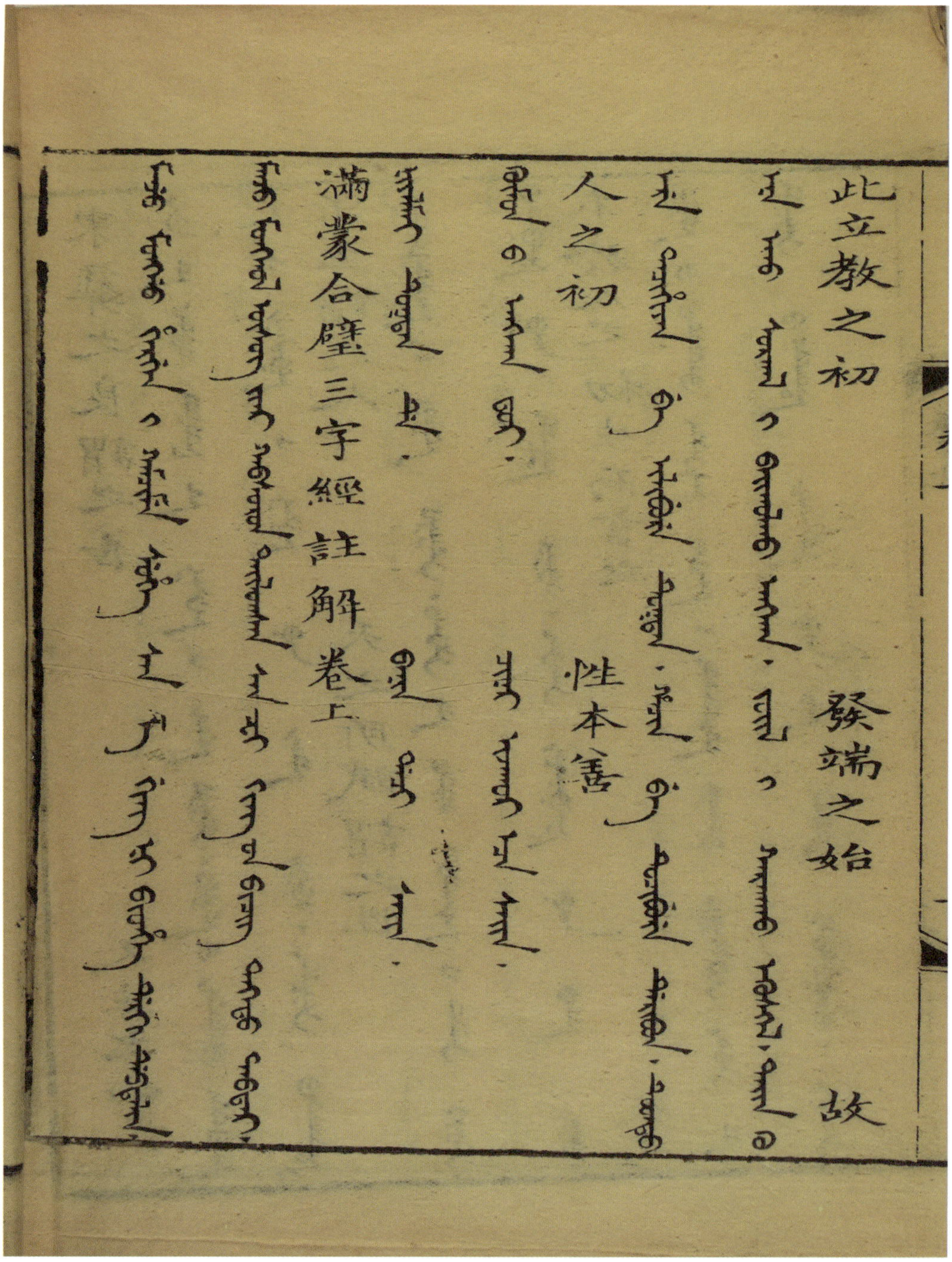
此立教之初
發端之始
故
人之初
性本善
滿蒙合璧三字經註解卷上

《满蒙合璧三字经注解》正文首卷卷端

## 易学藏文书

བོད་ཀྱི་བརྡ་ཡིག་རྟོགས་པར་སླ་བ་ཞེས་བྱ་བ་བཞུགས་སོ།།

衮布扎布等编纂。

清末抄本。蒙古文藏文满文合璧。

线装，27.0厘米×20.8厘米。序文半叶12行，由蒙古文书写，部分行附藏文，共17叶，正文每叶4行，每行字数不等，共159叶，为蒙古文满文、蒙古文藏文满文对照词汇。

2册，1函，176叶。

清康熙年间蒙古族学者和高僧们掀起了一次翻译藏文佛教经典的高潮，其重要标志是将大藏经《甘珠尔》译成蒙古文，并刻印发行。到了乾隆年间又将大藏经的另一部《丹珠尔》译成蒙古文，成为蒙古文佛经翻译达到鼎盛的标志。在此鼎盛时期，应佛教经典的翻译需求，产生了多部藏蒙合璧词典。衮布扎布等人编纂的《易学藏文书》就是其中较有影响力的一部，被学术界所熟知的是乾隆二年（1737）北京版木刻本。民族文化宫图书馆收藏的这部词典是其另一种蒙古文藏文满文合璧版本的抄本。

蒙古文、藏文、满文对照词典。衮布扎布等人编纂，乌拉特固什毕力根达赖等人审定。第一册前17叶为序文，用蒙古文撰写，部分内容对照藏文，名为《印度兰萨文和西藏楷书、草书的起源》，据序文后记，作者是章嘉二世阿旺洛桑曲丹（1642—1714）。该文简述印度兰萨文和藏文楷书、草书的起源，并介绍藏文正字法，内容涉及三十个字母的五行分类、字的阳性和阴性的区别，动词的三时变化、标点符号的运用，等等。正文为蒙古文满文、蒙古文满文藏文对照词汇，正文每叶4行，满文在左侧，用红墨水书写，蒙古文在右侧，第56—58叶对照藏文并列在满文蒙古文对照词汇的上方。

主要编纂者衮布扎布，诞生于康熙时期西乌珠穆沁旗扎萨克和硕彻辰亲王索达尼之弟辅国公乌达喇家中。曾任北京唐古特学校总教官、一等台吉、额驸等职位。是一位精通蒙古文、藏文、满文、汉文四种语言文字的翻译家和学者。一生著有《恒河之流》《汉区佛教源流记》等蒙古文藏文历史著作，并翻译了《造像量度经》《智慧之源》等多种作品。曾参与大藏经《丹珠尔》的蒙古文翻译工作和敕修汉文《龙藏》工作，卒年不详。

《易学藏文书》的藏文蒙古文合璧本是为适应清代蓬勃发展的藏经蒙译事业而产生的，在此基础上又产生了此本蒙古文藏文满文合璧本，足以证明清代多民族文化交流的历史事实。

（海梅、阿如汗）

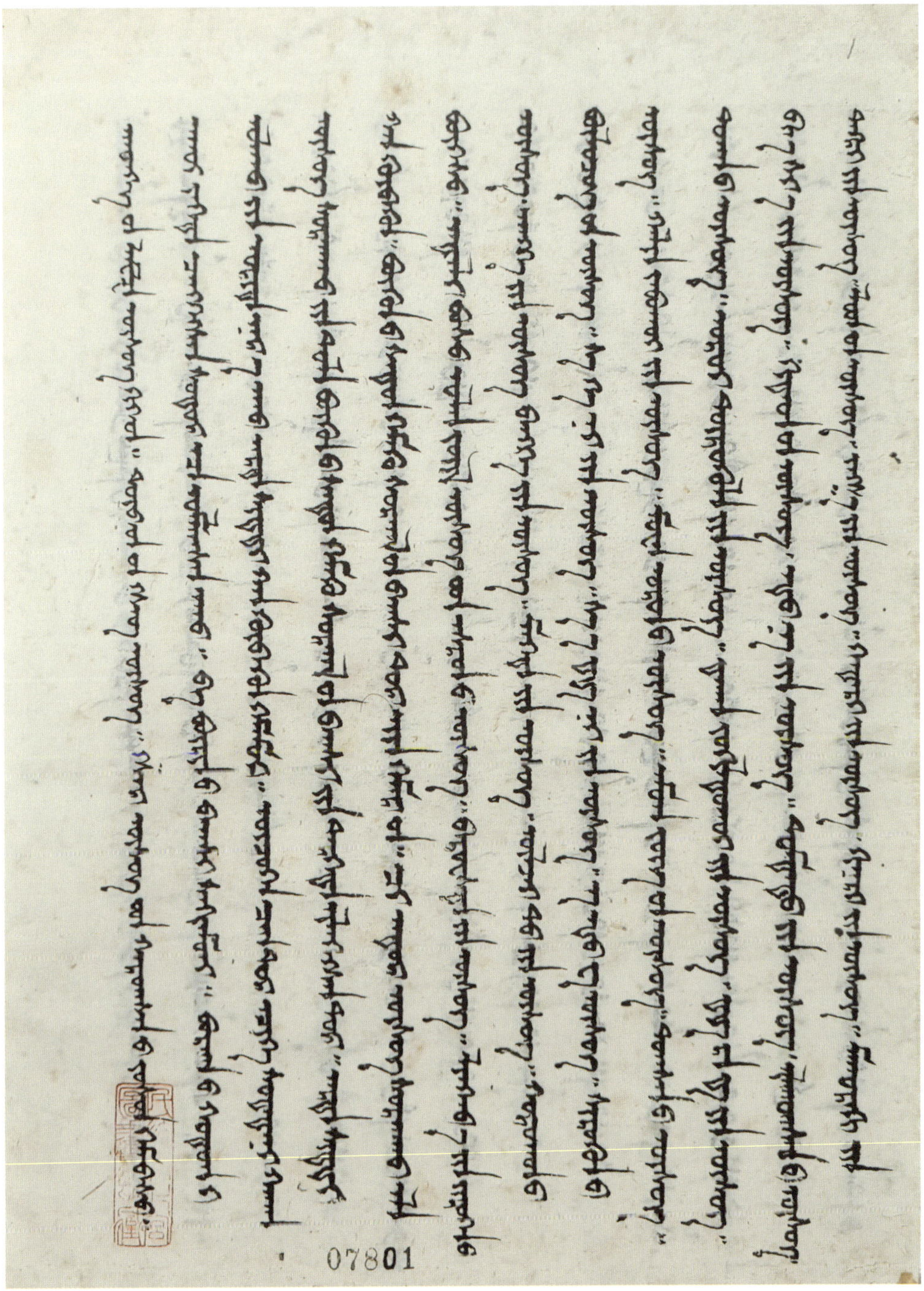


《易学藏文书》正文第1叶

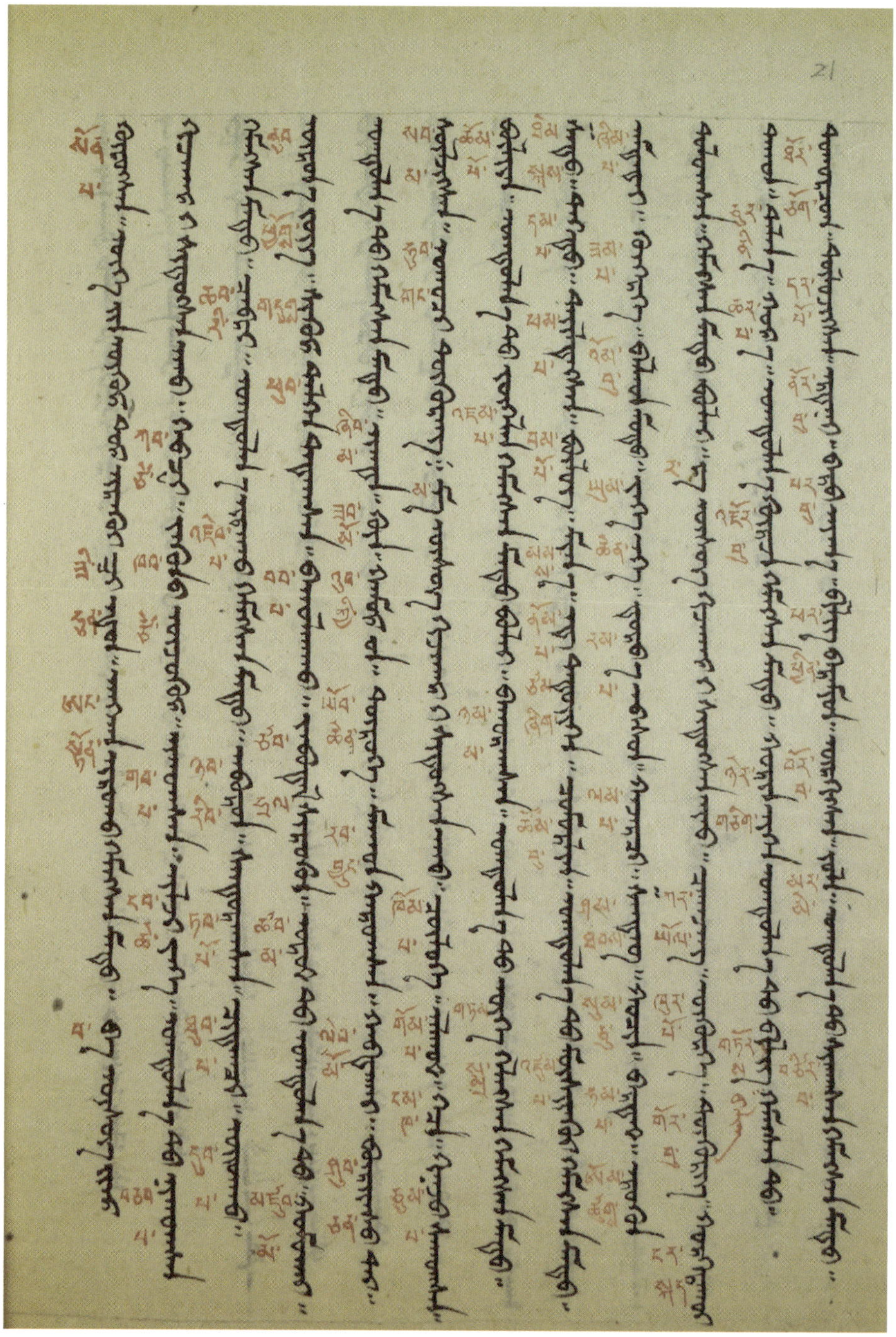

《易学藏文书》正文第21叶

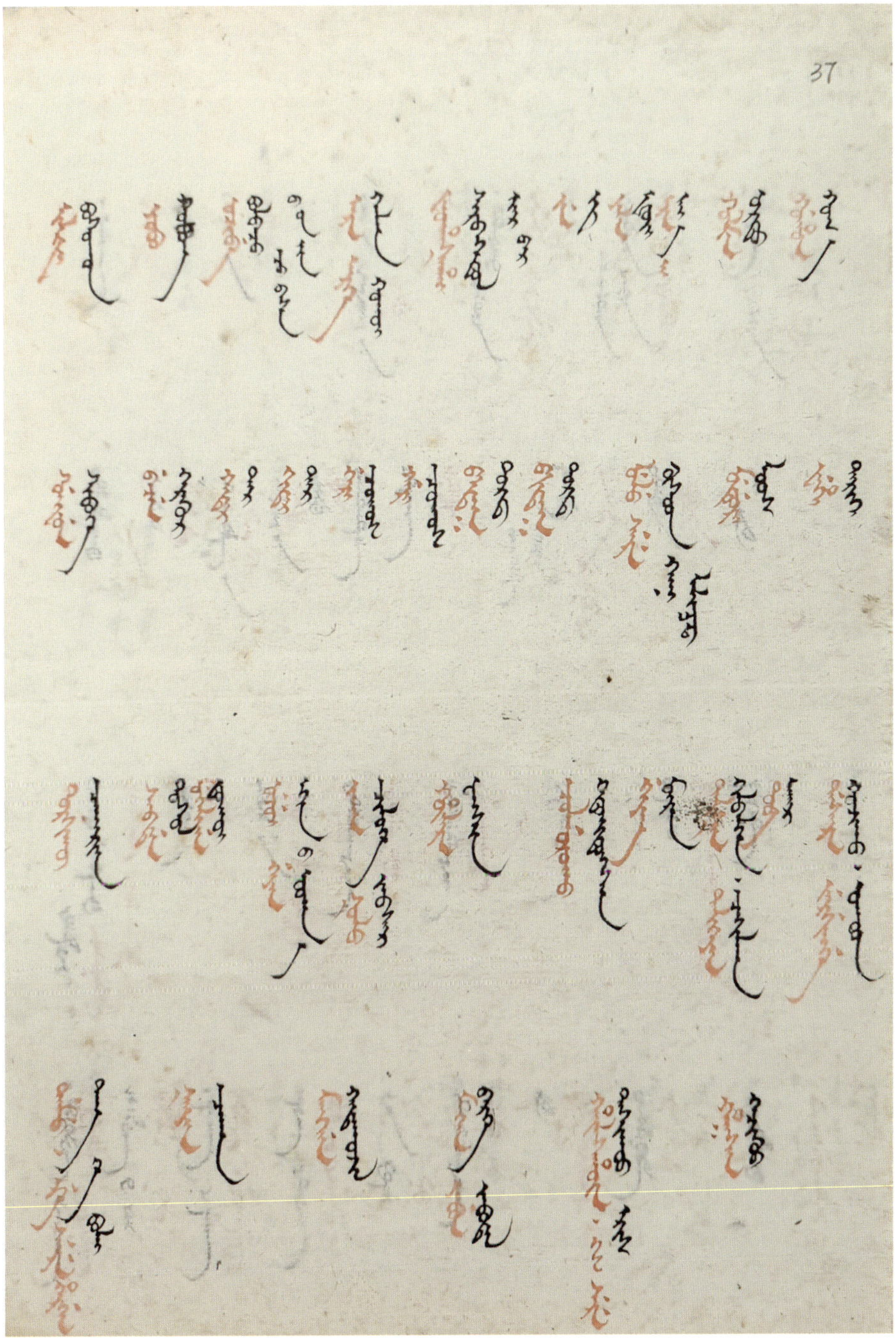

《易学藏文书》满文、蒙古文对照词汇

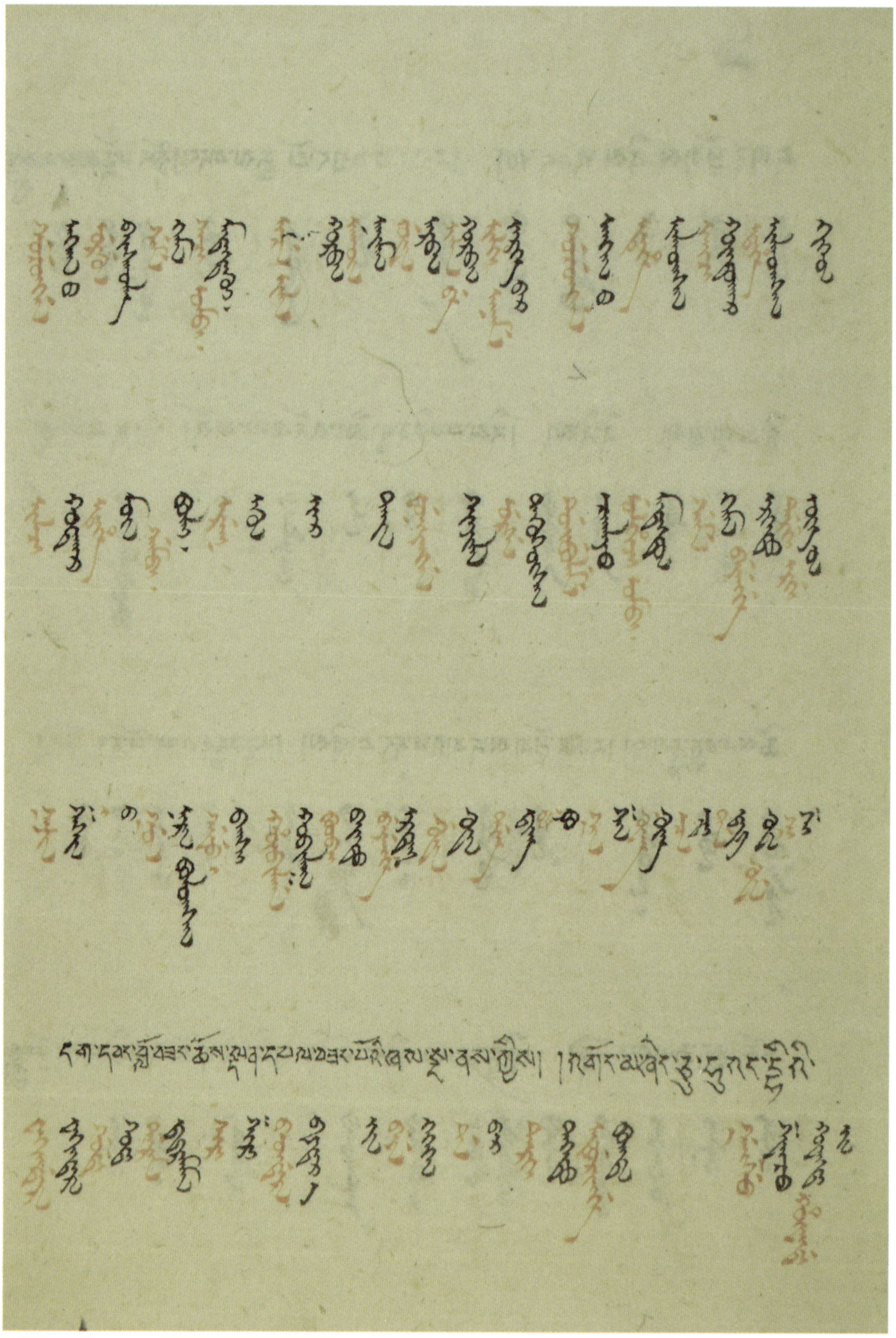

《易学藏文书》后记

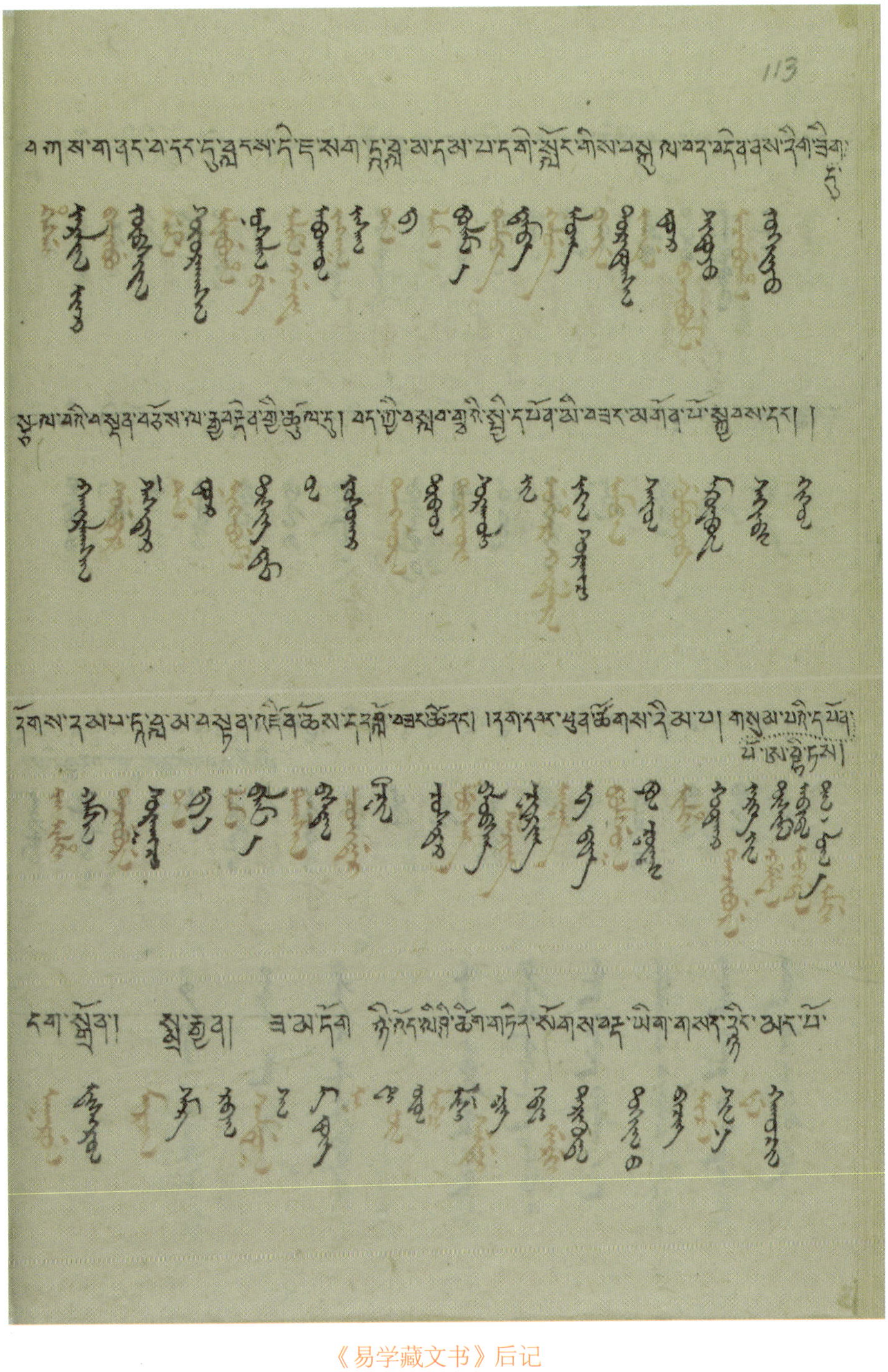

《易学藏文书》后记

国家民委铸牢中华民族共同体意识
古籍整理出版书系

第三部分

# 四种文字合璧古籍

# 四体合璧文鉴（2种）

སྐད་བཞི་ཤན་སྦྱར་བའི་མེ་ལོང་གི་ཡི་གེ

## 一、清乾隆年间刻本

（清）佚名编。

清乾隆年间刻本。汉文满文藏文蒙古文合璧。

线装。页面29.8厘米×19.3厘米，半叶版框22.3厘米×17.0厘米。四周单边。白口，单鱼尾，版心有汉文书名、卷次、类名、页码、册次。

10册，2函，1215叶。

保存完好。

清朝是满族建立的统一的多民族国家。满文、汉文作为清朝政府认可的行政语言，早在清朝初年以合璧的形式出现在官方文书中。除了满文、汉文以外，蒙古文在整个清一代扮演者重要的角色，它不仅是蒙古地区通行的两个官方文字（满文和蒙古文）之一，而且还是清廷沟通与治理西藏和回疆的中介语言。所以，清代重要的敕诰、碑刻也以满汉蒙三体合璧的形式呈现。此外，由于藏传佛教在整个清朝时期的重要地位和影响，不管是在官方还是在民间藏语和藏文的运用都普遍受到重视。这种多语文政治文化背景下，清代不仅产生了汉文满文合璧、满文蒙古文合璧、满文蒙古文汉文合璧辞书，还出现了满文蒙古文藏文汉文合璧等四体合璧词典。

满文蒙古文藏文汉文合璧标音词典，以《御制增订清文鉴》体例为蓝本编成的，编者及成书年代不详，是清代唯一一部非官修的满文蒙古文藏文汉文四体合璧分类词典。卷前附满文蒙古文合璧总目、书后附满文蒙古文合璧“总纲”八卷，正文按“八卦”的八个字分乾、坎、艮、震、巽、离、坤、兑集等八册。正文半页3行，每行三至四组满文蒙古文藏文汉文对照词语条目，每行字数不均衡。正文每页首列满文词语，其右侧列蒙古文译词，再次列藏文文译词，藏文译词左下角列汉文译词，汉文译词右侧标注满文对音字。全文分类编排，共36部，其下分天文、时令、地舆、君、谕旨等292类。全书共收18000余组满文蒙古文汉文藏文对照词语条目。

《四体合璧文鉴》是清代成书的满蒙藏汉互译重要的工具书。作为多语种工具书，不仅反映了清代多民族国家的语言文化交流发展盛况，而且促进了清代满族、蒙古族、藏族、汉族等民族之间的交往交流交融。

（海梅）

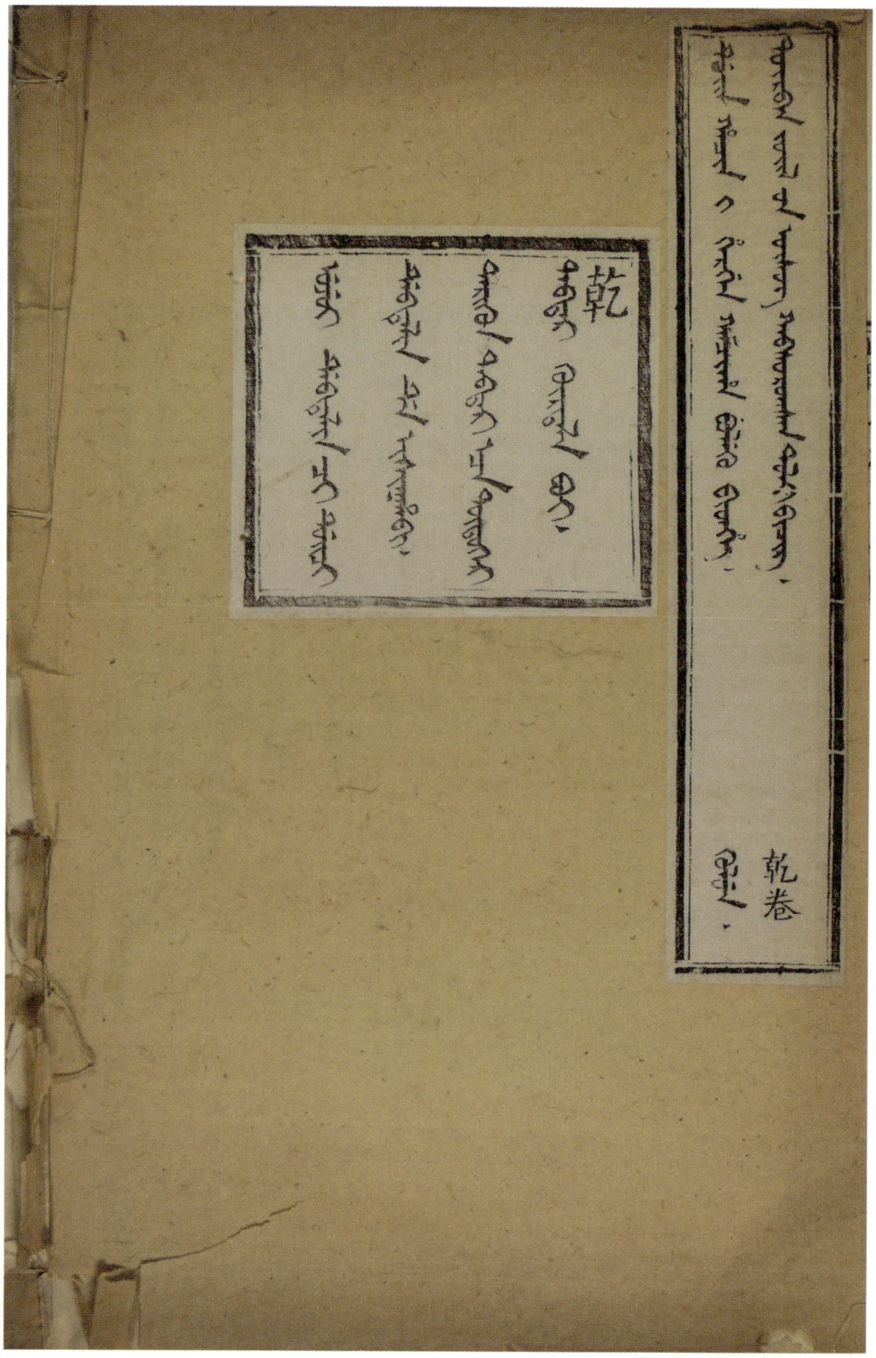


《四体合璧文鉴》乾卷封面

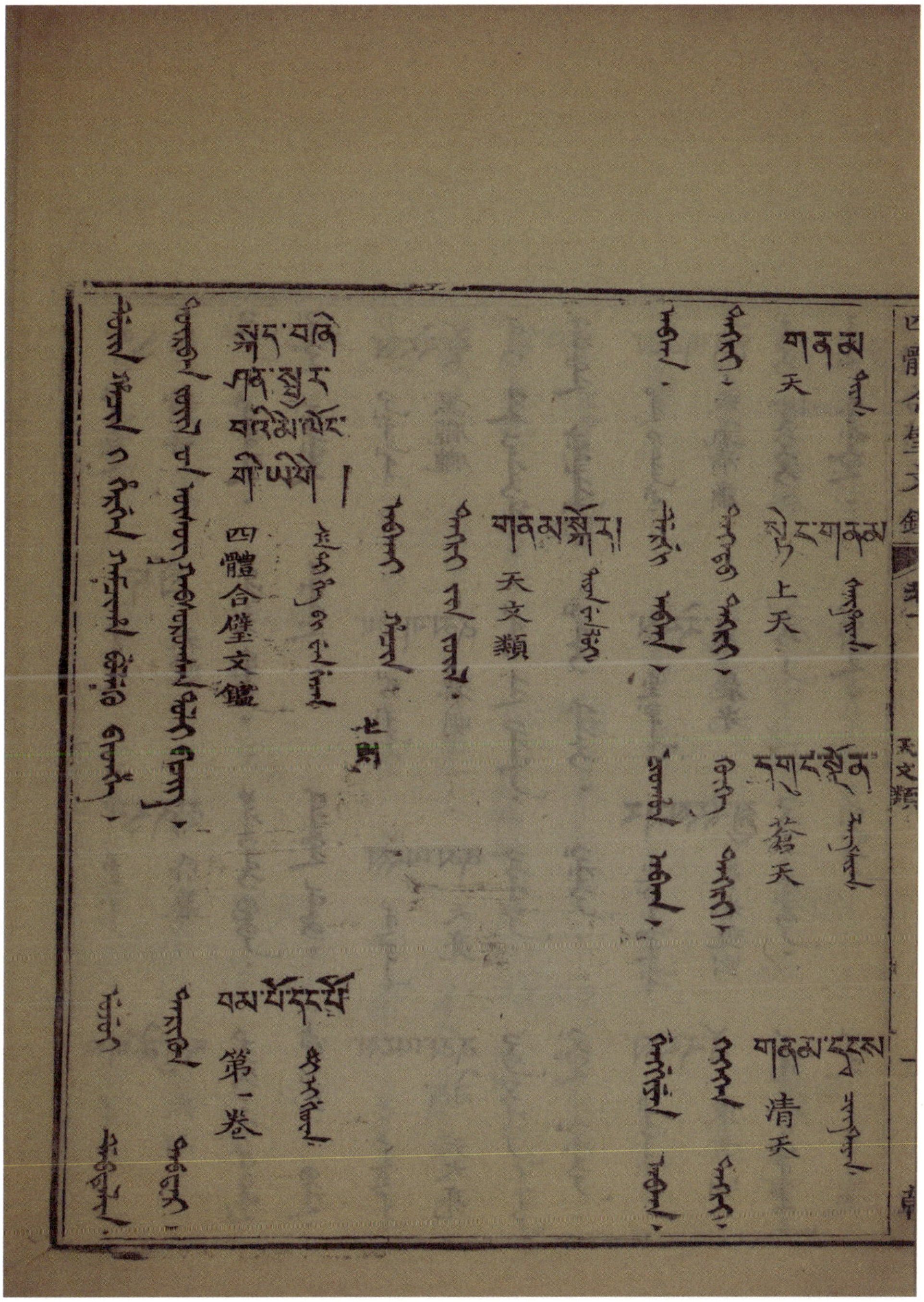


《四体合璧文鉴》第一卷第1页

## 二、清乾隆年间嵩祝寺天清番经局刻本

佚名纂。

清乾隆年间嵩祝寺天清番经局刻本。满文蒙古文藏文汉文合璧。

线装。页面28.5厘米×18.0厘米，半叶版框21.0厘米×16.5厘米。四周双边。单鱼尾，版心有汉文题名、页码（分类）、卷次号。

10册，2函，1229叶。

保存完好。

《四体合璧文鉴》为满文、蒙古文、藏文、汉文合璧标音辞典，以《御制增订清文鉴》为蓝本编成。正文首列满文词语，其右侧列蒙古文译词，再次列藏文译词，藏文译词左下角列汉文译词，汉文译词右侧标注满文切音字。全书主要收以名词、动词、形容词为主的综合性词语，共36部，下分292类，约收18012条词语。其类名及词语编排顺序均与《御制增订清文鉴》相同，但词汇量不及《御制增订清文鉴》，有注音，无注解，为查找之便，书后附满、蒙古文“总纲”二册。该辞典文种多、词汇量丰富，是研究满、蒙、汉、藏等各民族语言文化最早、最全面的资料之一。因清代民族语文辞书中附有藏文的多语合璧辞典很少，只有《御制四体清文鉴》《唐古特文鉴》《钦定西域同文志》《御制五体清文鉴》《五译合璧集要》等几种，该辞典与以上这些辞典为满文、蒙古文、汉文、藏文互译及清代藏语研究提供了较全面的资料。此外，该辞典所标满文切音字对研究清代满汉语语音学也有重要的价值。

（米吉提、阿依努尔·艾合麦提）

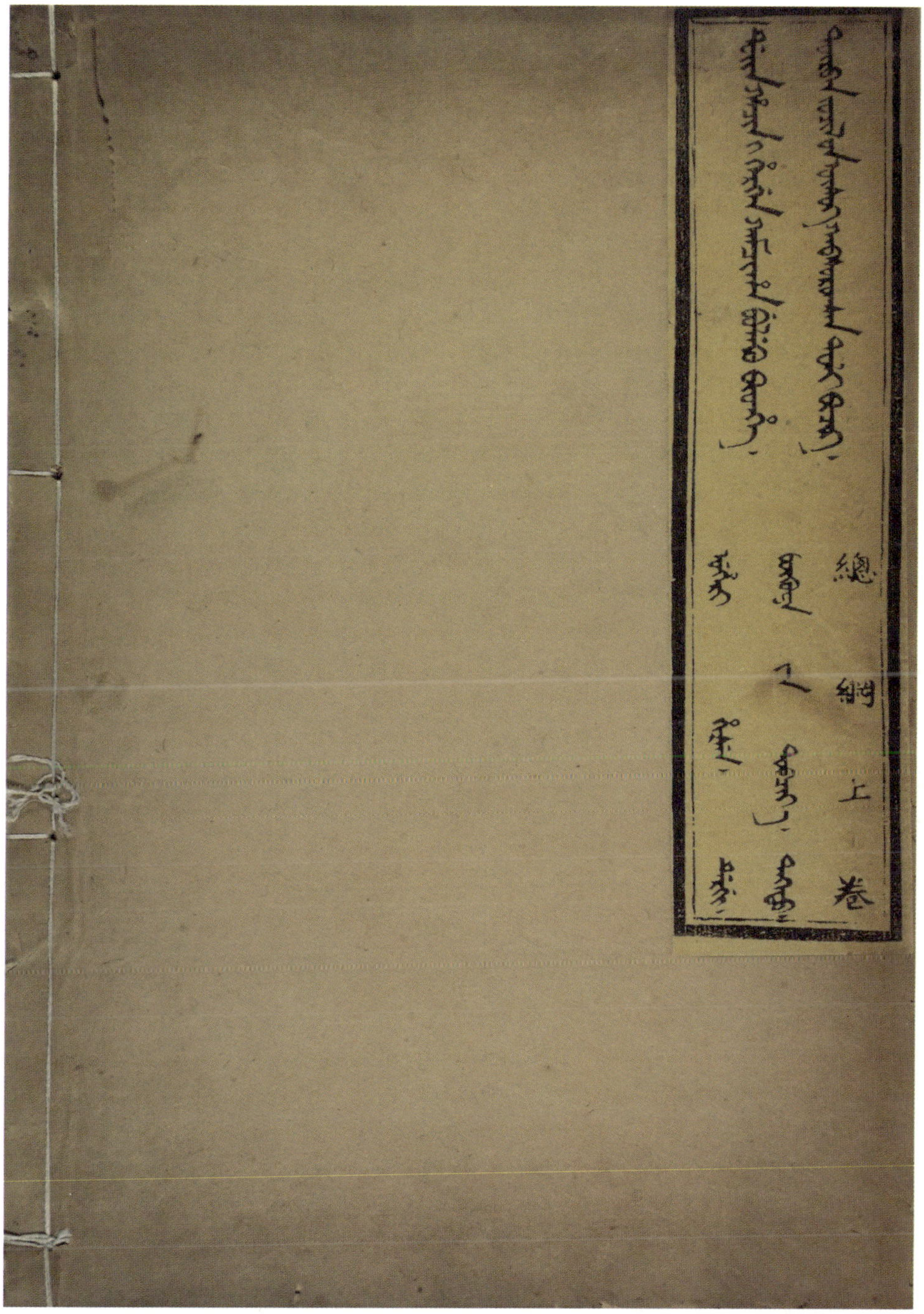


《四体合璧文鉴》总纲上卷封面

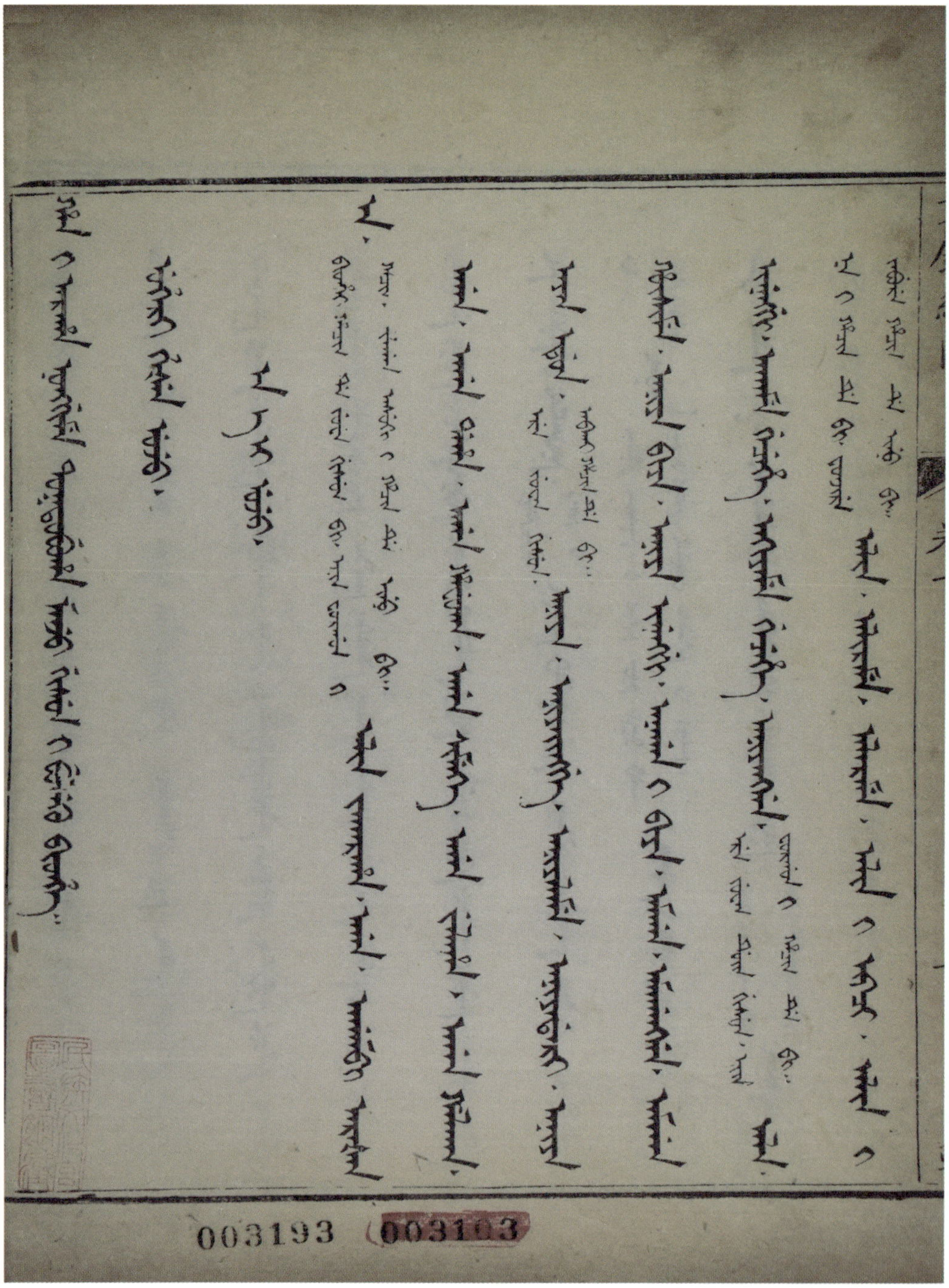


《四体合璧文鉴》总纲第1页

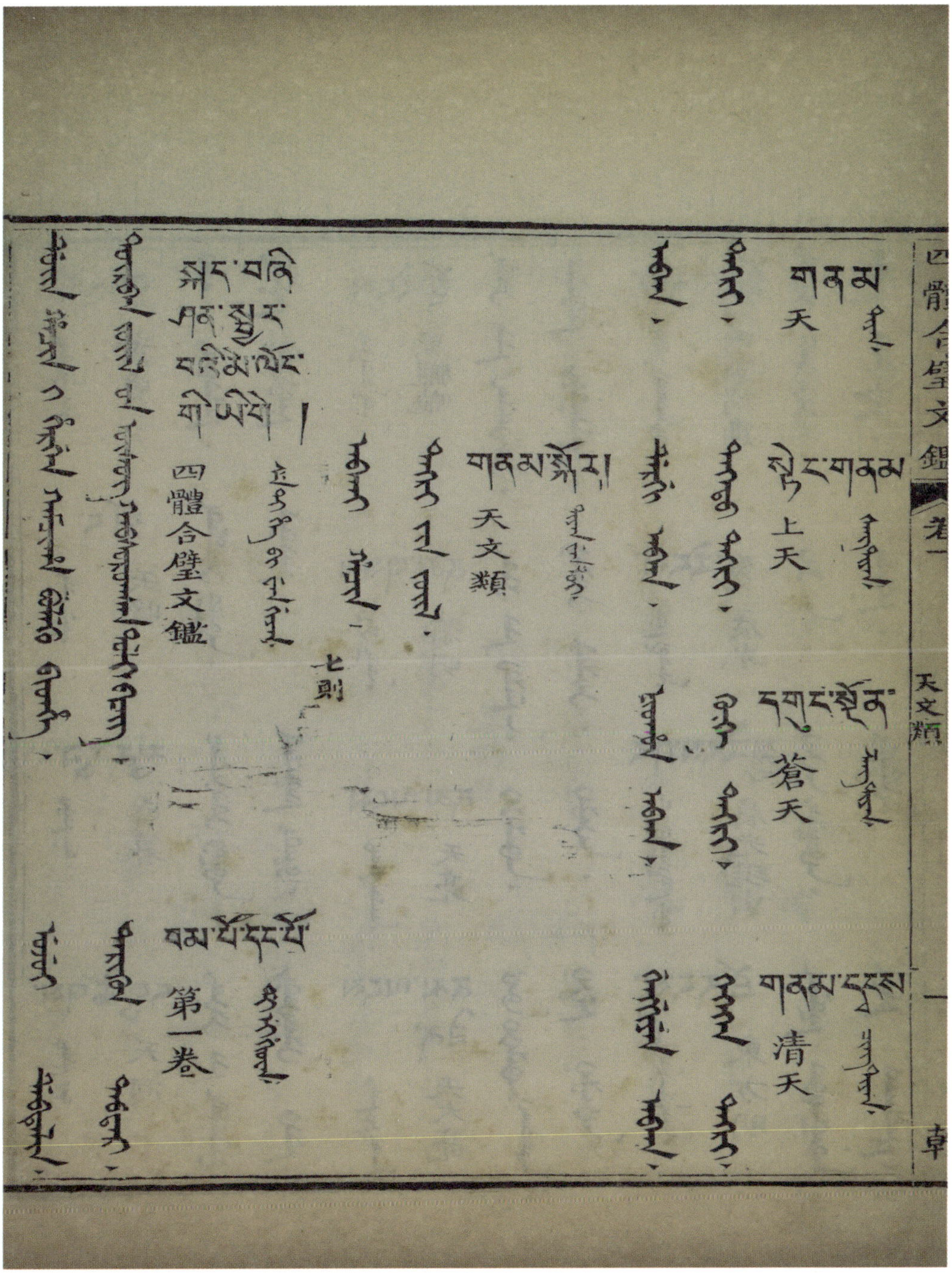
四體合璧文鑑 卷一 天文類 一 乾

གནམ
天

སྟེང་གནམ
上天

དཀར་སྔོན
蒼天

གནམ་དྭངས
清天

གནམ་སྐོར།
天文類

七則

སྐད་བཞི་ཤན་སྦྱར་བའི་མེ་ལོང་གི་ཡི་གེ།
四體合璧文鑑

བམ་པོ་དང་པོ
第一卷

《四体合璧文鉴》卷一 第1页

## 御制满汉蒙古西番合璧大藏全咒

རྒྱལ་པོས་མཛད་པའི་མཉྫུ་རྒྱ་ཧོར་བོད་ཡིག་བཞིའི་སྐད་ཤན་སྦྱར་བའི་བཀའ་འགྱུར་གྱི་གཟུངས་ཚང་བར་བཀོད་པ།

（清）允禄等奉敕编撰，（清）章嘉胡土克图译校。

清乾隆三十八年（1773）刻本。汉文满文蒙古文藏文合璧。

经折装。页面36.0厘米×13.3厘米，版框上下边距25.7厘米。

馆藏95册，9函，9105叶。

保存基本完好。

该套书是乾隆众多敕修、敕译、敕刻佛教典籍中的重要一部，其中《御制满汉蒙古西番合璧阿礼嘎礼》渊源早，其次《钦定同文韵统》，再次《御制满汉蒙古西番合璧大藏全咒》，最后《读咒法》。16世纪末期，西藏佛教格鲁派开始传入蒙古，约于1587年喀喇沁译师阿尤什固什创制音写梵文、藏文字词的蒙古文音标——阿礼噶礼，其后蒙古佛经翻译均用这一音标音写梵文、藏文专用名词和咒文。康熙年间，敕刻《御制阿礼噶礼》，梵文、藏文、蒙古文三体合璧。后来有人以蒙古文音标为基础，编制满文音标——满文阿礼噶礼，添入康熙三体合璧刻本。乾隆十二年（1747），乾隆皇帝为各民族语言准确翻译佛经咒语，由和硕庄亲王主持，咨询章嘉国师，敕修《钦定同文韵统》，梵文、藏文、满文、汉文四体合璧。乾隆十七年（1752）由武英殿刊行，6卷6册。该书主要讲述满文、汉文转写梵文、藏文字母的方法，包括“天竺字母谱”、“天竺音韵翻切配合字谱”、“西番字母配合字谱”、“天竺音韵翻切配合字谱”、“大藏经典字母同异考”、“华梵字母合璧谱”等。各卷正文体例有区别，前三卷为首列梵文字母或藏文字母，下列藏文字母或满文字母及阿礼噶礼对音字、汉文切音字等；后三卷主要讲述梵文字母、藏文字母的属性、发音部位等，每卷前后均说明用满汉字转写切音的方法。乾隆二十四年（1759），《御制满汉西番合璧大藏全咒》完稿刻板，满文、汉文、藏文三体合璧。乾隆三十二年（1767）印刷200部，包含《钦定同文韵统》和四体合璧《御制阿礼噶礼》，同年，下旨添译大藏全咒蒙古文。乾隆三十八年（1773）完成该套书，次年（1774）印刷，满文、汉文、蒙古文、藏文四体合璧。该套书含《钦定同文韵统》6卷6册、《御制满汉蒙古西番合璧阿礼嘎礼》1部1册、《御制满汉蒙古西番合璧大藏全咒》目录8卷正文80卷共88册、《读咒法》1部1册，共96册。每函第一册卷前附佛像图、乾隆二十四年（1759年）四体“御制序”，最后一册卷尾附佛像图。《御制满汉蒙古西番合璧大藏全咒》卷前附乾隆三十八年（1773）汉文谕旨、乾隆二十三年（1758）四体“御制满汉蒙古西番合璧大藏全咒序”等。正文集藏文、汉文、蒙古文、满文四种文字咒文于一体，是“同文之盛”的典型事例。其咒语翻译标准为四种：1.若汉经番经相同，则直接著录，大部分情况如此；2.“汉经俱系咒语，番经系取咒意译文，今遵汉经，仍作咒语对音译入”；3.“汉经缺，以番经咒语添入”；4.“番经缺，以汉经咒语音入”。

该套书的刊行为读咒者提供了很大的方便，而多语咒文转写音标的规范统一开佛教传播的先例。

馆藏《钦定同文韵统》6卷6册、《御制满汉蒙古西番合璧阿礼嘎礼》1部1册、《御制满汉蒙古西番合璧大藏全咒》目录8卷正文80卷共88册，缺《读咒法》1部1册，共95册9函。

（曹娇林）

封面

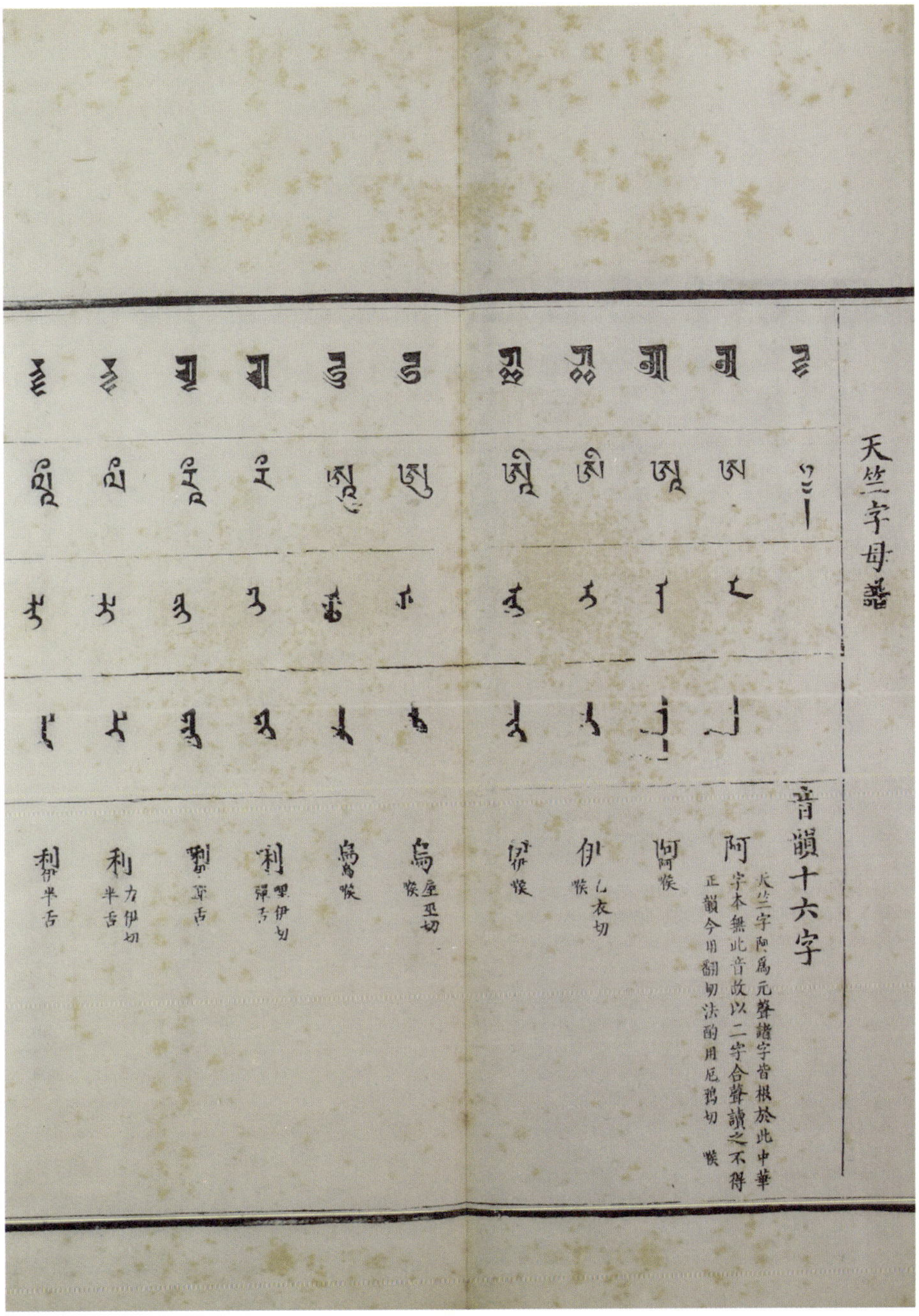

天竺字母譜

音韻十六字

阿 天竺字阿爲元聲諸字皆根於此中華字本無此音故以二字合聲讀之不得正韻今用翻切法酌用厄鴉切 喉

阿 喉

伊 乙衣切 喉

伊 喉

烏 屋巫切 喉

烏 喉

唎 哩伊切 彈舌

唎 彈舌

利 力伊切 半舌

利 半舌

《钦定同文韵统》书中正文

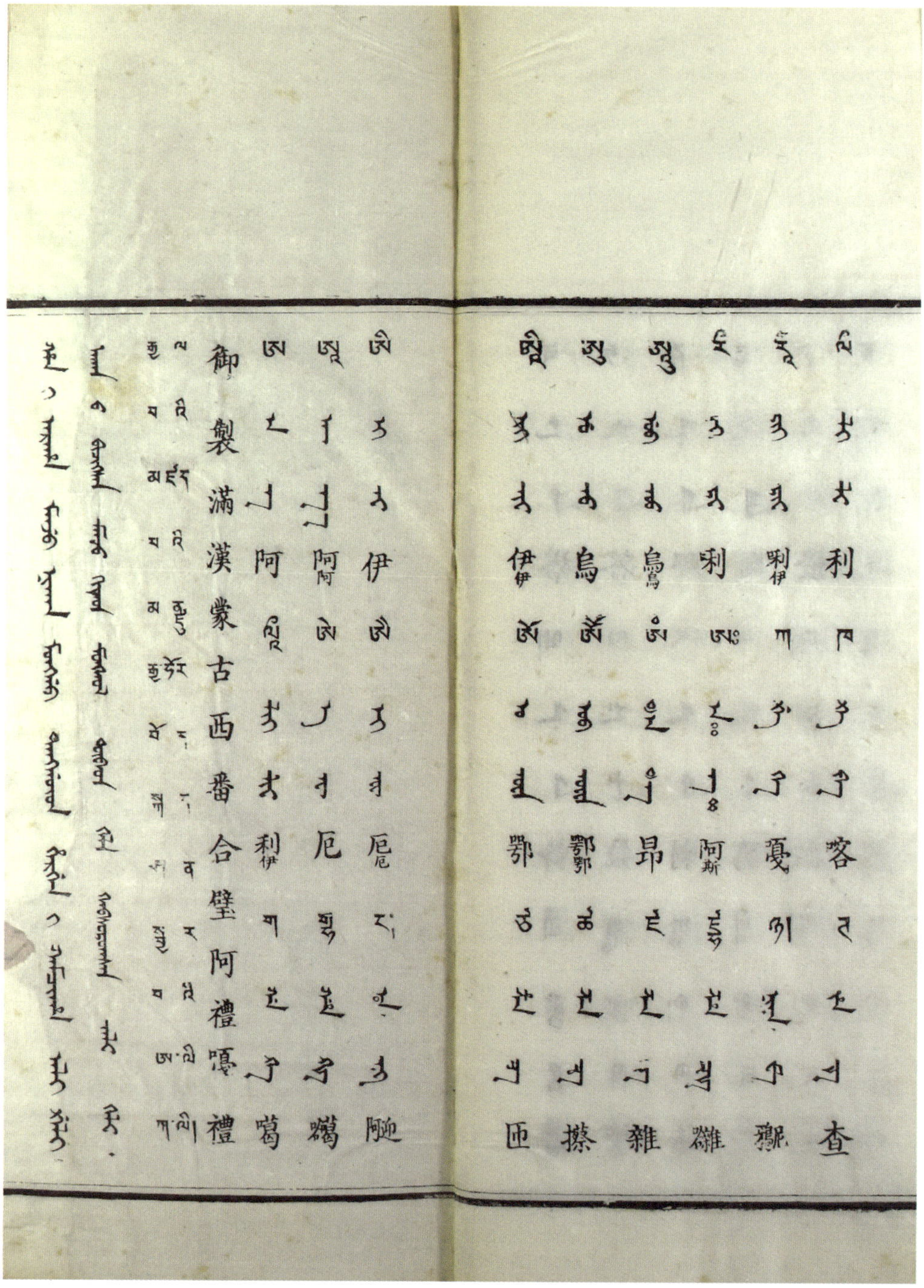

《御制满汉蒙古西番合璧阿礼嘎礼》首卷卷端

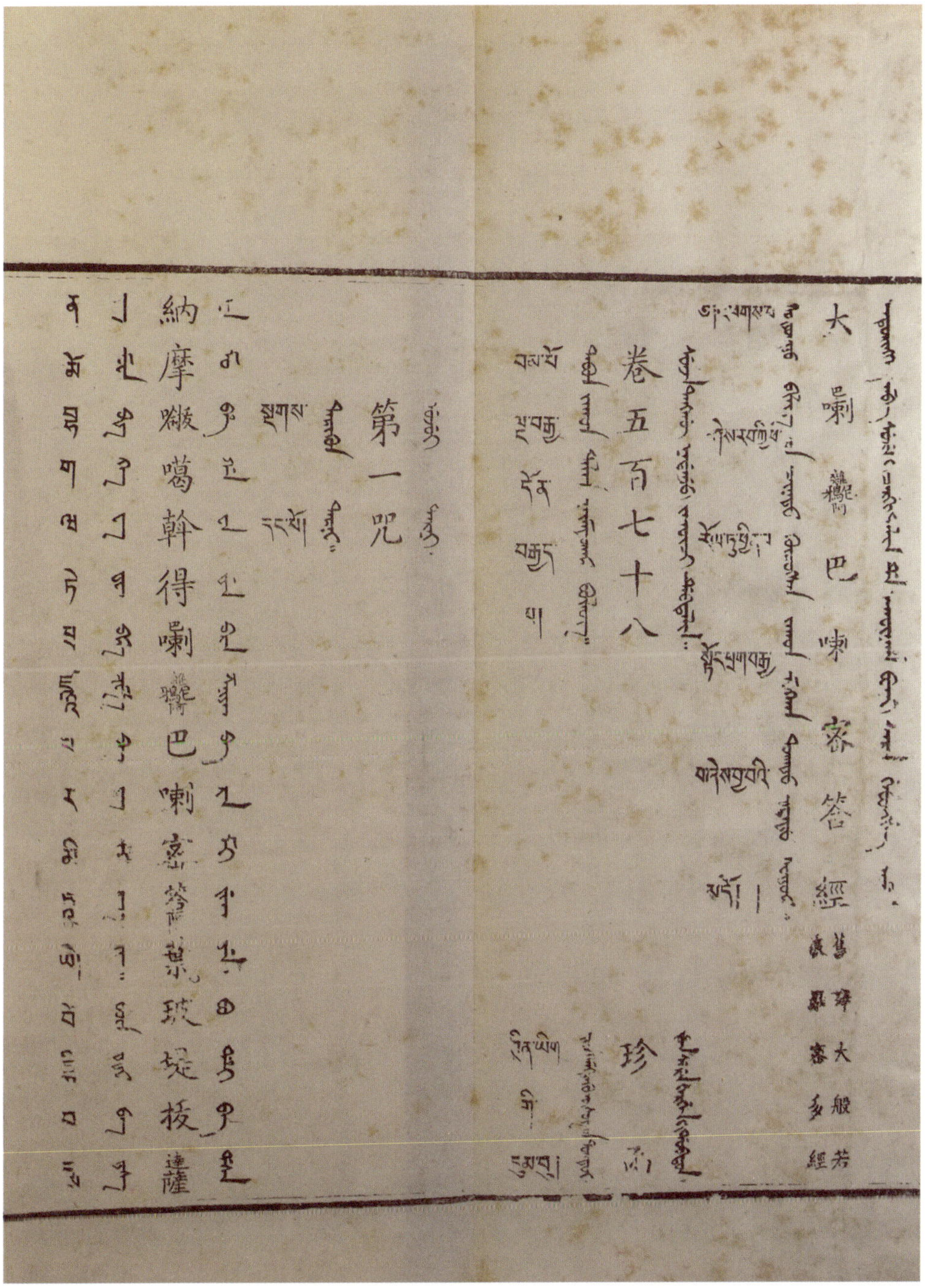


《御制满汉蒙古西番合璧大藏全咒》首卷卷端

## 七佛塔碑（拓片）

སངས་རྒྱས་བདུན་གྱི་མཆོད་རྟེན་དང་རྡོ་རིང་གི་ཁ་བྱང་།

七佛塔碑刻建于清乾隆四十二年（1777），位于北京市北海公园西天梵境内。汉文满文藏文蒙古文合璧。拓印年代不详。

拓片尺寸：

| | |
|---|---|
| 七佛塔碑记 | 外框：高105.5厘米，宽63.8厘米 |
| 毗婆尸佛 | 外框：高104.8厘米，宽63.2厘米 |
| 尸弃佛 | 外框：高106.2厘米，宽64.2厘米 |
| 毗舍浮佛 | 外框：高106.2厘米，宽64.2厘米 |
| 拘留孙佛 | 外框：高106.2厘米，宽63.8厘米 |
| 拘那含牟尼佛 | 外框：高106.2厘米，宽64.2厘米 |
| 迦叶佛 | 外框：高106.2厘米，宽63.8厘米 |
| 释迦牟尼佛 | 外框：高106.2厘米，宽64.2厘米 |

清乾隆四十二年（1777），六世班禅额尔德尼罗桑华丹益希向乾隆皇帝进贡七佛番轴画。乾隆皇帝对轴画中人物不解，便问章嘉活佛。活佛根据梵汉经典，解其为七佛。乾隆帝又查阅了多部佛经，将佛种族、姓名、神足、执事弟子、佛子以及父母姓名等进行研究。原来佛教在印度有七佛，于是，乾隆皇帝写了一篇文章，把这七佛都叫什么，姓什么，是属于什么部族，父亲是谁，母亲是谁，徒弟是谁，儿子是谁，都一一写明，而且叫人将七个佛像刻在七块石板上。加上他本人这篇文章用四种文字刻在第八块石头上，组成一座塔。七佛刻在七块石碑上，依碑记顺序，分别为第一毗婆尸佛、第二尸弃佛、第三毗舍浮佛、第四拘留孙佛、第五拘那含

牟尼佛、第六迦叶佛、第七释迦牟尼佛，每一尊佛从左至右均用藏文、满文、蒙古文、汉文四种文字偈颂。御制《七佛塔碑记》从左至右用满文、汉文、藏文、蒙古文四种文字刻写，组成八面塔碑。乾隆有解释："第一毗婆尸佛，第二尸弃佛，第三毗舍浮佛，以上三佛为过去庄严劫佛；第四拘留孙佛，第五拘那含牟尼佛，第六迦叶佛，第七释迦牟尼佛，以上四佛为现在贤劫佛。"有根有据，排座不能错。塔的框架是木质的，石板镶嵌在木框中，塔基是石头的，整合起来组成一座空心的八角形塔，塔外面再加盖一个很大的漂亮亭子，叫"七佛塔碑亭"，属于大西天（西天梵境）的重要组成部分。七佛塔碑记汉文是乾隆御笔，楷书。

乾隆皇帝御笔汉文《七佛塔碑记》原文：

七佛塔碑记

七佛偈为禅门开宗了义，然散见于梵帙而非出于一经，近自西藏班禅额尔得尼喇嘛处进贡有七佛番轴，几佛之父母眷属名字悉备，问之僧人皆不知其所以，谘之章嘉国师，乃于番经汉经，所谓长阿含经、贤劫经、降生次第经及律原广解内 一一考得其源。盖：

第一，毗婆尸佛，种刹利，姓拘利若，父盘头，母盘头婆提，居盘头婆提城，神足二、一名骞茶、次名提舍，侍者名无忧，子名方膺。

第二，尸弃佛，种刹利，姓拘利若，父明相，母光曜，居光相城，神足二、一名阿毗浮、次名婆婆，侍者名名行，子名无量。

第三，毗舍浮佛，种刹利，姓拘利若，父喜灯，母称戒，居无喻城，神足二、一名扶游、次名鬱多摩，侍者名寂灭，子名妙觉。

以上三佛为过去庄严劫佛。

第四，拘留孙佛，种婆罗门，姓迦叶，父礼德，母善枝，居安和城，神足二、一名萨尼、次名毗楼，侍者名善觉，子名上胜。

第五，拘那含牟尼佛，种婆罗门，姓迦叶，父大德，母善胜，居清净城，神足二、一名舒槃那、次名鬱多楼，侍者名安和，子名导师 。

第六，迦叶佛，种婆罗门，姓迦叶，父梵德，母财主，居波罗奈城，神足二、一名提舍、次名婆罗婆，侍者名善友，子名进军。

第七，释迦牟尼佛，种刹利，姓瞿昙，父净饭王，母大清净，居舍卫城，神足二、一名舍利弗、次名目犍连，侍者名阿难，子名罗睺罗。

以上四佛为现在贤劫佛。

夫一佛即恒河沙，数佛而恒河沙，数佛即一佛。父母眷属皆如是，何有于分别，然真如海内不受一尘，万行门中不舍一法，既已明是因缘，用泐诸贞石建七佛塔以为供养，颂曰：过去庄严劫、现在贤劫是未来为星宿，于一弹指，顷佛说三即一，过去三非三，现在四岂四，分别乃云七而实际一佛，七佛各有偈普，说一义谛一毫端之上能现宝王刹示，兹满月相聚七为一塔，如法华所云非同亦非异，佛语非绮语，初学亦能晓，声闻与缘觉犹然，未能行稽首吉祥云永荫娑婆界救度诸众生各各精进证。

乾隆丁酉孟冬月中瀚御笔

《七佛塔碑》七佛偈汉文原文：

毗婆尸佛偈：

身从无相中受生，犹如幻出诸形像，幻人心识本来无，罪福皆空无所住。

尸弃佛偈：

起诸善法皆是幻，造诸恶业亦是幻，身如聚沫心如风，幻出无根无实性。

毗舍浮佛偈：

假借四大以为身，心本无生因境有，前境若无心亦无，罪福如幻起亦灭。

拘留孙佛偈：

见身无实是佛身，了心如幻是佛幻，了得身心本性空，斯人与佛何殊别。

拘那含牟尼佛偈：

佛不见身知是佛，若实有知别无佛，智者能知罪性空，坦然不怖于生死。

迦叶佛偈：

一切众生性情净，从本无生无可灭。即此身心是幻生，幻化之中无罪福。

释迦牟尼佛偈：

法本法无法，无法法亦法，今付无法时，法法何曾法。

六世班禅额尔德尼罗桑华丹益希，于清乾隆三年（1738年，藏历第十二绕迴之土马年）生在西藏南木林县扎西则。清乾隆三十一年（1766），乾隆帝遣使到札什伦布寺册封他为“六世班禅”，颁给了金册、金印。清乾隆四十五年（1780）八月底到北京，十一月二日在北京黄寺圆寂。

在存世众七佛造像中，位于北京市北海公园西天梵境的满文汉文藏文蒙古文四体合璧《七佛塔碑》以仅存的建筑石刻为世人所瞩目。《七佛塔碑》四种文字相对照，说明三世章嘉·若必多吉对佛典精髓的深刻理解，证实乾隆皇帝、六世班禅、三世章嘉·若必多吉亲密关系，反映乾隆盛世时期祖国大统一、民族大团结、文化繁荣局面。

（吴贵飙）

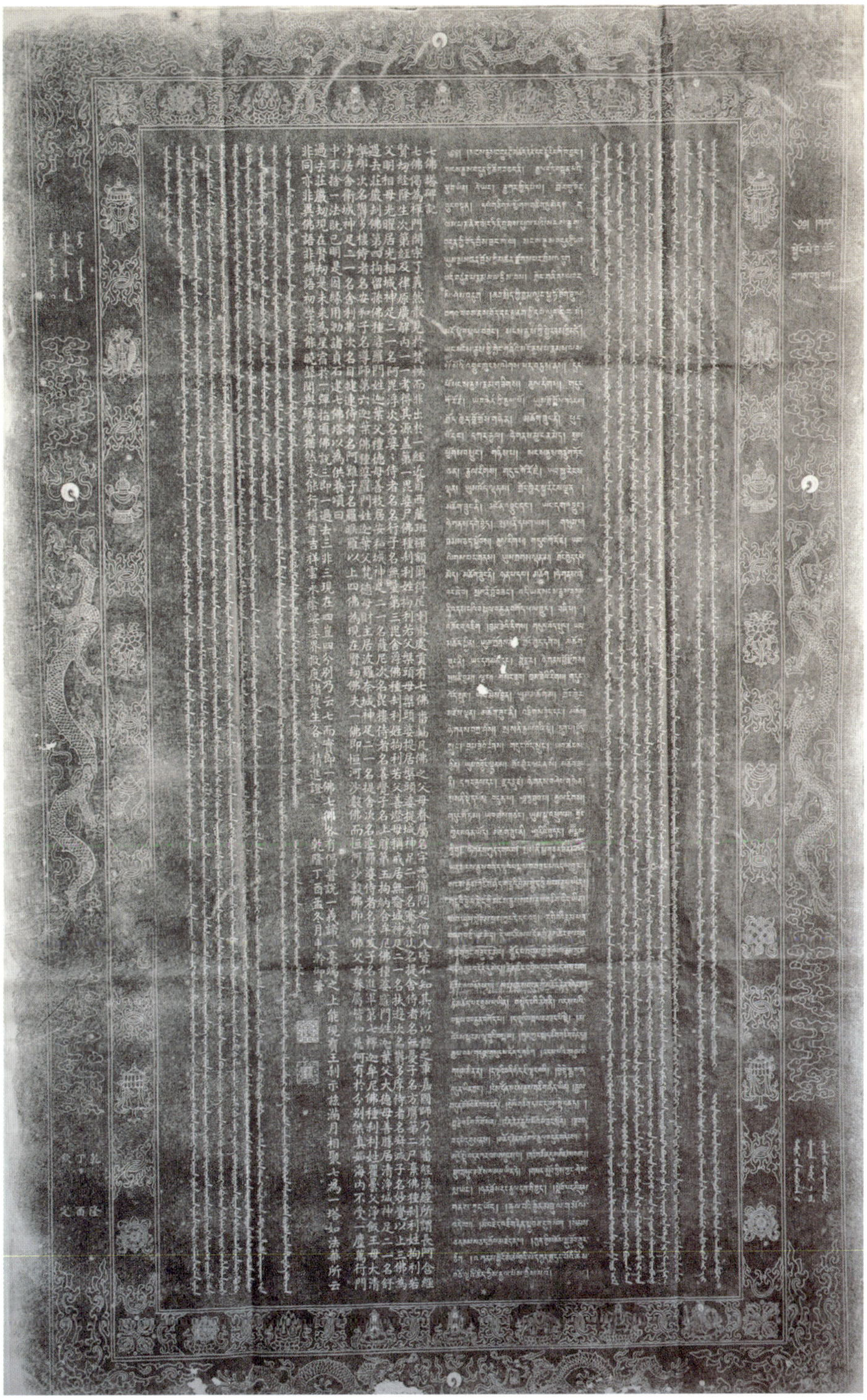

七佛塔碑记

毗婆尸佛

尸弃佛

毗舍浮佛

拘留孙佛

拘那含牟尼佛

迦叶佛

释迦牟尼佛

## 京县郊南亲劳军碑（拓片）

تاشى نينك بارغان ايليغه جيقيب شهردين لاب اولوق جريكنى

位于北京房山良乡郊劳台遗址。

拓印年代不详。汉文满文蒙古文察合台文合璧。

高170.0厘米×宽137.0厘米。

2页。完好。

17世纪末，驻牧于中国西北部卫拉特蒙古之一部准噶尔部在其首领噶尔丹率领下异军突起，始与清朝争锋。康熙年间，经乌兰布通之战、昭莫多之战，直到噶尔丹病死，清军未能降伏准噶尔部。经过雍正一朝，清廷也未实现剿灭准噶尔部的目的。乾隆继位后继续用兵准噶尔，乾隆十八年（1753）准噶尔内部因争权夺利生变，导致准噶尔首领之一阿睦尔撒纳降清，中国北方及西北紧张局势稍缓。不久阿睦尔撒纳复叛，遭清军继续追剿。是时天花流行，阿睦尔撒纳逃亡俄罗斯境内亦染疫致死，准噶尔部在清军围剿和天花肆虐中于乾隆二十二年（1757）被灭。在清军剿灭准噶尔部过程中，原为准噶尔部囚禁于伊犁为人质的大小和卓兄弟波罗尼都和霍集占得以复出并投靠朝廷，但很快兄弟二人又起异心，聚众叛清，与清军对抗。乾隆命平定准噶尔部有功的定边将军兆惠率兵征讨大小和卓，经过近三年的征剿，大小和卓兵败西逃，至巴达克山（今阿富汗东北部）。当地部落头领面对清军压力，擒杀大小和卓兄弟，大小和卓之乱乃定。

乾隆二十五年（1760）二月二十七日，平定准噶尔及大小和卓叛乱的大将军兆惠、富德等班师凯旋，乾隆帝率文武百官到今北京市房山区良乡镇大南关亲劳西征将士，筑坛告天，犒赏三军，并赋诗以记。以乾隆帝手书汉文原诗和被翻译成满文、蒙古文、察合台文4种文字一同镌刻在石碑上，立于郊劳台旁，为后人传诵至今，诗文如下：

京县郊南亲劳军，圜坛陈纛谢成勋。
出师本意聊尝试，奏凯今朝备礼文。
释甲弢戈罢征伐，论功行赏策忠勤。
膝前抱见询经历，一瞬五年戚以欣。
同心万里那睽违，毕竟欢言赋采薇。
勇将归来兼福将，黻衣着得解戎衣。
漫称偃武修文日，恐即嬉文恬武机。
饮至宁夸畅和乐，持盈益励慎几微。

庚辰二月二十七日郊劳出征将军兆惠富德及诸将士礼成纪事。乾隆御笔。
汉文后有乾隆御印两方：“乾隆宸翰”“陶冶性灵”。
该文献反映了清朝统一中国，疆域臻于极盛，稳定西北及北方边疆的历史。

（陈烨）

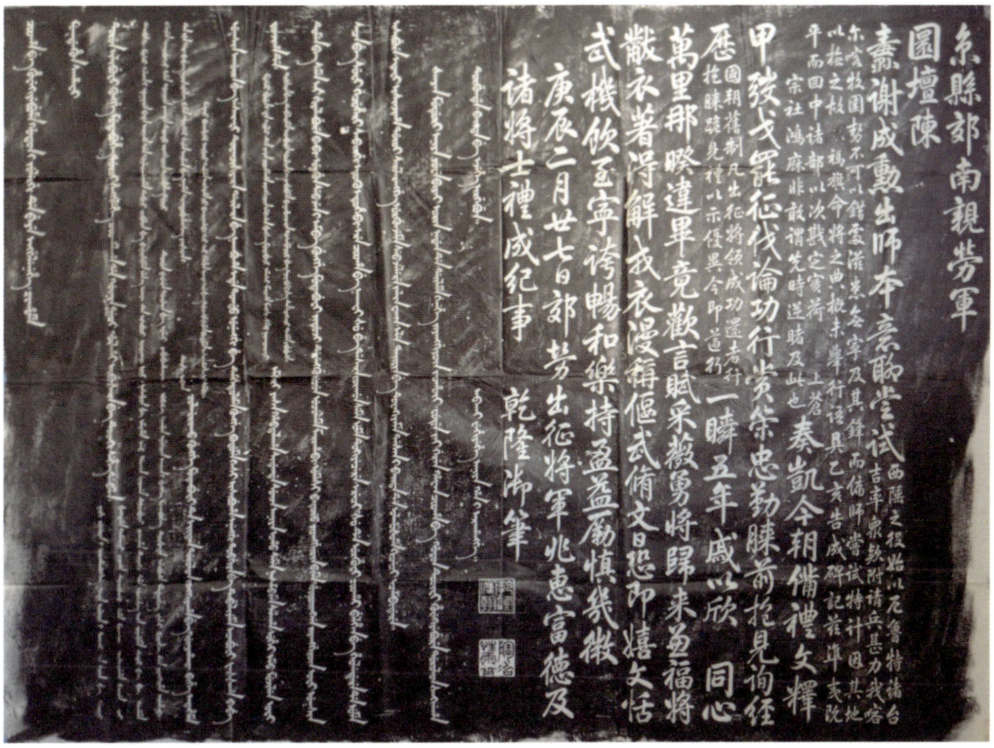

京县郊南亲劳军碑文拓片（正面）

京县郊南亲劳军碑文拓片（背面）

# 后　记

《民族文化宫图书馆（中国民族图书馆）藏多文种合璧古籍总目提要》是"国家古籍工作规划项目"2021—2035年国家古籍工作规划重点出版项目（第一批）国家民委铸牢中华民族共同体意识古籍整理出版书系之一。自2021年3月开始编纂以来，民族文化宫图书馆（中国民族图书馆）在国家民委全国少数民族古籍整理研究室的指导下，在民族文化宫领导的大力支持下，在全体项目参与人的共同努力下,《民族文化宫图书馆（中国民族图书馆）藏多文种合璧古籍总目提要》终于完稿了。

该书主要收录了民族文化宫图书馆（中国民族图书馆）馆藏的各种版本的多文种合璧古籍107种，其中2个文种合璧古籍89种，3个文种合璧古籍13种，4个文种合璧古籍5种。在此需要说明的是，我们按照国家标准《中国少数民族文字古籍定级》（GB/T 36748—2018）遴选了部分中华民国时期的文献，这与现行的古籍定义及范畴有所不同，敬请读者自行鉴查。

该书工作分工：

吴贵飙同志负责策划立项、条目格式设置，撰写凡例、前言、后记。

米吉提、李香、吾兰·吐尔汗、吴贵飙、陈烨、阿如汗、阿依努尔·艾合麦提、其力格尔、高彩云、曹娇林、海梅、龚文龙等同志负责著录、撰写提要。

阿如汗同志负责合稿、编务工作。

吴贵飙、陈烨同志负责初审、复审、终审、定稿工作。

高彩云同志负责出版、编务工作。

顾松洁同志负责满文书名著录，吴元丰、郭美兰同志审校；阿如汗、其力格尔同志负责蒙古文书名著录，海梅同志审校；先巴同志负责藏文书名著录、审校，米吉提同志负责察合台文书名著录，阿依努尔·艾合麦提同志审校。

该书得到国家民委全国少数民族古籍整理研究室领导、民族文化宫领导、民族文化宫图书馆（中国民族图书馆）领导、中央民族大学出版社领导的大力支持，撰稿人和编辑付出辛劳，我们在此一并致谢！

尽管各位编著者都做了很大的努力，仍然还有许多不足之处，需要不断充实、提高和完善。限于我们的学识和水平，书中错误和纰漏在所难免，敬请广大读者给予指正。

吴贵飙

2022年10月22日